Physica-Schriften zur Betriebswirtschaft

Thomas Hartmann-Wendels

Rechnungslegung der Unternehmen und Kapitalmarkt aus informationsökonomischer Sicht

Mit 25 Abbildungen

Physica-Verlag Heidelberg

Professor Dr. Thomas Hartmann-Wendels
Lehrstuhl für Betriebswirtschaftslehre
insb. Betriebliche Finanzwirtschaft
RWTH Aachen
Ahornstraße 55
D-5100 Aachen

ISBN-13: 978-3-7908-0555-0 e-ISBN-13: 978-3-642-99764-8
DOI: 10.1007/978-3-642-99764-8

7120/7130-543210

Vorwort

Die externe Rechnungslegung der Unternehmen stand seit jeher im Mittelpunkt des Forschungsinteresses der Betriebswirtschaftslehre. Im Vordergrund standen dabei bislang vor allem Fragen der zweckmäßigen Interpretation des Bilanzinhalts sowie die Erarbeitung von Bilanzierungsvorschriften, durch deren Anwendung vorgegebene Rechnungslegungsziele möglichst gut erreicht werden können. Relativ selten wurden dagegen die Notwendigkeit von Rechnungslegungsvorschriften und die Zweckmäßigkeit der vorgegebenen Rechnungslegungsziele problematisiert.

In der vorliegenden Arbeit wird die Rechnungslegung der Unternehmen als ein Instrument zur Übermittlung von Informationen angesehen. Informationen haben Einfluß auf ökonomische Entscheidungen, die wiederum die Allokation von Ressourcen in einer Volkswirtschaft und damit auch die Wohlfahrt der in ihr agierenden Wirtschaftssubjekte beeinflussen. Die Nützlichkeit von Rechnungslegungsinformationen ist daher danach zu bemessen, in welcher Weise das Wohlfahrtsniveau der Wirtschaftssubjekte durch die Informationsübermittlung verändert wird. Dies erfordert eine mikroökonomische Verankerung der Rechnungslegungstheorie, in der die durch die Informationsübermittlung ausgelösten Markttransaktionen explizit erfaßt werden.

Im Rahmen der vorliegenden Untersuchung werden ausschließlich die Kapitalgeber als Bilanzadressaten berücksichtigt. Dementsprechend baut die Untersuchung auf einem kapitalmarkttheoretischen Gleichgewichtsmodell auf. Dabei geht es zunächst um die Frage, welchen Nutzen potentielle Kapitalmarktinvestoren aus veröffentlichten Jahresabschlüssen für ihre Kapitalanlageentscheidungen ziehen können. Hierbei zeigt sich, daß öffentlich zugängliche Informationen je nach Organisationsgrad und Funktionsfähigkeit des Kapitalmarkts sowohl nutzensteigernde als auch schädliche Konsequenzen haben können. Eine weitere Aufgabe der Rechnungslegung wird darin gesehen, Informationen zur Kontrolle der Unternehmensleitung bereitzustellen. Geht man davon aus, daß die Unternehmensleitung möglicherweise andere, den Zielsetzungen der Kapitalgeber widersprechende Interessen verfolgt, so kommt es darauf an, die Tätigkeit der Unternehmensleitung zu überwachen. Je besser die Kapitalgeber über das Verhalten der Unternehmensleitung informiert sind, desto eher gelingt es, potentielle Interessenkonflikte und die damit verbundenen Wohlfahrtsverluste zu reduzieren. Im Hinblick auf die Rechenschaftsfunktion kann ein positiver Wert von Rechnungslegungsinformationen unter recht allgemeinen Bedingungen nachgewiesen werden. Darüber hinaus wird untersucht, wie die Rechnungslegung ausgestaltet werden soll, insbesondere geht es um die Frage, in welchem Ausmaß Bilanzierungs- und Bewertungswahlrechte zugelassen werden sollen. Entgegen der zunächst einleuchtend erscheinenden Ansicht, daß die Unternehmensleitung um so besser kontrolliert werden kann, je weniger Freiraum ihr bei der Jahresabschlußgestaltung eingeräumt wird, kann nachgewiesen werden, daß eine Bilanzierungsweise, die am Konzept des kapitaltheoretischen Gewinns orientiert ist und der Unternehmensleitung somit extreme Bewertungsspielräume eröffnet, für alle Beteiligten optimal ist. Es kommt dann darauf an, die Unternehmensleitung dazu zu motivieren, wahrheitsgemäß zu informieren. Die Existenz und Vorteilhaftigkeit solcher wahrheitsinduzierenden Anreizsysteme werden im Rahmen dieser Arbeit nachgewiesen.

Die vorliegende Arbeit wurde von der Wirtschafts- und Sozialwissenschaftlichen Fakultät der Universität zu Köln als Habilitationsschrift angenommen. Meinem akademischen Lehrer, Herrn Professor Dr. Dr. h.c. Herbert Hax gebührt mein aufrichtiger Dank für seine Unterstützung, die mir während meiner Zeit als wissenschaftlicher Mitarbeiter an seinem Lehrstuhl zuteil wurde. Eine solche Arbeit bedarf nicht nur einer wissenschaftlichen Anleitung, für ihr Gelingen ist auch menschliche Unterstützung unerläßlich. In dieser Hinsicht gilt mein ganz besonderer Dank meiner Frau Claudia Wendels, auf deren Verständnis, Unterstützung und Geduld ich mich jederzeit verlassen konnte. Ihr sei daher diese Arbeit gewidmet.

Aachen, im März 1991

Thomas Hartmann-Wendels

Inhaltsverzeichnis

1. Einleitung

Die Beschäftigung mit der externen Rechnungslegung hat in der betriebswirtschaftlichen Forschung eine lange Tradition. Dabei standen zunächst Fragen der zweckmäßigen Interpretation des Bilanzinhalts im Vordergrund der Forschungsbemühungen. Die Hauptentwicklungslinien dieser Forschungsrichtung können mit dem Begriffspaar statische und dynamische Bilanzauffassung umrissen werden. Daneben hat sich die Rechnungslegungstheorie damit beschäftigt, Bilanzierungsvorschriften zu bestimmen, durch deren Anwendung vorgegebene Rechnungslegungsziele am besten erreicht werden können. Hierzu wurden eine Reihe von Vorschlägen erarbeitet, die sich auf die konkrete inhaltliche Ausgestaltung des Jahresabschlusses beziehen.

Wesentliche Impulse erhielt die Rechnungslegungstheorie durch neue Entwicklungen auf dem Gebiet der Kapitalmarkttheorie. Als besonders fruchtbar erwies sich die Einbeziehung informationsökonomischer Ansätze in kapitalmarkttheoretische Fragestellungen. Für die Theorie der externen Rechnungslegung sind vor allem zwei Ansätze innerhalb der Informationsökonomik besonders relevant:

Eine Forschungsrichtung untersucht die Auswirkungen von Jahresabschlußinformationen auf Kapitalanlageentscheidungen. Aufbauend auf dem Konzept der Informationseffizienz wird vor allem auf der Basis empirischer Untersuchungen der Frage nachgegangen, ob und in welchem Ausmaß Kapitalanleger Jahresabschlußinformationen für ihre Dispositionen nutzbringend verwenden können. Daneben wurde durch mikroökonomisch geprägte Arbeiten untersucht, welchen Einfluß veröffentlichte Jahresabschlußinformationen auf die Wohlfahrt der Marktteilnehmer haben. Beide Ansätze lieferten Ergebnisse, die weit verbreitete Vorstellungen über den Nutzen von Rechnungslegungsinformationen für Kapitalanleger in Zweifel zogen. Passen sich alle Wertpapierkurse in der Weise an neue Rechnungslegungsinformationen an, daß niemand daraus einen Vorteil ziehen kann, so sind Jahresabschlußinformationen offensichtlich nutzlos. Zu einem noch krasseren Ergebnis kam die Theorie vom gesellschaftlichen Wert öffentlicher Informationen: Es konnte gezeigt werden, daß Situationen denkbar sind, in denen Rechnungslegungsinformationen für alle Marktteilnehmer zu einer Nutzeneinbuße führen. Die Erstellung und Veröffentlichung von Jahresabschlüssen ist demnach nicht nur nutzlos, sondern sogar nachteilig für die Bilanzadressaten.

Eine neuere Entwicklung im Rahmen der Informationsökonomik befaßt sich mit den Auswirkungen einer asymmetrischen Informationsverteilung. Hier sind zwei Fälle zu unterscheiden, die in theoretischen Modellen meist getrennt dargestellt werden, in der Realität aber meist gemeinsam auftreten: Zum einen kann sich die asymmetrische Informationsverteilung auf die Ausprägung einer exogenen Größe beziehen. So wird die Unternehmensleitung die künftigen Unternehmenserträge und damit den Ertragswert der von ihr emittierten Finanzierungstitel genauer abschätzen können als Unternehmensexterne. Weiterhin ist denkbar, daß es Marktteilnehmer gibt, die aufgrund eines besseren Informationsstandes die Kursentwicklung von Wertpapieren besser vorhersehen können als andere. In beiden Fällen wird das Verhalten der besser Informierten von ihren zusätzlichen Kenntnissen beeinflußt: Der Insider wird versuchen, Wertpapiere, mit deren Kursanstieg er rechnet, zu kaufen und umgekehrt solche Titel, deren Wert voraussichtlich sinken wird, zu verkaufen. Die Unternehmensleitung kann ihren Informationsvorsprung dazu nutzen, dann auf die Außenfinanzierung zurückzugreifen, wenn die ausgegebenen Finanzierungstitel überbewertet sind, und andernfalls auf die Innenfinanzierung auszuweichen. Die Konsequenz ist, daß die schlechter Informierten systematisch getäuscht werden. Daher werden diese Gegenmaßnahmen ergreifen mit der Konsequenz, daß die Funktionsfähigkeit des Kapitalmarktes erheblich gestört werden kann. Die Veröffentlichung von Rechnungslegungsinformationen kann dazu beitragen, die Informationsunterschiede zu reduzieren und somit die Funktionsfähigkeit des Kapitalmarkts zu gewährleisten.

Zum anderen kann sich d ie asymmetrische Informationsverteilung auch auf das Verhalten des anderen beziehen. Dies ist typisch für die Principal-Agent-Beziehung. Beispiel für ein Principal-Agent-Verhältnis ist die Beziehung zwischen Kapitalgeber und Unternehmensleitung. Die Kapitalgeber als Principal überlassen der Unternehmensleitung als Agent aufgrund von Spezialisierungsvorteilen die Verfügungsgewalt über ihr Vermögen, sie müssen allerdings, da sie die Tätigkeit des Agent nicht beobachten können, damit rechnen, daß der Agent anders über das Vermögen disponiert, als wenn Agent und Principal gemeinsam handeln. Offensichtlich können die Interessenkonflikte zwischen Principal und Agent reduziert werden, wenn die asymmetrische Informationsverteilung beseitigt wird. Je genauer der Principal über die Tätigkeit des Agent informiert ist, desto besser kann die Unternehmensleitung dazu motiviert werden, sich für die Belange der Kapitalgeber einzusetzen. Rechnungslegungsinformationen erfüllen in diesem Zusammenhang offensichtlich die Funktion der Rechenschaftslegung.

Die Bereitstellung von Informationen zum Zwecke der Rechenschaftslegung stellt möglicherweise andere Anforderungen an den Bilanzinhalt als die Informationsübermittlung für Kapitalanlageentscheidungen. Kapitalanleger benötigen Informationen über die künftige Ertragslage eines Unternehmens, bevor sie ihre Dispositionen treffen, bei der Rechenschaftslegung kommt es darauf an, über die von der Unternehmensleitung getroffenen Entscheidungen zu informieren. Daher spricht man auch von pre-decision bzw. post-decision Informationen.[1]

---

1 Vgl. <u>Demski/Feltham</u> (1976), S. 240.

Die soeben skizzierten informationsökonomischen Ansätze sollen in dieser Arbeit aufgegriffen werden, um Aussagen zu folgenden Fragestellungen zu erarbeiten:

- Wie wirken sich Rechnungslegungsinformationen auf die Funktionsweise von Kapitalmärkten aus?

- Welchen Bedarf an Rechnungslegungsinformationen haben Bilanzadressaten?

- Welche Anreize bestehen auf Seiten der Unternehmen, Rechnungslegungsinformationen zu produzieren?

- Welche Arten von Jahresabschlußinformationen wirken sich vorteilhaft auf die Wohlfahrt der Marktteilnehmer aus, und in welchem Maße bedingen die pre-decision bzw. die post-decision Informationsfunktion unterschiedliche Bilanzinhalte?

Aussagen, die zu den drei ersten Fragestellungen getroffen werden können, haben zugleich Konsequenzen für eine weitere Problemstellung, die im Rahmen dieser Arbeit angesprochen werden soll, nämlich für die Frage nach der Notwendigkeit einer Regulierung der externen Rechnungslegung durch Rechnungslegungsvorschriften. Die letzte Fragestellung ist eng verknüpft mit dem Problem, wie detailliert Rechnungslegungsvorschriften sein sollen, d.h. ob und in welchem Umfang Rechnungslegungsvorschriften Wahlrechte bei der Jahresabschlußerstellung zulassen sollten.

Aus diesem Untersuchungsziel ergibt sich folgender Aufbau der Arbeit:

Im zweiten Kapitel werden zunächst die Aufgaben, die der externen Rechnungslegung von Unternehmen in einer Marktwirtschaft zukommen, präzisiert. Daran anschließend wird erörtert, welche Bedingungen erfüllt sein müssen, damit eine ökonomisch fundierte Aussage über die Zweckmäßigkeit von Rechnungslegungsvorschriften getroffen werden kann.

Im dritten Kapitel stehen die Auswirkungen von Jahresabschlußinformationen auf die Kapitalanlageentscheidungen von Investoren im Vordergrund. Dabei werden drei Problembereiche behandelt: Der gesellschaftliche Wert öffentlicher Informationen, die Auswirkungen von Rechnungslegungsinformationen auf die private Informationsnachfrage der Kapitalmarktinvestoren sowie die Anreize der Unternehmen, Kapitalanleger über die künftige Ertragslage zu informieren.

Das vierte Kapitel befaßt sich mit der Rechenschaftsfunktion der externen Rechnungslegung. Hierzu werden zwei unterschiedliche Ansätze vorgestellt: Zum einen geht es darum, Interessenkonflikte zu lösen, indem finanzielle Anreizsysteme für die Unternehmensleitung konstruiert werden. Dabei zeigt sich, daß die Anreizsysteme um so wirkungsvoller gestaltet werden können, je mehr Informationen über die Leitungstätigkeit des Managements zur Verfügung stehen. Der zweite Ansatz untersucht die Möglichkeiten, Interessenkonflikte zu reduzieren, indem der Handlungsspielraum der Unternehmensleitung eingeengt wird. Dabei kommt es darauf an, Handlungsrestriktionen in der Weise festzulegen, daß einerseits Maßnahmen, die die Kapitalgeber schädigen, verhindert werden, dagegen andererseits eine Unternehmenspolitik, die im Interesse der Kapitalgeber liegt, nicht behindert wird. Diese Zielsetzung kann um so besser erreicht werden, je mehr die Informationsasymmetrie zwischen Unternehmensleitung und Kapitalgebern reduziert wird.

Das fünfte Kapitel schließlich faßt die wesentlichen Ergebnisse dieser Arbeit zusammen.

2. Das externe Rechnungswesen als Mittel zur Informationsproduktion

2.1 Aufgaben und Funktionen des externen Rechnungswesens

2.1.1 Externes Rechnungswesen und die Gestaltung von Marktbeziehungen

Unternehmen sind in vielfältige Marktbeziehungen eingebettet. Zu nennen sind hier die Beziehungen zu den Gütermärkten, d.h. Beschaffungs- und Absatzmärkte, zu Arbeitsmärkten und zu den Kapitalmärkten. In der neoklassischen mikroökonomischen Theorie wird stets davon ausgegangen, daß die Abwicklung von Tauschvorgängen über Märkte keine Kosten verursacht. Daher kommt jeder Tauschvorgang zu Stande, sofern die daraus resultierende Güterallokation die Wohlfahrt der Marktteilnehmer erhöht. Sind dagegen mit der Vertragsanbahnung, der Vertragsaushandlung und der Überwachung der Vertragseinhaltung Kosten verbunden, so können manche Tauschvorgänge die unter den Modellannahmen der neoklassischen Mikroökonomie die Wohlfahrt beider Marktteilnehmer erhöhen würden, unvorteilhaft werden. Der gesamte Wohlfahrtsverlust, der daraus entsteht, daß mit der Abwicklung von Tauschvorgängen über Märkte Kosten verbunden sind, wird als Transaktionskosten bezeichnet. Zu den Transaktionskosten zählen zum einen Auszahlungen, die z.B. für Kontroll- und Überwachungsmaßnahmen anfallen, zum anderen aber auch der Wohlfahrtsverlust, der daraus resultiert, daß bestimmte Transaktionen nicht mehr zu Stande kommen.[1]

Transaktionskosten sind immer dann vernachlässigbar gering, wenn es sich um einen einmaligen Tauschvorgang handelt, bei dem auf einem anonymen Markt unter den Bedingungen des vollständigen Wettbewerbs homogene Güter, deren Beschaffenheit ohne weiteres

---

1 Vgl. *Williamson* (1985), S. 18 ff., insb. S. 30.

beobachtbar sind, gehandelt werden. Diese Bedingungen stellen sicher, daß marktmäßige Austauschprozesse friktionslos durchgeführt werden können, da vollständige Markttransparenz gegeben ist. Eindeutige Beobachtbarkeit der Qualität stellt sicher, daß keiner der Marktpartner befürchten muß, über Art und Umfang der getauschten Ware getäuscht zu werden, vollständiger Wettbewerb impliziert, daß alle Transaktionen zu Marktpreisen abgewickelt werden, so daß keine Such- und Verhandlungskosten anfallen und schließlich besteht auf einem derartigen Markt kein Anlaß, langfristige Verträge abzuschließen, so daß alle Transaktionen fallweise abgewickelt werden. Tauschbeziehungen dieser Art werden typischerweise in der klassischen Mikroökonomie betrachtet.[2]

Für viele Marktbeziehungen stellen Transaktionskosten eine relevante Größe dar. Typisch für solche Marktbeziehungen ist, daß Beschaffenheit und Qualität der gehandelten Güter heterogen und zudem kundenspezifisch sind und darüber hinaus vom Käufer nur sehr schwer beurteilt werden können. Sind diese Charakteristika gegeben und wird darüber hinaus unterstellt, daß alle Marktteilnehmer streng im eigenen Interesse handeln, so sind beide Marktseiten Risiken ausgesetzt, die aus der Vertragsbeziehung resultieren. Zur Reduzierung dieser Risiken aus der Vertragsbeziehung können Überwachungs- und Kontrollmaßnahmen vereinbart werden. Möglicherweise sind bestimmte Transaktionen auch nicht mehr durchführbar, nämlich dann, wenn keine Maßnahmen getroffen werden können, durch die Risiken aus der Vertragsbeziehung zu vertretbaren Kosten reduziert werden können. Risiken aus der Vertragsbeziehung führen somit zu Transaktionskosten.

Als Beispiel für Risiken aus der Vertragsbeziehung sei folgende Situation betrachtet: Ein Lieferant investiert in Spezialmaschinen,

---

2 Zur Klassifizierung unterschiedlicher Marktbeziehungen siehe *Williamson* (1979).

um damit Güter, die für einen bestimmten Abnehmer hergestellt werden sollen, zu produzieren. Für andere Zwecke sind diese Maschinen nicht einsetzbar.

Unter den geschilderten Bedingungen ist der Lieferant dem Risiko ausgesetzt, daß die Lieferbeziehung aufgekündigt wird und die Investitionsauszahlung somit verloren ist. Hiervor kann der Lieferant sich schützen, indem eine langfristige Lieferbeziehung vereinbart wird. Dies garantiert allerdings nur dann eine einfache und vollständige Lösung, wenn die zukünfitge Entwicklung mit Sicherheit vorhersehbar wäre. Unter den Bedingungen der Unsicherheit bringt die Vereinbarung einer festen Lieferverpflichtung zu festgelegten Preisen für beide Marktseiten Risiken mit sich. Der Lieferant ist dem Risiko ausgesetzt, daß aufgrund von Kostensteigerungen die Festpreisvereinbarung für ihn zu einem Verlust führt, weiterhin wird er im allgemeinen nicht mit Sicherheit davon ausgehen können, daß das abnehmende Unternehmen in der Zukunft auch in der Lage sein wird, seine vertraglichen Vereinbarungen einzuhalten. Der Lieferant wird daher an Informationen über die zukünftige Entwicklung des abnehmenden Unternehmens, insbesondere an Informationen über deren künftige Ertragskraft interessiert sein. Auch für den Abnehmer bringt die Vereinbarung einer festen Lieferverpflichtung erhebliche Risiken mit sich. Wird der künftige Bedarf zu hoch eingeschätzt, so ist der Abnehmer verpflichtet, Mengen zu beziehen, für die er keinen Bedarf hat, oder umgekehrt, reicht die bestellte Menge nicht aus, so existiert nur ein Lieferant, von dem er beziehen kann.

Als Alternative zu einem langfristigen Vertrag mit festen Mengen und Preisen kommt in Betracht, beide Größen nicht definitiv festzulegen, sondern sie von der jeweiligen Bedarfs- bzw. Kostenentwicklung abhängig zu machen. Hiermit könnten die bestehenden Risiken auf Abnehmer und Lieferant aufgeteilt werden. Dies ist im allgemeinen im Interesse beider Marktpartner. Diese Lösung mit Hilfe eines zustandsabhängigen Vertrages ist allerdings nur dann unproblematisch, wenn beide sich stets kooperativ verhalten. Handelt dagegen jeder ausschließlich im eigenen Interesse, so sind mit einem zustandsabhängigen Vertrag zusätzliche Risiken verbunden, die daraus resultieren, daß das Verhalten des jeweils anderen nicht beobachtbar ist. Der Lieferant setzt sich dem Risiko aus, daß der Abnehmer vorgibt, einen geringen Bedarf zu haben, dieser in Wirklichkeit aber auf andere Lieferanten ausweicht. Für den Lieferanten wiederum besteht ein Anreiz, Preissteigerungen aufgrund gestiegener Kosten zu reklamieren, auch wenn diese Forderung unbegründet ist. Zumindest aber hat der Lieferant nur ein geringes Interesse daran, Kosteneinsparungen zu realisieren, wenn er diese zumindest teilweise an den Abnehmer weitergeben muß.

Das Beispiel macht deutlich, daß Transaktionskosten immer dann relevant werden, wenn Unsicherheit besteht, und zwar zum einen über künftige Umweltentwicklungen und zum anderen über das Verhalten anderer Marktteilnehmer. Daher ist zu erwarten, daß eine Reduzierung der Unsicherheit durch Produktion von Informationen auch zu einer Verringerung der Transaktionskosten beitragen kann. Hierin ist eine der wichtigen Aufgaben der externen Rechnungslegung zu sehen, auf die im vierten Kapitel der Arbeit noch ausführlich eingegangen wird.

Unsichere Erwartungen über künftige Entwicklungen erfordern nicht nur besondere Vorkehrungen bei Tauschhandlungen auf Gütermärkten, wesentliche Charakteristika des obigen Beispiels können ebenso relevant sein für die Beziehung zwischen einem Unternehmen und seinen Arbeitnehmern.[3] Ganz besonders aber ist die Beziehung zwischen einem Unternehmen und seinen Kapitalgebern, und hier wiederum sind verstärkt die Eigenkapitalgeber betroffen, durch die Unsicherheit über die Zukunft geprägt. Da die Eigenkapitalgeber Anspruch auf den Residualgewinn haben, hängt der Wert einer Eigen-

3 Vgl. hierzu ausführlich *Williamson* (1985), S. 240ff.

kapitalbeteiligung ganz entscheidend davon ab, welche Überschüsse das Unternehmen im Leistungsbereich erwirtschaften wird. Jeder potentielle Eigenkapitalgeber wird sich daher, bevor er eine Beteiligung erwirbt, über die Chancen und Risiken, die damit verbunden sind, informieren wollen. Dies gilt insbesondere dann, wenn der Kapitalgeber unbeschränkt für die Verbindlichkeiten der Unternehmung haften muß. Aber auch bei beschränkter Haftung der Eigentümer wird ein Kapitalgeber Informationen über die für die Zukunft zu erwartende Ertragslage des Unternehmens haben wollen, bevor er sich für eine Kapitalhergabe entschließt.

Die Höhe der Überschüsse, die ein Unternehmen im Leistungsbereich erzielt, hängen zum einen von exogenen Größen ab, daneben werden sie aber auch ganz entscheidend durch die Dispositionen der Unternehmensleitung beeinflußt. Da die Kapitalgeber nicht ohne weiteres davon ausgehen können, daß das Management ausschließlich in ihrem Interesse handelt, schließt das Informationsbedürfnis der Kapitalgeber auch die Kontrolle der Unternehmensleitung mit ein. Für Fremdkapitalgeber gilt, daß ihre Zahlungsansprüche grundsätzlich unabhängig sind von der Ertragslage des Unternehmens. Soweit Kreditgeber darauf vertrauen können, daß die Schuldnerunternehmung jederzeit ihren Verpflichtungen in vollem Umfang nachkommen kann, werden sie nur ein geringes Informationsbedürfnis haben. Müssen Kreditgeber dagegen damit rechnen, daß ihre Zahlungsansprüche ausfallbedroht sind, so sind auch sie von der Unsicherheit über die künftige Ertragsentwicklung des Unternehmens betroffen. Die Unsicherheit erstreckt sich auch hier wieder zum einen auf das Verhalten der Unternehmensleitung und zum anderen auf die künftige Entwicklung exogener, d.h. von der Unternehmensleitung nicht beeinflußbarer Größen.

Die Ausführungen machen deutlich, daß für Finanzierungsbeziehungen der Produktion von Informationen eine besondere Bedeutung zukommt. Wenn daher im weiteren Verlauf der Arbeit die externe Rechnungslegung ausschließlich im Zusammenhang mit Finanzierungsbeziehungen behandelt wird, so soll damit nicht geleugnet werden, daß Rechnungslegungsinformationen auch für andere Vertragsbeziehungen relevant sein können.[4] Finanzierungsbeziehungen sind aber in besonderer Weise von dem Phänomen der Unsicherheit geprägt. Zum einen wird der Wert eines Finanzierungstitels durch Größen bestimmt, deren Eintritt in der Zukunft liegt und damit unsicher ist. Zum anderen hängt der Wert eines Finanzierungstitels auch von den Dispositionen der Unternehmensleitung ab, deren Verhalten ebenfalls für die Kapitalgeber nicht beobachtbar ist. Damit sind auch die beiden Informationsfunktionen angesprochen, die der externen Rechnungslegung im allgemeinen zugeschrieben werden:[5] Informationen bereitstellen, die zum einen für Kapitalanlageentscheidungen benötigt werden und zum anderen Rechenschaft ablegen über die Tätigkeit der Unternehmensleitung.

2.1.2 Informations- und Ausschüttungsbemessungsfunktion des Jahresabschlusses

Im Abschnitt 2.1.1 wurde gezeigt, daß die externe Rechnungslegung als Informationsinstrument dazu beitragen kann, Transaktionskosten, die mit bestimmten Marktbeziehungen verbunden sind, einzusparen. Neben dieser Informationsfunktion wird in der Regel noch eine zweite Aufgabe genannt, die die externe Rechnungslegung erfül-

---

4 Daneben kommen als Adressaten der externen Rechnungslegung auch Personen und Institutionen in Frage, die in keiner vertraglichen Beziehung zur Unternehmung stehen. In erster Linie ist hier der Staat zu nennen, daneben wird auch behauptet, daß eine nicht näher bezeichnete Öffentlichkeit an Informationen über die wirtschaftliche Leistungsfähigkeit großer Unternehmen interessiert sei. Vgl. z.B. Kommission Rechnungswesen (1979), (1983); Spieker (1986).

5 Vgl. z.B. Hax (1988); Ronen (1979); Schildbach (1986); Wöhe (1988), S.3.

len soll.[6] Insbesondere für Gesellschaften, deren Anteilseigner nur beschränkt haften, gilt, daß der im Jahresabschluß ermittelte Gewinn als Grundlage zur Bemessung erfolgsabhängiger Zahlungsansprüche herangezogen wird.

Diese Ausschüttungsbemessungsfunktion scheint zunächst unabhängig von der Informationsfunktion zu sein. Begründet wird die Existenz von Ausschüttungsregelungen mit der Notwendigkeit, das Kapital der Unternehmung zu erhalten. Da es bei Kapitalgesellschaften keine Nachschußpflicht der Eigenkapitalgeber gibt, besteht die Gefahr, daß durch übermäßige Ausschüttungen die Fähigkeit des Unternehmens, die Leistungstätigkeit im bisherigen Umfang aufrechtzuerhalten, beeinträchtigt wird. Demnach gelten nur solche Kapitalbeträge als ausschüttbar, die die Kapitalerhaltung nicht gefährden. Je nach dem welches Konzept der Kapitalerhaltung zugrunde gelegt wird, kommt man so zu unterschiedlichen Gewinnermittlungsvorschriften.

Offen bleibt dabei, warum eine Notwendigkeit besteht, das Ziel der Kapitalerhaltung als Rechnungslegungszweck vorzugeben. Plausibel erscheint zunächst, daß die Eigentümer kein Interesse daran haben können, die Existenz des Unternehmens zu gefährden, da sie damit zugleich sich selbst schaden. Dies gilt allerdings dann nicht mehr uneingeschränkt, wenn ein Unternehmen auch mit Fremdkapital finanziert ist. Insbesondere bei hohem Verschuldungsgrad besteht für die Eigenkapitalgeber ein Anreiz, auf die Durchführung von Investitionen mit positivem Kapitalwert zu verzichten zugunsten vermehrter Ausschüttungen. Investitionen können aus der Sicht der Eigentümer unvorteilhaft werden, wenn die aus der Investition resultierenden Zahlungen auch den Kreditgebern zufließen, so daß deren Ausfallrisiko sinkt. Verzicht auf Investitionen mit positivem Kapital-

---

6 Vgl. z.B. Coenenberg (1988), S. 12 f.; Schildbach (1986), S. 57, (1987); Wagner (1982).

wert bedeutet zwar Verzicht auf Einzahlungsüberschüsse, impliziert zugleich aber auch die Möglichkeit, vermehrt auszuschütten. Diese Zahlungen fließen aber in voller Höhe den Eigentümern zu.[7]

Der beschriebene Interessenkonflikt entspricht den im Abschnitt 2.1.1 dargestellten Problemen, die in Marktbeziehungen immer dann auftreten, wenn Unsicherheit über künftige Umweltentwicklungen und über das Verhalten des Marktpartners vorliegen. Transaktionskosten entstehen dadurch, daß potentielle Kreditgeber, die die bestehenden Anreize der Eigentümer antizipieren, entweder zur Kreditvergabe gar nicht bereit sein werden oder nur dann Kredit gewähren, wenn zusätzliche Maßnahmen getroffen werden, die ihre Zahlungsansprüche sichern. In Frage käme hier eine Vereinbarung, die die Ausschüttungsmöglichkeiten in Abhängigkeit vom Erfolg einer Periode begrenzt. Vereinbarungen können allerdings nur dann zur Lösung von Interessenkonflikten beitragen, wenn deren Einhaltung auch überprüft werden kann. Der Kreditgeber benötigt somit Informationen über diejenigen Größen, an die die Ausschüttungsrestriktion anknüpft.

In ganz ähnlicher Weise kann argumentiert werden, wenn Ausschüttungsvorschriften nicht im Kontext von Eigen- und Fremdkapitalgeberbeziehungen gesehen werden, sondern Interessenkonflikte zwischen Unternehmensleitung und Anteilseigner betrachtet werden.[8] Vereinbarungen darüber, wer in welchem Umfang über die Einzahlungsüberschüsse des Unternehmens verfügen darf, können nur dann getroffen werden, wenn gleichzeitig Informationen zur Verfügung gestellt werden, die es ermöglichen, die Einhaltung der Vereinbarungen zu überprüfen.

---

7 Siehe hierzu ausführlicher Abschnitt 4.3.2.2 dieser Arbeit.

8 Dieses Problem wird ausführlicher behandelt in _Jensen_ (1986); _Schildbach_ (1987), S. 26 ff.

Die Ausschüttungsbemessungsfunktion ist somit Teil der im vorigen Abschnitt beschriebenen Informationsfunktion der externen Rechnungslegung, und zwar gehört sie zur Rechenschaftsfunktion. Informationen werden benötigt, damit die Einhaltung von Vereinbarungen, die zur Reduzierung von Interessenkonflikten getroffen werden, überprüft werden können. Dies gilt im übrigen nicht nur im Hinblick auf Ausschüttungsbeschränkungen, sondern in gleicher Weise auch für andere Restriktionen. Zu nennen sind hier als typisches Beispiel, die Verpflichtung des Kreditnehmers zur Einhaltung bestimmter Bilanzrelationen. Auch solche Verpflichtungen können zur Reduzierung von Interessenkonflikten beitragen, der externen Rechnungslegung kommt hier wieder die Aufgabe zu, über die Größen, die in die Definition der Bilanzrelationen einfließen, zu informieren. Die Hervorhebung der Ausschüttungsbemessungsfunktion als eigenständige Zielsetzung ist somit weniger aus dem damit verfolgten Zweck heraus begründbar als vielmehr damit, daß Ausschüttungsrestriktionen im Gegensatz zu anderen Restriktionen, wie z.B. Verpflichtungen zur Einhaltung von bestimmten Bilanzrelationen, durch gesetzliche Vorschriften verankert sind.[9]

---

9 Weitere Rechtsfolgen, die an den Ergebnissen der externen Rechnungslegung anknüpfen, sind: Einberufung der Hauptversammlung, wenn ein Verlust in Höhe der Hälfte des Grundkapitals besteht (§ 92, 1 AktG); Einleitung eines Insolvenzverfahrens, wenn das Vermögen einer Kapitalgesellschaft die Schulden nicht mehr deckt (§§ 207, 209 KO).

2.2 Regulierung durch Rechnungslegungsvorschriften

2.2.1 Informationsinteresse und Schutzbedürftigkeit der Bilanzadressaten

Die externe Rechnungslegung der Unternehmen ist einer Vielzahl von gesetzlichen Regelungen unterworfen. Insbesondere für Kapitalgesellschaften gelten umfangreiche und detaillierte Vorschriften darüber, welche Sachverhalte in den Jahresabschluß einzubeziehen sind, in welcher Weise Vermögensgegenstände und Schulden zu bewerten sind, und ob und in welcher Form Informationen zu publizieren sind. Die Verabschiedung des Bilanzrichtlinien-Gesetzes 1985 stellt einen bisherigen Höhepunkt dar in dem Bestreben, die Rechnungslegung der Unternehmen einer umfassenden und detaillierten Reglementierung zu unterwerfen. Noch vor Inkrafttreten des Bilanzrichtlinien-Gesetzes meldeten sich bereits Stimmen, die eine über die Regelungen des Bilanzrichtlinien-Gesetzes hinausgehende Reglementierung der Rechnungslegung forderten. So befürwortet die *Kommission Rechnungswesen im Verband der Hochschullehrer* die Veröffentlichung einer Kapitalflußrechnung[1], die Angabe zusätzlicher Informationen in Anhang und Lagebericht[2], die Einschränkung von Bilanzierungswahlrechten[3] sowie erweiterte Publizitätspflichten für Personengesellschaften, die unter den Geltungsbereich des Publizitätsgesetzes fallen.[4]

Begründet wird eine Verschärfung der Rechnungslegungsvorschriften mit dem Interesse Unternehmensexterner an zuverlässigen Informa-

---

1 *Kommission Rechnungswesen* (1979), TZ 60, 61, S. 30-32.

2 *Kommission Rechnungswesen* (1979), TZ 62-65, S. 32-40.

3 *Kommission Rechnungswesen* (1979), S. 4 f, S. 11, (1983).

4 *Kommission Rechnungswesen* (1979), TZ 15-17, S. 6 f.

tionen.[5] Dieses Informationsinteresse gilt es durch gesetzliche Regelungen zu schützen.[6] Durch eine ausreichende Versorgung der Kapitalanleger mit zuverlässigen Informationen wird somit die Funktionsfähigkeit des Kapitalmarkts gewährleistet.[7] Diese Argumentation setzt implizit voraus, daß zum einen ein Informationsinteresse existiert und diese Interessen zum anderen schutzbedürftig sind. Beide Voraussetzungen sind aber nicht so selbstverständlich - wie oft unterstellt - als erfüllt anzusehen.[8]

Zunächst erscheint unmittelbar einleuchtend, daß Kapitalgeber um so bessere Anlageentscheidungen treffen können, je genauer sie über die zu erwartende Ertragslage der Unternehmen informiert sind. Gegen diese Argumentation ist jedoch ein gewichtiger Einwand vorgetragen worden, der sich auf die Ergebnisse der Theorie vom gesellschaftlichen Wert öffentlicher Informationen stützt: Demnach ist Unwissenheit über die künftige Ertragslage der Unternehmen für die Kapitalgeber nicht nachteilig , wenn sie sich durch entsprechende Diversifikation ihres Portefeuilles gegen dieses Risiko versichern können. Diese Fähigkeit von Märkten, Risiken zu versichern, kann beeinträchtigt werden, wenn die Unsicherheit durch Publikation von Informationen teilweise aufgehoben wird. Da ex-ante nicht bekannt ist, welchen Inhalts die zu veröffentlichende Information sein wird, ist denkbar, daß durch externe öffentliche Rechnungslegung Risiken nicht reduziert, sondern im Gegenteil sogar zusätzliche Risiken geschaffen werden. Trifft diese Argumentation zu, so sind zumindest für die Gruppe der Kapitalgeber öffentliche Informationen nicht wünschenswert.

---

5 Kommission Rechnungswesen (1979), S. 4.

6 Kommission Rechnungswesen (1979), TZ 18, S. 8 in bezug auf Kapitalanleger.

7 Vgl. Moxter (1962), (1984), S. 123.

8 Siehe zu den folgenden Ausführungen auch Leftwich (1980); Watts (1980); Watts/Zimmerman (1978), (1986), S. 156-178.

Selbst wenn eine öffentliche Information für alle Anleger vorteilhaft ist, so kann nur dann uneingeschränkt von einem Informationsinteresse ausgegangen werden, wenn es keine alternativen Informationsquellen gibt, auf die potentielle Bilanzadressaten zurückgreifen können. Eine Reihe von empirischen Untersuchungen legen jedoch den Schluß nahe, daß der Kapitalmarkt im Hinblick auf Rechnungslegungsinformationen informationseffizient ist.[9] Demnach können Anleger aus der Analyse von Jahresabschlußdaten keine systematischen Überrenditen erzielen und zudem legen empirische Untersuchungen den Schluß nahe, daß die Kapitalmarktanleger über die Informationsinhalte, die sie dem Jahresabschluß entnehmen können, bereits aus anderen Quellen informiert sind.[10] Dies spricht allerdings nicht grundsätzlich gegen die Nützlichkeit von Rechnungslegungsinformationen, sondern ist lediglich ein Indiz dafür, daß der Informationsgehalt des herkömmlichen Jahresabschlusses bereits in den Marktpreisen reflektiert ist. Dies schließt nicht aus, daß Jahresabschlüsse aussagekräftiger gestaltet werden können. Geht man davon aus, daß das Management aufgrund seiner Leitungstätigkeit besser über die künftige Ertragslage des von ihm geführten Unternehmens unterrichtet ist als Unternehmensexterne, so existiert ein Potential an Informationen, über das Außenstehende nicht verfügen. Die Übermittlung dieser Informationen erfordert vermutlich aber andere Jahresabschlüsse als die, die nach den geltenden Rechnungslegungsvorschriften erstellt werden.

---

9 In diesem Fall wird der Kapitalmarkt als informationseffizient im halbstrengen Sinne bezeichnet. Zu den verschiedenen Stufen der Informationseffizienz siehe Fama (1970).

10 Vgl. Coenenberg (1988), S. 804; Coenenberg/Berndsen/Möller/Schmidt/Schönbrodt (1978), S. 500; Möller (1983), S. 298. Einen Überblick über empirische Arbeiten zur Informationseffizienz des deutschen Kapitalmarkts ist zu finden in Möller (1984), (1985). Über den Stand der amerikanischen Kapitalmarktforschung zur Frage der Informationseffizienz informieren: Beaver (1981), (1983); Coenenberg (1974); Dyckman/Morse (1986); Kaplan (1978); Lev/Ohlson (1982); Watts/Zimmerman (1986), S. 71-110.

Weiterhin folgt bei Geltung der These von der halbstrengen Informationseffizienz des Kapitalmarkts, daß Investoren durch das Ausnutzen von bilanziellen Bewertungsspielräumen nicht systematisch getäuscht werden können. Damit entfällt zugleich ein gewichtiges Argument, mit dem die Schutzwürdigkeit der Anlegerinteressen begründet wird. Dieses Argument besagt, daß Investoren zu Fehlentscheidungen verleitet werden, wenn ein und derselbe Sachverhalt durch das Ausnutzen bilanzpolitischer Spielräume unterschiedlich abgebildet werden kann.[11] Daher sei sicherzustellen, daß Wahlrechte reduziert werden und nur solche Informationen an die Öffentlichkeit gelangen, deren Korrektheit durch neutrale Dritte, wie z.B. einen Wirtschaftsprüfer bestätigt wird.

Aber auch ohne Geltung der halbstrengen Informationseffizienz ist eine Schutzbedürftigkeit von Unternehmensexternen nicht zwangsläufig gegeben. Selbst dann, wenn es zu den Rechnungslegungsinformationen keine alternativen Informationsquellen gibt, sind Bilanzadressaten nicht notwendigerweise ungeschützt. Entscheidend ist, welches Ausmaß an Rationalität den Bilanzadressaten unterstellt wird. Rational handelnde Bilanzadressaten sind dadurch gekennzeichnet, daß sie ihren Informationsnachteil erkennen und wissen, daß Rechnungslegungsinformationen von den bilanzpolitischen Entscheidungen der Unternehmensleitungen abhängen. Rechnungslegungsinformationen werden daher von ihnen entsprechend vorsichtig interpretiert. Rationale Bilanzadressaten schützen sich somit selbst, indem sie sich ihrer Gefahr, getäuscht zu werden, bewußt sind.

Die These, daß die Wahrnehmung von Bilanzierungswahlrechten zu einer systematischen Täuschung der Bilanzadressaten führt, setzt somit nicht nur unwissende, sondern vor allem naive Investoren voraus, die ihren Informationsnachteil nicht erkennen. Dagegen kommt man zu einer ganz anderen Bewertung von Wahlrechten, wenn

---

11 Vgl. z.B. Schneider (1987 a), S. 412.

man von einem extrem hohen Maß an Rationalität ausgeht. Bilanzadressaten, die nicht nur rational handeln, sondern darüber hinaus auch noch rationale Erwartungen haben, sind dadurch gekennzeichnet, daß ihnen nicht nur die Existenz von Bilanzierungswahlrechten bewußt ist, sondern daß sie darüber hinaus auch der Frage nachgehen, in welcher Weise die Unternehmensleitung von Wahlrechten Gebrauch gemacht hat. Sind die Bilanzadressaten in der Lage, den bilanzpolitischen Entscheidungskalkül der Unternehmensleitung nachzuvollziehen, so ist denkbar, daß sie allein durch die Beobachtung, in welcher Weise bilanzpolitische Spielräume genutzt worden sind, Informationen gewinnen können. Durch eine Ausweitung der bilanziellen Wahlrechte könnte somit der Aussagegehalt des Jahresabschlusses erhöht werden.

Es mag hier offen bleiben, ob die Annahme rationaler Erwartungen für die überwiegende Zahl der Bilanzadressaten zutreffend ist.[12] Diese Annahme erscheint jedoch zumindest nicht weniger plausibel als die, daß die Bilanzadressaten mehrheitlich naiv sind.

2.2.2 Marktversagen als Begründung für die Regulierung der Rechnungslegung

Aus wohlfahrtstheoretischer Sicht kann die Notwendigkeit zur Regulierung der externen Rechnungslegung damit begründet werden, daß Marktversagen auf dem Markt für Informationen vorliegt. Marktversagen ist immer dann zu erwarten, wenn externe Effekte vorliegen, d.h. wenn von dem Verhalten eines Wirtschaftssubjekts Auswirkungen auf die Wohlfahrt anderer Marktteilnehmer ausgehen, ohne

---

12 Coenenberg/Schmidt/Werhand (1983) kommen im Rahmen einer empirischen Untersuchung zu dem Ergebnis, daß die Beeinflussung des Ergebnisausweises durch bilanzpolitische Entscheidungen von den Kapitalmarktanlegern mehrheitlich bis zu einem gewissen Grad erkannt werden.

daß diese Effekte in den Optimierungskalkül des betrachteten Wirtschaftssubjekts einfließen. Individuelle Optimierung führt dann nicht mehr automatisch zur Maximierung der gesellschaftlichen Wohlfahrt, so daß eine marktwirtschaftliche Organisation der Güterallokation zu gesellschaftlich unerwünschten Ergebnissen führt. Durch einen geeigneten regulierenden Eingriff in das Marktsystem wäre grundsätzlich eine Verbesserung der Wohlfahrt aller Marktteilnehmer erreichbar.

Je nach dem, ob die externen Effekte die Wohlfahrt anderer Wirtschaftssubjekte positiv oder negativ beeinflußt, kommt es zu einer Unter- oder Überproduktion eines Gutes. Im Hinblick auf die externe Rechnungslegung sind beide Arten von Marktversagen unterstellt worden.[13]

Die Unterproduktion von Rechnungslegungsinformationen wird damit begründet, daß Information ein öffentliches Gut ist, das jeder nutzen kann, ohne damit die Nutzungsmöglichkeiten durch andere zu beschränken. Ein öffentliches Gut wird dann in der optimalen Menge produziert, wenn die Summe der Grenznutzen aller Nachfrager den Grenzkosten, die mit der Produktion verbunden sind, entsprechen.[14] Um ein gesellschaftliches Optimum zu realisieren, müßte jeder Nachfrager für den Erhalt von Informationen einen Preis entrichten, der seinem Grenznutzen entspricht. Dies ist allerdings kaum zu verwirklichen: Die individuellen Grenznutzen der Bilanzadressaten sind nicht bekannt und auch kaum abschätzbar. Zudem wird jeder Anleger versuchen, einen möglichst niedrigen Informationsnutzen vorzutäuschen, um nur einen geringen Preis für die Informationen entrichten zu müssen.

---

13 Vgl. hierzu auch: Leftwich (1980); Morris (1986); Watts (1980); Watts/Zimmerman (1986), S. 162-169.

14 Vgl. Demsetz (1970), S. 293 f.

Zusätzliche Probleme ergeben sich, wenn es nicht möglich ist, andere von der Nutzung des öffentlichen Gutes auszuschließen. In diesem Fall ist zu vermuten, daß kein Marktteilnehmer bereit sein wird, für den Erhalt von Informationen zu bezahlen, da jeder damit rechnet, kostenlos Informationen zu erhalten, wenn diese an einen anderen Marktteilnehmer geliefert wird. Die Folge ist, daß Informationen nicht oder nur in geringem Umfang bereitgestellt werden, zumal die Unternehmensleitung, insbesondere bei schlechter Ertragslage des Unternehmens, keine Anreize hat, freiwillig und kostenlos zu informieren. Hieraus folgt Marktversagen, wenn gleichzeitig unterstellt wird, daß Rechnungslegungsinformationen einen gesellschaftlichen Wert besitzen.

Marktversagen kann schließlich auch dadurch bedingt sein, daß für Bilanzadressaten die Qualität der erhaltenen Information nur schwer einschätzbar ist. Können Bilanzadressaten die Korrektheit von Informationen nicht beurteilen, so kommt keine wirksame Informationsübermittlung zu Stande. Dies führt wiederum zu Marktversagen in Form von Unterproduktion, wenn eine öffentliche Information grundsätzlich alle Marktteilnehmer besser stellen könnte.

Demgegenüber wird davon ausgegangen, daß Informationen nur einen geringen oder überhaupt keinen gesellschaftlichen Wert besitzen, wenn Marktversagen in Form von Überproduktion an Informationen behauptet wird. Anreize zur Überproduktion von Informationen können sowohl auf Seiten der Unternehmen als auch auf Seiten der Kapitalmarktinvestoren vorliegen.

Anreize zur Überproduktion von Informationen durch Unternehmensleitungen können mit einer asymmetrischen Informationsverteilung begründet werden: Unternehmensleitungen sind im allgemeinen besser über die künftige Ertragslage der von ihnen geführten Unternehmen informiert als Unternehmensexterne. Da der Marktpreis von

Anteilstiteln vom Informationsstand der Kapitalmarktinvestoren abhängt, entspricht der Börsenkurs eines Anteilstitels im allgemeinen nicht dem Wert, den die Unternehmensleitung diesem Anteilstitel aufgrund ihrer Gewinnerwartungen beimessen würde. Liegt aus der Sicht der Unternehmensleitung eine Unterbewertung vor, so besteht ein Anreiz, durch Informationsübermittlung die Marktteilnehmer davon zu überzeugen, daß die Ertragsaussichten des Unternehmens günstiger sind als der Markt sie offenbar einschätzt. Gelingt dies, so nützt die damit verbundene Kurssteigerung vor allem denjenigen Anteilseignern, die ein Verkauf von Anteilen planen. Darüber hinaus ist eine aus der Perspektive der Unternehmensleitung korrekte Bewertung für die Gesamtheit der Anteilseigner vorteilhaft, wenn hierdurch neues Kapital für Investitionen zu günstigeren Konditionen aufgenommen werden kann. Im zweiten Fall hat eine Information durchaus auch einen gesellschaftlichen Wert, da die Güterallokation positiv beeinflußt wird; im ersten Fall dagegen ist die öffentliche Information ohne gesellschaftlichen Wert: Die Preissteigerung nützt dem verkaufenden Anteilseigner genau in dem Maße, wie sie dem Erwerber schadet. Werden mit der Informationsproduktion beide Zwecke verfolgt, so werden mehr Ressourcen für die Informationsproduktion aufgewendet als gesellschaftlich optimal wäre.[15]

Kapitalmarktinvestoren können auch aus Gründen der Spekulation an Informationen interessiert sein. Für den Anlageerfolg ist entscheidend, besser als andere Marktteilnehmer zukünftige Kursentwicklungen vorhersehen zu können. Daher kommt es vor allem darauf an, genauer und schneller als andere informiert zu sein. Dem Spekulationserfolg eines Investors steht allerdings ein gleich hoher Verlust eines anderen gegenüber. Damit führen die Ausgaben, die für die private Informationsbeschaffung angefallen sind, zu keiner gesell-

---

15 Die Überproduktion von Informationen aufgrund asymmetrischer Informationsverteilung wird ausführlich von *Stiglitz* (1984) untersucht.

schaftlichen Wohlfahrtssteigerung. Es liegt Marktversagen in Form einer Überinvestition in Informationsbeschaffungsmaßnahmen vor.[16]

Die Implikationen, die sich aus den verschiedenen Formen des Marktversagens für die Zielrichtung regulierender Eingriffe ergeben, liegen auf der Hand: Stellt Information ein öffentliches Gut dar, dessen Produktion zu einem gesellschaftlichen Wohlfahrtszuwachs führt, so erscheint es notwendig und sinnvoll, die Unternehmen zu einer ausreichenden Informationsversorgung anzuhalten, indem sie zur Rechnungslegung verpflichtet werden. Auch um spekulatives Verhalten einzudämmen, kann eine Verpflichtung zur Rechnungslegung sinnvoll sein. Der gesellschaftliche Wohlfahrtszuwachs, der hierdurch erreicht werden soll, besteht darin, daß die Ausgaben für private Informationsbeschaffungsmaßnahmen reduziert werden können, wenn bestimmte Informationen allgemein verfügbar gemacht werden, so daß niemand mehr die Möglichkeit hat, Spekulationsgewinne aufgrund von Informationsvorteilen zu erzielen.

Die Stichhaltigkeit der zum Teil sich widersprechenden Thesen wird im dritten Kapitel dieser Arbeit eingehend überprüft. Die vorangegangenen Ausführungen sollten vor allem deutlich machen, welche Fragen eingehend zu klären sind, bevor eine gesicherte Aussage darüber möglich ist, ob und in welcher Form hinsichtlich der Informationsversorgung mit Marktversagen zu rechnen ist. Klärungsbedürftig ist zunächst die Frage nach dem gesellschaftlichen Wert öffentlicher Informationen. Zu berücksichtigen sind dabei sowohl die Auswirkungen von öffentlichen Informationen auf die Risikoallokation in einer reinen Tauschwirtschaft als auch produktive Effekte, die von einem Informationszugang ausgehen können. Die Bedingungen eines reinen Tauschmarktes sind für den Sekundärmarkt erfüllt, auf dem bereits zuvor emittierte Finanzierungstitel gehandelt werden,

---

16 Spekulation als Ursache für eine Überproduktion an Informationen werden von *Hirshleifer* (1971) sowie *Fama/Laffer* (1971) erörtert.

so daß die Güterausstattung der Volkswirtschaft unverändert bleibt. Produktive Effekte können mit öffentlichen Informationen dann verbunden sein, wenn ein Unternehmen zur Finanzierung von Investitionen Finanzierungstitel am Kapitalmarkt neu emittiert. Daneben gehen aber auch von der Rechenschaftsfunktion, zu deren Zweck ebenfalls Informationen bereitgestellt werden, produktive Wirkungen aus.

Klärungsbedürftig ist ebenfalls, welche Maßnahmen geeignet sind, die Korrektheit von Informationen glaubhaft zu bestätigen und welche Konsequenzen sich hieraus für den Inhalt von Jahresabschlußinformationen ergeben. In Betracht kommen die Beschränkung des Bilanzinhalts auf objektivierbare Daten, die einer Überprüfung durch einen neutralen Dritten zugänglich sind, die Einschränkung von Bilanzierungswahlrechten, um die Manipulationsmöglichkeiten durch die Unternehmensleitung zu reduzieren sowie die Schaffung von Anreizen zur korrekten Information. Weiterhin ist zu fragen, inwieweit es notwendig ist, derartige Maßnahmen gesetzlich vorzuschreiben, oder ob nicht auch auf Seiten der Unternehmen Anreize bestehen, nach Möglichkeiten zu suchen, die das Glaubwürdigkeitsproblem lösen.

2.2.3 Vorteilhaftigkeit von Regulierungsmaßnahmen

Das Vorliegen von Marktversagen ist lediglich eine notwendige, aber noch keine hinreichende Bedingung dafür, daß eine Regulierung der externen Rechnungslegung sinnvoll und zweckmäßig ist. Marktversagen im oben definierten Sinne besagt nämlich lediglich, daß ein theoretischer Optimalzustand durch ein marktwirtschaftliches System nicht erreicht wird.

Fraglich ist allerdings, ob die Definition von Marktversagen, die den Ausführungen des vorigen Abschnitts zugrunde lag, sinnvoll ist. Alle Thesen, die das Vorliegen von Marktversagen auf dem Markt für Informationen behaupten, gehen davon aus, daß externe Effekte existieren, die nicht internalisiert werden. Es wird aber nicht hinterfragt, warum die Wirtschaftssubjekte keine Anstrengungen unternehmen, Verträge abzuschließen, durch die externe Effekte internalisiert werden. Hierdurch könnten Fehlallokationen vermieden werden, und der erzielbare gesellschaftliche Wohlfahrtszuwachs könnte dazu genutzt werden, alle Wirtschaftssubjekte besser zu stellen.

Ist zu beobachten, daß solche Verträge nicht abgeschlossen werden, so deutet dies darauf hin, daß der Abschluß und die Überwachung von Verträgen mit Kosten verbunden sind.[17] Übersteigen diese Transaktionskosten den Nutzen, den ein Vertrag für die Beteiligten erbringt, so ist es auch aus gesamtwirtschaftlicher Sicht vorteilhaft, auf den Abschluß eines solchen Vertrages zu verzichten. Das Vorhandensein externer Effekte ist somit noch kein hinreichendes Indiz dafür, daß ein marktwirtschaftliches System zu einer schlechteren Allokation führt als andere institutionelle Arrangements.[18] Wird Marktversagen definiert als Abweichung von einem Optimum, bei dem die Kosten, die mit der marktwirtschaftlichen Organisation von Tauschprozessen verbunden sind, vernachlässigt werden, so verwendet man zur Beurteilung von Allokationen einen Vergleichsmaßstab, der sich auf eine Idealwelt bezieht, in der bestimmte, für die reale Welt bedeutsame Einflußfaktoren vernachlässigt werden. Stimmt die zu beurteilende Allokation mit dem Optimum dieser Idealwelt nicht überein, so kommt darin lediglich zum Ausdruck, daß die Realität in dieser Idealwelt nicht adäquat abgebildet ist. Von einem Versagen

---

17 So zeigt die Analyse von *Gonedes* (1975), daß auf dem Markt für Rechnungslegungsinformationen stets ein gesamtwirtschaftliches Optimum erreicht wird, wenn beliebige Verträge kostenlos abgeschlossen werden können.

18 Siehe hierzu auch *Barzel* (1977).

des Marktsystems sollte jedoch erst dann gesprochen werden, wenn gezeigt werden kann, daß andere institutionelle Arrangements bessere Allokationen bewirken als ein marktwirtschaftliches System.[19]

Dabei ist zu berücksichtigen, daß mit jeder Organisationsform wirtschaftlicher Tauschprozesse Kosten verbunden sind. Im Hinblick auf die Vorteilhaftigkeit von Regulierungsmaßnahmen ist zu prüfen, welche Kosten regulierende Eingriffe verursachen. Hierzu zählen zum einen die Aufwendungen, die anfallen für die Formulierung und für die Sicherstellung der Durchsetzung von Rechnungslegungsvorschriften; daneben fallen auch Aufwendungen bei den Unternehmen an, die Maßnahmen ergreifen müssen, um die Vorschriften zu erfüllen.[20]

Kosten in Form von Wohlfahrtsverlusten entstehen dadurch, daß die von der Regulierung Betroffenen auf Vorschriften, die ihnen ungelegen kommen, mit Ausweichmaßnahmen reagieren werden. Haben z.B. die Unternehmen kein Interesse daran, Rechnungslegungsinformationen zu veröffentlichen, so werden sie versuchen, eine erzwungene Rechnungslegung möglichst zu umgehen. Denkbar ist, daß Unternehmen einen Jahresabschluß erstellen, der zwar noch im Rahmen der Rechnungslegungsvorschriften liegt, dessen Aussagegehalt aber möglichst gering gehalten wird, so daß die mit der Regulierung erhoffte Wirkung nicht erreicht wird.

Die Effektivität regulierender Eingriffe wird zusätzlich reduziert, wenn die regulierende Instanz die Ausprägung des Optimums, das es anzustreben gilt, nicht kennt. Eine optimale Lenkung des Informationsmarktes setzt eine Abwägung von Kosten und Nutzen der Informationsproduktion voraus. Die Ausprägung beider Größen ist jedoch

---

19 Vgl. Leftwich (1980), S. 196.

20 Zu den direkten Kosten von Rechnungslegungsvorschriften siehe: Phillips/Zecher (1981), S.42-48; Watts/Zimmerman (1986), S. 169-176.

der regulierenden Instanz nicht bekannt, sondern bestenfalls grob abschätzbar. Die von den Rechnungslegungsvorschriften Betroffenen haben in der Regel keinen Anreiz, die für sie aus den Vorschriften resultierenden Vor- und Nachteile korrekt preiszugeben.[21] So werden z.B. Unternehmen, die das Ausmaß an Regulierung gering halten wollen, überhöhte Kosten der Informationsproduktion vorgeben, um so ihren Einfluß bei der Formulierung von Rechnungslegungsvorschriften geltend zu machen.

Schließlich kann nicht ohne weiteres davon ausgegangen werden, daß die Regulierungsinstanz die Zielsetzung der Wohlfahrtsmaximierung verfolgt. Statt dessen ist anzunehmen, daß die am Regulierungsprozeß beteiligten Personen vor allem an der Maximierung des eigenen Nutzens interessiert sind.[22] So werden z.B. Politiker an Wiederwahl und politischer Einflußnahme interessiert sein, Vertretungen von Berufsgruppen, wie z.B. die Standesvertretungen der Wirtschaftsprüfer werden vor allem den Erhalt bisheriger und die Schaffung neuer Betätigungsbereiche anstreben. Ausmaß und Inhalt von Regulierungsmaßnahmen sind somit weniger auf die Zielsetzung der Wohlfahrtsmaximierung gerichtet, sondern werden vornehmlich durch die Fähigkeiten der beteiligten Parteien bestimmt, ihre jeweiligen Interessen durchsetzen zu können. Sowohl der Wohlfahrtsverlust, der durch die Verfolgung einer anderen Zielsetzung als der der Wohlfahrtsmaximierung entsteht, als auch die Aufwendungen, die für Maßnahmen anfallen, die der Durchsetzung eigener Interessen dienen, können ebenfalls als Kosten der Regulierung aufgefaßt werden.

Aus den vorangegangenen Ausführungen wird deutlich, welche Faktoren zu berücksichtigen sind, bevor eine ökonomisch fundierte Aussage über die Vorteilhaftigkeit von Regulierungsmaßnahmen getrof-

---

21 Zum Einfluß asymmetrischer Informationsverteilung auf die Kosten der Regulierung siehe: *Baron* (1984); *Baron/Besanko* (1984); *Laffont/Tirole* (1986).

22 Siehe hierzu vor allem *Stigler* (1971); *Peltzman* (1976).

fen werden kann. Angesichts des derzeitigen Kenntnisstandes scheint es aussichtslos, einen solchen Nachweis zu erbringen. Aber auch das Gegenteil, daß eine marktwirtschaftliche Lösung der Regulierung vorzuziehen ist, wird kaum zu beweisen sein. Daher wird man sich mit einer bescheideneren Zielsetzung zufrieden geben müssen: Genauere Kenntnisse über den gesellschaftlichen Wert öffentlicher Informationen, über das Informationsinteresse der Bilanzadressaten sowie über die Anreize zur Informationsproduktion erlauben es, besser abschätzen zu können, ob und in welchem Ausmaße marktwirtschaftliche Lösungen der Informationsversorgung vom Optimum einer theoretischen Idealwelt abweichen. Eine Abweichung ist dann zwar noch nicht als Versagen des Marktsystems zu interpretieren, sie zeigt aber an, welches Potential an Wohlfahrtszuwachs durch kostenlose Regulierung realisierbar wäre. Je größer dieses Potential ist, desto eher ist damit zu rechnen, daß Regulierungsmaßnahmen auch unter Berücksichtigung der damit verbundenen Kosten tatsächlich vorteilhaft sind.

3. Rechnungslegungsinformationen und Kapitalmarkt

3.1 Problemstellung und Überblick über das Kapitel

Die Finanzierung von Unternehmen vollzieht sich in der Weise, daß Titel ausgegeben werden, die Anwartschaften auf künftige Zahlungen beinhalten. Die Höhe der Zahlungen hängt zum einen davon ab, welche Art von Zahlungsanspruch vertraglich vereinbart wird, und darüber hinaus auch von der Höhe der Einzahlungsüberschüsse, die im Leistungsbereich der Unternehmung erwirtschaftet werden und aus denen die Zahlungen an die Kapitalgeber letztlich bestritten werden. Kapitalgeber haben daher ein grundsätzliches Interesse daran, über die künftigen Ertragsaussichten der Unternehmen, an denen sie beteiligt sind, informiert zu werden. Dies gilt unabhängig davon, um welche Art von Finanzierungstitel es sich handelt und ob die Finanzierungstitel auf organisierten Märkten gehandelt werden. Die externe Rechnungslegung als Teil der Informationspolitik der Unternehmen hat entscheidenden Einfluß auf die Kapitalanlageentscheidungen von Investoren. Zum einen ist hier die Finanzierungsbeziehung zwischen Unternehmen und Kapitalgebern angesprochen, darüber hinaus hat die Informationspolitik der Unternehmen aber auch Einfluß auf das Geschehen auf dem Sekundärmarkt.

In diesem Kapitel soll dargestellt werden, welchen Beitrag die externe Rechnungslegung zu einer optimalen Versorgung des Kapitalmarkts mit Informationen leisten kann. Nach einem kurzen Überblick über kapitalmarkt- und informationstheoretische Grundlagen wird im dritten Abschnitt dieses Kapitels untersucht, welchen Einfluß öffentliche Informationen auf die Wohlfahrt der Kapitalmarktteilnehmer haben. Diese Fragestellung ist unter dem Stichwort vom gesellschaftlichen Wert öffentlicher Informationen in der Literatur intensiv diskutiert worden.

Die Beurteilung der gesellschaftlichen Vorziehenswürdigkeit von öffentlichen Informationen ist aber unvollständig, wenn nicht auch die Wechselwirkungen berücksichtigt werden, die zwischen privater Informationsbeschaffung und der Bereitstellung öffentlicher Informationen bestehen.[1] Für Kapitalanlageentscheidungen auf dem Sekundärmarkt kommt es vor allem darauf an, besser als andere Marktteilnehmer informiert zu sein. Daher ist zu erwarten, daß erhebliche Mittel für private Informationsbeschaffung aufgewendet werden mit dem Ziel, einen Informationsvorsprung vor anderen Investoren zu erlangen. Diese Aufwendungen können möglicherweise reduziert werden, wenn Informationen in allgemein zugänglicher Weise publiziert werden. Unter welchen Voraussetzungen dies gelingt, wird im vierten Abschnitt dieses Kapitels näher erörtert.

Eine asymmetrische Informationsverteilung besteht aber nicht nur zwischen den Investoren auf dem Sekundärmarkt, sondern auch zwischen dem Management einer Unternehmung und deren Kapitalgebern. Da die Kapitalgeber wissen, daß sie aufgrund ihres Informationsnachteils erheblichen Risiken ausgesetzt sind, werden Finanzierungsbeziehungen nur unter sehr erschwerten Bedingungen zu Stande kommen. Daher ist es wichtig, die bestehende Informationsasymmetrie abzubauen, um so das Mißtrauen der Kapitalgeber zu überwinden. Welchen Beitrag des Rechnungswesen hierzu leisten kann, wird im fünften Abschnitt dieses Kapitels untersucht.

---

1 Auf diese Wechselwirkung haben insbesondere Gonedes (1975), (1980); Gonedes/Dopuch (1974) sowie Gonedes/Dopuch/Penman (1976) hingewiesen.

3.2 Kapitalmarkttheoretische und informationstheoretische Grundlagen

3.2.1 Das verwendete Kapitalmarktmodell

In diesem Abschnitt wird ein Kapitalmarktmodell entwickelt, das den theoretischen Bezugsrahmen bildet für die Analyse von Informationsprozessen auf Wertpapiermärkten. Ein besonderer Schwerpunkt liegt dabei auf wohlfahrtstheoretischen Fragestellungen, die bei der Beurteilung des gesellschaftlichen Wertes von Informationen wieder aufgegriffen werden.

Ausgangspunkt der folgenden Überlegungen ist ein Kapitalmarkt, auf dem Wertpapiere, die Anwartschaften auf künftige, mit Unsicherheit behaftete Zahlungen verbriefen, gehandelt werden.[1] Die ökonomischen Aktivitäten erstrecken sich auf zwei Zeitpunkte t_0 (Gegenwart) und t_1 (Zukunft). Die Unsicherheit über die zukünftigen Erträge der Wertpapiere wird modellmäßig dadurch berücksichtigt, daß die Höhe der Zahlungen, die mit einem Wertpapier verbunden sind, vom Eintritt eines Umweltzustandes abhängen. Dabei wird vorausgesetzt, daß allen Kapitalmarktinvestoren $i \in I$ der gegenwärtige Zustand der Umwelt bekannt ist und allen künftigen Umweltzuständen $s \in S$ (subjektive) Eintrittswahrscheinlichkeiten $\pi_{is} \geq 0$ zugeordnet werden können. Die Verteilung der Eintrittswahrscheinlichkeiten braucht nicht homogen zu sein, allerdings wird vorausgesetzt, daß alle Kapitalmarktinvestoren sowohl hinsichtlich der Partitionierung des Zustandsraumes in einzelne Zustände übereinstimmen als auch Einigkeit darüber besteht, welchen Umweltzuständen eine positive Eintrittswahrscheinlichkeit zugeordnet wird. Schließlich ist ebenfalls allgemein bekannt, welche Zahlung a_{js} mit einem Wertpapier vom Typ $j \in J$ im Zustand s verbunden ist. Wird eine reine Tauschwirtschaft betrachtet, so sind

---

1 Vgl. hierzu auch *Diamond, P.* (1967); *Hirshleifer* (1965), (1966), (1974); *Myers* (1968).

die zustandsabhängigen Zahlungen a_{js} exogen gegeben, wird eine Produktions- und Tauschwirtschaft zugrunde gelegt, so hängen die künftigen Zahlungsüberschüsse auch von den Investitionsentscheidungen der Unternehmen ab. Mit $\mathcal{A} \equiv \{a_{js}\}_{j,s}$ wird die J×S Matrix der zustandsabhängigen Zahlungsüberschüsse bezeichnet.[2]

Handel findet statt in Ansprüchen auf gegenwärtigen Konsum sowie in Wertpapieren, die Ansprüche auf künftige Zahlungen und somit auf künftigen Konsum verbriefen. c_{0i} bezeichnet den gegenwärtigen Konsum und z_{ij} ist die Anzahl der Wertpapiere vom Typ j , die der Investor i in seinem Portefeuille hält, und die ihm im Zeitpunkt t_1 bei Eintritt des Umweltzustandes s einen Konsum in Höhe von $c_{is} = \sum_j z_{ij} \cdot a_{js}$ ermöglichen. Der sich so ergebende Konsumstrom wird durch den (S+1)- dimensionalen Vektor $\alpha_i \equiv (c_{i0}, c_{i1}, \dots, c_{iS})$ beschrieben. Mit $\overline{c}_{0i}$ und $\overline{z}_{ij}$ wird die Erstausstattung des Investors i bezeichnet und P_j steht für den (gegenwärtigen) Preis des Wertpapiers j. Der Preis für den gegenwärtigen Konsum wird sinnvollerweise auf 1 normiert. Damit kann für das Anfangsvermögen des Investors i , $\overline{w}_{i0}$ geschrieben werden:

$$(3.2.1.1) \quad \overline{w}_{i0} = \overline{c}_{i0} + \sum_{j \in J} \overline{z}_{ij} \cdot P_j$$

Die Zielsetzung eines jeden Investors besteht nun darin, sein Anfangsvermögen in der Weise auf gegenwärtigen Konsum und auf Wertpapiere aufzuteilen, daß sein Nutzen maximiert wird. Die Nutzenfunktionen aller Kapitalmarktteilnehmer sind vom von Neumann-Morgenstern-Typ, d. h. für den Investor i gilt:

$$(3.2.1.2) \quad U_i(\alpha) = \sum_{s \in S} \pi_{is} \cdot U_{is}(c_{i0}, c_{is})$$

---

2 J bzw. S bezeichnen sowohl die Menge als auch die Anzahl der Wertpapiere bzw. Umweltzustände.

$$\text{mit} \quad \frac{\partial U_{is}(c_{i0},c_{is})}{\partial c_{i0}} > 0 \, , \quad \frac{\partial U_{is}(c_{i0},c_{is})}{\partial c_{is}} > 0 \, ,$$

$$\frac{\partial^2 U_{is}(c_{i0},c_{is})}{\partial c_{i0}^{\,2}} < 0 \, , \quad \frac{\partial^2 U_{is}(c_{i0},c_{is})}{\partial c_{is}^{\,2}} < 0 \qquad \text{für alle } s \in S$$

Ein Marktgleichgewicht liegt dann vor, wenn jeder Kapitalmarktinvestor seine Nutzenfunktion (3.2.1.2) durch entsprechende Wahl von z_{ij} und c_{i0} maximiert unter Beachtung der Budgetrestriktion:

$$(3.2.1.3) \quad \bar{c}_{i0} + \sum_{j\in J} \bar{z}_{ij} \cdot P_j = c_{i0} + \sum_{j\in J} z_{ij} \cdot P_j$$

Weiterhin muß im Marktgleichgewicht die Bedingung der Markträumung erfüllt sein:

$$Z_j = \sum_{i\in I} z_{ij} \quad \text{sowie} \quad C_0 = \sum_{i\in I} c_{i0} \qquad \text{für alle } j \in J$$

Z_j bzw. C_0 geben den Gesamtbestand der Volkswirtschaft an Wertpapieren vom Typ j bzw. an gegenwärtigem Konsum an.

Bilden der Lagrange-Funktion aus (3.2.1.2) und (3.2.1.3) und Differentiation nach c_{i0} und z_{ij} ergibt folgende Optimalitätsbedingungen:

$$(3.2.1.4) \quad \sum_{s\in S} \pi_{is} \cdot \frac{\partial U_{is}(c_{i0},c_{is})}{\partial c_{i0}} = \lambda_i \qquad \text{für alle } i \in I$$

$$(3.2.1.5) \quad \sum_{s\in S} \pi_{is} \cdot \frac{\partial U_{is}(c_{i0},c_{is})}{\partial c_{is}} \cdot a_{js} = \lambda_i \cdot P_j \qquad \text{für alle } i \in I, \; j \in J$$

Das Symbol λ_i steht für den Lagrange-Multiplikator, der der Nebenbedingung (3.2.1.3) zugeordnet ist. Durch Division von (3.2.1.5) durch (3.2.1.4) kann λ_i eleminiert werden und man erhält:

$$\sum_{s \in S} \left\{ \frac{\pi_{is} \cdot \dfrac{\partial U_{is}(c_{i0}, c_{is})}{\partial c_{is}}}{\sum\limits_{s \in S} \pi_{is} \cdot \dfrac{\partial U_{is}(c_{i0}, c_{is})}{\partial c_{i0}}} \right\} \cdot a_{js} = P_j \qquad \text{für alle } i \in I,\ j \in J \tag{3.2.1.6}$$

Der Ausdruck in geschweiften Klammern gibt die Grenzrate der Substitution des Investors i zwischen Konsum in t_1 im Zustand s und heutigen Konsum an und wird als Grenzrate der Substitution des Konsums im Zustand s bezeichnet. Im Konsumoptimum entspricht die Summe der mit den jeweiligen Zahlungsüberschüssen gewichteten Grenzraten der Substitution des Konsums in den einzelnen Zuständen dem Preis eines Wertpapiers.

Werden die Substitutionen

$$u_{is} \equiv \pi_{is} \cdot \frac{\partial U_{is}(c_{i0}, c_{is})}{\partial c_{is}} \qquad \text{sowie}$$

$$u_{i0} \equiv \sum_{s \in S} \pi_{is} \cdot \frac{\partial U_{is}(c_{i0}, c_{is})}{\partial c_{i0}}$$

vorgenommen, so vereinfacht sich die Schreibweise in (3.2.1.6) zu:

$$\sum_{s \in S} \frac{u_{is}}{u_{i0}} \cdot a_{js} = P_j \qquad \text{für alle } i \in I,\ j \in J \tag{3.2.1.6'}$$

Die linke Seite von (3.2.1.6') kann auch als Grenzrate der Substitution zwischen dem Wertpapier j und gegenwärtigem Konsum, oder verkürzt als Grenzrate der Substitution des Wertpapiers j bezeichnet werden. Da Beziehung (3.2.1.6') für alle Investoren und Wertpapiere erfüllt ist, gilt im Marktgleichgewicht, daß für jedes Wertpapier die Grenzraten der Substitution aller Investoren identisch sind. Diese Eigenschaft ist für die wohlfahrtstheoretische Beurteilung des Marktgleichgewichts von Bedeutung und wird bei der späteren Analyse der Wirkungen öffentlicher Informationen eine wichtige Rolle spielen.

Man kann nun leicht nachweisen, daß jedes durch (3.2.1.6) beschriebene Konkurrenzgleichgewicht die Eigenschaft der "*eingeschränkten Pareto-Effizienz*" besitzt und umgekehrt jede eingeschränkt Pareto-effiziente Allokation von Wertpapieren bei einer geeigneten Verteilung der Erstausstattungen durch ein Konkurrenzgleichgewicht erzeugt werden kann.[3] Eine Güterallokation $\alpha = (\alpha_1, \ldots, \alpha_i, \ldots, \alpha_I)$ erfüllt dann die Eigenschaft der eingeschränkten Pareto-Effizienz, wenn es bei gegebenem gesamtwirtschaftlichen Bestand an heutigem Konsum und bei gegebenem Bestand an Wertpapieren mit der durch diesen Bestand erzeugten Matrix der zustandsabhängigen Zahlungsüberschüsse $\mathcal{A}$ keine andere Allokation α' gibt mit der Eigenschaft, daß kein Investor durch α' schlechter gestellt wird, aber mindestens ein Investor ein höheres Nutzenniveau erreichen kann.[4] Somit erfüllt α dann die Eigenschaft der eingeschränkten Pareto-Effizienz, wenn α eine Lösung darstellt des folgenden Optimierungsproblems:

$$g(\mathcal{A}, \upsilon) \equiv \max_{\alpha} U_1(\alpha_1)$$

unter den Bedingungen,

1. daß α bei gegebener Matrix $\mathcal{A}$ und bei gegebener Güterausstattung zulässig ist, d.h.

---

3 Ein Beweis dieser Aussage ist in Ohlson (1987), S. 94 f. zu finden.

4 Zum Konzept der eingeschränkten Pareto-Effizienz siehe: Diamond, P. (1967); Grossman (1977 a).

$$\alpha \in G(\mathcal{A}) \equiv \left\{ \alpha \,\middle|\, c_{is} = \sum_{j \in J} z_{ij} \cdot a_{js} \quad \text{für alle } s \in S \right.$$
$$\left. \text{und} \quad \sum_{i \in I} z_{ij} = Z_j \quad \text{für alle } j \in J \; , \; \sum_{i \in I} c_{i0} = C_0 \right\}$$

2. daß alle anderen Marktteilnehmer ein bestimmtes Mindestnutzenniveau nicht unterschreiten, d.h.

$$U_i(\alpha_i) \geq \upsilon_i \qquad i = 2, \dots, I \; .$$

Durch Variation von υ_i erhält man die Menge aller eingeschränkt Pareto-effizienten Allokationen $G^*(\mathcal{A}) \subset G(\mathcal{A})$, die offensichtlich eine Teilmenge der zulässigen Allokationen ist. Der Zusatz "eingeschränkt" bezieht sich auf die Matrix der zustandsabhängigen Zahlungsüberschüsse $\mathcal{A}$, die als gegeben angesehen wird. Von $\mathcal{A}$ hängt wiederum ab, welche Möglichkeiten zur Risikoallokation in der Volkswirtschaft gegeben sind. Der durch die Matrix $\mathcal{A}$ aufgespannte Vektorraum wird mit $C(\mathcal{A}) \equiv \{c_i | \; c_i = z_i \cdot \mathcal{A}, \text{ für alle } z_i\}$ bezeichnet. Wird z.B. eine Situation betrachtet, in der es zwei Umweltzustände und ein Wertpapier mit den Zahlungen a_1 bzw. a_2 gibt, so ist offensichtlich, daß der Konsum eines jeden Investors in beiden Zuständen nur im Verhältnis ${}^{a_1}/{}_{a_2}$ erfolgen kann. Eine Allokation α erfüllt dann die Eigenschaft der eingeschränkten Pareto-Effizienz, wenn es unter Berücksichtigung der Restriktion $c_{i1} = ({}^{a_1}/{}_{a_2}) \cdot c_{i2}$ keine Güterallokation α' gibt, die von allen Marktteilnehmern präferiert wird.

Dies schließt aber nicht aus, daß es bei Wegfall der durch $\mathcal{A}$ induzierten Restriktion eine Güterallokation α'' gibt, die α dominiert. Diese Überlegung führt zum Begriff der "*vollständigen*" Pareto-Effizienz. Diese ist für eine Allokation α dann gegeben, wenn es keine andere Allokation α' gibt, die mindestens einen Marktteilnehmer besser stellt ohne einen anderen schlechter zu stellen, wobei lediglich die

Güterausstattung der Volkswirtschaft als gegeben angesehen wird, aber keine Beschränkungen hinsichtlich der Tauschmöglichkeiten berücksichtigt werden.

Vollständige Pareto-Effizienz liegt dann vor, wenn die Grenzraten der Substitution des Konsums aller Investoren in jedem Zustand identisch sind:

$$(3.2.1.7) \quad \frac{u_{1s}}{u_{10}} = \frac{u_{2s}}{u_{20}} = \ldots = \frac{u_{is}}{u_{i0}} = P_s$$

Aus (3.2.1.7) ist ersichtlich, daß es bei Vorliegen der vollständigen Pareto-Effizienz nicht möglich ist, durch eine Umverteilung von Konsumansprüchen den Nutzen eines Investors zu erhöhen, ohne den eines anderen zu senken.

Wird vollständige Pareto-Effizienz erreicht, so ist der Wertpapiermarkt äquivalent zu einem sogenannten *Arrow-Debreu*-Markt[5], auf dem Ansprüche auf Konsumeinheiten, die auf den Eintritt einzelner Umweltzustände konditioniert sind, gehandelt werden können. Der Preis eines solchen *Arrow-Debreu-* Wertpapiers für den Zustand s wird mit P_s bezeichnet. Ein Wertpapier kann nun als Bündel von zustandsabhängigen Konsumansprüchen aufgefaßt werden; entsprechend erhält man den Preis eines Wertpapiers als Wert der in ihm enthaltenen zustandsabhängigen Zahlungsansprüche:

$$(3.2.1.8) \quad P_j = \sum_{s \in S} P_s \cdot a_{js} \qquad \text{für alle } j \in J$$

Auch auf einem unvollständigen Markt läßt sich der Preis eines jeden Wertpapiers darstellen als Produkt aus dem Zahlungsvektor mit einem Vektor impliziter zustandsabhängiger Preise, allerdings gibt es dann mehrere Vektoren impliziter Preise, die Beziehung (3.2.1.8) erfüllen.

---

5 Vgl. Arrow (1964); Debreu (1959).

Es stellt sich nun die Frage, unter welchen Voraussetzungen der Kapitalmarkt die Eigenschaft der vollständigen Pareto-Effizienz aufweist. Hinreichend hierfür ist, daß der Wertpapiermarkt vollständig ist, d.h. die Anzahl der Wertpapiere mit linear unabhängigen Zahlungsansprüchen der Anzahl der Umweltzustände entspricht, so daß die Matrix $\mathcal{A}$ den Rang S hat. Unter zusätzlichen Annahmen kann jedoch auch ein unvollständiger Markt die Eigenschaft der vollständigen Pareto-Effizienz aufweisen. Besitzen die Nutzenfunktionen und Wahrscheinlichkeitsverteilungen aller Marktteilnehmer bestimmte Eigenschaften, so werden nicht alle Tauschmöglichkeiten, die ein vollständiger Markt bietet, auch tatsächlich benötigt, um eine vollständig Pareto-effiziente Güterallokation zu erreichen. In diesem Fall kann deshalb auch trotz eines in einem bestimmten Sinne unvollständigen Marktes die Marginalbedingung (3.2.1.7) erfüllt sein. Im folgenden sollen zwei wichtige Annahmekonstellationen genannt werden, bei deren Vorliegen auch ein unvollständiger Markt vollständig Pareto-effizient ist:

1. Gilt für zwei Umweltzustände s und t,

(i) daß die gesamtwirtschaftliche Güterausstattung identisch ist, d.h.

$$\sum_{i \in I} \sum_{j \in J} z_{ij} \cdot a_{js} \equiv C_s = C_t \equiv \sum_{i \in I} \sum_{j \in J} z_{ij} \cdot a_{jt} \quad ,$$

(ii) die Nutzenfunktionen aller Investoren zustandsunabhängig sind bezüglich s und t, d.h.

$$U_{is}(\cdot,\cdot) = U_{it}(\cdot,\cdot) \qquad \text{für alle } i \in I \text{ , und}$$

(iii) die relative Wahrscheinlichkeit π_{is}/π_{it} für alle $i \in I$ homogen ist, dann kann eine Güterallokation nur vollständig Pareto-effizient sein, wenn gilt:

$$c_{is} = c_{it} \quad \text{für alle } i \in I.$$ [6]

Dieses Ergebnis kann man leicht nachweisen, wenn man zwei Allokationen α und α' miteinander vergleicht, die jeweils die Bedingung $C_s = C_t$ erfüllen und zudem völlig identisch sind mit Ausnahme der Konsummengen, die ein beliebiger Investor i in den Zuständen s und t hält. Für die beiden Zustände s und t gilt im einzelnen:

$$c'_{is} \neq c'_{it} \qquad \text{für mindestens ein } i \in I$$

$$c_{is} = c_{it} = \frac{1}{\pi_{is} + \pi_{it}} \cdot \left[\pi_{is} \cdot c'_{is} + \pi_{it} \cdot c'_{it}\right] \qquad \text{für alle } i \in I$$

Aufgrund von Annahme (iii) erfüllt die Allokation α die Bedingung (i). Werden die Nutzenwerte beider Allokationen über die Zustände s und t miteinander verglichen, so erhält man aufgrund der Konkavität der Nutzenfunktion:

$$\left(\pi_{is} + \pi_{it}\right) \cdot \left[\frac{\pi_{is}}{\pi_{is} + \pi_{it}} \cdot U_i\left(c_{io}, c'_{is}\right) + \frac{\pi_{is}}{\pi_{is} + \pi_{it}} \cdot U_i\left(c_{io}, c'_{it}\right)\right]$$

$$\leq \left(\pi_{is} + \pi_{it}\right) \cdot U_i\left(c_{io}, \frac{1}{\pi_{is} + \pi_{it}} \cdot \left[\pi_{is} \cdot c'_{is} + \pi_{it} \cdot c'_{it}\right]\right)$$

wobei die Ungleichung strikt gilt, sofern $c'_i \neq c'_{it}$.

Offensichtlich trägt eine Unterscheidung in die Zustände s und t nichts zur Risikoallokation bei, so daß s und t in einen "Super-" Zustand vereinigt werden können. Damit reichen S-1 Wertpapiere mit linear unabhängigen Zahlungsvektoren aus, um Vollständigkeit bezüg-

---

6 Vgl. hierzu Ohlson (1987), S. 55-57 sowie S. 96 f. Zum gleichen Ergebnis führt das von Amershi (1985) entwickelte Kriterium der "*Minimal Aggregate Wealth Statistics*". Auf strengeren Voraussetzungen dagegen beruht das Konzept der "*Supershares*" von Hakansson (1978).

lich des neu partitionierten Zustandsraumes zu gewährleisten. Vollständige Pareto-Effizienz wird allerdings nur dann sichergestellt, wenn zusäztlich angenommen wird, daß gilt:

(iv) $a_{js} = a_{jt}$ für alle $j \in J$

Bedingung (i) und $c_{is} = c_{it}$ können zwar auch erfüllt sein, wenn $a_{js} \neq a_{jt}$ gilt, allerdings nur dann, wenn die Wertpapiere in einer bestimmten Relation gehalten werden. Diese Restriktion kann aber verhindern, daß trotz Vollständigkeit des Marktes vollständige Pareto-Effizienz erreicht wird.

2. Die zweite Bedingungskonstellation fordert homogene Wahrscheinlichkeiten über alle Zustände sowie zeitadditive und zustandsunabhängige Nutzenfunktionen, die der HARA-Klasse (*H*yperbolic *A*bsolute *R*isk *A*version) angehören und somit eine lineare Risikotoleranz aufweisen. Bei Verwendung dieser speziellen Klasse von Nutzenfunktionen kann die optimale Konsumhöhe eines Investors im Zustand s explizit angegeben werden:[7]

$$c_{is}(\gamma_i,\overline{I}_i) = k_1(\gamma_i,\overline{I}_i) + k_2(\gamma_i,\overline{I}_i)\cdot\left(\frac{P_s}{\pi_{is}}\right)^{-\beta_i} \qquad \text{für alle } s \in S\ ,\ i \in I \tag{3.2.1.9}$$

Hierbei bezeichnet γ_i das konstante Glied und β_i den Steigungskoeffizienten der (linearen) Risikotoleranzfunktion, $\overline{I}_i$ steht für den (exogen gegebenen) Betrag, der für den Kauf von Wertpapieren ausgegeben wird und $k_1(\cdot)$ bzw. $k_2(\cdot)$ sind zwei Funktionen, die unabhängig vom jeweiligen Umweltzustand sind.

Aus (3.2.1.9) ist ersichtlich, daß jeder Investor eine Konsumallokation wählt, die aus einer sicheren, d.h. zustandsunabhängigen Position $k_1(\cdot)$ sowie aus einem Portefeuille riskanter Wertpapiere $k_2(\cdot)\cdot\left(\frac{P_s}{\pi_s}\right)^{-\beta_i}$ besteht. Wird (3.2.1.9) unter der Annahme homogener Erwartungen und identischer Werte für β über alle Investoren aufaddiert,

---

7 Vgl. hierzu Anhang A.3.1.

$$(3.2.1.10)\quad \sum_{i \in I} c_{is}(\gamma_i, \bar{I}_i) = C_s = K_1 + K_2 \cdot \left(\frac{P_s}{\pi_s}\right)^{-\beta} \qquad \text{für alle } s \in S$$

so wird offensichtlich, daß jeder Investor eine Konsumallokation hält, die sich aus einem sicheren Wertpapier sowie aus einem Anteil am Marktportefeuille zusammensetzt. Somit reichen zwei Wertpapiere, eine risikofreie Anlage/Verschuldung und ein Anteil am Marktportefeuille aus, um eine vollständig Pareto-effiziente Güterallokation zu gewährleisten.[8]

3.2.2 Zur Konzeption eines Informationssystems

Informationen können im entscheidungstheoretischen Kontext als Signale bzw. Indikatoren aufgefaßt werden, die einen - im allgemeinen unvollständigen - Rückschluß auf den wahren Zustand der Umwelt ermöglichen.[9] Umweltzustände und Signale müssen daher in einer bestimmten Weise miteinander (stochastisch) verknüpft sein. Dieser Zusammenhang wird durch eine bedingte Wahrscheinlichkeitsverteilung $\pi(y/s)$ erfaßt, die angibt, mit welcher Wahrscheinlichkeit ein Informationssystem η das Signal y liefert, wenn s der wahre Zustand der Umwelt ist. Aus $\pi(y/s)$ und der a priori Wahrscheinlichkeitsverteilung über die Umweltzustände $\pi(s)$ erhält man dann aufgrund der Bayes-Formel:

$$(3.2.2.1)\qquad \pi(y/s) = \frac{\pi(y/s) \cdot \pi(s)}{\sum_{s \in S} \pi(y/s) \cdot \pi(s)}$$

8 Siehe hierzu: <u>Cass/Stiglitz</u> (1970); <u>Merton</u> (1984); <u>Ohlson</u> (1987), S. 53 f.

9 Der entscheidungstheoretische Informationsbegriff wurde vor allem durch die Arbeiten von *Jacob Marschak* geprägt. Vgl. z.B. <u>Marschak</u> (1954), (1963), (1971); <u>Marschak/Miyasawa</u> (1968); <u>Marschak/Radner</u> (1972).

Offensichtlich führt der Erhalt einer Information zu einer Revision der Wahrscheinlichkeitsurteile und beeinflußt damit die Konsumpläne der Kapitalmarktinvestoren.[10] Lediglich dann, wenn y und s unabhängig verteilite Zufallsvariablen sind, gilt $\pi(s/y) = \pi(s)$; d.h. das Signal besitzt keinen Informationsgehalt.

Informationssysteme, die Zerlegungsinformationen[11] liefern, sind dadurch gekennzeichnet, daß sie sichere Auskunft darüber geben, in welcher Teilmenge möglicher Umweltzustände der wahre Zustand der Umwelt liegt. Die unterschiedlichen Signale, die ein Zerlegungsinformationssystem liefert, induzieren somit eine Zerlegung $\mathcal{Q}^n$ des Zustandsraumes in disjunkte Teilmengen S_y, so daß jedem Umweltzustand genau ein Signal zugeordnet ist.[12] Für die bedingte Wahrscheinlichkeitsverteilung $\pi(y/s)$ gilt damit:

$$\pi(y/s) = \begin{cases} 1 & \text{wenn } s \in S_y \\ 0 & \text{wenn } s \notin S_y \end{cases} \tag{3.2.2.2}$$

Daraus folgt für die a posteriori Wahrscheinlichkeitsverteilung $\pi(s/y)$:

$$\pi(s/y) = \begin{cases} \pi(s) \big/ \pi(y) & \text{wenn } s \in S_y \\ 0 & \text{wenn } s \notin S_y \end{cases} \tag{3.2.2.3}$$

---

10 Aus der Marginalbedingung (3.2.1.7) ist zu erkennen, daß der Konsum eines Investors bei gegebenen Preisen um so größer ist, je höher die Eintrittswahrscheinlichkeit für diesen Zustand ist.

11 Vgl. *Ferschl* (1982); "*noiseless information*" in der Terminologie von *Marschak/Radner* (1972), S. 47.

12 Durch eine geeignete Erweiterung der Zustandsraumdefinition kann jedes Informationssystem als ein Zerlegungsinformationssystem dargestellt werden. Ein Umweltzustand ist dann nicht nur durch das Eintreten einer Konstellation exogener Gegebenheiten gekennzeichnet, sondern zusätzlich auch durch den Erhalt eines bestimmten Signals.

Für Zerlegungsinformationssysteme existiert ein sehr naheliegendes Kriterium, das zwei Informationsstrukturen η'' und η' nach dem Grad der Genauigkeit ordnet. η'' ist demnach genauer als η', wenn $\mathfrak{Q}^{\eta''}$ eine feinere Zerlegung des Zustandsraumes darstellt als $\mathfrak{Q}^{\eta'}$, d.h. wenn zu jedem $S_{y'}$ ein $S_{y''}$ existiert mit der Eigenschaft: $S_{y''} \subseteq S_{y'}$. Ein Informationssystem enthält dann keine relevanten Informationen, wenn S_y aus dem gesamten Zustandsraum besteht, vollständige Information dagegen ist dadurch gekennzeichnet, daß jedes S_y genau einem Umweltzustand entspricht. Offensichtlich kann vollständige Information nur dann vorliegen, wenn die Anzahl der Signale der der Umweltzustände entspricht. Weiterhin ist offensichtlich, daß das Kriterium der Feinheit nur eine partielle Ordnung von Informationssystemen erlaubt.

Die relative Genauigkeit von Informationssystemen, die keine Zerlegungsinformationen liefern, kann anhand des *Blackwell*-Kriteriums bestimmt werden. Demnach ist η'' genauer als η', wenn für die bedingten Wahrscheinlichkeitsverteilungen gilt:

(3.2.2.4) $$\pi(y'/s) = \sum_{y'' \in Y''} \pi(y''/s) \cdot m_B(y',y'') \qquad \text{für alle} \quad s \in S,\ y' \in Y'$$

$$\text{mit} \qquad \sum_{y' \in Y'} m_B(y',y'') = 1$$

$$m_B(y',y'') \geq 0 \qquad \text{für alle} \quad y' \in Y',\ y'' \in Y''$$

Bedingung (3.2.2.4) wird leichter verständlich, wenn auf ein etwas spezielleres Kriterium zurückgegriffen wird. Wird $m_B(y',y'')$ durch die bedingte Wahrscheinlichkeitsverteilung $\pi(y'/y'')$ ersetzt, so ist $\sum_{y'} m_B(y'/y'') = 1$ sowie $m_B(y'/y'') \geq 0$ immer erfüllt. Für (3.3.2.4) kann dann geschrieben werden:

$$(3.2.2.5) \qquad \pi(y'/s) = \sum_{y''\in Y''} \pi(y'',y'/s) = \sum_{y''\in Y''} \pi(y''/s) \cdot \pi(y'/y'')$$

für alle $s \in S$, $y' \in Y'$

Gilt die Identität in (3.2.2.5) nicht nur für die Randverteilung, sondern für jeden Wert der gemeinsamen Dichtefunktion $\pi(y''.y'/s)$, so folgt:[13]

$$(3.2.2.6) \qquad \pi(y'',y'/s) = \pi(y''/s) \cdot \pi(y'/y'') \qquad \text{für alle } s \in S,\ y' \in Y',\ y'' \in Y''$$

Aus (3.2.2.6) ist ersichtlich, daß y'' eine suffiziente Statistik für das Paar (y'',y') bezüglich s darstellt, d.h. alle Informationen, die (y'',y') über den wahren Umweltzustand liefern, sind auch in y'' enthalten. Die Beobachtung von y' über y'' hinaus liefert keine zusätzlichen Informationen, sondern beinhaltet lediglich eine zusätzliche Quelle der Unsicherheit. Oder anders ausgedrückt: η' enthält keine Informationen über s, sondern lediglich unvollständige Informationen über η''. Auch (3.2.2.6) sowie (3.2.2.4) ermöglichen nur eine partielle Ordnung von Informationssystemen.

Bedingung (3.2.2.6) geht über in das Feinheitskriterium, wenn $\pi(y'/y'')$ entweder den Wert 1 oder 0 annimmt:

$$(3.2.2.7) \qquad \pi(y'/y'') = \begin{cases} 1 & \text{wenn } S_{y''} \subseteq S_{y'} \\ 0 & \text{wenn } S_{y''} \not\subseteq S_{y'} \end{cases}$$

Werden Informationssysteme betrachtet, die öffentliche Informationen liefern, so ist zu klären, unter welchen Voraussetzungen alle Marktteilnehmer das Informationssystem η'' als genauer ansehen als

---

13 Kriterium (3.3.2.6) wird auch als "*garbling*" bezeichnet; vgl. *Marschak/Miyasawa* (1968), S. 149; *Marschak/Radner* (1972), S. 64 f.

η'. Hierzu ist offensichtlich erforderlich, daß (3.2.2.4) für alle $i \in I$ erfüllt ist:

$$(3.2.2.4') \quad \pi_i(y'/s) = \sum_{y'' \in Y''} \pi_i(y''/s) \cdot m_B(y',y'') \qquad \text{für alle } i \in I,\ s \in S,\ y' \in Y'$$

Da im Fall von Zerlegungsinformationen $m_B(y',y'')$ entweder den Wert 1 oder 0 annimmt, ist hier ein Vergleich von Informationssystemen auf interpersonaler Ebene nur möglich, wenn homogene Wahrscheinlichkeiten vorliegen.

Für die spätere Analyse sind zwei spezielle Zerlegungen des Zustandsraumes von Interesse. Zunächst soll diejenige Zustandsraumzerlegung $\mathfrak{Q}'$, die alle in der Volkswirtschaft überhaupt vorhandenen Informationen widerspiegelt, näher charakterisiert werden. $\mathfrak{Q}'$ geht aus dem Zentralisieren[14] der von allen Marktteilnehmern $i \in I$ gehaltenen Informationen hervor und ist diejenige gröbste Zerlegung. die gerade noch alle Zerlegungen $\mathfrak{Q}^i$, $i \in I$, enthält.

Zur Verdeutlichung diene folgendes Beispiel: Der Zustandsraum besteht aus den neun Elementarereignissen $s_1,\ldots,s_9$. Es gibt zwei Marktteilnehmer, deren Informationsstand durch die Zerlegungen

$$\mathfrak{Q}^1 = \left\{ \{s_1\}, \{s_2\}, \{s_3, s_4\}, \{s_5, s_6, s_7\}, \{s_8, s_9\} \right\}$$

$$\mathfrak{Q}^2 = \left\{ \{s_1, s_2\}, \{s_3, s_4, s_5\}, \{s_6, s_7\}, \{s_8\}, \{s_9\} \right\}$$

gekennzeichnet ist.

---

14 Zum Zentralisieren ("*joining*") von Informationen siehe: Marschak/Miyasawa (1968), S. 151 f.

Die insgesamt vorhandenen Informationen werden durch $\mathcal{Q}'$ wiedergegeben, für das gilt:

$$\mathcal{Q}' = \left\{\{s_1\}, \{s_2\}, \{s_3, s_4\}, \{s_5\}, \{s_6, s_7\}, \{s_8\}, \{s_9\}\right\}$$

Offensichtlich ist $\mathcal{Q}'$ eine Unterzerlegung von $\mathcal{Q}^1$ und $\mathcal{Q}^2$.

Diejenigen Umweltzustände, die von allen Marktteilnehmern gemeinsam beobachtbar sind, erhält man, wenn diejenige feinste Zustandsraumzerlegung $\mathcal{Q}''$ betrachtet wird, die gerade noch in allen individuellen Zustandsraumzerlegungen $\mathcal{Q}^i$ enthalten ist. $\mathcal{Q}''$ geht somit durch Zusammenfassen von Informationen aus den einzelnen Zerlegungen $\mathcal{Q}^i$ hervor, so daß alle $\mathcal{Q}^i$ Unterzerlegungen von $\mathcal{Q}''$ darstellen.[15] Im obigen Beispiel erhält man für $\mathcal{Q}''$:

$$\mathcal{Q}'' = \left\{\{s_1, s_2\}, \{s_3, s_4, s_5, s_6, s_7\}, \{s_8, s_9\}\right\}$$

Informationen können dazu dienen, genauere Kenntnisse über die Eintrittswahrscheinlichkeit künftiger Ereignisse zu erlangen. In diesem Fall kann eine Information nur dann nutzbringend sein, wenn sie eintrifft, bevor der Entscheidungsträger seine Handlungen festlegt. Daher spricht man auch von der "*pre-decision role*"[16] der Information. Die pre-decision Funktion von Jahresabschlußinformationen ist angesprochen, wenn der Zusammenhang zwischen Information und Kapitalanlageentscheidung untersucht wird. Es ist offensichtlich, daß eine Information nur dann von Nutzen sein kann, wenn nach deren Erhalt Dispositionen auf dem Kapitalmarkt getroffen werden können. Weiterhin ist offensichtlich, daß eine Information nur dann für Kapitalanlageentscheidungen dienlich ist, wenn sie Aussagen über künftige Ereignisse ermöglicht. Inwieweit Jahresab-

15 Zum Zusammenfassen von Informationen siehe: Marschak/Miyasawa (1968), S. 144. $\mathcal{Q}''$ entspricht dem Begriff des "*common knowledge*" bei Aumann (1976).

16 Demski/Feltham (1976), S. 240.

schlußinformationen diese Bedingung erfüllen, mag hier zunächst offenbleiben.

Informationen, die sich ausschließlich auf eingetretene Ereignisse beziehen, können wertvoll sein, wenn Vertragsbeziehungen zwischen Wirtschaftssubjekten untersucht werden. Offensichtlich können Verträge nur auf solche Zustände konditioniert werden, deren Eintritt von allen Vertragspartnern beobachtet werden kann, andernfalls könnte ein Vertragspartner die Erfüllung der Vertragsleistung verlangen, ohne daß vom anderen überprüft werden kann, ob die zur Erfüllung verpflichtende Bedingungskonstellation tatsächlich eingetreten ist. Indem Informationen die Vertragsmöglichkeiten der Wirtschaftssubjekte erweitern, tragen sie zu einem Wohlfahrtszuwachs bei. Dabei ist nicht notwendig, daß die Information bereits vorliegt, wenn die Vertragsbeziehung eingegangen wird, wichtig ist vielmehr, daß alle Vertragspartner zu dem Zeitpunkt, an dem sie über die Vertragsgestaltung entscheiden, wissen, daß ihnen die Information später zur Verfügung stehen wird. Entsprechend spricht man hier von der "*post-decision*"[17] Funktion der Information. Die post-decision Funktion von Rechnungslegungsinformationen wird angesprochen, wenn es um die Kontrollfunktion der externen Rechnungslegung geht. Offensichtlich kommt es dabei weniger darauf an, Rückschlüsse über künftige Entwicklungen als vielmehr intersubjektiv überprüfbare Erkenntnisse über eingetretene Ereignisse zu erhalten. Auf die post-decision Funktion von Rechnungslegungsinformationen wird im vierten Kapitel dieser Arbeit zurückzukommen sein.

---

17 Demski/Feltham (1976), S. 240.

3.2.3 Zur Bewertung von Informationssystemen

Informationen sind für eine ökonomische Analyse relevant, weil sie die Handlungsweisen von Wirtschaftssubjekten beeinflussen können. Die Entscheidungen von Wirtschaftssubjekten haben wiederum Einfluß auf die Ressourcenallokation und auf das daraus resultierende Nutzenniveau der Kapitalmarktinvestoren. Ganz allgemein kann die durch den erwarteten Zugang einer Information hervorgerufene Änderung des Erwartungsnutzens als Wert der Information bezeichnet werden. Eine genauere Definition des Informationswertes folgt im weiteren Verlauf dieses Abschnitts.

Wird die durch eine Informationsbeschaffung induzierte Nutzenänderung eines einzelnen Wirtschaftssubjekts betrachtet, so spricht man vom privaten Wert der Information. Der private Wert von Informationen ist maßgeblich für den individuellen Anreiz zur Informationsbeschaffung. Ist das Einholen von Informationen mit Kosten verbunden, so wird ein rational handelndes Wirtschaftssubjekt nur so lange Informationen beschaffen, wie der Wert der Information die mit ihrer Beschaffung verbundenen Kosten übersteigt.

Der private Wert eines Informationssystems wird folgendermaßen bestimmt: Die Verarbeitung von Informationen vollzieht sich mit Hilfe von Entscheidungsfunktionen $\big(\delta(\cdot)\big)$, die festlegen, mit welcher Aktion α_y ein Entscheidungsträger auf den Erhalt einer Nachricht reagieren wird: $\alpha_y = \delta(y)$. Hinsichtlich der hier relevanten Problemstellung besteht eine Aktion im allgemeinen in der Wahl einer Konsumallokation und die Form der Entscheidungsfunktion wird durch die Nutzenfunktion sowie durch die Wahrscheinlichkeitseinschätzungen bestimmt; in Abschnitt 3.3.2 werden auch Produktionsentscheidungen als informationsabhängig angesehen, wobei hier neben der Wahrscheinlichkeitsverteilung die Produktionsfunktion Einfluß auf die Entscheidungsfunktion nimmt.

Die nach Zugang des Signals $y \in Y$ optimale Konsumallokation des Investors i soll mit $\alpha_{iy} = (c_{ioy}, c_{isy})$ bezeichnet werden. Der erwartete Nutzen dieser Konsumallokation beträgt

$$E_{s/y}\left(U_i^y(\alpha_{iy})\right) = \sum_{s \in S} \pi_i(s/y) \cdot U_{is}(c_{ioy}, c_{isy}) \tag{3.2.3.1}$$

Da vor Informationszugang nicht bekannt ist, welches Signal eintreffen wird, ist zur Bestimmung des erwarteten Nutzens eines Informationssystems η der Erwartungswert des bedingten Erwartungsnutzens $E_{s/y}\left(U_i^y(\alpha_{iy})\right)$ zu bestimmen:

$$U_i^\eta(\alpha_{iy}) = E_y\left[E_{s/y}\left(U_i^y(\alpha_{iy})\right)\right] = \sum_{y \in Y} \pi_i(y) \cdot \sum_{s \in S} \pi_i(s/y) \cdot U_{is}(c_{ioy}, c_{isy}) \tag{3.2.3.2}$$

$$= \sum_{s \in S} \sum_{y \in Y} \pi_i(y/s) \cdot \pi_i(s) \cdot U_{is}(c_{ioy}, c_{isy})$$

Bezeichnet

$$U_i(\alpha_i) = \sum_{s \in S} \pi_i(s) \cdot U_{is}(c_{io}, c_{is}) \tag{3.2.3.3}$$

den erwarteten Nutzen der optimalen Konsumallokation ohne Information, so ist die Verwendung des Informationssystems η dann vorteilhaft für den Investor i, wenn gilt:

$$U_i^\eta(\alpha_{iy}) \geq U_i(\alpha_i) \tag{3.2.3.4}$$

Die Differenz $\left(U_i^\eta(\alpha_{iy}) \geq U_i(\alpha_i)\right)$ wird auch als privater ex ante Wert der Informationsstruktur η bezeichnet.

Die durch den Zugang einer Information ausgelöste Nutzenänderung bei allen Wirtschaftssubjekten wird als gesellschaftlicher Wert einer Information bezeichnet. Der gesellschaftliche Wert von Informationen ist ein wichtiges Maß für die Beurteilung der optimalen Informationsversorgung einer Volkswirtschaft. Da kein allgemeiner Maßstab zur Aggregation individueller Nutzenwerte existiert, soll die Beurteilung der gesellschaftlichen Vorziehenswürdigkeit eines Informationssystems anhand des Pareto-Kriteriums erfolgen. Demnach besitzt ein Informationssystem einen positiven gesellschaftlichen Wert, wenn kein Investor durch die Verwendung eines Informationssystems schlechter gestellt wird, mindestens einer aber besser gestellt wird:

$$U_i(\alpha_{iy}) \geq U_i(\alpha_i) \qquad \text{für alle } i \in I$$

(3.2.3.5)

$$U_i(\alpha_{iy}) > U_i(\alpha_i) \qquad \text{für mindestens ein } i \in I$$

Ein etwas strengeres Kriterium als (3.2.3.5) zur Beurteilung des gesellschaftlichen Wertes öffentlicher Informationen hat *Verrecchia*[18] vorgeschlagen. Dieses Kriterium knüpft an die Position eines Investors nach Informationszugang an und vergleicht den Nutzen der Güterallokation vor und nach Informationszugang auf der Basis der a posteriori Wahrscheinlichkeitsverteilung. Demnach besitzt eine Nachricht einen gesellschaftlichen Wert, wenn gilt:

$$\sum_{s \in S} \pi_i(s/y) \cdot U_{is}(c_{ioy}, c_{isy}) \geq \sum_{s \in S} \pi_i(s/y) \cdot U_{is}(c_{io}, c_{is}) \qquad \text{für alle } i \in I$$

(3.2.3.6)

$$\sum_{s \in S} \pi_i(s/y) \cdot U_{is}(c_{ioy}, c_{isy}) > \sum_{s \in S} \pi_i(s/y) \cdot U_{is}(c_{io}, c_{is}) \qquad \text{für mindestens ein } i \in I$$

18 Vgl. *Verrecchia* (1978).

Ist die Bedingung (3.2.3.6) erfüllt, so bezeichnet *Verrecchia* den Erhalt der Nachricht y als eine vollständig effiziente Information.[19] Dieses Kriterium ist zunächst lediglich auf die Beurteilung einer einzelnen Nachricht abgestellt. Es kann aber auch zur Beurteilung eines Informationssystems, das mehrere mögliche Signale sendet, herangezogen werden. In diesem Fall ist (3.2.3.6) folgendermaßen zu erweitern:

$$\sum_{s \in S} \pi_i(s/y) \cdot \left[U_{is}(c_{ioy}, c_{isy}) - U_{is}(c_{io}, c_{is}) \right] \equiv \Delta_i(y) \geq 0$$

für alle $i \in I$, $y \in Y$

(3.2.3.7)

$$\sum_{s \in S} \pi_i(s/y) \cdot \left[U_{is}(c_{ioy}, c_{isy}) - U_{is}(c_{io}, c_{is}) \right] \equiv \Delta_i(y) > 0$$

für mindestens ein $i \in I$, $y \in Y$

In dieser Formulierung verlangt das Kriterium der vollständig effizienten Information, daß keines der möglichen Signale, die ein Informationssystem enthält, dazu führen darf, daß sich die Position eines Investors, gemessen nach Informationszugang, verschlechtert.

Um den Unterschied zwischen (3.2.3.5) und (3.2.3.7) zu verdeutlichen, wird (3.2.3.3) umformuliert zu:

(3.2.3.3') $$U_i(\alpha_i) = \sum_{y \in Y} \pi_i(y) \cdot \sum_{s \in S} \pi_i(s/y) \cdot U_{is}(c_{io}, c_{is})$$

---

19 Vgl. Verrecchia (1978), S. 151. Der Begriff der vollständig effizienten Information ist zu unterscheiden von dem Begriff der Informationseffizienz. Die Eigenschaft der Effizienz entsprechend (3.2.3.6) bezieht sich auf die allokativen Wirkungen von Informationen, nicht aber auf die Informationsverarbeitungseigenschaften des Marktes.

Unter Verwendung von (3.2.3.3') kann für (3.2.3.5) geschrieben werden:

$$\sum_{y \in Y} \pi_i(y) \cdot \sum_{s \in S} \pi_i(s/y) \cdot \left[U_{is}(c_{ioy}, c_{isy}) - U_{is}(c_{io}, c_{is}) \right]$$

$$\equiv \sum_{y \in Y} \pi_i(y) \cdot \Delta_i(y) \geq 0 \qquad \text{für alle } i \in I$$

(3.2.3.5')

$$\sum_{s \in S} \pi_i(y) \cdot \sum \pi_i(s/y) \cdot \left[U_{is}(c_{ioy}, c_{isy}) - U_{is}(c_{io}, c_{is}) \right]$$

$$\equiv \sum_{y \in Y} \pi_i(y) \cdot \Delta_i(y) > 0 \qquad \text{für mindestens ein } i \in I$$

Der wesentliche Unterschied zwischen den beiden Kriterien besteht darin, daß (3.2.3.5) lediglich einen nicht-negativen Erwartungswert der Nutzendifferenzen verlangt, während (3.2.3.7) nur dann erfüllt ist, wenn diese Differenz für jedes der möglichen Signale nicht-negativ ist. Offensichtlich ist (3.2.3.7) restriktiver, so daß ein vollständig effizientes Informationssystem hinreichend ist für (3.2.3.5), ein positiver Wert im Sinne von (3.2.3.5) aber nicht (3.2.3.7) gewährleistet.

Die Unterscheidung zwischen den beiden Kriterien spielt für die folgende Analyse jedoch keine Rolle. Der Grund hierfür liegt darin, daß keine Kriterien bestimmbar sind, die angeben, unter welchen Bedingungen zwar (3.2.3.5), nicht aber (3.2.3.7) erfüllt ist. Ein solcher Fall läge dann vor, wenn $E_{s/y}\left(U_i^y(\alpha_{iy})\right)$ für einige y negativ, der Erwartungswert von $E_{s/y}\left(U_i^y(\alpha_{iy})\right)$ über alle Signale aber positiv ist. Dies erfordert eine Abwägung von Nutzenwerten bei unterschiedlichen Realisationen von y, was nur unter sehr speziellen Annahmen über die Nutzenfunktion möglich ist. Daher werden im folgenden nur Bedingungen angegeben, die (3.2.3.7) erfüllen und damit zugleich auch hinreichend sind für (3.2.3.5).

Für die Beurteilung der Vorteilhaftigkeit eines Informationssystems ist entscheidend, ob eine Information für alle Marktteilnehmer zugänglich ist oder aber ausschließlich einem Investor bekannt wird. Handelt es sich um private Information eines Investors, so gilt, daß eine (kostenlose) Nachricht für denjenigen Investor, der diese erhält, niemals nachteilhaft sein kann.[20] Dieses Ergebnis kann einfach begründet werden: Unter der Annahme, daß die Handlungen eines Investors keinen Einfluß auf die Marktpreise haben[21], stehen dem Investor alle Handlungsalternativen offen, die für ihn auch ohne Information erreichbar waren; zusätzlich eröffnet sich ihm die Möglichkeit, seine Konsumallokation an die jeweils erhaltene Nachricht anzupassen. Weiterhin gilt, daß ein im Sinne des *Blackwell*-Kriteriums genaueres Informationssystem niemals zu einem niedrigeren Erwartungsnutzen führt als ein ungenaueres Informationssystem.[22]

Publizierte Jahresabschlüsse stellen öffentliche Informationen dar, auf die die These vom nicht-negativen Informationswert nicht ohne weiteres übertragbar ist. Öffentliche Informationen haben Einfluß auf die Konsum- und Investitionsentscheidungen aller Marktteilnehmer und führen daher im allgemeinen zu Veränderungen im System impliziter Preise. Die damit verbundene Neubewertung der Erstausstattungen stellt eine Vermögensumverteilung dar, die zumindest einige Marktteilnehmer schlechter stellen kann.

Für die Analyse öffentlicher Informationssysteme ist es zweckmäßig, zunächst Umverteilungseffekte auszuklammern und ausschließlich die Auswirkungen von Informationen auf die Allokationseffizienz des Marktes zu untersuchen. Wird aus der Perspektive einer (fiktiven)

---

20 "no damage in knowledge", Marschak (1954), S. 201.

21 Diese Annahme setzt voraus, daß die anderen Marktteilnehmer aus den Handlungen des informierten Investors keine Rückschlüsse auf dessen Information ziehen. Vgl. hierzu ausführlicher Abschnitt 3.4.

22 Ein Beweis dieser Aussage ist zu finden in: Marschak/Radner (1972), S. 66.

allwissenden Planungsinstanz argumentiert, die Umverteilungseffekte durch Kompensationszahlungen ausgleichen kann, so ist für die Vorteilhaftigkeit eines öffentlichen Informationssystems allein entscheidend, ob mit Information (eingeschränkt) Pareto-effiziente Allokationen erreichbar sind, die die Allokationen ohne Information dominieren. Gilt $g(\mathcal{A},\eta,u) > g(\mathcal{A},u)$, so sind aus der Sicht der zentralen Planungsinstanz Allokationen erreichbar, bei denen kein Marktteilnehmer schlechter gestellt wird.

Die Auswirkungen von Informationen auf die Menge (eingeschränkt) Pareto-effizienter Allokationen hängen weniger von den Eigenschaften des Informationssystems selbst ab, als von dem Marktsystem. Insbesondere ist entscheidend, inwieweit Allokationen auf den Erhalt einer Nachricht konditioniert werden können. In Abschnitt 3.3.1.1 werden drei Marktsysteme vorgestellt, die sich dadurch unterscheiden, in welchem Ausmaße sie Signal-abhängige Allokationen zulassen. Daran anschließend wird in Abschnitt 3.3.1.2 für jedes der drei Marktsysteme untersucht, in welcher Weise öffentliche Informationen die Menge (eingeschränkt) Pareto-effizienter Allokationen beeinflußt.

Wird die Annahme, daß Kompensationszahlungen zulässig sind, aufgehoben, so ist die gesellschaftliche Vorteilhaftigkeit eines öffentlichen Informationssystems nur dann gewährleistet, wenn Wohlfahrtsverluste aufgrund von Umverteilungswirkungen ausgeschlossen werden können. Die Bedingungen, unter denen dies gegeben ist, werden in Abschnitt 3.3.1.3 erörtert.

3.3 Der gesellschaftliche Wert öffentlicher Informationen

3.3.1 Der gesellschaftliche Wert öffentlicher Informationen in einer reinen Tauschwirtschaft

3.3.1.1 Marktsystem und Information

Informationen reduzieren zwar die Unsicherheit über künftige Umweltentwicklungen, sie sind aber zugleich auch eine Quelle der Unsicherheit, da ex ante nicht bekannt ist, welches Signal ein Informationssystem liefert. Werden private Informationen betrachtet, so ist das mit dem Informationszugang verbundene Risiko für den Entscheidungsträger unerheblich, da seine Handlungsmöglichkeiten und damit die von ihm erreichbaren Konsumpositionen nicht beeinträchtigt werden. Öffentliche Informationen dagegen haben einen Einfluß auf die Wertpapierpreise, d.h. auf den Wert zustandsabhängiger Zahlungsansprüche. Damit hängt auch der Reichtum eines Kapitalmarktinvestors und seine Möglichkeiten, zustandsabhängige Zahlungsansprüche umzuschichten, von der erhaltenen Nachricht ab. Unsicherheit darüber, welches Signal ein öffentliches Informationssystem liefert, impliziert damit für jeden Kapitalmarktinvestor zugleich Unsicherheit über die Konsummöglichkeiten und das erreichbare Nutzenniveau nach Informationszugang. Kapitalanleger werden daher bemüht sein, sich durch geeignete Wertpapiertransaktionen gegen das Risiko, das mit dem Informationszugang verbunden ist, abzusichern. Inwieweit dies möglich ist, hängt weniger vom Informationssystem selbst ab, als vielmehr von den Tauschmöglichkeiten, die ein Markt zuläßt.

Im folgenden werden drei Marktsysteme vorgestellt, die sich dadurch unterscheiden, in welchem Ausmaße sie eine Absicherung gegen das Informationsrisiko erlauben. Als Grenzfälle sind simultane und isolierte Marktsysteme anzusehen, die eine vollständige bzw. überhaupt keine Absicherung gegen das Informationsrisiko gestatten. Die Absicherungsmöglichkeiten, die das sequentielle Marktsystem bietet, das hier im Mittelpunkt des Interesses steht, können dagegen nicht so eindeutig beschrieben werden. Im sequentiellen Marktsystem ist denkbar, daß entweder eine vollständige, eine teilweise oder aber überhaupt keine Absicherung möglich ist. Zunächst soll das sequentielle Marktsystem genau beschrieben werden (1). Daran anschließend werden das simultane (2) und das isolierte (3) Marktsystem vorgestellt, und die wohlfahrtstheoretischen Eigenschaften des sequentiellen Marktsystems aus dem Vergleich mit den beiden anderen Marktsystemen hergeleitet.

(1) Ein sogenanntes sequentielles Marktsystem ist dadurch gekennzeichnet, daß Handel sowohl vor als auch nach Informationszugang erlaubt ist, Konsum findet allerdings ausschließlich nach Informationszugang statt. Tauschobjekte sind jeweils J Wertpapiere sowie Ansprüche auf gegenwärtigen Konsum. Für jede der beiden Tauschrunden sind gesonderte Budgetrestriktionen zu formulieren. Die Budgetrestriktion für den Handel vor Informationszugang ist exogen gegeben durch den Wert der Erstausstattung des Investors:

$$\sum_{j \in J} z_{ij} \cdot P_j + P_0 \cdot c_{i0} = \sum_{j \in J} \bar{z}_{ij} \cdot P_j + P_0 \cdot \bar{c}_{i0} \equiv \bar{w}_{i0} \tag{3.3.1.1}$$

Die Güterausstattung, die dem Investor für den Handel nach Informationszugang zur Verfügung steht, hängt zum einen davon ab, welche Allokation $\alpha_i^1 = \left(z_{ij}, c_{i0}\right)$ der Investor in der ersten Runde gewählt hat und zum anderen von den Wertpapierpreisen, die für den Handel nach Informationszugang gelten. Die Höhe dieser Wertpapierpreise hängt wiederum davon ab, welche Information veröffentlicht wird. Da jeder möglichen Nachricht $y \in Y$ ein (J+1) - Vektor[1] von Wertpapier-

---

1 Gegenwärtiger Konsum wird ebenfalls als ein Wertpapier aufgefaßt, daß im Zeitpunkt t = 0 eine Zahlung erbringt.

preisen zuzuordnen ist, sind für den Handel nach Informationszugang insgesamt Y Budgetrestriktionen zu formulieren:

$$\sum_{j\in J} z_{ijy} \cdot \overline{P}_{jy} + P_{oy} \cdot c_{ioy} = \sum_{j\in J} z_{ij} \cdot \overline{P}_{jy} + P_{oy} \cdot c_{io} \equiv \overline{w}_{iy}\left(z_{io}, c_{io}\right) \tag{3.3.1.2}$$

für alle $y \in Y$

Damit besteht das Entscheidungsproblem des Investors darin, zunächst eine optimale vorläufige Allokation $\alpha_i^1 = \left(z_{ij}, c_{io}\right)$ und nach Erhalt der Nachricht eine endgültige Konsumallokation $\alpha_{iy}^2 = \left(z_{ijy}, c_{ioy}\right)$ zu wählen unter Beachtung der Restriktionen (3.3.1.1) und (3.3.1.2). Diese sequentielle Struktur des Entscheidungsproblems wird auch aus der folgenden Abbildung deutlich:

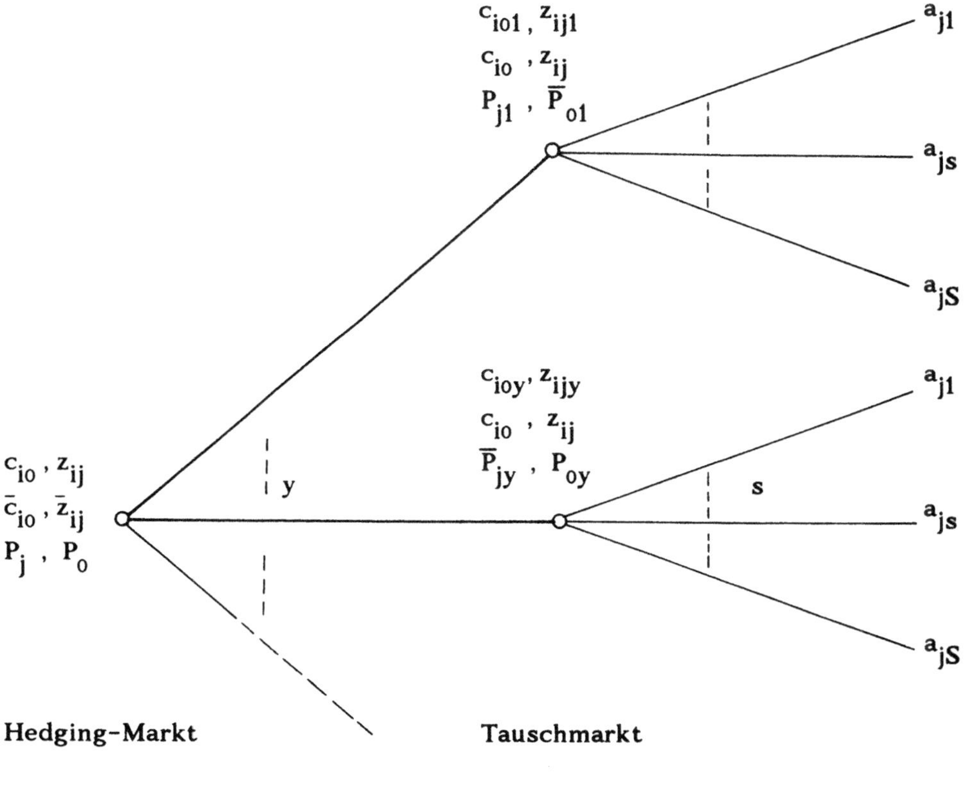

Abbildung 3.3.1.1: Das sequentielle Marktsystem

Da ex ante nicht bekannt ist, welches Signal eintreffen wird, kann die Anfangsausstattung des Investors für den Handel nach Informationszugang Y Werte annehmen. Unkenntnis über die Ausprägung der eintreffenden Nachricht bedeutet für den Investor somit ein Risiko, gegen das er sich durch entsprechenden Handel in der ersten Runde (teilweise) absichern kann. Daher soll der Handel vor Informationszugang in Anlehnung an *Marshall*[2] als Hedging-Markt bezeichnet werden. Nach Erhalt der Information geht es dann wiederum darum, ein Wertpapierportefeuille in der Weise zusammenzustellen, daß die aus den Wertpapieren resultierenden unsicheren Zahlungen den Konsumnutzen des Investors optimieren. Die zweite Tauschrunde wird daher als Konsummarkt bezeichnet. Welche Tauschmöglichkeiten für den Konsummarkt zur Verfügung stehen, hängt von der Matrix der zustandsabhängigen Zahlungen $\mathcal{A}$ ab.

Analog sind die Transaktionsmöglichkeiten auf dem Hedging-Markt zu bestimmen. Hier geht es darum, die informationsabhängigen Werte der Anfangsausstattung für die zweite Runde $\overline{w}_{iy}(z_{ij},c_{io})$ optimal zu allocieren. Die Menge der Tauschmöglichkeiten wird dabei bestimmt durch die $(J+1)\times Y$ Matrix der signalabhängigen Wertpapierpreise auf dem Konsummarkt, $\overline{\mathcal{P}} = \{\overline{P}_{jy}\}_{jy}$. Obwohl sowohl vor als auch nach Informationszugang stets (die gleichen) Wertpapiere gehandelt werden, sind auf dem Konsummarkt letztlich die mit den Wertpapieren verbundenen zustandsabhängigen Zahlungen a_{js} , auf dem Hedging-Markt dagegen letztlich die mit den Wertpapieren verbundenen informationsabhängigen Preise $\overline{P}_{jy}$ des Konsummarkts Gegenstand der Tauschaktivitäten. Von der Dimension der Matrtix $\mathcal{A}$ hängen die Tauschmöglichkeiten auf dem Konsummarkt ab, entsprechend bestimmt $\overline{\mathcal{P}}$ die Tauschmöglichkeiten auf dem Hedging-Markt. So hängt es von der Dimension der Matrix $\overline{\mathcal{P}}$ ab, welche Kombinationen $(\overline{w}_{iy}(z_{ij},c_{io}))_y$ überhaupt erreichbar sind. Beliebige Zusammenstellungen von $\overline{w}_{iy}(z_{ij},c_{io})$ sind dann zulässig, wenn $\overline{\mathcal{P}}$ aus Y linear unab-

2 Vgl. *Marshall* (1974), S. 377.

hängigen Preisvektoren $\overline{P}_j^Y \equiv \{\overline{P}_{j1},...,\overline{P}_{jy},...,\overline{P}_{jY}\}$ besteht, d.h. die Matrix $\overline{\mathcal{P}}$ den Rang Y hat. In diesem Fall wird der Markt als "dynamisch" vollständig bezeichnet.

Dynamische Vollständigkeit bewirkt somit für den Hedging-Markt genau das, was Vollständigkeit von $\mathcal{A}$ bezüglich S für den Konsummarkt bedeutet: Die Handlungsmöglichkeiten des Investors werden ausschließlich durch seine Erstausstattung, nicht aber durch die Anzahl der zur Verfügung stehenden Tauschinstrumente begrenzt. Auf dem Konsummarkt gewährleistet dies vollständige Pareto-Effizienz, eine ähnliche Aussage wird weiter unten auch für den Hedging-Markt abgeleitet. Ein wesentlicher Unterschied zwischen der Vollständigkeit von $\mathcal{A}$ bezüglich S und der dynamischen Vollständigkeit ist aber darin zu sehen, daß $\mathcal{A}$ exogen gegeben ist, während $\overline{\mathcal{P}}$ modellendogen ist. Daher stellt sich die Frage, welche Konstellationen exogener Größen notwendig und hinreichend dafür sind, damit das Preissystem $\{\overline{P}_{jy}\}_{jy}$ dynamisch vollständig ist. Notwendig ist offensichtlich, daß die Anzahl der Wertpapiere (einschließlich gegenwärtigem Konsum) nicht kleiner ist als die Anzahl der möglichen Signale, d.h. $J+1 > Y$. Diese Bedingung ist allerdings nicht hinreichend, da die in $\overline{\mathcal{P}}$ enthaltenen Preisvektoren $\overline{P}_j^Y$ linear abhängig sein können. Es ist jedoch nicht möglich, Bedingungen anzugeben, die die lineare Unabhängigkeit der Preisvektoren $\overline{P}_j^Y$ gewährleistet. Somit bleibt auch die Frage nach den hinreichenden Bedingungen für dynamische Vollständigkeit offen.

(2) Um die wohlfahrtstheoretischen Eigenschaften des sequentiellen Marktsystems deutlicher herauszuarbeiten, wird im folgenden zunächst ein anderes Marktsystem analysiert, bei dem Handel ausschließlich vor Informationszugang stattfindet. Die Investoren brauchen allerdings ihre Konsumallokationen nicht definitiv festzulegen, sondern können diese auf den Erhalt eines Signals konditionieren. Damit ist gewährleistet, daß sich jeder Investor vollständig gegen das Risiko, das mit dem Informationszugang verbunden ist, versichern kann. Dieses Marktsystem erlaubt es somit, die Konsumallokationen $\alpha_i = \left(c_{ioy}, z_{ijy}\right)$ in einer Tauschrunde simultan über Signale und Umweltzustände zu optimieren. Handel nach Informationszugang mag zwar zulässig sein, hierfür besteht aber kein Bedarf, da alle Konsumpläne vollständig, d.h. über alle Signale und Umweltzustände spezifiziert sind. Die Budgetrestriktion in diesem simultanen Marktsystem lautet daher:

$$(3.3.1.3) \quad \sum_{y \in Y} \sum_{j \in J} z_{ijy} \cdot \hat{P}_{jy} + \sum_{y \in Y} \hat{P}_{0y} \cdot c_{ioy} = \sum_{y \in Y} \sum_{j \in J} \bar{z}_{ij} \cdot \hat{P}_{jy} + \sum_{y \in Y} \hat{P}_{0y} \cdot \bar{c}_{io} \equiv \bar{w}_{io}$$

Der Unterschied zum sequentiellen Marktsystem wird auch aus folgender Grafik deutlich:

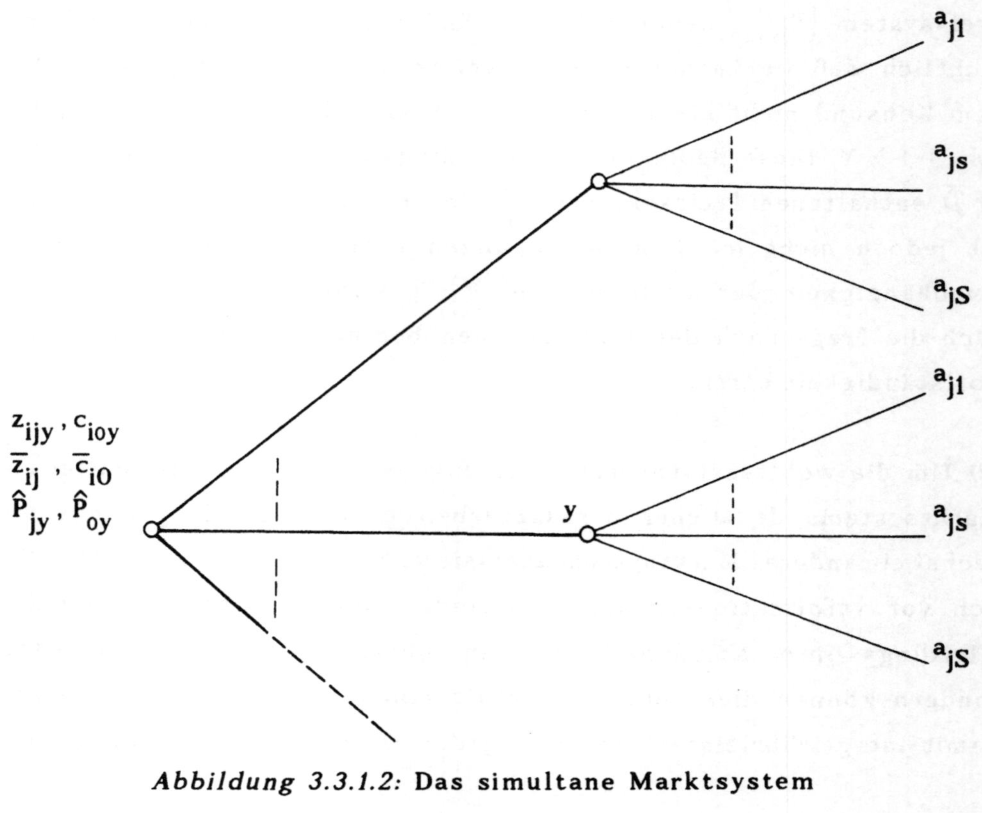

Abbildung 3.3.1.2: Das simultane Marktsystem

Da simultan über Umweltzustände und Signale optimiert wird, braucht nur eine Budgetrestriktion formuliert zu werden. Dies weist bereits auf die Ähnlichkeit hin, die zwischen dem simultanen Marktsystem und dem Tauschmarkt ohne Informationszugang besteht. Darüber hinaus gilt, daß jedes in einem simultanen Marktsystem erreichte Konkurrenzgleichgewicht eingeschränkt Pareto-effizient ist hinsichtlich des betrachteten Informationssystems und der Matrix der Zahlungsüberschüsse $\mathcal{A}$. Umgekehrt kann jede eingeschränkt Pareto-effiziente Güterallokation bei entsprechender Umverteilung der Erstausstattungen durch ein Konkurrenzgleichgewicht erreicht werden. Vollständige Pareto-Effizienz wird erreicht, wenn der Markt vollständig ist. Somit ist das simultane Marktsystem die unmittelbare Übertragung des in Abschnitt 3.2.1 dargestellten Kapitalmarktmodells auf den Fall eines Kapitalmarkts mit Informationszugang. Zugleich ist das simultane Marktsystem der Vergleichsmaßstab bei der wohlfahrtstheoretischen Beurteilung des sequentiellen Marktsystems.

Die Unterschiede und Gemeinsamkeiten, die zwischen dem simultanen und dem sequentiellen Marktsystem bestehen, werden deutlich, wenn die Budgetrestriktionen

$$(3.3.1.1) \qquad \sum_{j \in J} z_{ij} \cdot P_j + P_0 \cdot c_{i0} = \sum_{j \in J} \bar{z}_{ij} \cdot P_j + P_0 \cdot \bar{c}_{i0} \equiv \bar{w}_{i0}$$

und

$$(3.3.1.2) \qquad \sum_{j \in J} z_{ijy} \cdot \bar{P}_{jy} + \bar{P}_{0y} \cdot c_{i0y} = \sum_{j \in J} z_{ij} \cdot \bar{P}_{jy} + \bar{P}_{0y} \cdot c_{i0} \equiv \bar{w}_{iy}(z_{i0}, c_{i0})$$

für alle $y \in Y$

näher untersucht werden. Die Preise in den beiden Tauschrunden sind nicht unabhängig voneinander, sondern der Preis eines Wertpapiers auf dem Hedging-Markt hängt davon ab, welche signalabhängigen Preise für dieses Wertpapier auf dem Konsummarkt gelten. Dabei wird hier unterstellt, daß alle Investoren vor Festlegung ihrer Hedging-Strategien wissen, welche Höhe die Wertpapierpreise in der zweiten Runde in Abhängigkeit von der dann erhaltenen Nachricht haben werden. Unter der Annahme dieser Erwartungshaltung der Kapitalmarktinvestoren, die auch als "korrekte bedingte Preiserwartungen"[3] bezeichnet werden gilt die Beziehung

(3.3.1.4) $$P_j = \sum_{y \in Y} \overline{P}_{jy} \cdot R_y \qquad \text{für alle } j \in J$$

sowie

$$P_0 = \sum_{y \in Y} \overline{P}_{0y} \cdot R_y$$

für den Wert einer gegenwärtigen Konsumeinheit auf dem Hedging-Markt.

Der Preis eines Wertpapiers (einschließlich gegenwärtiger Konsum) in der ersten Runde entspricht der Summe der Preise der zweiten Runde, multipliziert jeweils mit einem Faktor, der als implizierter Preis für eine Geldeinheit Kaufkraft bei Erhalt des Signals y aufgefaßt werden kann. Die enge Analogie zwischen Beziehung (3.3.1.6) und (3.2.1.8)[4] wird verständlich, wenn man bedenkt, daß die Tauschobjekte auf dem Hedging-Markt nicht zustandsabhängige Zahlungen, sondern signalabhängige Wertpapierpreise sind. Ebenso wie man den Preis eines Wertpapiers als Produkt des Zahlungsvektors $a_j = \left(a_{j1},\ldots,a_{js},\ldots,a_{jS}\right)$ mit einem Preisvektor $P^S = \left(P_1,\ldots,P_s,\ldots,P_S\right)$ auffassen kann, ist auch der Preis eines Wertpapiers auf dem Hedging-Markt als Produkt signalabhängiger Wertpapierpreise auf dem Konsummarkt $\overline{P}_j^Y = \left(\overline{P}_{j1},\ldots,\overline{P}_{jy},\ldots,\overline{P}_{jY}\right)$ mit einem Vektor impliziter

---

3 Vgl. *Hirshleifer* (1977), S. 979; *Hirshleifer/Riley* (1979), S. 1400; "perfect foresight" in der Terminologie von *Radner* (1984), S. 940.

4 (3.2.1.8) $P_j = \sum_{s \in S} P_s \cdot a_{js}$ für alle $j \in J$

Preise $R^Y = (R_1,\ldots,R_y,\ldots R_Y)$ darstellbar. Dynamische Vollständigkeit von $\overline{\mathcal{P}}$ garantiert dabei ebenso die Eindeutigkeit des Preisvektors R^Y wie Vollständigkeit von $\mathcal{A}$ bezüglich S die Eindeutigkeit von P^S impliziert.

Wird (3.3.1.4) in (3.3.1.1) eingesetzt, so erhält man:

$$\text{(3.3.1.5)} \quad \sum_{j\in J} z_{ij} \cdot \sum_{y\in Y} \overline{P}_{jy} \cdot R_y + \sum_{y\in Y} \overline{P}_{oy} \cdot R_y \cdot c_{io}$$

$$= \sum_{j\in J} \overline{z}_{ij} \cdot \sum_{y\in Y} \overline{P}_{jy} \cdot R_y + \sum_{y\in Y} \overline{P}_{oy} \cdot R_y \cdot \overline{c}_{io} \equiv \overline{w}_{io}$$

Einsetzen von (3.3.1.2) in (3.3.1.5) liefert schließlich:

$$\text{(3.3.1.6)} \quad \sum_{j\in J} \sum_{y\in Y} z_{ijy} \cdot P_{jy} + \sum_{y\in Y} P_{oy} \cdot c_{ioy} = \overline{w}_{io}$$

mit $\quad P_{jy} \equiv \overline{P}_{jy} \cdot R_y$

und $\quad P_{oy} \equiv \overline{P}_{oy} \cdot R_y$

Durch die Annahme korrekter, bedingter Preiserwartungen (3.3.1.4) reduzieren sich die beiden Budgetrestriktionen auf eine Nebenbedingung. Zu beachten ist allerdings, daß beim sequentiellen Marktsystem die Möglichkeiten, auf den Erhalt eines Signals konditionierte Allokationen einnehmen zu können, durch die Dimension der Matrix $\mathcal{P} \equiv \{P_{jy}\}_{jy}$ begrenzt ist, d.h.

$$\text{(3.3.1.7)} \quad \left(\sum_{j\in J} z_{ijy} \cdot P_{jy} + P_{oy} \cdot c_{ioy}\right)_y \in C(\mathcal{P})$$

auf dem Hedging-Markt sind nur solche Allokationen zulässig, die in dem durch $\mathcal{P}$ aufgespannten Vektorraum liegen. Restriktion (3.3.1.7) ist nur dann irrelevant, wenn $\mathcal{P}$ vollständig bezüglich Y ist. In diesem Fall sind alle Allokationen, die im simultanen Marktsystem erreichbar sind auch im sequentiellen Marktsystem zulässig, beide Marktformen sind äquivalent. Somit gilt auch bei dynamischer Vollständigkeit, daß jede Gleichgewichtsallokation eingeschränkt Pareto-effizient ist. Sofern zusätzlich $\mathcal{A}$ vollständig bezüglich S ist, wird auch vollständige Pareto-Effizienz erreicht. Ein Unterschied zwischen beiden Marktformen liegt in der Anzahl der Märkte, die erforderlich sind, um vollständige Pareto-Effizienz zu erreichen. Im simultanen Marktsystem sind hierzu $(J+1)\times Y$, $(J+1 \geq S)$, Märkte notwendig, durch die Annahme der korrekten bedingten Preiserwartungen kann diese Zahl im sequentiellen Marktsystem auf $2\times(J+1)$, $\left(J+1 \geq \text{Max }\{Y;S\}\right)$, reduziert werden. Werden Informationssysteme betrachtet, die Zerlegungsinformationen liefern, so reduziert sich die Anzahl der Wertpapiere mit linear unabhängigen Zahlungsströmen, die erforderlich sind, damit vollständige Pareto-Effizienz gewährleistet wird. Hinreichend hierfür ist im simultanen Marktsystem die "bedingte Vollständigkeit" des Marktes. Bedingte Vollständigkeit des Marktes bezüglich des Informationssystems η ist dann gegeben, wenn $\mathcal{A}$ vollständig ist bezüglich jeder durch das Informationssystem η hervorgerufenen Partitionierung des Zustandsraumes. Da die Zustandsraumpartitionierungen um so kleiner sind, je feiner ein Informationssystem ist, reduziert sich mit zunehmendem Genauigkeitsgrad die Anzahl der Wertpapiere, die notwendig sind, um vollständige Pareto-Effizienz zu gewährleisten. Im Extremfall eines perfekten Informationssystems ist der Markt bereits Vollständig bei der Existenz eines Wertpapieres (mit einem dann notwendigerweise "bedingt sicheren" Zahlungsanspruch).

Im sequentiellen Marktsystem ist jede Gleichgewichtsallokation vollständig Pareto-effizient, wenn $\mathcal{P}$ dynamisch vollständig und $\mathcal{A}$

bedingt vollständig bezüglich η ist. Allerdings gilt hier nicht, daß die Anzahl der Wertpapiere, die erforderlich sind, um vollständige Pareto-Effizienz zu gewährleisten, mit zunehmender Genauigkeit des Informationssystems kontinuierlich abnimmt. Zunehmende Feinheit eines Informationssystems reduziert zwar die erforderliche Dimension von $\mathcal{A}$, um bedingt vollständig zu sein, gleichzeitig steigt aber die Anzahl der möglichen Signale und als Folge davon auch die Zahl der erforderlichen Wertpapiere, damit die Bedingung für dynamische Vollständigkeit erfüllt werden kann. Im Fall eines perfekten Informationssystems erfordert dynamische Vollständigkeit Y=S Wertpapiere mit linear unabhängigen Preisvektoren $\{P_j^Y\}_j$.

(3) Dynamische Vollständigkeit stellt ein Ende des Spektrums möglicher Tauschbedingungen auf dem Hedging-Markt dar. Das andere Extremum wird dann erreicht, wenn gilt: *rang* P = 1 . In diesem Fall sind alle Preisvektoren $\{P_j^Y\}_j$ linear abhängig, mit der Konsequenz, daß keinerlei Hedging bezüglich des Informationsrisikos möglich ist. Daher wird vor Informationszugang kein Handel stattfinden, so daß sich das sequentielle Marktsystem reduziert auf einen Markt, in dem ausschließlich nach Informationszugang Handel möglich ist. Dies wird auch aus der Abbildung 3.3.1.3 deutlich.

Da der Wert der Erstausstattungen vom erhaltenen Signal abhängt, sind Y Budgetrestriktionen zu beachten:

$$(3.3.1.8) \qquad \sum_{j \in J} z_{ijy} \cdot P_{jy}^+ + P_{oy}^+ \cdot c_{ioy} = \sum_{j \in J} \bar{z}_{ij} \cdot P_{jy}^+ + P_{oy}^+ \cdot \bar{c}_{io} \equiv \bar{\bar{w}}_{iy}$$

für alle $y \in Y$

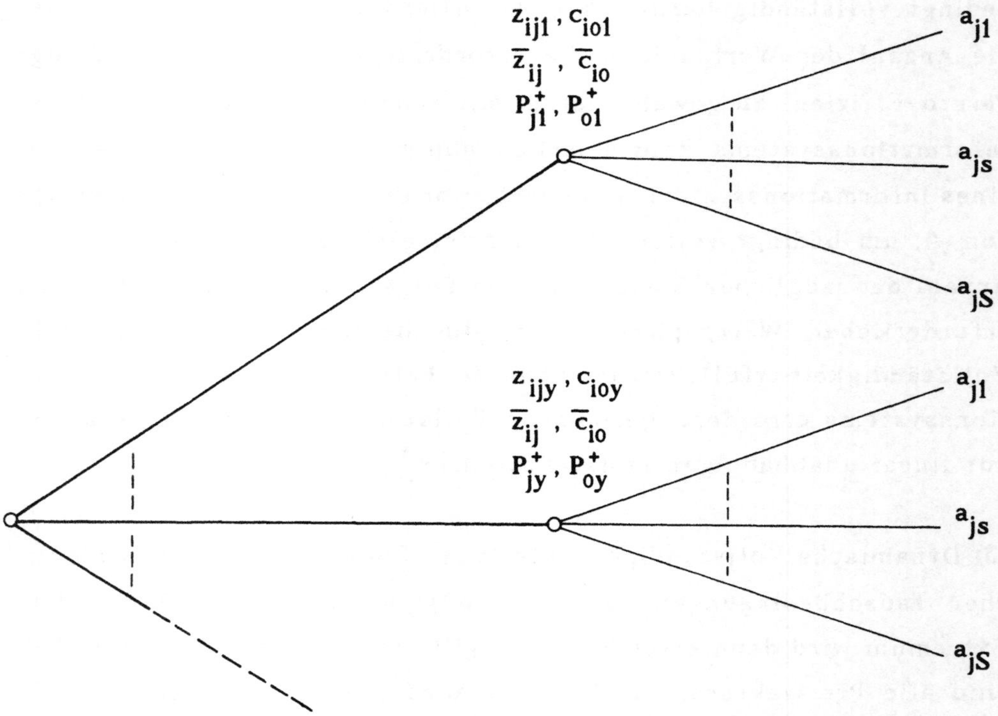

Abbildung 3.3.1.3: Das isolierte Marktsystem

Das Optimierungsproblem eines Investors gliedert sich in Y isolierte Entscheidungsprobleme, daher soll ein solches Marktsystem als isoliertes Marktsystem bezeichnet werden. Die optimale Konsumallokation nach Erhalt eines Signals y hängt nur von P^+_{jy}, P^+_{oy} und $\bar{\bar{w}}$ ab, nicht aber auch von $\{P^+_{jy'}\}_j$, $P_{oy'}$ und $\bar{\bar{w}}_{iy'}$, $y \neq y'$. Dies unterscheidet das isolierte Marktsystem von der sequentiellen Marktstruktur (mit *rang* $\mathcal{P} \geq 2$). Die Hedging-Entscheidung der ersten Tauschrunde hängt von der Gesamtheit der erwarteten Preise $\{P_{jy}\}_{jy}$ ab. Die auf dem Hedging-Markt gewählte Güterallokation bestimmt aber wiederum die Güterausstattung für den Konsummarkt $\bar{w}_{iy}$, und diese schließlich hat Einfluß auf die Konsumallokation der zweiten Runde. Über den Einfluß auf die Hedging-Entscheidung haben die Preise $\{P_{jy'}\}_{jy'}$, $y' \neq y$, somit auch mittelbare Auswirkungen auf die Entscheidungssituation nach Erhalt des Signals $y \neq y'$.

Offensichtlich ist, daß ein Konkurrenzgleichgewicht in einem isolierten Marktsystem im allgemeinen nicht eingeschränkt Pareto-effizient ist. Bei gegebener Matrix $\mathcal{A}$ (und bei gegebenen Erstausstattungen) sind fast immer zulässige Allokationen konstruierbar, die das Konkurrenzgleichgewicht des isolierten Marktsystems dominieren. Lediglich unter sehr restriktiven Annahmen über die Nutzenfunktionen und Wahrscheinlichkeitsverteilungen der Investoren können Beispiele konstruiert werden, bei denen kein Bedarf nach Handel auf dem Hedging-Markt besteht, und die nicht vorhandenen Tauschmöglichkeiten der ersten Runde somit keine Nutzeneinbuße implizieren.

Damit sind die wohlfahrtstheoretischen Eigenschaften des sequentiellen Marktsystems charakterisiert. Ein in diesem Marktsystem erreichtes Konkurrenzgleichgewicht gewährleistet nur dann eingeschränkte Pareto-Effizienz, wenn dynamische Vollständigkeit vorliegt. Sind die Hedging-Möglichkeiten hinsichtlich des Informationszugangs dagegen eingeschränkt, d.h. $1 \leq \mathit{rang}\ \mathcal{P} < Y$, so sind im allgemeinen zulässige Allokationen konstruierbar, die die durch ein Konkurrenzgleichgewicht erreichten Allokationen dominieren.

3.3.1.2 Der Einfluß öffentlicher Informationen auf die Allokationseffizienz des Marktes und die Wohlfahrt der Marktteilnehmer

In diesem Abschnitt geht es um die Auswirkungen eines Informationszugangs auf die Wohlfahrt der Marktteilnehmer. Da Umverteilungseffekte ausgeklammert werden, resultieren Wohlfahrtseffekte ausschließlich aus den allokativen Wirkungen einer öffentlichen Information. Zunächst wird untersucht, unter welchen Voraussetzungen eine öffentliche Information Pareto-dominante Allokationen ermöglicht, wobei als Vergleichsmaßstab eine Situation ohne Information, d.h. das Null-Informationssystem dient (1). Danach wir die Fragestellung erweitert auf den Vergleich beliebiger Informationssysteme (2). Auch wenn ein Informationssystem eine Verbesserung der Allokationseffizienz ermöglicht, so ist damit noch nicht gewährleistet, daß dieses Potential an Wohlfahrtssteigerung durch den Marktmechanismus genutzt werden kann. Inwieweit der Marktmechanismus in der Lage ist, potentielle Allokationsverbesserungen auch zu nutzen, hängt vom betrachteten Marktsystem und seinen wohlfahrtstheoretischen Eigenschaften ab. Daher ist die Frage nach den allokativen Wirkungen einer öffentlichen Information für jedes der drei betrachteten Marktsysteme getrennt zu beantworten (3).

(1) Der Zugang öffentlicher Informationen führt im allgemeinen dazu, daß Allokationen erreichbar werden, die die Menge eingeschränkt Pareto-effizienter Allokationen ohne Information (schwach) dominieren. Diese Aussage kann leicht begründet werden: Alle Allokationen, die vor Informationszugang zulässig, d.h. mit den Erstausstattungen und den Tauschmöglichkeiten kompatibel waren, bleiben auch nach Informationszugang, zumindest aus der Sicht der zentralen Planungsinstanz erhalten. Darüber hinaus eröffnen sich neue Handlungsmöglichkeiten, da die Allokation dem veränderten Informationsstand angepaßt werden kann. Somit gilt stets:

(3.3.1.9) $$g(\mathcal{A}, \eta, \upsilon) \geq g(\mathcal{A}, \upsilon) \qquad \text{für alle } \upsilon$$

Aus diesen Überlgegungen läßt sich folgendes Ergebnis ableiten: Notwendig und hinreichend für eine strikte Dominanz ist, daß die Mengen eingeschränkt Pareto-effizienter Allokationen mit bzw. ohne Informationen nicht identisch sind. Dagegen gilt $g(\mathcal{A},\eta,\upsilon) = g(\mathcal{A},\upsilon)$, wenn die Menge eingeschränkt Pareto-effizienter Allokationen durch den Informationszugang unverändert bleibt. Damit stellt sich die Frage, unter welchen Voraussetzungen Indifferenz bzw. strikte Vorteilhaftigkeit gilt. Hierzu ist im einzelnen zu untersuchen, welche Auswirkungen eine öffentliche Information auf die Menge Pareto-effizienter Allokationen haben kann.

In Abschnitt 3.3.1.1 wurde bereits darauf hingewiesen, daß die Anzahl der Wertpapiere mit linear unabhängigen Zahlungsströmen, die erforderlich ist, um vollständige Pareto-Effizienz zu gewährleisten, sinkt, wenn ein Informationssystem Zerlegungsinformationen liefert. Hinreichend für vollständige Pareto-Effizienz ist die bedingte Vollständigkeit von $\mathcal{A}$, d.h. Vollständigkeit bezüglich jeder Zerlegung S_y, die ein Informationssystem liefert. Somit ist denkbar, daß durch ein hinreichend feines Informationssystem ein vorher unvollständiger Markt bedingt vollständig wird und vollständig Pareto-effiziente Allokationen ermöglicht. Ist dagegen die Allokation bereits vor Informationszugang vollständig Pareto-effizient, so kann ein Informationssystem nicht deshalb vorteilhaft sein, weil es die Tauschmöglichkeiten erweitert, denn die zusätzlichen Tauschmöglichkeiten, die der Informationszugang schafft, sind redundant.[5]

Daneben sind aber noch andere Wirkungen eines Informationszugangs denkbar. So führt der Erhalt einer Nachricht zu einer Veränderung der Wahrscheinlichkeitseinschätzungen und damit im allgemeinen zu einer veränderten Aufteilung des t_1-Konsums auf die einzelnen Zustände. So wird jeder Investor daran interessiert sein, seinen Konsum in Zuständen, die er nach Informationszugang für weniger wahrscheinlich hält, zu reduzieren und statt dessen vermehrt für solche Zustände Konsumansprüche zu erwerben, denen nach Erhalt der Nachricht eine höhere Wahrscheinlichkeit beigemessen wird. Über die Zeitkomplementarität des Konsums gehen hiervon auch Auswirkungen auf den t_0-Konsum aus. Solche Umschichtungen sind nur dann ausgeschlossen, wenn die Nutzenfunktionen aller Marktteilnehmer zeitadditiv und deren Erwartungshaltungen "hinreichend homogen" sind. Damit ist gemeint, daß die Signalwahrscheinlichkeiten $\pi(y)$ und die bedingten Wahrscheinlichkeiten $\pi(y/s)$ homogen sind. Unter diesen Voraussetzungen gibt es "durchschnittliche signalunabhängige" Allokationen, die alle signalabhängigen Allokationen dominieren.

---

5 Vgl. hierzu Ohlson/Buckman (1981), S. 410ff.

Diese "durchschnittlichen signalunabhängigen" Allokationen werden zunächst für jeden Zustand s definiert als:

$$(3.3.1.10) \qquad \left(\hat{c}_{i0}^{s}, \hat{c}_{is}\right) \equiv \sum_{y \in Y} \pi(y/s) \cdot \left(c_{i0y}, c_{isy}\right) \qquad \text{für alle } i \in I, \ s \in S$$

$$\text{mit} \quad \hat{c}_{is} \equiv \sum_{j \in J} \hat{z}_{ij} \cdot a_{js} \equiv \sum_{y \in Y} \pi(y/s) \cdot \sum_{j \in J} z_{ijy} \cdot a_{js} \equiv \sum_{y \in Y} \pi(y) \cdot c_{isy}$$

Aufgrund der homogenen bedingten Wahrscheinlichkeiten $\pi(y/s)$ sind diese Allokationen mit der gesamtwirtschaftlichen Erstausstattung auch vereinbar:[6]

$$(C_0, C_s) \equiv \sum_{i \in I} \left(\hat{c}_{i0}^{s}, \hat{c}_{is}\right) \equiv \sum_{i \in I} \sum_{y \in Y} \pi(y/s) \cdot \left(c_{i0y}, c_{isy}\right)$$

$$= \sum_{y \in Y} \pi(y/s) \cdot \sum_{i \in I} \left(c_{i0y}, c_{isy}\right) = \sum_{i \in I} \left(c_{i0y}, c_{isy}\right) = (C_0, C_s)$$

für alle $s \in S$

Ein Nutzenvergleich der durchschnittlichen mit der signalabhängigen Allokation zeigt:

$$(3.3.1.11) \qquad U_i\left(\hat{c}_{i0}^{s}, \hat{c}_{is}\right) \equiv \sum_{s \in S} \pi_i(s) \cdot U_{is}\left(\hat{c}_{i0}^{s}, \hat{c}_{is}\right)$$

---

6 Bei heterogenen bedingten Wahrscheinlichkeiten ist denkbar, daß gilt:

$$\sum_i \sum_y \pi_i(y/s) \cdot (c_{i0y}, c_{isy}) > (C_0, C_s)$$

Auf der Basis der subjektiven Wahrscheinlichkeiten der Marktteilnehmer hat durch die Information die Güterausstattung der Volkswirtschaft zugenommen. Daher spricht *Marshall* (1974) davon, daß der Fall heterogener Erwartungen einer Produktionswirtschaft ähnlich sei.

$$\geq \sum_{s \in S} \pi_i(s) \cdot \sum_{y \in Y} \pi(y/s) \cdot U_{is}\left(c_{ioy}, c_{isy}\right) \equiv U_i\left(c_{ioy}, c_{isy}\right)$$

aufgrund der Jensen'schen Ungleichung.

Analog wird der "durchschnittliche" gegenwärtige Konsum definiert:

$$\text{(3.3.1.12)} \quad \hat{\hat{c}}_{io} \equiv \sum_{s \in S} \pi_i(s) \cdot \hat{c}_{io}^s = \sum_{s \in S} \pi_i(s) \cdot \sum_{y \in Y} \pi(y/s) \cdot c_{ioy} = \sum_{y \in Y} \pi(y) \cdot c_{ioy}$$

Auch $\hat{\hat{c}}_{io}$ ist aufgrund der homogenen Signalwahrscheinlichkeiten zulässig:

$$C_0 = \sum_{i \in I} \hat{\hat{c}}_{io} = \sum_{i \in I} \sum_{y \in Y} \pi(y) \cdot c_{ioy} = \sum_{y \in Y} \pi(y) \cdot \sum_{i \in I} c_{ioy} = C_0$$

Für den Nutzen der durchschnittlichen Allokation $\left(\hat{\hat{c}}_{io}, \hat{c}_{is}\right)$ erhält man unter der Annahme zeitadditiver Nutzenfunktionen aufgrund der Jensen'schen Ungleichung:

$$\text{(3.3.1.12)} \quad U_i\left(\hat{\hat{c}}_{io}, \hat{c}_{is}\right) \equiv U_{i1}\left(\hat{\hat{c}}_{io}\right) + \sum_{s \in S} \pi_i(s) \cdot U_{i2}\left(\hat{c}_{is}\right)$$

$$\geq \sum_{s \in S} \pi_i(s) \cdot \left[U_{i1}\left(\hat{c}_{io}^s\right) + U_{i2}\left(\hat{c}_{is}\right) \right] \equiv U_i\left(\hat{c}_{io}^s, \hat{c}_{is}\right)$$

Daraus folgt $U_i\left(\hat{\hat{c}}_{io}, \hat{c}_{is}\right) \geq U_i\left(c_{ioy}, c_{isy}\right)$, und die Ungleichung gilt strikt, sofern $\hat{\hat{c}}_{io} \neq c_{iyo}$ oder $\hat{c}_{is} \neq c_{isy}$ für mindestens ein $y \in Y$.

Faßt man die bisherige Analyse zusammen, so kann folgendes Ergebnis formuliert werden:[7]

7 Vgl. _Hakansson/Kunkel/Ohlson_ (1982), Lemma 3, _Ohlson_ (1987), Proposition 5.3.

Durch eine öffentliche Information sind dann keine Pareto-dominanten Allokationen erreichbar, wenn

(i) der Kapitalmarkt ohne Information bereits vollständig Pareto-effizient ist,

(ii) die Signalwahrscheinlichkeiten $\pi(y)$ homogen sind,

(iii) die bedingten Wahrscheinlichkeiten $\pi(y/s)$ homogen sind,

(iv) die Nutzenfunktionen zeitadditiv sind.

Umgekehrt ist eine notwendige Bedingung für das Erreichen Pareto-dominanter Allokationen durch eine öffentliche Information, daß eine der Bedingungen (i) - (iv) verletzt ist.

Aus der Diskussion in Abschnitt 3.2.1 und insbesondere aus den Beziehungen (3.2.1.9) und (3.2.1.10) folgt, daß die Bedingungen (i) - (iv) immer dann erfüllt sind, wenn die Nutzenfunktionen aller Marktteilnehmer zur HARA-Klasse gehören mit identischem β, und darüber hinaus homogene Wahrscheinlichkeitsverteilungen $\pi(y,s)$ vorliegen.

(2) Bislang ging es stets darum, Situationen mit und ohne Information zu vergleichen, oder anders ausgedrückt: verglichen wurden zwei Informationssysteme, von denen eins das Null-Informationssystem war. Im folgenden wird eine etwas allgemeinere Fragestellung behandelt, da nun die allokativen Konsequenzen beliebiger Informationssysteme, sofern sie sich nach einem Genauigkeitskriterium ordnen lassen, miteinander verglichen werden.

Auch hier kann wieder die allgemeine Feststellung getroffen werden, daß ein genaueres Informationssystem eingeschränkt Pareto-effiziente Allokationen ermöglicht, die diejenigen eines ungenaueren Informationssystems schwach dominieren:

(3.3.1.13) $\quad g(\mathcal{A},\eta'',u) \geq g(\mathcal{A},\eta',u) \qquad$ für alle u, sofern $\eta'' > \eta'$

Die Begründung kann ganz analog zu oben erfolgen: Alle Allokationen, die bei η' eingeschränkt Pareto-effizient sind, sind auch bei η'' zulässig, daneben bietet η'' aber auch noch zusätzliche Handlungsmöglichkeiten. Dies wird im folgenden weiter präzisiert.

Zunächst werden wieder nur Informationssysteme betrachtet. die Zerlegungsinformationen liefern, so daß η' und η'' nach dem Feinheitskriterium geordnet werden können. Wie bereits aufgezeigt, setzt die Anwendung dieses Kriteriums für beliebige Informationssysteme (einschließlich der perfekten Information) die Annahme homogener Erwartungen voraus. Pareto-dominante Allokationen können durch η'' erreicht werden, wenn η'', nicht aber η' eine vollständig Pareto-effiziente Allokation ermöglicht. Wird umgekehrt bereits bei η' eine vollständig Pareto-effiziente Allokation erreicht und kommt zu der Annahme homogener Erwartungen noch die der Zeitadditivität hinzu, so kann kein Informationssystem η'', das feiner ist als η' dominante Güterallokationen ermöglichen.

Werden zwei Informationssysteme η'' und η' betrachtet, die nach dem *Blackwell*-Kriterium geordnet werden können ($\eta''>\eta'$), so existiert zu jedem y'' eine "durchschnittliche" Allokation, die folgendermaßen definiert ist:[8]

$$(3.3.1.14)\qquad \left(c_{i0y''}, z_{ijy''}\right) \equiv \sum_{y' \in Y'} m_B(y',y'') \cdot \left(c_{i0y'}, z_{ijy'}\right)$$

$$\text{mit}\quad C_0 = \sum_{i \in I} c_{i0y''} = \sum_{i \in I} \sum_{y' \in Y'} m_B(y',y'') \cdot c_{i0y'} = \sum_{y' \in Y'} m_B(y',y'') \cdot \sum_{i \in I} c_{i0y'}$$

$$\text{und}\quad Z_j = \sum_{i \in I} z_{ijy''} = \sum_{i \in I} \sum_{y' \in Y'} m_B(y',y'') \cdot z_{ijy'} = \sum_{y' \in Y'} m_B(y',y'') \cdot \sum_{i \in I} z_{ijy'}$$

für alle $j \in J$

---

8 Vgl. Ohlson (1987), S. 171.

Vergleicht man die Nutzenwerte beider Allokationen, so gilt aufgrund der Jensen'schen Ungleichung:

(3.3.1.15)
$$U_i' \equiv \sum_{s \in S} \pi_i(s) \cdot \sum_{y' \in Y'} \pi_i(y'/s) \cdot U_{is}\left(c_{ioy'}, c_{isy'}\right)$$

$$= \sum_{s \in S} \pi_i(s) \cdot \sum_{y' \in Y'} \left[\sum_{y'' \in Y''} m_B(y',y'') \cdot \pi_i(y''/s) \right] \cdot U_{is}\left(c_{ioy'}, c_{isy'}\right)$$

$$= \sum_{s \in S} \pi_i(s) \cdot \sum_{y'' \in Y''} \pi_i(y''/s) \cdot \sum_{y' \in Y'} m_B(y',y'') \cdot U_{is}\left(c_{ioy'}, c_{isy'}\right)$$

$$\leq \sum_{s \in S} \pi_i(s) \cdot \sum_{y'' \in Y''} \pi_i(y''/s) \cdot U_{is}\left(\sum_{y' \in Y'} m_B(y',y'') \cdot \left(c_{ioy'}, c_{isy'}\right)\right) \equiv U_i''$$

Die Ungleichung gilt strikt, sofern $\alpha_i' \neq \alpha_i''$ für mindestens ein y''.

(3) Damit ist gezeigt, daß genauere Informationssysteme zumindest keine schlechteren, im allgemeinen sogar strikt überlegene Allokationen ermöglichen. Eine andere Frage ist, ob diese überlegenen Allokationen auch durch den Marktmechanismus erreichbar sind. Für das simultane Marktsystem sowie für das sequentielle Marktsystem bei dynamisch vollständigem Markt kann diese Frage eindeutig beantwortet werden: Da jedes Konkurrenzmarktgleichgewicht die Eigenschaft der eingeschränkten Pareto-Effizienz aufweist, ist der Marktmechanismus stets in der Lage, die potentiellen Allokationsverbesserungen auch zu nutzen, ein Informationszugang führt somit auf diesen Märkten zu einer (zumindest schwach) dominanten Allokation. Daraus folgt für die Wohlfahrt der Marktteilnehmer, daß zumindest nicht alle Investoren durch einen Informationszugang bzw. durch die Verwendung eines genaueren Informationssystems einen Nachteil erleiden können.[9]

---

9 Vgl. Green, J. (1981), S. 339 f.

Liegt ein isoliertes Marktsystem oder ein sequentielles Marktsystem mit dynamisch unvollständigem Markt vor, so erfüllt ein Konkurrenzmarktgleichgewicht im allgemeinen nicht die Eigenschaft der eingeschränkten Pareto-Effizienz. Damit ist auch nicht gewährleistet, daß die durch einen Informationszugang grundsätzlich mögliche Verbesserung der Güterallokation durch den Marktmechanismus auch realisiert wird. Dies hat Konsequenzen für die wohlfahrtstheoretische Beurteilung öffentlicher Informationen. Für das isolierte Marktsystem gilt, daß ein Informationszugang alle Marktteilnehmer schlechter stellen kann. Dies hat *Hirshleifer*[10] anhand eines einfachen Beispiels deutlich aufgezeigt.

Gegeben sind zwei Individuen i_1 und i_2, zwei Umweltzustände s_1, s_2 sowie zwei Wertpapiere j_1 und j_2 mit der Zahlungsstruktur a_{j_1} = (1,0), a_{j_2} = (0,1). Marktteilnehmer 1 besitzt zwei Einheiten von Wertpapier 1 und i_2 hält zwei Einheiten von j_2. Beide Marktteilnehmer haben homogene Erwartungen $\pi(s_1) = \pi(s_2) = 0{,}5$ und identische Nutzenfunktionen. Konsum findet lediglich in einem Zeitpunkt statt.

Unter diesen Voraussetzungen kann ein Informationszugang offensichtlich keine Verbesserung der Allokationseffizienz des Marktes bewirken. Ohne Informationszugang gilt $P_{j_1} = P_{j_2}$ und jeder Marktteilnehmer verkauft dem jeweils anderen eine Einheit aus seinem Wertpapierbestand und erreicht damit eine sichere und vollständig Paretoeffiziente Konsumposition. Die Marktteilnehmer nehmen die gleichen Konsumpositionen ein, wenn vor Informationszugang gehandelt werden kann. Da der Markt sowohl dynamisch als auch bedingt vollständig ist, wird ebenfalls vollständige Pareto-Effizienz erreicht. Vor Informationszugang verkauft jeder wiederum ein Wertpapier, nach Informationszugang findet aufgrund der identischen Nutzenfunktionen und der homogenen Wahrscheinlichkeiten kein Handel mehr statt.

---

10 Vgl. Hirshleifer (1971).

Kann dagegen vor Informationszugang nicht gehandelt werden, so kann sich keiner der beiden Marktteilnehmer gegen das Risiko, das mit dem Informationszugang verbunden ist, versichern. Die hiermit verbundenen Konsequenzen werden am deutlichsten, wenn perfekte Information unterstellt wird. Nach Erhalt der Nachricht wird kein Handel stattfinden können, da die Erstausstattung eines Investors wertlos geworden ist. Damit lauten die nunmehr risikobehafteten Konsumpositionen $\alpha_1 = (2,0)$ bzw. $\alpha_2 = (0,2)$. Bei Risikoscheu ist diese Position eindeutig schlechter als der sichere Zahlungsanspruch $\alpha_1 = \alpha_2 = (1,1)$.

Das sequentielle Marktsystem mit dynamisch unvollständigem Hedging-Markt nimmt wiederum eine Mittelstellung zwischen simultanem und isoliertem Marktsystem ein. Hier gilt, daß nicht alle Marktteilnehmer eine Nutzeneinbuße erleiden können, wenn η mit dem Nullinformationssystem(η^0) verglichen wird.[11] Dies kann folgendermaßen begründet werden: Auf dem Konsummarkt bleiben alle Tauschmöglichkeiten, durch den Informationszugang zumindest erhalten, im allgemeinen kommen noch weitere hinzu. Da bei gegebener Nachricht der Konsummarkt eingeschränkt Pareto-effizient ist, können diese zusätzlichen Tauschmöglichkeiten auch durch den Marktmechanismus genutzt werden. Auf dem Hedging-Markt werden die Tauschmöglichkeiten durch den Rang der Matrix $\mathcal{P}$ bestimmt. Im ungünstigsten Fall, d.h. wenn alle P_{jy} linear abhängig sind, gilt *rang* $\mathcal{P}_\eta = 1$. Für η^0 gilt aber ebenfalls *rang* $\mathcal{P}_{\eta^0} = 1$. Das Nullinformationssystem kann nämlich auch als ein Informationssystem aufgefaßt werden, daß unabhängig vom später eintretenden Umweltzustand ein und dasselbe Signal liefert. Für ein solches Informationssystem gilt trivialerweise *rang* $\mathcal{P} = 1$. Da alle durch den Marktmechanismus erreichbaren Tauschmöglichkeiten auch nach Informationszugang möglich sind, können nicht alle Marktteilnehmer durch die Information einen Nachteil erleiden.

---

11 Vgl. auch <u>Ewert</u> (1989), S. 257 f.

Diese Argumentation läßt sich allerdings nicht ohne weiteres auf den Vergleich beliebiger (Nicht-Null-) Informationssysteme übertragen. Zwar gilt auch hier, daß ein genaueres Informationssystem alle Tauschmöglichkeiten auf dem Konsummarkt erhält bzw. sogar noch zusätzliche schafft, auf dem Hedging-Markt kann jedoch das Gegenteil der Fall sein, d.h. hier kann gelten: $\text{rang}\ \mathcal{P}_{\eta''} < \text{rang}\ \mathcal{P}_{\eta''}$. Sind die Konsequenzen, die die Elimination von Tauschmöglichkeiten auf dem Hedging-Markt auf die Wohlfahrt der Marktteilnehmer hat, schwerwiegender als die Erweiterung der Tauschmöglichkeiten auf dem Konsummarkt, so ist denkbar, daß alle Marktteilnehmer das ungenauere Informationssystem dem genaueren vorziehen.[12]

3.3.1.3 Kriterien für den gesellschaftlichen Wert von öffentlichen Informationen

Der vorige Abschnitt hat gezeigt, daß bei einem simultanen und bei einem sequentiellen Marktsystem nicht alle Marktteilnehmer durch eine öffentliche Information schlechter gestellt werden können. Bei dem simultanen und dem sequentiellen, dynamisch vollständigen Marktsystem gilt dies auch im Hinblick auf den Vergleich beliebiger Informationssysteme. In diesem Abschnitt geht es darum, Bedingungen aufzuzeigen, unter denen ein Informationssystem einen gesellschaftlichen Wert besitzt, d.h. kein Investor eine Nutzeneinbuße hinnehmen muß, einer, mehrere oder alle aber einen Nutzenzuwachs erzielen können.

---

12 So hat *Ohlson* ein Beispiel konstruiert, bei dem der Hedging-Markt dynamisch vollständig ist bezüglich η', während alle $P_{jy''}$ linear abhängig sind und somit bei Verwendung von η'' keine Risikoallokation im Hinblick auf den Informationszugang möglich ist. Weiterhin gilt, daß die verbesserte Risikoallokation, die η' auf dem Hedging-Markt ermöglicht, die schlechtere Risikoallokation auf dem Konsummarkt dominiert, so daß alle Marktteilnehmer beim Übergang von η' auf η'' eine Nutzeneinbuße erleiden. Vgl. *Ohlson* (1987), S. 158f.

Da mit einer öffentlichen Information im allgemeinen Umverteilungseffekte verbunden sind, ist denkbar, daß einige Marktteilnehmer eine Nutzeneinbuße hinnehmen müssen, auch wenn die Allokationseffizienz des Marktes insgesamt durch die Information verbessert wird. Diese Umverteilungseffekte resultieren aus einer informationsinduzierten Veränderung der (relativen) Wertpapierpreise mit der Konsequenz, daß sich der Wert der Erstausstattungen ändert.[13] Damit ist nicht für jeden Marktteilnehmer gewährleistet, daß alle Allokationen, die vor Informationszugang für diesen erreichbar waren, auch nach Erhalt der Nachricht erreichbar sind. Aus der Sicht jedes einzelnen Marktteilnehmers kann eine öffentliche Information sowohl positive als auch negative Wirkungen haben. Zu den nutzensteigernden Wirkungen zählt eine mögliche Verbesserung der Allokationseffizienz, Nutzenminderungen können sich dagegen aus Umverteilungseffekten ergeben. Ob daher ein Informationszugang letztlich vorteilhaft ist für einen Marktteilnehmer, kann nur entschieden werden, wenn sowohl die positiven als auch die nutzenmindernden Wirkungen gegeneinander abgewogen werden. Da hierfür kein operationales Kriterium existiert, kann der gesellschaftliche Wert eines öffentlichen Informationssystems nur dann eindeutig bestätigt werden, wenn Bedingungen erfüllt sind, die Umverteilungseffekte ausschließen. Diese Bedingungen sind damit hinreichend, aber nicht unbedingt notwendig für einen positiven gesellschaftlichen Wert.

Umverteilungseffekte sind dann ausgeschlossen, wenn für jeden Marktteilnehmer gilt, daß alle Allokationen, die bei Verwendung von η' zulässig sind, auch unter η'' erreichbar bleiben:

(3.3.1.16) $KM_i(\eta') \subseteq KM_i(\eta'')$ für alle $i \in I$

Mit $KM_i(\eta)$ ist die Menge erreichbarer Allokationen bei Verwendung von η bezeichnet.

13 Grafisch äußert sich dies in einer Drehung der Budgetgeraden.

Die Vorteilhaftigkeit eines Informationssystems ist auch schon dann sichergestellt, wenn jeder Marktteilnehmer die bei Verwendung von η' optimale Allokation α_i' auch bei Verwendung von η'' realisieren kann:

(3.3.1.17) $\alpha_i' \in KM_i(\eta'')$ für alle $i \in I$

Bedingung (3.3.1.17) ist offensichtlich schwächer als (3.3.1.16), da nur α_i', nicht aber auch alle anderen zulässigen Allokationen in $KM_i(\eta'')$ liegen müssen, d.h., $KM_i(\eta') \not\subseteq KM_i(\eta'')$ ist durchaus mit (3.3.1.17) vereinbar.

Bedingung (3.3.1.17) ist immer dann erfüllt, wenn zwei Informationssysteme miteinander verglichen werden, von denen eines das Null-Informationssystem ist, und die Erstausstattungen eines jeden Investors zugleich eine Gleichgewichtsallokation bezüglich des Null-Informationssystems darstellen. Darüber hinaus ist (3.3.1.17) auch immer dann gegeben, wenn vor dem Informationszugang Handel stattfindet, die Investoren aber dabei den künftigen Informationszugang ignorieren. Da in diesen beiden Fällen jeder Investor vor Informationszugang bereits diejenige Allokation erreicht hat, die für ihn im Fall ohne Information optimal ist, kann er sich durch eine öffentliche Information nicht verschlechtern; denn ihm steht immer die Möglichkeit offen, $\overline{\alpha}_i = \alpha_i^0$ zu halten, indem er nicht handelt. Umgekehrt kann man schließen, daß ein Informationssystem immer dann einen strikt positiven gesellschaftlichen Wert besitzt, wenn die Verwendung von $\eta \neq \eta^0$ dazu führt, daß nicht-trivialer Handel[14] stattfindet.[15] Dieses Kriterium gilt unabhängig davon, welches der drei vorgestellten Marktsysteme betrachtet wird.

---

14 Handel wird dann als nicht-trivial bezeichnet, wenn der Wertpapiertausch auch zu einem veränderten Konsumstrom führt.

15 Vgl. zu dieser Argumentation auch: Jaffe (1975), S. 832; Hakansson/Kunkel/Ohlson (1982), S. 1173-1177; Ng (1977), S. 1720 f.; Ohlson/Buckman (1981), S. 426; Ohlson (1987), S.143.

Damit ist nun zu klären, unter welchen Bedingungen ein Informationszugang Handel auslöst. Dazu werden zunächst wieder Voraussetzungen angegeben, die sicherstellen, daß eine öffentliche Information zu keinem Handel führt, wenn die Erstausstattungen aller Marktteilnehmer Gleichgewichtsallokationen bezüglich η^0 sind. Die im folgenden angegebenen Bedingungen sind geringfügig schwächer als die im vorigen Abschnitt genannten Voraussetzungen, die sich auf die Irrelevanz einer öffentlichen Information für die Menge Pareto-effizienter Allokationen bezogen.[16]

Sehr anschaulich erhält man die Voraussetzungen, die erfüllt sein müssen, damit kein Handel stattfindet, wenn die Bedingungen für das Vorliegen eines Marktgleichgewichts nach Erhalt einer Information betrachtet werden. Diese lauten ganz analog zu (3.2.1.6):

$$\text{(3.3.1.18)} \quad \sum_{s\in S} \frac{\pi_i(s/y)}{\pi_i(s)} \cdot \pi_i(s) \cdot \frac{\dfrac{\partial U_{is}(c_{ioy}, c_{isy})}{\partial c_{isy}}}{\sum\limits_{s\in S} \pi_i(s/y) \cdot \dfrac{\partial U_{is}(c_{ioy}, c_{isy})}{\partial c_{ioy}}} \cdot a_{js} = P_{jy}$$

$$= \sum_{s\in S} \frac{\pi_1(s/y)}{\pi_1(s)} \cdot \pi_1(s) \cdot \frac{\dfrac{\partial U_{1s}(c_{1oy}, c_{1sy})}{\partial c_{1sy}}}{\sum\limits_{s\in S} \pi_1(s/y) \cdot \dfrac{\partial U_{1s}(c_{1oy}, c_{1sy})}{\partial c_{1oy}}} \cdot a_{js}$$

Aus (3.3.1.18) ist ersichtlich, daß kein Investor Veranlassung hat, seine Güterallokation durch den Erhalt einer Information zu ändern, d.h. $(c_{ioy}, c_{isy}) = (c_{io}, c_{is})$ für alle $i \in I$, $s \in S$, wenn folgende Bedingungen erfüllt sind:[17]

---

16 Vgl. Abschnitt 3.3.1.2, S. *4 f.*

17 Vgl. auch <u>*Hakansson/Kunkel/Ohlson*</u> (1982), S. 1174.

1. Das Verhältnis von a posteriori zur a priori Wahrscheinlichkeitsverteilung muß für alle Zustände und Investoren gleich sein, d.h. es muß gelten:

$$\text{(3.3.1.19)} \qquad \frac{\pi_i(s/y)}{\pi_i(s)} = \frac{\pi_1(s/y)}{\pi_1(s)} \qquad \text{für alle} \quad y \in Y,\ s \in S,\ i \geq 2$$

Damit (3.3.1.19) erfüllt ist, müssen die Signalwahrscheinlichkeiten $\pi(y)$ und die bedingten Wahrscheinlichkeiten $\pi(y/s)$ quasi-homogen sein:[18]

$$\text{(3.3.1.20)} \qquad \begin{aligned} \pi_i(y) &= \pi_1(y) \cdot k_i(y) \\ \pi_i(y/s) &= \pi_1(y/s) \cdot k_i(y) \end{aligned} \qquad \text{für alle} \quad y \in Y,\ s \in S,\ i \geq 2$$

Durch Anwendung der Bayes-Formel ist sofort zu erkennen, daß Wahrscheinlichkeitsverteilungen, die (3.3.1.20) erfüllen auch (3.3.1.19) genügen:

$$\text{(3.3.1.21)} \qquad \frac{\pi_i(s/y)}{\pi_i(s)} = \frac{\pi_i(y/s)}{\pi_i(y)} = \frac{k_i(y) \cdot \pi_1(y/s)}{k_i(y) \cdot \pi_1(y)} = \frac{\pi_1(s/y)}{\pi_1(s)}$$

2. Der Grenznutzen des Konsums für den Zeitpunkt t=0 muß unabhängig davon, welches Signal eintrifft, konstant bleiben:

$$\text{(3.3.1.22)} \qquad \sum_{s \in S} \pi_i(s) \cdot \frac{\partial U_{is}(c_{io}, c_{is})}{\partial c_{io}} = \sum_{s \in S} \pi_i(s) \cdot \frac{\partial U_{i1}(c_{io})}{\partial c_{io}} = \frac{\partial U_{i1}(c_{io})}{\partial c_{io}}$$

$$= \sum_{s \in S} \pi_i(s/y) \cdot \frac{\partial U_{is}(c_{ioy}, c_{isy})}{\partial c_{ioy}} \qquad \text{für alle} \quad s \in S,\ i \in I$$

Offensichtlich kann (3.3.1.22) nur dann gelten, wenn die Nutzenfunktionen aller Marktteilnehmer zeitadditiv sind.

---

18 "essentially homogenous" bei <u>*Hakansson/Kunkel/Ohlson*</u> (1982), S. 1171.

3. Schließlich kann ein Informationszugang Handel auslösen, wenn durch die Information die Möglichkeiten zur Risikoallokation verbessert werden können. Dies ist aber ausgeschlossen, wenn die Erstausstattungen bereits vollständig Pareto-effiziente Gleichgewichtsallokationen sind.

Im Umkehrschluß kann daher festgestellt werden, daß ein öffentliches Informationssystem immer dann einen positiven gesellschaftlichen Wert besitzt, wenn die Erstausstattungen der Marktteilnehmer eine Gleichgewichtsallokation in der Situation ohne Information darstellen und eine der folgenden Bedingungen verletzt ist:[19]

(i) die Signalwahrscheinlichkeiten $\pi_i(y)$ sowie die bedingten Wahrscheinlichkeiten $\pi_i(y/s)$ sind quasi-homogen;

(ii) die Nutzenfunktionen aller Marktteilnehmer sind zeitadditiv;

(iii) das Gleichgewicht im Fall ohne Information ist vollständig Pareto-effizient.

Für den Vergleich zweier Informationssysteme η'', $\eta' \neq \eta^0$ ist die Annahme, daß die Erstausstattungen Gleichgewichtsallokationen darstellen, nicht ohne weiteres anwendbar. So wird beispielsweise bei einem Gleichgewicht auf einem simultanen Marktsystem im allgemeinen der optimale gegenwärtige Konsum vom Erhalt des Signals abhängen. Dies ist aber offensichtlich nicht vereinbar mit der Annahme, daß die Erstausstattungen Pareto-effiziente Gleichgewichtsallokationen bezüglich η' sind.

Im folgenden werden Fälle betrachtet, bei denen die Bedingung (3.3.1.16) erfüllt ist. Dies ist für das simultane Marktsystem der Fall, wenn die impliziten Preise bei den beiden Informationssystemen

---

19 Vgl. <u>Hakansson/Kunkel/Ohlson</u> (1982), S. 1176. Denkbar ist, daß Bedingung (3.3.1.18) zufällig erfüllt ist, obwohl die Voraussetzungen (i) - (iii) nicht erfüllt sind.

η'' und η' identisch sind. Da wegen der konstanten Preise die Werte aller Erstausstattungen durch den Übergang von η' zu η'' nicht verändert werden, und η'' mindestens die Tauschmöglichkeiten bietet, die bei η' zulässig sind, bleiben für jeden Investor alle unter η' zulässigen Allokationen auch unter η'' erreichbar; darüber hinaus ermöglicht η'' im allgemeinen noch zusätzliche Allokationen, die nicht in $KM_i(\eta')$ enthalten sind. Diese Überlegungen gelten im simultanen Marktsystem sowohl für $\eta' = \eta^0$ als auch für $\eta' \neq \eta^0$.

Liegt ein sequentielles Marktsystem vor, so gewährleistet die Konstanz des Preissystems nur dann einen positiven gesellschaftlichen Wert, wenn ein Informationssystem mit dem Null-Informationssystem verglichen wird.[20] Die Besonderheit des sequentiellen Marktsystems liegt darin, daß die Konsummöglichkeiten auch von den Tauschmöglichkeiten auf dem Hedging-Markt abhängen. Ist nun der Markt bezüglich des ungenaueren Informationssystems η' dynamisch vollständig, hinsichtlich des feineren Informationssystem η'' aber dynamisch unvollständig, so ist $KM_i(\eta') \subseteq KM_i(\eta'')$ im allgemeinen nicht erfüllt. Daher ist die Annahme eines konstanten impliziten Preissystems nicht hinreichend dafür, daß der gesellschaftliche Wert eines Informationssystems mit zunehmendem Genauigkeitsgrad steigt. Hierfür muß zusätzlich gewährleistet sein, daß die Risikoallokation auf dem Hedging-Markt bei Verwendung von η'' nicht schlechter ist als unter η'.[21] Dies ist z.B. gegeben, wenn der Hedging-Markt dynamisch vollständig bezüglich η'' sind.

Die Bedeutung, die der Annahme konstanter impliziter Preise für die Beurteilung des gesellschaftlichen Wertes eines Informationssystems zukommt, wird erheblich eingeschränkt, wenn man die Voraussetzun-

---

20 Zur Vorteilhaftigkeit von Informationen auf sequentiellen Märkten siehe auch *Green, J.* (1981); *Nermuth* (1982), S. 183-211.

21 Das Modell von *Green* zeigt, daß auf einem unvollständigen sequentiellen Markt nur unter sehr restriktiven Prämissen der gesellschaftliche Wert von η'' größer ist als der von $\eta' \neq \eta^0$; vgl. *Green, J.* (1981), S. 348-351.

gen untersucht, die erfüllt sein müssen, damit ein Wechsel des Informationssystems keine Änderung des Preissystems auslöst.

Offensichtlich ist, daß die impliziten Preise dann unverändert bleiben, wenn der Markt bei beiden Informationssystemen eingeschränkt Pareto-effizient ist und die Menge eingeschränkt Pareto-effizienter Allokationen bei beiden Informationssystemen identisch ist, d.h. wenn gilt: $g(\mathcal{A},\eta'',u) = g(\mathcal{A},\eta',u)$.[22] Dieses Ergebnis ist letztlich trivial: (Zusätzliche) Informationen, die keine Auswirkungen auf die Güterallokation haben, lassen auch die impliziten Preise unverändert. Allokationsirrelevante Informationen können allerdings auch keinen Marktteilnehmer besser stellen, sondern lassen das Nutzenniveau aller Investoren unverändert.

Konstanz des Preissystems gilt schließlich auch dann, wenn eine Information schon vor ihrer Veröffentlichung in den Preisen vollständig reflektiert ist, der Markt somit (informations-) effizient ist hinsichtlich der betrachteten Nachricht.[23] In diesem Fall kann die öffentliche Information so interpretiert werden, als ob sie die dezen-

---

22 Die Bedingungen, unter denen $g(\mathcal{A},\eta'',u) = g(\mathcal{A},\eta',u)$ gilt, lauten:

(i) zeitadditive Nutzenfunktionen;

(ii) homogene Wahrscheinlichkeiten $\pi(y)$ und $\pi(y/s)$;

(iii) vollständige Pareto-Effizienz bezüglich η';

Unter diesen Annahmen gilt für die Wertpapierpreise die Martingaleigenschaft, d.h. der Preis eines Wertpapiers in einer Situation ohne Information P_j^0 entspricht im simultanen Marktsystem dem Erwartungswert der relativen signalabhängigen Preise P_{jy}:

$$P_j^0 = E\left[\hat{P}_{j\tilde{y}} / \hat{P}_{0\tilde{y}}\right]$$

Für das sequentielle Marktsystem gilt entsprechend: P_j^0 entspricht dem Preis auf dem Hedging-Markt und dieser ist der Erwartungswert der signalabhängigen Wertpapierpreise auf dem Konsummarkt:

$$P_j^0 = P_j = E\left[P_{j\tilde{y}} / P_{0\tilde{y}}\right]$$

Von der Martingaleigenschaft der Preise gehen *Ewert* (1989); *Green, J.* (1981) und *Nermuth* (1982) aus. Vgl. hierzu auch *Ohlson* (1987), S. 162.

23 Zu den unterschiedlichen Arten von Informationseffizienz siehe *Fama* (1970).

tral gehaltenen unterschiedlichen Informationen der einzelnen Marktteilnehmer zusammenfaßt. Entsprechend ist es plausibel anzunehmen, daß die a posteriori Wahrscheinlichkeiten homogen sind.[24] Unter der Annahme, daß der Kapitalmarkt vollständig ist, kann nachgewiesen werden, daß es zu jeder gegebenen heterogenen a priori Wahrscheinlichkeitsverteilung eine homogene a posteriori Wahrscheinlichkeitsverteilung gibt, die das System relativer Preise unverändert läßt. Homogene a posteriori Wahrscheinlichkeiten mit dieser Eigenschaft werden als "*consensus beliefs*" bezeichnet.[25]

Für zwei Spezialfälle können consensus beliefs explizit ermittelt werden.

1. Haben alle Marktteilnehmer eine zustandsunabhängige, logarithmische und zeitadditive Nutzenfunktion mit identischem Zeitparameter τ,

$$U = \tau \cdot \ln(c_{i0}) + \sum_{s \in S} \pi_i(s) \cdot \ln(c_{is})$$

so ergeben sich die consensus beliefs $\pi^c(s)$ als gewogenes arithmetisches Mittel der a priori Wahrscheinlichkeiten $\pi_i(s)$ mit den Erstausstattungen als Gewichtungsfaktoren:[26]

---

24 Informationen, die zu homogenen a posteriori Wahrscheinlichkeiten führen, werden von Ng (1975), (1977) als "*authentic information*" bezeichnet, Hirshleifer (1973) spricht von "*posterior unanimity*". Ob eine Nachricht zu homogenen a posteriori Wahrscheinlichkeiten führt, hängt allerdings - abgesehen vom Spezialfall vollständiger Information - nicht nur von der bedingten Wahrscheinlichkeitsverteilung $\pi(y/s)$ ab, sondern hierzu sind Annahmen über die gemeinsame Verteilung $\pi(s,y)$ erforderlich.

25 Diese Bezeichnung wurde von Rubinstein (1975) eingeführt. Zur Existenz von consensus beliefs siehe: Verrecchia (1979); Zum Zusammenhang zwischen consensus beliefs und Informationseffizienz siehe: Rubinstein (1975); Verrecchia (1980).

26 Zur Herleitung von (3.3.1.23) siehe Anhang 3.2.

$$(3.3.1.23)\qquad \pi^c(s) = \sum_{i \in I} \frac{\bar{w}_{io}}{\sum_{i \in I} \bar{w}_{io}} \cdot \pi_i(s)$$

2. Sind die Nutzenfunktionen aller Marktteilnehmer zeitadditiv (mit identischem τ), zustandsunabhängig und exponentiell, so können die consensus beliefs als gewichtetes geometrisches Mittel der $\pi_i(s)$ mit den Risikoaversionsparametern als Gewichtungsfaktoren ermittelt werden:[27]

$$(3.3.1.24)\qquad \pi^c(s) = \prod_{i \in I} \pi_i(s)^{\gamma_i/\gamma_0} \qquad \text{mit} \quad \gamma_0 = \sum_{i \in I} \gamma_i$$

Stellen nun $\pi_i(s)$ die heterogenen a priori und $\pi^c(s)$ die homogenen a posteriori Wahrscheinlichkeiten dar, so kann der Informationszugang niemanden schlechter stellen, da das Preissystem konstant bleibt. Im allgemeinen wird sogar eine strikte Pareto-Verbesserung erreicht werden, da abgesehen von Sonderfällen der Informationszugang zu Handel führt.

Zusammenfassend ist damit festzustellen, daß eine öffentliche Information nur in Ausnahmefällen, nämlich dann, wenn vor Informationszugang kein Handel stattfindet, zu einer Verschlechterung der Position aller Marktteilnehmer führen kann. Andererseits ist aber auch nur in Ausnahmefällen gewährleistet, daß eine öffentliche Information keinen Marktteilnehmer schlechter stellt. In der Mehrzahl der Fälle dürfte eine öffentliche Information eine Verbesserung der Allokationseffizienz ermöglichen, allerdings zugleich auch Umverteilungseffekte bewirken.

---

27 siehe hierzu: *Wilson, R.* (1968); *Verrecchia* (1978).

3.3.2 Der gesellschaftliche Wert von öffentlichen Informationen in einer Tausch- und Produktionswirtschaft

Bei der bisherigen Analyse wurde eine reine Tauschwirtschaft unterstellt. Die Güterausstattung der Volkswirtschaft, d.h. die Gesamtheit aller gegenwärtigen und künftigen, unsicheren Zahlungsansprüche war somit gegeben und unabhängig vom Informationsstand der Marktteilnehmer. Lediglich die optimale Allokation dieser Zahlungsansprüche konnte durch eine öffentliche Information beeinflußt werden. Diese Sichtweise ist angebracht, wenn der Kapitalmarkt ausschließlich als ein Sekundärmarkt betrachtet wird, auf dem bereits existierende Finanzierungstitel zwischen Kapitalanlegern gehandelt werden.

Vollzieht sich die Finanzierung von Investitionen in der Weise, daß neue Finanzierungstitel auf dem Kapitalmarkt emittiert werden, so können öffentliche Informationen auch Auswirkungen auf Investitionsentscheidungen und damit auf die Güterausstattung der Volkswirtschaft haben. Die Vorteilhaftigkeit eines Investitionsprojekts bestimmt sich aus einem Vergleich der Rendite, die das Projekt erwirtschaftet, mit den Renditeforderungen der Kapitalgeber. Der Preis, den potentielle Kapitalgeber für die Hergabe von Kapital fordern, hängt wiederum davon ab, wie die Marktteilnehmer die künftige Ertragslage der Unternehmung einschätzen. Damit hängt die Finanzierbarkeit von Investitionsprojekten letztlich von dem Informationsstand der Kapitalanleger ab. In einer Produktions- und Tauschwirtschaft hat eine öffentliche Information somit nicht nur Einfluß auf die Risikoallokation, sondern auch auf die Kapitalallokation, indem die knappen Kapitalmittel den vorteilhaftesten Investitionsprojekten zugeführt werden.

Die Berücksichtigung von produktiven Effekten erfordert eine Erweiterung des in Abschnitt 3.2.1 skizzierten Kapitalmarktmodells (1). Die Auswirkungen von öffentlichen Informationen auf Produktionsentscheidungen können nur dann zu einer Wohlfahrtssteigerung aller Marktteilnehmer beitragen, wenn Einigkeit über das optimale Investitionsprogramm besteht. Daher sind Kriterien anzugeben, die gewährleisten, daß alle Kapitalmarktinvestoren das gleiche Investitionsprogramm präferieren (2). Daran anschließend wird untersucht, unter welchen Voraussetzungen eine öffentliche Information einen gesellschaftlichen Wert besitzt (3).

(1)Die Investitionstätigkeit der Unternehmen wird in der Weise im Modell abgebildet, daß im Zeitpunkt t=0 der Betrag I_j investiert wird und daraus in t=1 zustandsabhängige Zahlungsüberschüsse in Höhe von $a_{js}(I_j)$ resultieren. Dabei wird unterstellt, daß die Investitionstätigkeit der Unternehmung j nur deren Zahlungsüberschüsse, nicht aber auch auf die Erträge anderer Unternehmen einwirkt. Es wird damit die Existenz externer Effekte ausgeschlossen. Weiterhin wird reine Beteiligungsfinanzierung unterstellt, so daß alle von einer Unternehmung ausgegebenen Finanzierungstitel einen identischen, erfolgsabhängigen Zahlungsanspruch haben. Mit $\psi_{ij} = z_{ij} / \sum_i z_{ij}$ wird der Anteil des Investors i an der Unternehmung j bezeichnet und $A_{js}(\cdot) = \sum_i z_{ij} \cdot a_{js}(\cdot)$ gibt den gesamten Einzahlungsüberschuß dieser Unternehmung im Zustand s an.

Die Einbeziehung von Investitionsmaßnahmen erfordert eine Neuformulierung der Budgetrestriktionen. Zunächst ist zu beachten, daß bei einer Ausweitung des Investitionsprogramms in t=0 insgesamt weniger an Konsum zur Verfügung steht. Es gilt somit:

$$\text{(3.3.2.1)} \qquad \sum_{i \in I} c_{i0} = \sum_{i \in I} \bar{c}_{i0} - \sum_{j \in J} I_j$$

Damit lautet die Budgetrestriktion:

$$\text{(3.3.2.2)} \qquad c_{i0} + \sum_{j \in J} \psi_{ij} \left(\sum_{s \in S} A_{js}(I_j) \cdot P_s^I - I_j \right) + \sum_{j \in J} \psi_{ij} \cdot I_j$$

$$= \bar{c}_{i0} + \sum_{j \in J} \bar{\psi}_{ij} \left(\sum_{s \in S} A_{js}(I_j) \cdot P^I_s - I_j \right)$$

Beziehung (3.3.2.2) ist so zu interpretieren, daß der Handel mit Finanzierungstiteln nach Ankündigung, aber noch vor Aufnahme des zusätzlichen Kapitals erfolgt. Das Kapital für die Investition wird somit von den neuen Anteilseignern aufgebracht.

Völlig äquivalent ist eine andere Formulierung der Budgetrestriktion, die so interpretiert werden kann, daß die ursprünglichen Kapitalgeber entsprechend ihrem Kapitalanteil die Investition finanzieren. Hierzu ist lediglich eine einfache Umformung von (3.3.2.2) erforderlich:

$$(3.3.2.3) \qquad c_{i0} + \sum_{j \in J} \psi^I_{ij} \left(\sum_{s \in S} A_{js}(I_j) \cdot P^I_s \right) = \bar{c}_{i0} + \sum_{j \in J} \bar{\psi}_{ij} \left(\sum_{s \in S} A_{js}(I_j) \cdot P^I_s - I_j \right)$$

(2) Aus (3.3.2.2) bzw. (3.3.2.3) geht hervor, daß Investitionsmaßnahmen die Konsumallokationen der Kapitalanleger auf drei verschiedene Arten beeinflussen können:

- Investieren transformiert gegenwärtigen (sicheren) Konsum in künftigen (unsicheren) Konsum, d.h. die Güterausstattung der Volkswirtschaft wird verändert.

- Da die Höhe der Zahlungsansprüche A_{js} von der Investitionstätigkeit abhängt, kann sich auch der durch die Matrix $\mathcal{A}$ aufgespannte Vektorraum $C(\mathcal{A})$ ändern, was wiederum eine Veränderung der Tauschmöglichkeiten bewirkt.

- Eine Änderung der Zahlungsüberschüsse und/oder der Tauschmöglichkeiten hat im allgemeinen einen Einfluß auf das System impliziter Preise.

Die erste Wirkung wird als Wohlstandseffekt, die zweite und dritte Wirkungsweise als Konsumeffekt bezeichnet.[28] Aus der Analyse des gesellschaftlichen Wertes öffentlicher Informationen ist bekannt, daß sich der Konsumeffekt auf die Wohlfahrt eines Anlegers nachteilig auswirken kann: Sofern $C(\mathcal{A}) \not\subseteq C(\mathcal{A}^I)$, ist denkbar, daß die durch die Investition induzierte Veränderung der Zahlungsüberschüsse Tauschmöglichkeiten eliminiert, und mit einer Veränderung des Systems impliziter Preise sind im allgemeinen Umverteilungseffekte verbunden. Die Vorteilhaftigkeit einer Investitionsmaßnahme kann daher nur dann gewährleistet sein, wenn der Konsumeffekt vernachlässigt werden kann.

Hinreichend für die gesellschaftliche Vorziehenswürdigkeit einer Investition ist wiederum die Bedingung, daß alle Konsumallokationen, die ohne Investition möglich sind, auch mit Durchführung der Investition erreichbar bleiben:[29]

$$(3.3.2.4) \qquad KM_i(0) \subseteq KM_i(I_j) \qquad \text{für alle } i \in I$$

$$\text{mit } KM_i(I) \equiv \left\{ \alpha_i^I \,\middle|\, c_{i0}^I + \sum_{j \in J} \sum_{s \in S} \psi_{ij} \cdot A_{js}(I_j) \cdot P_s^I \leq \overline{w}_{i0} \right\}$$

Auch hier kann wiederum auf das etwas schwächere Kriterium, das lediglich die Zulässigkeit für die optimale Allokation verlangt, zurückgegriffen werden:

$$(3.3.2.4') \qquad \alpha_i^* \in KM_i(I_j) \qquad \text{für alle } i \in I$$

---

28 Vgl. *Strong/Walker* (1987), S. 71 f.

29 Vgl. hierzu für den Fall sicherer Einzahlungsüberschüsse: *Hirshleifer* (1974), S. 199 f.

Ein etwas schwächeres Kriterium als (3.3.2.4) ist von *DeAngelo*[30] formuliert worden: Eine Investition I_j wird als *"global dominant"* für jeden Marktteilnehmer bezeichnet, wenn gilt:

- α_i^I ist zulässig für alle Marktteilnehmer

- Zu jedem zulässigen α_i existiert für jeden Marktteilnehmer ein α_i^I mit der Eigenschaft $\alpha_i^I \geq \alpha_i$.

Offensichtlich ist das Kriterium der globalen Dominanz identisch mit (3.3.2.4), wenn der Kapitalmarkt vollständig ist. Andernfalls ist denkbar, daß mit einer Investition zwar global dominante Allokationen erreichbar sind, die optimale Allokation ohne Investition selbst aber nicht mehr zulässig ist.[31]

Bei Investitionsentscheidungen geht es oftmals nicht nur um die Ablehnung oder Aufnahme eines Projekts, sondern um die Bestimmung des optimalen Investitionsprogramms. Dies schließt zum einen Entscheidungen über das optimale Investitionsvolumen mit ein als auch die Bestimmung der relativen Vorteilhaftigkeit zweier einander ausschließender Projekte. Auch auf diese Entscheidungen kann das Kriterium der globalen Dominanz sowie (3.3.2.4) mit den entsprechenden Modifikationen angewendet werden.[32]

Globale Dominanz bzw. Bedingung (3.3.2.4) kann nur dann gewährleistet sein, wenn durch die Investition keine Tauschmöglichkeiten eliminiert werden:

$$C(\mathcal{A}) \subseteq C(\mathcal{A}^I) \quad (3.3.2.5)$$

---

30 Vgl. DeAngelo (1981), S. 20.

31 Im Gegensatz zu (3.3.2.4) setzt globale Dominanz allerdings nicht-fallende Nutzenfunktionen voraus.

32 Ist zwischen zwei Investitionsprogrammen I_j und I'_j zu entscheiden, so ist KM(0) durch KM(I'_j) und α_i durch $\alpha_i^{I'}$ zu ersetzen.

Gilt (3.3.2.5) so kann für eine einzelne Investitionsentscheidung folgendes Vorteilhaftigkeitskriterium formuliert werden:[33]

Stellen α_i^*, mit $c_i^* \in C(\mathcal{A})$ sowie α_i^{*I}, mit $c_i^{*I} \in C(\mathcal{A}^I)$ zwei optimale Allokationen dar, so gilt:

(A) Wenn $\alpha_i^* > \alpha_i^{*I}$, dann muß gelten:

$$c_{io} + \psi_{ij} \sum_{s \in S} A_{js} \cdot P_s^I > c_{io}^I + \psi_{ij}^I \sum_{s \in S} A_{js}(I_j) \cdot P_s^I$$

(B) Wenn $c_{io} + \psi_{ij} \sum_{s \in S} A_{js} \cdot P_s^I < c_{io}^I + \psi_{ij}^I \sum_{s \in S} A_{js}(I_j) \cdot P_s^I$

dann muß gelten: $\alpha_i^{*I} > \alpha_i^*$

Aus (A) folgt, daß es kein α_i^* gibt, das α_i^{*I} vorgezogen wird, ohne zugleich die Budgetrestriktion zu verletzen. (B) schließlich gibt an, unter welcher Bedingung α_i^{*I} gegenüber α_i^* präferiert wird. Ein besonders kritisches Element in der Formulierung von (B) ist darin zu sehen, daß in (B) auf beiden Seiten das gleiche Preissystem verwendet wird. Im allgemeinen wird aber das System impliziter Preise durch die Investitionstätigkeit verändert. Daher ist nach Bedingungen zu suchen, unter denen der Preisänderungseffekt vernachlässigt werden kann. Dies ist in zwei Fällen gegeben:

Wird unterstellt, daß die Erstausstattung an Wertpapieren im Fall mit Investition zugleich eine Gleichgewichtsallokation im Fall ohne Investition darstellt, d.h. gilt $\overline{\alpha}_i^I = \alpha_i^*$, so sind Umverteilungseffekte ausgeschlossen und die Bedingung (3.3.2.4') ist immer erfüllt.[34] Die strenge Ungleichheitsrelation in (B) ist dann gegeben, wenn gilt:

---

33 Vgl. Ohlson (1985), S. 392.

34 Dieser Fall wird auch als "*ex post unanimity*" bezeichnet. Vgl. hierzu Ekern/Wilson, R. (1974); Leland (1974); Ohlson (1985); Radner (1974).

$$(3.3.2.6)\qquad \psi_{ij} \sum_{s\in S}\left(A_{js}(I_j) - A_{js}\right)\cdot P_s^I + \left(c_{io}^I - c_{io}\right) > 0 \qquad \text{für alle } i\in I,\ \psi_{ij} > 0$$

Für (3.3.2.6) kann auch geschrieben werden:

$$(3.3.2.7)\qquad \psi_{ij}\left(\sum_{s\in S}\left(A_{js}(I_j) - A_{js}\right)\cdot P_s^I - I_j\right) > 0$$

$$\text{da } \psi_{ij}\left(c_{io}^I - c_{io}\right) = -\psi_{ij}\cdot I_j$$

Eine Investition ist offensichtlich dann vorteilhaft, wenn der Kapitalwert der durch das Projekt zusätzlich ausgelösten Zahlungsüberschüsse positiv ist.

Von der Annahme $\overline{\alpha}_i^I = \alpha_i^*$ kann dann ausgegangen werden, wenn vor Ankündigung des Investitionvorhabens durch die Unternehmensleitung bereits Handel auf dem Kapitalmarkt stattgefunden hat, und die Investoren die Investitionstätigkeit der Unternehmung nicht antizipieren. Darüber hinaus ist diese Annahme nur dann sinnvoll, wenn die absolute Vorteilhaftigkeit eines einzelnen Projekts bestimmt werden muß, nicht aber wenn zwischen mehreren Investitionsvorhaben zu entscheiden ist. Ohne spezielle Annahmen über die Erstausstattungen können Umverteilungseffekte nur dann ausgeschlossen werden, wenn sich das System impliziter Preise nicht ändert,[35] d.h., wenn gilt: $P_s^I = P_s$. In diesem Fall ist jede Wertpapierallokation ψ_{ij} auch nach Investiton erreichbar, und die gesellschaftliche Vorziehenswürdigkeit einer Investition ist gewährleistet, wenn analog zu (3.3.2.7) gilt:

---

35 Besteht zwischen den Marktteilnehmern Übereinstimmung über das durchzuführende Investitionsprogramm, ohne daß auf die Annahme $\overline{\alpha}_i^I = \alpha_i^*$ zurückgegriffen wird , so spricht man von "*ex ante unanimity*". Siehe hierzu: DeAngelo (1981); Grossman/Stiglitz (1980 a); Makowski (1983).

$$(3.3.2.8) \qquad \psi_{ij}\left(\sum_{s\in S}\left(A_{js}(I_j)-A_{js}\right)\cdot P_s - I_j\right) > 0$$

Ein konstantes Preissystem setzt voraus, daß zwei Bedingungen erfüllt sind:

1. $C(\mathcal{A}) = C(\mathcal{A}^I)$, d.h. der Vektorraum erreichbarer Konsumallokationen wird nicht verändert ("*spanning*"). Diese gegenüber (3.3.2.5) strengere Bedingung ist erforderlich, da auch nur marginale Veränderungen im Vektorraum diskontinuierliche Preisänderungen auslösen können.[36]

2. Die betrachtete Investition verändert die Güterausstattung der Volkswirtschaft nur marginal, so daß sie keinen Einfluß auf die Preise hat. Diese Annahme entspricht der der vollständigen Konkurrenz auf den Gütermärkten ("*competitivity*").

Auf die Bedeutung zweier Annahmen, die der vorangegangenen Analyse zugrunde lagen, soll noch kurz eingegangen werden. Die Voraussetzung, daß kein Marktteilnehmer einen negativen Anteil an der betrachteten Unternehmung hält, ist unverzichtbar, da eine Wertsteigerung dieser Unternehmung offensichtlich nur dann vorteilhaft sein kann, wenn gilt $\psi_{ij}>0$. Wird die Annahme homogener Aktienfinanzierung aufgehoben, so partizipieren die Kapitalgeber in unterschiedlichem Maße an Wertsteigerungen der Unternehmung. Denkbar ist einerseits, daß der Marktwert der Unternehmung zwar steigt, der

---

36 Zur Erläuterung diene folgendes Beispiel:

$$\mathcal{A}^I = \mathcal{A} + \Delta\mathcal{A} \qquad \begin{bmatrix} a_{11} & a_{12} \\ \beta\cdot a_{11} & \beta\cdot a_{12} \end{bmatrix} + \begin{bmatrix} \varepsilon & 0 \\ 0 & 0 \end{bmatrix}$$

Ohne Investition ist der Markt effektiv nur aus einem Wertpapier, so daß keine Tauschmöglichkeiten vorhanden sind. Daher findet ohne Investition auch kein Handel statt. Mit $\varepsilon > 0$ ist der Markt vollständig, und Handel findet statt. Dann aber wird im allgemeinen $P^I_s \neq P_s$ gelten. Siehe hierzu auch *Ohlson* (1985), S. 396.

eines bestimmten Typs von Finanzierungstiteln jedoch sinkt, wie auch umgekehrt Fälle konstruierbar sind, bei denen der Marktwert der Unternehmung durch eine Investition sinkt, der Wert der Anteilstitel aber steigt zu Lasten des Fremdkapitals. Auf die daraus resultierenden Interessenkonflikte zwischen verschiedenen Gruppen von Kapitalgebern wird in Abschnitt 4.3 ausführlich eingegangen. Die Annahme homogener Aktienfinanzierung ist nicht notwendig, wenn Vertragsklauseln vereinbart werden können, die Reichtumsverschiebungen verhindern, und deren Aushandlung und Überwachung kostenlos ist.

(3) In einer Produktions- und Tauschwirtschaft hat eine öffentliche Information Einfluß sowohl auf die Risikoallokation als auch auf die Investitionsentscheidungen der Unternehmen. Die gesellschaftliche Vorziehenswürdigkeit einer öffentlichen Information kann daher nur dann gewährleistet sein, wenn bei allen Marktteilnehmern Übereinstimmung darüber herrscht, ob und in welcher Weise das optimale Investitionsprogramm im Lichte der zusätzlichen Information zu ändern ist. Die zweite hinreichende Voraussetzung für den gesellschaftlichen Wert einer öffentlichen Information verlangt, daß die Risikoallokation durch den Informationszugang nicht verschlechtert wird. Diese Voraussetzung ist dann erfüllt, wenn entweder die Erstausstattungen zugleich Gleichgewichtsallokationen hinsichtlich der a priori Wahrscheinlichkeitsverteilungen darstellen[37] oder wenn das Preissystem durch den Informationszugang nicht verändert wird.

Stellen die Erstausstattungen zugleich Gleichgewichtsallokationen in einer Tauschwirtschaft ohne Information dar, so gilt im allgemeinen die strikte Pareto-Dominanz, lediglich dann, wenn die zusätz-

---

37 Diesen Fall betrachtet <u>*Kunkel*</u> (1982), S. 1009.

liche Information keinen Handel auslöst[38], gilt Pareto-Indifferenz. In einer Produktions- und Tauschwirtschaft kann selbst in diesem Fall die strikte Vorziehenswürdigkeit gelten, nämlich dann, wenn die Information Auswirkungen auf Investitionsentscheidungen hat.

Konstanz des Systems impliziter Preise gilt in einer reinen Tauschwirtschaft entweder dann, wenn die Güterallokation durch die Information nicht beeinflußt wird[39] oder aber bei Existenz von Consensus Beliefs.[40] Im ersten Fall sind in einer reinen Tauschwirtschaft alle Marktteilnehmer indifferent hinsichtlich einer zusätzlichen Information, in einer Produktions- und Tauschwirtschaft dagegen kann auch strikte Pareto-Dominanz gelten, wenn von der Information produktive Wirkungen ausgehen.

Damit kann zusammenfassend festgestellt werden, daß die Berücksichtigung von Produktionsentscheidungen tendenziell zu einer größeren Zahl von Fällen führt, in denen eine öffentliche Information für keinen Marktteilnehmer nachteilhaft ist, für einige aber Vorteile bringt.

---

38 Die Bedingungen dafür, daß die Information keinen Handel auslöst, lauteten (vgl. Abschnitt 3.3.1.3):

- quasi-homogene Signalwahrscheinlichkeiten $\pi(y)$ sowie quasi-homogene bedingte Wahrscheinlichkeiten $\pi(y/s)$;
- zeitadditive Nutzenfunktionen;
- vollständige Pareto-Effizienz in der Situation ohne Information;

39 Die Voraussetzungen hierfür lauten (vgl. Abschnitt 3.3.1.2):

- homogene Signalwahrscheinlichkeiten $\pi(y)$ und homogene bedingte Wahrscheinlichkeiten $\pi(y/s)$;
- zeitadditive Nutzenfunktionen;
- vollständige Pareto-Effizienz in der Situation ohne Information;

40 Zur Existenz von Consensus Beliefs siehe Abschnitt 3.3.1.3.

3.4 Der gesellschaftliche Wert öffentlicher Informationen bei asymmetrischem Informationsstand der Kapitalmarktinvestoren

3.4.1 Anreize zur privaten Informationsbeschaffung

3.4.1.1 Die These von der Überproduktion privater Informationen

Wie der vorige Abschnitt gezeigt hat, wird die Beschaffung von Informationen, die öffentlich zugänglich sind, zumindest in einer reinen Tauschwirtschaft nur unter sehr restriktiven Bedingungen von allen Marktteilnehmern befürwortet. Daraus ist allerdings nicht zu schließen, daß Kapitalmarktanleger keine Aktivitäten ergreifen werden, um sich private Informationen zu beschaffen. Im Gegenteil scheint viel dafür zu sprechen, daß es aus der Sicht eines einzelnen Marktteilnehmers stets vorteilhaft ist, private Informationen zu erlangen, auch wenn hierfür Kosten anfallen. Gelingt es einem Marktteilnehmer, einen Informationsvorsprung vor den anderen zu erlangen, so hat er die Möglichkeit, sein Wertpapierportefeuille an seinen neuen Informationsstand anzupassen, und zwar zu Preisen, die die privaten Informationen des Investors (noch) nicht widerspiegeln.

Wie bereits bei der Analyse öffentlicher Informationssysteme gezeigt wurde, ist bei Konstanz der Wertpapierpreise eine Information für einen Anleger niemals nachteilhaft, da der Wert seiner Erstausstattung unverändert bleibt und er damit alle Allokationen, die ohne Informationen zulässig waren, auch mit zusätzlicher Information erreichen kann. Aus

$$(3.4.1.1) \qquad \frac{\pi_i(s/y)}{\pi_i(s)} \cdot \pi_i(s) \cdot \frac{\dfrac{\partial U_{is}\left(c_{ioy}, c_{isy}\right)}{\partial c_{isy}}}{\sum\limits_{s \in S} \pi_i(s/y) \cdot \dfrac{\partial U_{is}\left(c_{ioy}, c_{isy}\right)}{\partial c_{ioy}}} = P_s$$

und der Konkavität der Nutzenfunktion wird deutlich, daß der Investor seinen Konsum in solche Zustände verlagert, deren Eintrittswahrscheinlichkeit durch den Informationszugang steigt, bei Zerlegungsinformationen wird der Investor nur noch für solche Zustände Konsumansprüche nachfragen, deren a posteriori Wahrscheinlichkeit positiv ist. Daher gilt im allgemeinen $\left(c_{ioy}, c_{isy}\right) \neq \left(c_{io}, c_{is}\right)$, und die Informationsbeschaffung hat für den Investor einen streng positiven Wert. Weiterhin folgt aus dem Blackwell-Theorem, daß der Nutzenzuwachs des Investors mit zunehmender Genauigkeit des Informationssystems steigt. Daher ist zu erwarten, daß Kapitalmarktanleger bereit sind, erhebliche Mittel für private Informationsbeschaffung auszugeben, auch wenn diesen Aufwendungen kein gesellschaftlicher Wert gegenübersteht: Die verbesserte Konsumallokation des informierten Anlegers ist nur möglich auf Kosten der uninformierten Investoren, an die - aus der Sicht des besser Informierten - überbewertete Wertpapiere verkauft und von denen unterbewertete Titel gekauft werden. Dieser Sachverhalt soll nun im Rahmen eines sehr einfachen Modells, das in den folgenden Abschnitten um zusätzliche Aspekte erweitert wird, dargestellt werden. Dabei wird von folgenden Annahmen ausgegangen:

- Konsum findet nur zu einem Zeitpunkt statt. Weiterhin existieren nur zwei Wertpapiere, eine risikofreie Anlage, die pro Titel einen Ertrag in Höhe von einer Geldeinheit erbringt, sowie ein riskantes Wertpapier, dessen Erträge $\tilde{a}$ normalverteilt sind mit $E[\tilde{a}]=\mu_a$ und $Var[\tilde{a}]=\sigma_a^2$. Es werden homogene Erwartungen unterstellt; daher sind weder Erwartungswert noch Varianz mit einem Index i versehen. Mit z_i^f und z_i^r wird die Anzahl der risikofreien bzw. der riskanten Wertpapiere, die der Anleger $i \in I$ in seinem Portefeuille hält, bezeichnet. Der Konsum dieses Investors setzt sich damit zusammen aus:

(3.4.1.2) $\tilde{w}_i = z_i^f + z_i^r \cdot \tilde{a}$

- Die Nutzenfunktionen aller Marktteilnehmer weisen die Eigenschaft der konstanten Risikoaversion auf, sie sind somit exponentiell:

$$(3.4.1.3) \qquad U_i(\tilde{w}) = -\exp -\left(\gamma_i \cdot \tilde{w}_i\right)$$

Wie aus den Ausführungen in Abschnitt 3.3.1.2 hervorgeht, kann unter den gemachten Annahmen (Nutzenfunktion der HARA-Klasse, homogene Erwartungen, eine risikofreie Anlage, ein riskantes Wertpapier) eine öffentliche Information keine Verbesserung der Risikoallokation bewirken: Bei konstanten Preisen würden alle Anleger nach Erhalt der Information völlig gleichartige Portefeuilleumschichtungen vornehmen, so daß letztlich aufgrund der gegebenen Güterausstattung der Volkswirtschaft die Markträumung nur dann gewährleistet ist, wenn alle Konsumallokationen unverändert bleiben, so daß sich lediglich die Wertpapierpreise anpassen. In einem sequentiellen Marktsystem würde eine öffentliche Information keinen Handel in der zweiten Tauschrunde auslösen. Kann dagegen vor Informationszugang nicht gehandelt werden, so führt eine öffentliche Information unter den gegebenen Annahmen ausschließlich zu Umverteilungseffekten, so daß der gesellschaftliche Wert dieser Information strikt negativ ist.[1]

Dennoch gibt es Anreize, private Informationen zu beschaffen, auch wenn dies mit Kosten verbunden ist. Die private Informationsbeschaffung wird folgendermaßen modelliert: Ein Investor hat die Möglichkeit, vor Beendigung des Wertpapierhandels ein Signal y_i zu beobachten, das unvollständigen Aufschluß über die Realisation von $\tilde{a}$ liefert. Die stochastische Verknüpfung zwischen Signal und Ertrag lautet,

---

1 Dabei wird von dem Spezialfall, daß alle Erstausstattungen zugleich Gleichgewichtsallokationen sind, abgesehen. In diesem speziellen Fall würde die Information keinen Handel auslösen, ihr gesellschaftlicher Wert wäre damit Null.

(3.4.1.4) $\tilde{y}_i = \tilde{a} + \tilde{\varepsilon}_i$

wobei $\tilde{\varepsilon}_i$ eine normalverteilte Zufallsvariable ist mit $E[\tilde{\varepsilon}_i]=0$; $Var[\tilde{\varepsilon}_i]= e_i^2 \equiv {}^1/e_i^P$; $Cov[\tilde{a},\tilde{\varepsilon}_i]=0$.

Die Informationsbeschaffung ist mit Kosten verbunden, die mit zunehmender Genauigkeit des Informationssystems, d.h. mit abnehmender Varianz von $\tilde{\varepsilon}_i$ bzw. mit zunehmender Präzision e_i^P steigen:

(3.4.1.5) $K(e_i^P)\,;\quad \frac{\partial K(e_i^P)}{\partial e_i^P} > 0\,;\quad \frac{\partial^2 K(e_i^P)}{\partial {e_i^P}^2} \geq 0$

Das Optimierungsproblem des Investors besteht nun darin, sein Anfangsvermögen $\overline{w}_{io}$ auf den Kauf von Wertpapieren und auf den Kauf von Informationen aufzuteilen. Die Budgetrestriktion, die bei dieser Optimierung zu beachten ist, lautet:

(3.4.1.6) $\overline{w}_{io} = z_i^f + z_i^r \cdot P + K(e_i^P)$

Die risikolose Anlage wird als Numéraire-Gut aufgefaßt und P bezeichnet den Preis des riskanten Wertpapiers.

Die Portefeuille- und Informationsbeschaffungsoptimierung vollzieht sich in zwei Schritten: Zunächst muß der Investor festlegen, welchen Betrag er für Informationsbeschaffung ausgibt; nach Erhalt der Information teilt er dann das ihm verbleibende Budget $\left(\overline{w}_{io} - K(e_i^P)\right)$ in Abhängigkeit vom erhaltenen Signal auf in die sichere und in die riskante Anlagemöglichkeit.

Zunächst soll die zweite Entscheidungsstufe, d.h. die Portefeuilleoptimierung nach Erhalt der Information betrachtet werden. Nach Beobachtung des Signals y_i maximiert der Investor den (bedingten) Erwartungsnutzen

$$(3.4.1.7)\qquad E\left[U_i(\tilde{w}_i)/\tilde{y}=y_i\right] = E\left[-\exp-\left(\gamma_i\cdot\tilde{w}_i\right)/\tilde{y}=y_i\right]$$

unter Einhaltung der Budgetrestriktion (3.4.1.6).

Integration von (3.4.1.7) liefert:[2]

$$(3.4.1.8)\qquad -\exp\left\{-\gamma_i\left[E\left[\tilde{w}_i/\tilde{y}=y_i\right]-\frac{1}{2}\cdot\gamma_i\cdot\mathrm{Var}\left[\tilde{w}_i/\tilde{y}=y_i\right]\right]\right\}$$

Strategisch äquivalent zu (3.4.1.8) ist die Maximierung des bedingten Sicherheitsäquivalents $SÄ_i\left(\tilde{w}_i/\tilde{y}=y_i\right)$:

$$(3.4.1.9)\qquad SÄ_i\left(\tilde{w}_i/\tilde{y}=y_i\right) = E\left[\tilde{w}_i/\tilde{y}=y_i\right]-\frac{1}{2}\cdot\gamma_i\cdot\mathrm{Var}\left[\tilde{w}_i/\tilde{y}=y_i\right]$$

Einsetzen für $\tilde{w}_i$ liefert:

$$(3.4.1.10)\qquad SÄ_i\left(\tilde{w}_i/\tilde{y}=y_i\right) = z_i^f + z_i^r\cdot E\left[\tilde{a}/\tilde{y}=y_i\right]-\frac{1}{2}\cdot\gamma_i\cdot z_i^{r\,2}\cdot\mathrm{Var}\left[\tilde{a}/\tilde{y}=y_i\right]$$

Durch Bilden der Lagrange-Funktion und Differentiation nach z_i^r und z_i^f erhält man die notwendigen Bedingungen für ein Optimum:

$$(3.4.1.11)\qquad \frac{\partial L}{\partial z_i^f} = 1-\lambda_i = 0$$

$$(3.4.1.12)\qquad \frac{\partial L}{\partial z_i^r} = E\left[\tilde{a}/\tilde{y}=y_i\right]-\gamma_i\cdot z_i^r\cdot\mathrm{Var}\left[\tilde{a}/\tilde{y}=y_i\right]-\lambda_i\cdot P = 0$$

Einsetzen von (3.4.1.11) in (3.4.1.12) und auflösen nach z_i^r ergibt den Bestand an riskanten Wertpapieren im optimalen Portefeuille des Investors:

$$(3.4.1.13)\qquad z_i^r(y_i) = \frac{E\left[\tilde{a}/\tilde{y}=y_i\right]-P}{\gamma_i\cdot\mathrm{Var}\left[\tilde{a}/\tilde{y}=y_i\right]}$$

---

2 Siehe hierzu Anhang 3.3.

Aus der Budgetrestriktion erhält man damit für z_i^f:

$$(3.4.1.14) \qquad z_i^f(y_i) = \overline{w}_{io} - \frac{E\left[\tilde{a}/\tilde{y}=y_i\right] - P}{\gamma_i \cdot Var\left[\tilde{a}/\tilde{y}=y_i\right]} \cdot P - K(e_i^P)$$

Die Notation $z_i^r(y_i)$ bzw. $z_i^f(y_i)$ bringt zum Ausdruck, daß die Portefeuilleentscheidung vom erhaltenen Signal abhängt. Aus (3.4.1.13) ist offensichtlich, daß bei gegebenem Preis der Anteil des riskanten Wertpapiers im Gesamtportefeuille des Investors um so größer ist, je höher der bedingte Erwartungswert der Erträge, je kleiner deren bedingte Varianz und je geringer die Risikoaversion des Investors ist.

Der bedingte Erwartungsnutzen des Investors nach Beobachtung von y_i und nach Wahl des optimalen Portefeuilles beträgt:

$$(3.4.1.15) \qquad E_{\tilde{a}}\left[-\exp\left[-\gamma_i\left(z_i^f(y_i) + z_i^r(y_i)\cdot\tilde{a}\right)\right]/\tilde{y}=y_i\right]$$

Einsetzen für $z_i^f(y_i)$ und $z_i^r(y_i)$ ergibt:

$$(3.4.1.16) \qquad E_{\tilde{a}}\left[-\exp\left\{\gamma_i\left(K(e_i^P) - \overline{w}_{io}\right) - (\tilde{a}-P)\cdot\frac{E\left[\tilde{a}/\tilde{y}=y_i\right]-P}{Var\left[\tilde{a}/\tilde{y}=y_i\right]}\right\} / \tilde{y}=y_i\right]$$

Integration von (4.3.1.16) schließlich liefert:

$$(3.4.1.17) \qquad -\exp\left\{\gamma_i\left(K(e_i^P) - \overline{w}_{io}\right) - \frac{1}{2}\cdot\frac{\left[E\left[\tilde{a}/\tilde{y}=y_i\right]-P\right]^2}{Var\left[\tilde{a}/\tilde{y}=y_i\right]}\right\}$$

Beziehung (3.4.1.17) gibt den Erwartungsnutzen an, den der Investor in der zweiten Entscheidungsstufe, d.h. nach Erhalt des Signals erzielen kann. In der ersten Optimierungsstufe geht es darum, das optimale Ausmaß an Informationsbeschaffung zu bestimmen. Die zu maximierende Größe ist somit der Erwartungsnutzen der gemeinsamen Verteilung von $\tilde{a}$ und $\tilde{y}$, d.h. der Erwartungswert der bedingten Erwartungswerte in (3.4.1.17).

Hierzu sind zunächst der bedingte Erwartungswert und die bedingte Varianz des Ertrages, den das unsichere Wertpapier erbringt, zu ermitteln:

$$E\left[\tilde{a}/\tilde{y}=y_i\right] = \mu_a + \frac{\sigma_a^2}{e_i^2 + \sigma_a^2}\left(y_i - \mu_a\right)$$

(3.4.1.18)

$$\text{Var}\left[\tilde{a}/\tilde{y}=y_i\right] = \sigma_a^2 \cdot \left(1 - \frac{\sigma_a^2}{e_i^2 + \sigma_a^2}\right)$$

Einsetzen von (3.4.1.18) in (3.4.1.17) und ausrechnen des Erwartungswertes über $\tilde{y}$ führt zu folgender Beziehung:[3]

$$(3.4.1.19) \quad -\frac{1}{\sqrt{1 + \frac{\sigma_a^2}{e_i^2}}} \cdot \exp\left\{\gamma_i\left(K(e_i^P) - \bar{w}_{io}\right) - \frac{1}{2}\cdot\frac{\left(P - \mu_a\right)^2}{\sigma_a^2}\right\}$$

Durch Differentiation von (3.4.1.19) nach $e_i^P \equiv {}^1/{e_i}^2$ erhält man die notwendige und aufgrund der Konvexität von $K(e_i^P)$ zugleich auch hinreichende Bedingung für das optimale Ausmaß an Informationsbeschaffung, gemessen durch e_i^{P*}:[4]

$$(3.4.1.20) \quad 2 \cdot \gamma_i \cdot \frac{\partial K(e_i^{P*})}{\partial e_i^{P*}} \cdot \left(\sigma_a^P + e_i^P\right) = 1$$

Wie aus (3.4.1.20) hervorgeht, hängt e_i^{P*} vom Ausmaß der Risikoaversion und von dem Risiko, das mit den Wertpapier verbunden ist, ab:

$$(3.4.1.21) \quad \frac{d\, e_i^{P*}}{d\gamma_i} = -\frac{\frac{\partial K(e_i^P)}{\partial e_i^P}}{\gamma_i \cdot \frac{\partial^2 K(e_i^P)}{\partial {e_i^P}^2} + 2\gamma_i^2 \cdot \left(\frac{\partial K(e_i^P)}{\partial e_i^P}\right)^2} < 0$$

---

3 Zur Ermittlung von (3.4.1.19) siehe Anhang 3.4.

4 Es wird angenommen, daß $\frac{\partial K(\cdot)}{\partial e^P}$ hinreichend klein wird für $e_i^P \rightarrow 0$, so daß (3.4.1.20) stets für ein $e_i^{P*} > 0$ erfüllt ist.

Je größer die Risikoaversion ist, desto weniger wird in die Informationsbeschaffung investiert. Dieses Ergebnis ist leicht zu erklären: Mit zunehmender Risikoaversion sinkt der Anteil des riskanten Wertpapiers im Gesamtportefeuille des Investors. Damit reduzieren sich auch die Vorteile, die mit der Erlangung zusätzlicher Informationen verbunden sind.

Weiterhin gilt:

$$(3.4.1.22)\quad \frac{d\,e_i^{P*}}{d\,\sigma_a^P} = - \frac{2\gamma_i \left(\frac{\partial K(e_i^P)}{\partial e_i^P}\right)^2}{\frac{\partial^2 K(e_i^P)}{\partial e_i^{P^2}} + 2\gamma_i \cdot \left(\frac{\partial K(e_i^P)}{\partial e_i^P}\right)^2} < 0$$

Auch dieses Ergebnis ist intuitiv unmittelbar einleuchtend: Je geringer die Schwankungsbreite der Wertpapiererträge ist, desto weniger lohnt es sich, in die Informationsbeschaffung zu investieren.

Als Ergebnis der Ausführungen kann festgehalten werden, daß große Anreize bestehen, in Maßnahmen zur Beschaffung privater Informationen zu investieren, obwohl diesen Aufwendungen kein gesellschaftlicher Nutzen gegenübersteht. Gegen diese, zunächst von Hirshleifer sowie Fama/Laffer[5] aufgestellte These von der Überinvestition in private Informationsbeschaffung lassen sich zwei Einwände formulieren:

- Kapitalmarktteilnehmer, die schlechter informiert sind, werden im Zeitablauf erkennen, daß ein Handel mit solchen Anlegern, die über bessere Informationen verfügen, für sie nachteilig ist. Eine Möglichkeit, sich vor der Übervorteilung durch besser Informierte zu schützen, besteht darin, eine "buy and hold" - Strategie zu verfolgen, und

---

5 Vgl. _Fama/Laffer_ (1971); _Hirshleifer_ (1971).

somit den Wertpapierhandel auf ein Minimum zu reduzieren.[6] Dies vermindert für die besser Informierten die Möglichkeiten, aus dem Informationsvorsprung Vorteile zu ziehen und wirkt sich damit dämpfend auf private Informationsbeschaffungsaktivitäten aus.

- Ist die Erlangung privater Informationen erfolgversprechend, so besteht grundsätzlich für jeden Kapitalmarktanleger ein Anreiz, zusätzliche Informationen einzuholen. Sofern ein Investor keinen monopolistischen Zugang zu Informationen hat, muß er befürchten, daß zumindest ein Teil der anderen Anleger gleiche oder ähnliche Informationen erhält. Damit sinkt die Wahrscheinlichkeit, einen uninformierten Handelspartner zu finden, von dem Wertpapiere, die im Lichte der zusätzlichen Informationen unterbewertet sind, gekauft bzw. an den überbewertete Titel verkauft werden können. Darüber hinaus werden die Wertpapierpreise nicht konstant bleiben, wenn die Anzahl der informierten Marktteilnehmer steigt. Inwieweit dies ein Nachteil für die informierten Anleger bedeutet, hängt von dem Verhalten der Uninformierten ab: Verhalten sich diese entsprechend dem im Abschnitt 3.2 ermittelten Optimierungskalkül,[7] so werden sie bei unveränderten Erwartungen solche Wertpapiere verkaufen bzw. kaufen, deren Preis steigt bzw. sinkt. Solange die Preisbewegungen die zusätzlichen Informationen noch nicht vollständig reflektieren, können Anleger aus der Informationsbeschaffung weiterhin Vorteile ziehen. Denkbar ist aber auch, daß die uninformierten Anleger aus den Preisänderungen Rückschlüsse auf die Kenntnisse der besser Informierten ziehen. In dem Ausmaß, in dem die Wertpapierpreise Informationen übermitteln, reduziert sich der Informationsvorsprung der besser Informierten und damit auch deren Anreize, in die Produktion von Informationen zu investieren.

---

6 Vgl. *Beaver* (1981), S. 45; *Schredelseker* (1984).

7 Vgl. Beziehung (3.2.1.6).

3.4.1.2 Der Informationsgehalt von Preisen

Ziehen Marktteilnehmer aus der Beobachtung von Wertpapierpreisen Rückschlüsse auf die Informationen anderer Anleger, so sind Preise nicht nur das Ergebnis von Angebots- und Nachfragedispositionen, sondern Preise haben ihrerseits wiederum Einfluß auf die Aktivitäten der Marktteilnehmer. Ein Marktgleichgewicht liegt dann vor, wenn die Informationen, die die Marktteilnehmer den Preisen entnehmen, genau solche Konsum- und Investitionsentscheidungen induzieren, die zum Ausgleich von Angebot und Nachfrage führen. Die Erwartungen, die die Anleger im Gleichgewichtszustand aufgrund der Beobachtung von Preisen hegen, sind daher insofern selbsterfüllend, als sie erst genau diejenige Allokation bewirken, die zur Markträumung und damit zu einem Gleichgewicht führt. Erwartungen mit diesen Eigenschaften werden als rationale Erwartungen bezeichnet.

Je nach Informationsgehalt des Preissystems spricht man von einem vollständig informativen *(fully revealing)* oder einem teilweise informativen *(partially revealing, noisy)* Gleichgewicht rationaler Erwartungen. Vollständig informative Preise können nur dann vorliegen, wenn zwischen Preissystem und Information eine eineindeutige Beziehung vorliegt. In diesem Fall ist die Beobachtung des Preises gleichbedeutend mit der Beobachtung der Information selbst. Das Konzept eines vollständig informativen Gleichgewichts rationaler Erwartungen sei im folgenden anhand eines sehr einfachen Modells skizziert. Hierzu wird angenommen, daß Handel in *Arrow-Debreu*-Wertpapieren stattfindet und der Kapitalmarkt vollständig ist in dem Sinne, daß die Anzahl der unterschiedlichen *Arrow-Debreu*-Wertpapiere der Anzahl der aufgrund der a priori Wahrscheinlichkeiten unterscheidbaren Umweltzustände entspricht. Zwei Umweltzustände s und t heißen unterscheidbar, wenn eine der folgenden Bedingungen verletzt ist:

(i) $U_{is} = U_{it}$ für alle $i \in I$

(ii) $C_s = C_t$

(iii) $\frac{\pi_{is}}{\pi_{it}} = \frac{\pi_{ks}}{\pi_{kt}}$ für alle $i, k \in I$

Erfüllen zwei Zustände s und t die Bedingungen (i - iii), so ist eine Differenzierung zwischen beiden Zuständen überflüssig, da stets $c_{is} = c_{it}$ für alle $i \in I$ gilt.[8] Daher werden solche Zustände durch **ein** *Arrow-Debreu*-Wertpapier repräsentiert.

Durch die Menge aller handelbaren Wertpapiere wird nun eine Zerlegung $\mathfrak{Q}^P$ der Menge aller Umweltzustände in Teilmengen $\overline{S}$ induziert. Entscheidend für den Informationsgehalt des Preissystems ist nun die Feinheit der Zerlegung $\mathfrak{Q}^P$ im Vergleich zu $\mathfrak{Q}^\eta$, oder äquivalent die Dimension des Preisvektors $\{P_{\overline{S}}\}_{\overline{S}}$ im Vergleich zur Dimension des Vektors der Signale. Ist $\mathfrak{Q}^P$ feiner als $\mathfrak{Q}^\eta$, so ist jede Teilmenge S^P eine Unterzerlegung von S_y:

$$S_y = \bigcup_{\overline{S} \subseteq S_y} S^P \quad \text{d.h.,} \quad \overline{S} \cap S_y \begin{cases} \overline{S} & \text{wenn } \overline{S} \subseteq S_y \\ \emptyset & \text{wenn } \overline{S} \not\subseteq S_y \end{cases}$$

Erhalten nun besser informierte Marktteilnehmer ein beliebiges Signal y', so gilt in einem Gleichgewicht rationaler Erwartungen für alle $P_{\overline{S}}$, $\overline{S} \not\subseteq S_{y'}$: $P_{\overline{S}} = 0$. In diesem Fall reicht es offensichtlich völlig aus, das Preissystem zu beobachten, um auf das Signal, das die besser Informierten erhalten haben, eindeutig rückschließen zu können. Da $\mathfrak{Q}^P$ feiner ist als $\mathfrak{Q}^\eta$, ist das Preissystem eine suffiziente

8 Vgl. Abschnitt 3.2.1.

Statistik für das Paar $\left(P_{\overline{S}},\eta\right)$.[9] Aus der direkten Beobachtung des Signals erhält man keine Informationen, die nicht auch schon im Preissystem enthalten sind. In diesem Fall wird kein Marktteilnehmer bereit sein, für die Informationsbeschaffung Mittel aufzuwenden, so daß letztlich unklar bleibt, weshalb überhaupt Informationen vorhanden sind, die in den Preisen reflektiert werden können.[10]

Man kann nun unter sehr allgemeinen Bedingungen zeigen, daß ein vollständig informatives Gleichgewicht rationaler Erwartungen im allgemeinen dann existiert, wenn die Dimension des Preisvektors größer ist als die des Vektors der Signale.[11]

In einem Gleichgewicht rationaler Erwartungen sind die Marktpreise nicht nur Übermittler von Informationen, in den Marktpreisen werden auch dezentral gehaltene Informationen aggregiert. Dies wird deutlich, wenn $\mathfrak{Q}^{\eta}$ als diejenige Zerlegung interpretiert wird, die alle in der Volkswirtschaft überhaupt vorhandenen Informationen widerspiegelt.[12] Ist $\mathfrak{Q}^{P}$ wiederum mindestens genauso fein wie $\mathfrak{Q}^{\eta}$, so kann jeder Marktteilnehmer aus der Beobachtung der Preise mindestens ebenso genaue Informationen, im Regelfall sogar strikt genauere Informationen erhalten, als bei Beobachtung seiner jeweils privaten Informationen.

Die Aggregation von Informationen durch Preise kommt auch sehr deutlich zum Ausdruck, wenn das im vorigen Abschnitt eingeführte Portefeuillemodell weiterverfolgt wird. Hierzu wird angenommen, daß alle Marktteilnehmer ein Signal $\tilde{y}_i = \tilde{a}+\tilde{\varepsilon}_i$ beobachten, wobei gilt:

---

9 Vgl. Lindgren (1976), S. 228.

10 Vgl. Grossman/Stiglitz (1976), (1980 b); Hellwig (1980).

11 Vollständige Beweise dieser Aussage sind zu finden in: Allen (1981), (1984); Radner (1972), (1979), (1984).

12 Zur Aggregation von Informationen siehe: Diamond, D./Verrecchia (1981); Grossman (1976), (1977 b), (1978), (1981); Hellwig (1980).

$E[\tilde{\varepsilon}_i] = 0$, $Var[\tilde{\varepsilon}_i] = e_i^2 > 0$, $Cov[\tilde{\varepsilon}_i, \tilde{\varepsilon}_k]_{k \neq i} = 0$ für alle $i,k \in I$. Man kann nun zeigen, daß bei Normalverteilung aller Zufallsvariablen und bei konstanter Risikoaversion (exponentielle Nutzenfunktion) aller Investoren der Marktpreis des riskanten Wertpapiers in einem Gleichgewicht rationaler Erwartungen zu einer linearen Funktion aller beobachteten Signale konvergiert:[13]

$$P = K_1\left(\sigma_a^2, \Sigma_i (e_i^P)^2\right) \cdot \mu_a + K_2\left(\sigma_a^2, \Sigma_i (e_i^P)^2\right) \cdot \sum_{i \in I} \frac{\tilde{y}_i}{e_i^2} \tag{3.4.1.23}$$

$$\text{mit} \quad K_1\left(\sigma_a^2, \Sigma_i (e_i^P)^2\right) = \frac{1}{\sigma_a^2 \cdot \Sigma_i (e_i^P)^2 + 1}$$

$$K_2\left(\sigma_a^2, \Sigma_i (e_i^P)^2\right) = \sigma_a^2 \cdot K_1\left(\sigma_a^2, \Sigma_i (e_i^P)^2\right)$$

Aus (3.4.1.23) ist offensichtlich, daß der Preis eine suffiziente Statistik des Vektors der Signale ist. Weiterhin folgt aus dem schwachen Gesetz der großen Zahlen, daß der Einfluß der unabhängig verteilten Störgrößen $\tilde{\varepsilon}_i$ auf den Preis gegen Null strebt, wenn die Anzahl der Marktteilnehmer wächst. Auf einem Markt mit sehr vielen Anlegern konvergiert der Preis daher zu einer linearen Funktion des Wertpapierertrages:[14]

$$\tilde{P} = \bar{K}_1 \cdot \mu_a + \bar{K}_2 \cdot \tilde{a} \tag{3.4.1.24}$$

$$\text{mit} \quad \bar{K}_1 + \bar{K}_2 = 1$$

Da alle Investoren ein Signal der Form $\tilde{y}_i = \tilde{a} + \tilde{\varepsilon}_i$ beobachten, repräsentiert $\tilde{a}$ die insgesamt in der Volkswirtschaft vorhandene Information. Aus (3.4.1.24) ist offensichtlich, daß der Preis eine eineindeutige Funktion dieser insgesamt verfügbaren Information ist.

---

13 Vgl. *Grossman* (1976), S. 578; *Hellwig* (1980), S. 487.

14 Vgl. *Hellwig* (1980), S. 492.

Offenbart das Preissystem alle insgesamt vorhandenen Informationen, so ist der Kapitalmarkt vollständig informationseffizient. Kein Marktteilnehmer kann durch private Informationsbeschaffung einen Vorteil erzielen, da jede zusätzliche Information unmittelbar im Preissystem reflektiert wird. Wenn aber niemand einen Anreiz hat, Informationen zu beschaffen, sind auch keine Informationen vorhanden, die das Preissystem widerspiegeln könnte. Ein vollständig informationseffizienter Kapitalmarkt ist daher logisch nicht vereinbar mit der Existenz von Kosten der Informationsbeschaffung.[15]

Vollständig informative Preissysteme können daher lediglich als theoretischer Grenzfall angesehen werden. Von größerer Relevanz ist dagegen der Fall, daß das Preissystem die Informationen der Marktteilnehmer nur unvollständig widerspiegelt. Dies ist gegeben, wenn die Zerlegung der Preise $\mathcal{Q}^p$ nicht feiner ist als $\mathcal{Q}^\eta$. In diesem Fall gibt es mindestens ein $\bar{S}$ und ein $S_{y'}$, für die gilt:

$$\text{(i)} \quad \bar{S} \not\subseteq S_{y'} \quad \text{und} \quad \text{(ii)} \quad \bar{S} \cap S_{y'} \neq \emptyset$$

Erhält nun ein einzelner Investor oder eine Gruppe von Marktteilnehmern das Signal y', so existieren einerseits Zustände $\hat{s}$, die sowohl in $\bar{S}$ als auch in $S_{y'}$ enthalten sind (ii), und andererseits gibt es Zustände $\hat{\hat{s}} \in \bar{S}$, die kein Element von S_y sind (i). Daraus folgt, daß $P_{\bar{S}}$ streng positiv ist, obwohl das Signal y' anzeigt, daß einige Zustände in $\bar{S}_P$ nicht mehr eintreten können. Diese Information ist aber offensichtlich dem Preis $P_{\bar{S}}>0$ nicht entnehmbar, das Preissystem spiegelt die Information y' nur unvollständig wider.

Ähnliche Konsequenzen sind zu erwarten, wenn eine zusätzliche Unsicherheitsquelle in die Analyse einbezogen wird. Nimmt man z.B. an, daß die Höhe der Erstausstattungen einiger oder mehrerer Marktteilnehmer unsicher ist, so kann man dies in die Zustandsraumbe-

---

15 Vgl. Grossman/Stiglitz (1980 b).

schreibung mit aufnehmen. Dies führt zu einer Erweiterung des Zustandsraumes, da nun bisher identische Zustände, die sich lediglich durch die Höhe der Erstausstattungen unterscheiden, als unterschiedliche Ereignisse betrachtet werden müssen. Die private Information der Anleger schließt nun sowohl Informationen über die auch bisher relevanten Einflußgrößen ein als auch die Kenntnis der eigenen Erstausstattungen. Die Dimension des Vektors möglicher Signale wird nun zunehmen, die Zahl der handelbaren *Arrow-Debreu*-Wertpapiere bleibt dagegen konstant, sofern von der realistischen Annahme ausgegangen wird, daß Verträge nicht auf die Höhe der Erstausstattungen konditioniert werden können. Damit ist zu erwarten, daß der Vektor der Signale eine größere Dimension annimmt als der Preisvektor. Die Folge ist, daß die Beobachtung eines beispielsweise hohen Preises sowohl mit einer gestiegenen Eintrittswahrscheinlichkeit für den entsprechenden Umweltzustand als auch mit einer geringen Ausprägung der Erstaustattungen kompatibel ist. Der Marktpreis läßt keine eindeutigen Rückschlüsse mehr zu, d.h. ein Marktteilnehmer, der Kenntnisse sowohl über die Erstausstattungen als auch über die anderen Einflußgrößen besitzt, ist besser informiert als ein Marktteilnehmer, der sich ausschließlich auf Preisbeobachtungen stützt.

Auch dieser Fall kann anhand des speziellen Modellansatzes deutlich gemacht werden. Hierzu wird angenommen, daß das Gesamtangebot an riskanten Wertpapieren $\tilde{Z}^r$ eine normalverteilte Zufallsvariable ist mit $E[\tilde{Z}^r]=0$ und $Var[\tilde{Z}^r]=\sigma_z^2$. Unter der Annahme, daß die Anzahl der Investoren gegen unendlich strebt, lautet die Preisfunktion nun:[16]

$$(3.4.1.25) \quad P = K_1^* \cdot \mu_a + K_2^* \cdot \tilde{a} - K_3^* \cdot \tilde{Z}^r$$

$$\text{mit } K_1^* + K_2^* = 1$$

16 Vgl. Hellwig (1980), S. 492.

Wie aus (3.4.1.25) offensichtlich ist, ist jeder Preis mit einer Menge von Wertepaaren (a,Z) vereinbar, der Preis läßt somit nur unvollständige Rückschlüsse auf die Informationen der Marktteilnehmer zu.

Informationsbeschaffungsaktivitäten, die Aufwendungen verursachen, sind daher mit einem unvollständig informativen Gleichgewicht rationaler Erwartungen durchaus vereinbar. In welchem Ausmaße in die Informationsbeschaffung investiert wird, hängt zum einen von den damit verbundenen Kosten ab, daneben aber auch von den Informationsbeschaffungsaktivitäten anderer Marktteilnehmer, von der Genauigkeit des zu beschaffenden Informationssystems sowie vom Informationsgehalt des Preissystems.

3.4.1.3 Private Informationsbeschaffung bei rationalen Erwartungen

In diesem Abschnitt soll das optimale Ausmaß privater Informationsbeschaffung bestimmt werden, wenn die Preise die privaten Informationen der Marktteilnehmer teilweise widerspiegeln. Dabei wird auf das in Abschnitt 3.4.1.1 entwickelte Modell zurückgegriffen, das in einigen Punkten zu modifizieren ist. Die Kapitalmarktanleger sind sich bei der Entscheidung über das Ausmaß ihrer Informationsbeschaffung darüber im klaren, daß der Preis des riskanten Wertpapiers keine Konstante ist, sondern von den Informationen, die alle Marktteilnehmer insgesamt einholen, abhängt. Der Informationsgehalt des Preissystems ist zwar unvollständig, steigt aber, je mehr alle Kapitalmarktanleger insgesamt in die Informationsbeschaffung investieren. Damit sind folgende Wechselwirkungen zu berücksichtigen: Das Ausmaß privater Informationsbeschaffung hängt vom Informationsgehalt des Preissystems ab, dieses wiederum ist eine Funktion der Informationsproduktion aller Marktteilnehmer. Ein Gleichgewicht verlangt daher nicht nur rationale Erwartungen hinsichtlich der

Informationen, die dem Preissystem zu entnehmen sind, sondern zusätzlich auch korrekte Erwartungen über das Ausmaß an Informationsproduktion der anderen Marktteilnehmer.[17] Unterschätzt (überschätzt) ein Marktteilnehmer das Ausmaß an Informationsproduktion der anderen Investoren, so ist auch der Informationsgehalt des Preissystems geringer (größer) als erwartet, d.h. der betrachtete Anleger hat - verglichen mit der Optimallösung bei korrekter Erwartungshaltung - zu wenig (zu viel) in die Informationsbeschaffung investiert. Da diese Überlegung für jeden Investor gilt, ist das Gleichgewicht wiederum durch ein System sich selbst erfüllender Prophezeihungen gekennzeichnet.

Die Bestimmung der privaten Informationsnachfrage vollzieht sich völlig analog zu den Ausführungen in Abschnitt 3.4.1.1. Zunächst bestimmt jeder Investor, wieviel er für Informationsproduktion aufwendet, in der zweiten Entscheidungsstufe optimiert er seinen Konsumstrom, wobei er seine Entscheidung auf das für ihn privat beobachtbare Signal $\tilde{y}_i$ und zusätzlich nun auf die Beobachtung des Wertpapierpreises stützen kann.[18] Damit ergibt sich die optimale Aufteilung des Anfangsvermögens auf die beiden Wertpapiere ganz analog zu (3.4.1.13) bzw. (3.4.1.14) aus:

$$(3.4.1.26) \quad z_i^r(y_i,P) = \frac{E\left[\tilde{a}/\tilde{y}=y_i,\tilde{P}=P\right]-P}{\gamma_i \cdot Var\left[\tilde{a}/\tilde{y}=y_i,\tilde{P}=P\right]}$$

$$(34.1.27) \quad z_i^f(y_i,P) = \bar{z}_i^f + \bar{z}_i^r \cdot P - \frac{E\left[\tilde{a}/\tilde{y}=y_i,\tilde{P}=P\right]-P}{\gamma_i \cdot Var\left[\tilde{a}/\tilde{y}=y_i,\tilde{P}=P\right]} \cdot P - K(e_i^P)$$

$$\text{mit} \quad w_{i0} = \bar{z}_i^f + \bar{z}_i^r \cdot P$$

17 Die Existenz eines Gleichgewichts rationaler Erwartungen im Rahmen des hier behandelten Modellansatzes wird von _Verrrecchia_ (1982 a) bewiesen.

18 Zur privaten Information des Investors zählt auch die Kenntnis seiner Erstausstattung. Auf einem Markt mit vielen Anlegern und unabhängig verteilten $\tilde{z}_i^r$ enthält die Kenntis der eigenen Erstausstattung keine im Hinblick auf das Preissystem relevanten Informationen.

Aus (3.4.1.26) bzw. (3.2.1.27) wird auch der zweifache Einfluß des Preises auf die Wertpapiernachfrage deutlich: Zum einen sinkt die Nachfrage nach dem riskanten Wertpapier bei steigendem Preis, zum anderen fließt der Preis aber auch in die Erwartungshaltung mit ein. Ist $E\left[\tilde{a}/\tilde{y}=y_i,\tilde{P}=P\right]$ eine steigende Funktion von P, so bleibt zunächst offen, wie sich Preisänderungen letztlich auf die Nachfrage auswirken.

Entsprechend zu (3.4.1.15) erhält man den bedingten Erwartungsnutzen des Investors bei gegebenem $\tilde{y} = y_i$ und gegebenem $\tilde{P} = P$, wenn das Portefeuille entsprechend (3.4.1.26) und (3.4.1.27) zusammengestellt wird:

$$(3.4.1.28)\quad E\left[-\exp\left[-\gamma_i \cdot \left(z_i^f(y_i,P) + z_i^r(y_i,P)\cdot\tilde{a}\right)\right]/\tilde{y}=y_i,\tilde{P}=P\right]$$

$$= -\exp\left[\gamma_i \cdot \left(K(e_i^P) - z_i^f - z_i^r \cdot P\right) - \frac{1}{2}\cdot\frac{\left[E\left[\tilde{a}/\tilde{y}=y_i,\tilde{P}=P\right]-P\right]^2}{Var\left[\tilde{a}/\tilde{y}=y_i,\tilde{P}=P\right]}\right]$$

Der bedingte Erwartungswert und die bedingte Varianz ergeben sich aus den stochastischen Zusammenhängen, die zwischen $\tilde{a}$, $\tilde{y}$ und $\tilde{P}$ bestehen. Diese ergeben sich zum einen aus der Informationstechnologie,

$$(3.4.1.4)\quad \tilde{y}_i = \tilde{a} + \tilde{\varepsilon}_i$$

und zum anderen ist im Gleichgewicht rationaler Erwartungen der Preis eine lineare Funktion des Ertrages und der Erstausstattungen:

$$(3.4.1.25)\quad P = K_1^* \cdot \mu_a + K_2^* \cdot \tilde{a} - K_3^* \cdot \tilde{Z}^r$$

Aus (3.4.1.4) und (3.4.1.25) folgt, daß $\tilde{a}$, $\tilde{y}$, $\tilde{P}$ dreidimensional normalverteilt sind mit den Erwartungswerten (μ_a,μ_a,μ_a) und der Varianz-Kovarianzmatrix:

$$(3.4.1.29) \qquad \begin{pmatrix} \sigma_a^2 & \sigma_a^2 & K_2^* \cdot \sigma_a^2 \\ \sigma_a^2 & \sigma_a^2 + e_i^2 & K_2^* \cdot \sigma_a^2 \\ K_2^* \cdot \sigma_a^2 & K_2^* \cdot \sigma_a^2 & K_2^* \cdot \sigma_a^2 + K_3^{*2} \cdot \sigma_z^2 \end{pmatrix}$$

Für den bedingten Erwartungswert bzw. für die bedingte Varianz gilt nun:

$$(3.4.1.30) \qquad E\left[\tilde{a}/\tilde{y} = y_i, \tilde{P} = P\right] = E[\tilde{a}] + \left(\mathrm{Cov}[\tilde{a},\tilde{y}], \mathrm{Cov}[\tilde{a},\tilde{P}]\right)$$

$$\cdot \begin{pmatrix} \mathrm{Var}[\tilde{y}] & , \mathrm{Cov}[\tilde{y},\tilde{P}] \\ \mathrm{Cov}[\tilde{P},\tilde{y}] & , \mathrm{Var}[\tilde{P}] \end{pmatrix}^{-1} \cdot \left(\begin{pmatrix} y_i \\ P \end{pmatrix} - \begin{pmatrix} E[\tilde{y}] \\ E[\tilde{P}] \end{pmatrix} \right)$$

$$(3.4.1.31) \qquad \mathrm{Var}\left[\tilde{a}/\tilde{y} = y_i, \tilde{P} = P\right] = \mathrm{Var}[\tilde{a}] - \left(\mathrm{Cov}[\tilde{a},\tilde{y}], \mathrm{Cov}[\tilde{a},\tilde{P}]\right)$$

$$\cdot \begin{pmatrix} \mathrm{Var}[\tilde{y}] & , \mathrm{Cov}[\tilde{y},\tilde{P}] \\ \mathrm{Cov}[\tilde{P},\tilde{y}] & , \mathrm{Var}[\tilde{P}] \end{pmatrix}^{-1} \cdot \begin{pmatrix} \mathrm{Cov}[\tilde{y},\tilde{a}] \\ \mathrm{Cov}[\tilde{P},\tilde{a}] \end{pmatrix}$$

Einsetzen aus (3.4.1.29) in (3.4.1.30) und (3.4.1.31) liefert schließlich:

$$(3.4.1.32) \qquad E\left[\tilde{a}/\tilde{y} = y_i, \tilde{P} = P\right] = y_0 + \frac{\dfrac{K_3^* \cdot \sigma_z^2}{e_i^2} \cdot \left(y_i - \mu_a\right) + K_2^*\left(P - \mu_a\right)}{\dfrac{\sigma_a^2 + e_i^2}{\sigma_a^2 \cdot e_i^2} \cdot K_3^{*2} \cdot \sigma_z^2 + K_2^{*2}}$$

$$(3.4.1.33) \qquad \mathrm{Var}\left[\tilde{a}/\tilde{y} = y_i, \tilde{P} = P\right] = \frac{1}{\dfrac{\sigma_a^2 + e_i^2}{\sigma_a^2 \cdot e_i^2} + \dfrac{K_2^{*2}}{K_3^{*2} \cdot \sigma_z^2}}$$

In der ersten Entscheidungsstufe maximiert der Investor durch die Wahl von $e_i^2 \equiv {}^1/_{e_i P}$ den Erwartungsnutzen über die gemeinsame Verteilung von $\tilde{a}$, $\tilde{y}$, und $\tilde{P}$. Diese Größe erhält man, indem der Erwartungswert über $\tilde{P}$ und $\tilde{y}$ des bedingten Erwartungswertes bei gegebenem y und P $\big((3.4.1.28)\big)$ gebildet wird. Einsetzen von (3.4.1.32) und (3.4.1.33) in (3.4.1.28) und ausrechnen des Erwartungswertes über $\tilde{y}$ und $\tilde{P}$ liefert:[19]

$$(3.4.1.34) \quad -\left(\frac{\sigma_a^P}{\left(K_1^{*2} + \sigma_a^P \cdot K_3^{*2} \cdot \sigma_z^2\right) \cdot \left(e_i P + \sigma_a^P + \left[K_2^{*2} / K_3^{*2} \cdot \sigma_z^2\right]\right)}\right)^{\frac{1}{2}}$$

$$\cdot \exp\left(\gamma_i \cdot \left(K(e_i^P) - \bar{z}_i^f - \bar{z}_i^r \cdot \mu_a\right) + - \cdot \left(\gamma_i \cdot \bar{z}_i^r\right)^2 \cdot \left[\sigma_a^P + \frac{K_1^{*2}}{K_3^{*2} \cdot \sigma_z^2}\right]^{-1}\right)$$

Das optimale Ausmaß an Informationsbeschaffung erhält man durch Differentiation von (3.4.1.34) nach $e_i^P \equiv \frac{1}{e^2}$. Die notwendige Bedingung für ein Optimum lautet:[20]

$$(3.4.1.35) \quad 2\,\gamma_i \cdot \frac{\partial K(e_i^{P*})}{\partial e_i P^*} \cdot \left(\sigma_a^P + e_i^{P*} + \left[\frac{K_2^*}{K_3^* \cdot \sigma_z}\right]^2\right) = 1$$

Ein Vergleich von (3.4.1.35) mit (3.4.1.20), der Lösung für den Fall, daß das Preissystem nicht als Informationsquelle angesehen wird, zeigt, daß sich beide Ausdrücke nur durch den letzten Summanden in der Klammer unterscheiden. Ist der letzte Summand positiv, so ist das optimale Ausmaß an Informationsnachfrage geringer als in einer Situation, in der die Preise keine Informationen enthalten.

---

19 Zur Herleitung von (3.4.1.34) siehe Anhang 3.5.

20 Es wird wieder davon ausgegangen, daß (3.4.1.35) stets für ein $e_i^{P*} > 0$ erfüllt ist.

$\left[K_2^*/K_3^* \cdot \sigma_z\right]^2 \equiv B$ kann als ein Maß für den Informationsgehalt des Preises aufgefaßt werden. Strebt K_2^* gegen Null, so wird $\tilde{P}$ unabhängig von $\tilde{y}$ und B strebt gegen Null. Das Preissystem verliert seine Rolle als Informationsübermittler und jeder Investor bestimmt sein optimales Ausmaß an Informationsbeschaffung gemäß dem in Abschnitt 4.3.1.1 entwickelten Kalkül. Strebt umgekehrt K_3^* gegen Null, so verliert die Störgröße an Bedeutung und wir nähern uns einer Situation an, in der das Preissystem vollständig informativ ist. B strebt in diesem Fall gegen unendlich, und es existiert damit kein $e_i^P>0$, das (3.4.1.35) erfüllt. Wir erhalten wieder das bereits bekannte Ergebnis, daß bei einem vollständig informativen Gleichgewicht rationaler Erwartungen kein Investor in Informationsbeschaffung investiert. Durch implizite Differentiation von (3.4.1.35) kann allgemein gezeigt werden, daß e_i^{P*} eine fallende Funktion von B ist:

$$(3.4.1.36) \qquad \frac{d\,e_i^P}{d\,B} = - \frac{2\gamma_i\left(\dfrac{K(e_i^P)}{e_i^P}\right)^2}{\dfrac{\partial^2 K(e_i^P)}{\partial\, e_i^{P\,2}} + 2\gamma_i\left(\dfrac{K(e_i^P)}{e_i^P}\right)^2} < 0$$

Ein Vergleich von (3.4.1.36) mit (3.4.1.22) zeigt, daß ein höherer Informationsgehalt des Preises genauso wirkt wie eine Reduzierung der Varianz der Zahlungsüberschüsse.

Als Ergebnis kann somit festgehalten werden, daß im allgemeinen eine Überproduktion an privater Informationsbeschaffung zu erwarten ist, lediglich in dem Grenzfall, daß das Preissystem vollständig informativ ist, lohnt es sich nicht, Informationen einzuholen.

3.4.2 Auswirkungen der Bereitstellung öffentlicher Informationen auf die private Informationsnachfrage

3.4.2.1 Die These von der Substitution privater Informationsbeschaffung durch die Bereitstellung öffentlicher Informationen

Die Ausführungen in den vorigen Abschnitten haben gezeigt, daß auch dann für jeden Investor Anreize bestehen, private Informationen zu beschaffen, wenn ein Informationszugang gesellschaftlich wertlos oder sogar für alle Marktteilnehmer nachteilhaft ist. Individuelles Optimierungskalkül und gesellschaftliche Wohlfahrt fallen auseinander, wenn es um die optimale Versorgung mit Informationen geht. Eine mögliche Konsequenz hieraus wäre, private Informationsbeschaffung zu verbieten. Da jeder Marktteilnehmer hierdurch besser gestellt werden kann, wird er einem solchen Verbot zustimmen. Dennoch besteht wiederum für jeden Investor ein Anreiz, das Verbot zu umgehen und - unter der Annahme, daß alle anderen Investoren sich an die Regelung halten - private Informationsbeschaffung zu betreiben. Die Einhaltung eines Verbots privater Informationsbeschaffung müßte also kontrolliert werden, die hiermit verbundenen Kosten werden aber vermutlich so hoch sein, daß dieser Lösungsweg insgesamt ausscheidet.

Da eine Unterdrückung der Informationsbeschaffung scheitern wird, bietet sich als andere Lösung an, eine möglichst kostengünstige Beschaffung von Informationen zu erreichen. Dies bedeutet, daß Informationen von Unternehmen publiziert werden.[21] Die Vorteile einer solchen Regelung liegen klar auf der Hand: Kosten der Informationsbeschaffung fallen nur noch einmal an; hinzu kommen zwar nun noch Kosten, die durch die Veröffentlichung verursacht werden, trotzdem erscheint der erreichbare Kostenvorteil gegenüber einer

---

21 Vgl. Beaver (1981), S. 192-195; Marshall (1974), S. 384.

Lösung, bei der jeder Investor die Kosten der Informationsbeschaffung zu tragen hat, enorm. Da jeder Investor von der Veröffentlichung profitiert, werden alle Anteilseigner im eigenen Interesse für eine Publikation von Rechnungslegungsinformationen plädieren. Demnach wären Vorschriften, die die Publizität von Jahresabschlüssen erzwingen, unnötig.

Wie sich die Veröffentlichung von Informationen auf die privaten Informationsbeschaffungsaktivitäten auswirken, kann leicht anhand des in den vorigen Abschnitten entwickelten Modells gezeigt werden. Hierzu wird angenommen, daß die öffentliche Information unvollständigen Aufschluß über den Ertrag des riskanten Wertpapiers liefert:

(3.4.2.1) $\tilde{x} = \tilde{a} + \tilde{\omega}$

mit $E[\tilde{\omega}] = 0$; $Var[\tilde{\omega}] = \sigma_\omega^2 > 0$; $Cov[\tilde{a},\tilde{\omega}] = 0$

Zunächst wird davon ausgegangen, daß die öffentliche Information eintrifft, **bevor** der Wertpapierhandel beginnt. Weiterhin ist allen Marktteilnehmern σ_ω^2 bekannt, bevor sie über das Ausmaß ihrer private Informationsbeschaffung entscheiden. Wie aus (3.4.1.20) hervorgeht, hängt das optimale Ausmaß privater Informationsbeschaffung von der Varianz bzw. von der Präzision des Wertpapierertrages ab. Wissen alle Marktteilnehmer bei der Bestimmung von e_i^{P*}, daß später eine öffentliche Information zugehen wird, so legen sie ihrem Kalkül die bedingte Varianz von $\tilde{a}$ bei gegebenem Signal x [22]

---

22 Da aufgrund der Normalverteilung aller Zufallsvariablen die bedingte Varianz des Wertpapierertrages unabhängig davon ist, welches der möglichen Signale eintrifft, ist es unerheblich, ob die öffentliche Information bereits vor der Bestimmung von e_i^{P*} oder erst danach eintrifft. Entscheidend ist, daß allen Marktteilnehmern σ_ω^2 und damit $Var[\tilde{a}/\tilde{x} = x]$ zum Zeitpunkt der Bestimmung der individuellen Informationsbeschaffung bekannt ist.

$$\mathrm{Var}\left[\tilde{a}/\tilde{x}=x\right] = \sigma_a^2 \left(1 - \frac{\sigma_a^2}{\sigma_a^2 + \sigma_\omega^2}\right) < \mathrm{Var}[\tilde{a}]$$

bzw. die bedingte Präzision $\left(\sigma_a^p + \sigma_\omega^p\right)$ zu Grunde. Da $e_i p^*$ sinkt, wenn die Präzision der Wahrscheinlichkeitsverteilung, der der Wertpapierertrag unterliegt, zunimmt, kann durch die Ankündigung der Publikation von x erreicht werden, daß alle Kapitalmarktanleger weniger in private Informationsbeschaffung investieren. Dieser Effekt ist um so größer, je genauer das öffentliche Informationssystem ist. Wird das Preissystem als zusätzliche öffentliche Informationsquelle betrachtet, so steigt die Präzision der insgesamt öffentlich zugänglichen Informationen um einen geringeren Betrag als σ_ω^p. Zu beachten ist nämlich, daß der Informationsgehalt des Preissystems und $e_i p^*$ simultan zu bestimmen sind. Da $e_i p^*$ zunächst durch die exogen gegebene Einführung eines öffentlichen Informationssystems sinkt, wird auch der Informationsgehalt des Preissystems fallen. Dies bewirkt wiederum, daß private Informationsbeschaffung vorteilhafter wird. Im Ergebnis wird das Ausmaß privater Informationsbeschaffung durch die Einführung eines öffentlichen Informationssystems reduziert, wenn auch die Verringerung des Informationsgehaltes des Preissystems gegenläufig auf $e_i p^*$ wirkt.[23]

Die Reduzierung von Informationsbeschaffungskosten ist im Rahmen des hier betrachteten Modells nicht der einzige Vorteil, der mit der Bereitstellung öffentlicher Informationen verbunden ist. Da bei der privaten Informationsbeschaffung jeder Investor ein unterschiedliches Signal beobachtet, haben die Anleger trotz homogener a priori Wahrscheinlichkeitsverteilung heterogene ex post Erwartungen. Dies bewirkt, daß sie spekulative Positionen einnehmen. Das damit verbundene anlegerspezifische Risiko bedeutet eine suboptimale

---

23 Vgl. *Verrecchia* (1982 b), S. 35.

Risikoallokation und damit eine Reduzierung der gesellschaftlichen Wohlfahrt.[24]

Diesen Vorteilen stehen die Kosten, die mit der Verwendung des öffentlichen Informationssystems verbunden sind, gegenüber. Hierzu zählen zum einen die Aufwendungen, die unmittelbar für die Beschaffung und Veröffentlichung von Informationen anfallen, darüber hinaus aber auch Wohlfahrtsverluste aufgrund von Umverteilungseffekten, die mit dem Zugang öffentlicher Informationen verbunden sind. Letztere fallen dann weg, wenn bereits vor Informationszugang gehandelt werden kann.[25] Insgesamt ist zu vermuten, daß mit einer umfangreichen Publizität wohlfahrtssteigernde Wirkungen verbunden sind.[26]

3.4.2.2 Öffentliche Information und Spekulation

Die These, daß die Veröffentlichung von Informationen private Informationsbeschaffung substituiert, übersieht, daß die Erwartung eines künftigen Zugangs von öffentlichen Informationen auch die Anreize zur privaten Informationsbeschaffung verstärken kann. Geht man von einem Kapitalmarkt aus, auf dem kontinuierlich gehandelt wird, auf dem somit auch vor Erhalt der öffentlichen Information Handel stattfindet, so wird jeder Anleger bemüht sein, bereits vorher Kenntnisse über die künftige Information zu erlangen. Dies ermöglicht ihm, die künftigen Wertpapierpreise, die davon abhängen, welches öffentliche Signal eintrifft, genauer abzuschätzen. Hierdurch lassen

---

24 Vgl. Diamond, D. (1985), S. 1083 f.

25 Siehe hierzu Abschnitt 3.4.1.1.

26 Eine umfassende Analyse der Bedingungen, unter denen die Publikation von Informationen alle Marktteilnehmer besser stellt, ist in Diamond, D. (1985) zu finden.

sich Spekulationsgewinne erzielen, indem solche Wertpapiere, für die ein steigender Preis zu erwarten ist, gekauft, und solche Titel, deren Preis vermutlich sinken wird, (leer) verkauft werden. Der Investor spekuliert somit auf den Marktbewertungseffekt.[27]

In dem in Abschnitt 3.4.1.1 behandelten Modell wurde die private Information dazu verwendet, die endgültige Konsumallokation bei gegebener Erstausstattung zu optimieren. Im Gegensatz zu diesem Konsumeffekt geht es bei der Informationsbeschaffung nun um die optimale Portefeuillezusammenstellung in der ersten Tauschrunde vor Erhalt der öffentlichen Information, die den Wert der Erstausstattungen für die zweite Tauschrunde, den Konsummarkt, bestimmt. Da der durch den Marktbewertungseffekt erzielbare Vorteil größer ist als die Vorteile, die auf dem Konsumeffekt beruhen, werden die Anreize zur privaten Informationsbeschaffung durch die Einführung eines öffentlichen Informationssystems nicht geringer, sondern im Gegenteil sogar noch verstärkt.

Dies wird im folgenden anhand des hier verwendeten Modells verdeutlicht. Dabei wird zunächst aus der Perspektive eines einzelnen Investors argumentiert, der das Verhalten aller anderen als konstant ansieht und aufgrund der atomistischen Marktstruktur keinen Einfluß auf das Preissystem nehmen kann. Ein möglicher Informationsgehalt des Preissystems wird zunächst vernachlässigt. Die Modellbetrachtung erstreckt sich auf sechs aufeinanderfolgende Phasen:

1. Im ersten Schritt bestimmt der Investor, wieviel er für die Informationsbeschaffung aufwendet (3).

2. Der Investor erhält eine private Nachricht y_i, die unvollständigen Aufschluß über die künftige öffentliche Information liefert:

---

27 Vgl. auch <u>*Schredelseker*</u> (1985).

(3.4.2.2.) $\tilde{y}_i = \tilde{x} + \tilde{\varepsilon}_i$

mit $E[\tilde{e}_i] = 0$; $Var[\tilde{\varepsilon}_i] \equiv e_i^2 > 0$; $Cov[\tilde{\varepsilon}_i,\tilde{x}] = 0$.

Die Varianz von $\tilde{\varepsilon}_i$ ist um so geringer, je mehr der Investor für die Informationsbeschaffung aufwendet.

3. Nach Erhalt der privaten Information bestimmt der Investor sein optimales Portefeuille für die erste Tauschrunde (2).

4. Das öffentliche Informationssystem liefert das Signal x. Da $\tilde{x}$ eine suffiziente Statistik für $(\tilde{x},\tilde{y}_i)$ ist, besitzt der Investor nach Veröffentlichung von x keinen Informationsvorsprung mehr.

5. Nach Erhalt der öffentlichen Information findet wiederum Handel statt; der Investor legt nun seine endgültige Konsumallokation $\hat{z}_i^f(x)$ bzw. $\hat{z}_i^r(x)$ in Abhängigkeit vom erhaltenen Signal fest (1).

6. Die Wertpapiererträge werden realisiert und von den Inhabern der Finanzierungstitel für Konsumzwecke verwendet.

(1) Die Analyse setzt ein bei der Konsumoptimierung nach Erhalt der öffentlichen Information. Das Optimierungsproblem des Investors lautet:

(3.4.2.3) $$\max_{\hat{z}_i^f(x),\hat{z}_i^r(x)} E\left[U_i(\tilde{w}_i)/\tilde{x} = x, \tilde{y} = y_i\right]$$

unter Einhaltung der Nebenbedingung

(3.4.2.4) $$\bar{w}_i\left(z_i^f(y_i), z_i^r(y_i)\right) \equiv z_i^f(y_i) + z_i^r(y_i) \cdot P(x) = \hat{z}_i^f(x) + \hat{z}_i^r(x) \cdot P(x)$$

Aus (3.4.2.4) wird deutlich, daß der Wert der Erstausstattung für den Konsummarkt von der Allokation, die in der ersten Tauschrunde gewählt wird, abhängt. Die Portefeuilleentscheidung vor Erhalt der öffentlichen Information hängt wiederum von der privaten Information des Investors ab.

Wird in (3.4.2.3) für $\tilde{w}_i = \hat{z}_i^f(x) + \hat{z}_i^r(x)\cdot\tilde{a}$ eingesetzt, die Lagrange-Funktion gebildet und nach $\hat{z}_i^f(x)$ bzw. $\hat{z}_i^r(x)$ differenziert, so erhält man[28]

$$(3.4.2.5) \qquad \hat{z}_i^r(x) = \frac{E\left[\tilde{a}/\tilde{x}=x\right] - P(x)}{\gamma_i \cdot Var\left[\tilde{a}/\tilde{x}=x\right]}$$

$$(3.4.2.6) \qquad \hat{z}_i^f(x) = \overline{w}_i\left(z_i^f(y_i), z_i^r(y_i)\right) - \frac{E\left[\tilde{a}/\tilde{x}=x\right] - P(x)}{\gamma_i \cdot Var\left[\tilde{a}/\tilde{x}=x\right]} \cdot P(x)$$

Der Preis des riskanten Wertpapiers hängt davon ab, welches Signal eintrifft. Da alle Marktteilnehmer exponentielle Nutzenfunktionen und nach Beobachtung von x homogene Erwartungen haben, gilt für P(x):

$$(3.4.2.7) \qquad P(x) = E\left[\tilde{a}/\tilde{x}=x\right] - \frac{1}{\Gamma^t} \cdot Z^r \cdot Var\left[\tilde{a}/\tilde{x}=x\right]$$

$$\text{mit } \Gamma^t \equiv \sum_{i\in I} \gamma_i^t \equiv \frac{1}{\sum_{i\in I} \gamma_i} \quad \text{und } Z^r \equiv \sum_{i\in I} \hat{z}_i^r$$

Einsetzen von (3.4.2.7) in (3.4.2.5) und (3.4.2.6) liefert:

$$(3.2.4.5') \qquad \hat{z}_i^r(x) = \frac{\gamma_i^t}{\Gamma^t} \cdot Z^r \equiv \hat{z}_i^r$$

$$(3.2.4.6) \qquad \hat{z}_i^f(x) = \overline{w}_i\left(z_i^f(y_i), z_i^r(y_i)\right) - \frac{\gamma_i^t}{\Gamma^t} \cdot Z^r \cdot \left[E\left[a/x=x\right] - \frac{1}{\Gamma^t} \cdot Z^r \cdot Var\left[\tilde{a}/\tilde{x}=x\right]\right]$$

---

28 Da $\tilde{x}$ eine suffiziente Statistik ist für $(\tilde{x},\tilde{y})$ gilt: $E[\tilde{a}/\tilde{x}=x,\tilde{y}=y] = E[\tilde{a}/\tilde{x}=x]$; $Var[\tilde{a}/\tilde{x}=x,\tilde{y}=y] = Var[\tilde{a}/\tilde{x}=x]$.

Die Anzahl der riskanten Wertpapiere im Portefeuille des Investors ist offensichtlich unabhängig davon, welches Signal eintrifft und richtet sich nach seiner Risikotoleranz im Verhältnis zur gesamten Risikotoleranz aller Marktteilnehmer. Je größer die Risikotoleranz des betrachteten Investors ist, desto höher ist sein Anteil am Gesamtangebot des riskanten Wertpapiers.

Einsetzen für $\hat{z}_i^f(x)$ und $\hat{z}_i^r(x)$ in die Zielfunktion liefert den bedingten Erwartungsnutzen des Investors bei gegebenem x (und bei gegebenem y) und optimaler Portefeuillewahl:

$$(3.4.2.8) \quad E\left[U_i(\tilde{w}_i)/\tilde{x}=x,\tilde{y}=y_i\right] = -\exp\left[-\gamma_i\left(z_i^f(y_i) + z_i^r(y_i)\cdot E\left[\tilde{a}/\tilde{x}=x\right] - \gamma_i\cdot\hat{z}_i^r\cdot \mathrm{Var}\left[\tilde{a}/\tilde{x}=x\right]\left(z_i^r(y_i) - \frac{1}{2}\cdot\hat{z}_i^r\right)\right)\right]$$

Durch Integrieren von (3.4.2.8) über x erhält man den bedingten Erwartungsnutzen nach Erhalt der privaten, aber vor Erhalt der öffentlichen Nachricht:

$$(3.4.2.9) \quad E\left[U_i(\tilde{w}_i)/\tilde{y}=y_i\right] = -\exp\left[-\gamma_i\left[z_i^f(y_i) - \gamma_i\cdot\hat{z}_i^r\cdot \mathrm{Var}\left[\tilde{a}/\tilde{x}=x\right]\cdot\left(z_i^r(y_i) - \frac{1}{2}\hat{z}_i^r\right) + z_i^r(y_i)\cdot\left(\mu_a + \frac{\sigma_a^2}{\sigma_a^2+\sigma_\omega^2}\left[E\left[\tilde{a},\tilde{x}/\tilde{y}=y_i\right] - \mu_a - \frac{\gamma_i\cdot z_i^r(y_i)\cdot\sigma_a^2}{2\left(\sigma_a^2+\sigma_\omega^2\right)}\cdot \mathrm{Var}\left[\tilde{a},\tilde{x}/\tilde{y}=y_i\right]\right]\right)\right]\right]$$

(2) Ein unterschiedlicher Informationsstand zwischen dem betrachteten Investor und den übrigen Marktteilnehmern spiegelt sich in divergierenden Erwartungen über den Preis P(x), der in der zweiten Tauschrunde gilt, wider. Da annahmegemäß alle Marktteilnehmer, mit Ausnahme des hier betrachteten, homogene Erwartungen haben und die Risikoallokation im Gleichgewicht vollständig Pareto-effizient ist, folgt, daß der Preis der ersten Tauschrunde dem erwarteten Preis in der zweiten Runde entspricht:[29]

$$(3.4.2.10) \quad P_0 = E_{\tilde{x}}\left[P(\tilde{x})\right] = \mu_a - \gamma_i \cdot \hat{z}_i^r \cdot Var\left[\tilde{a}/\tilde{x} = x\right]$$

Der betrachtete Investor dagegen stützt seine Preiserwartung sowohl auf die a priori Verteilung von $\tilde{x}$, als auch auf die Beobachtung des Signals y_i. Für $E\left[P(\tilde{x})/\tilde{y}=y_i\right]$, den erwarteten Preis der zweiten Tauschrunde bei gegebenem privatem Signal y, gilt:

$$(3.4.2.11) \quad E\left[P(\tilde{x})/\tilde{y} = y_i\right] = E\left[\tilde{a},\tilde{x}/\tilde{y} = y_i\right] - \gamma_i \cdot \hat{z}_i^r(x) \cdot Var\left[\tilde{a}/\tilde{x} = x\right]$$

Weiterhin gilt für den bedingten Erwartungswert und die bedingte Varianz des Wertpapierertrages bei gegebenem y_i:

$$(3.4.2.12) \quad E\left[\tilde{a},\tilde{x}/\tilde{y} = y_i\right] = \mu_a + \frac{\sigma_a^2 + \sigma_\omega^2}{\sigma_a^2 + \sigma_\omega^2 + e_i^2} \cdot \left(y_i - \mu_a\right) = E\left[\tilde{x}/\tilde{y} = y_i\right]$$

$$(3.4.2.13) \quad Var\left[\tilde{a},\tilde{x}/\tilde{y} = y_i\right] = \left(\sigma_a^2 + \sigma_\omega^2\right) \cdot \left(1 - \frac{\sigma_a^2 + \sigma_\omega^2}{\sigma_a^2 + \sigma_\omega^2 + e_i^2}\right) = Var\left[\tilde{x}/\tilde{y} = y_i\right]$$

Wird (3.4.2.10) und (3.4.2.11) in (3.4.2.9) eingesetzt,

$$(3.4.2.14) \quad E\left[U_i(\tilde{w}_i)/\tilde{y} = y_i\right] = -\exp\left[-\gamma_i\left[z_i^f(y_i) + z_i^r(y_i) \cdot \left(P_0 + \frac{\sigma_a^2}{\sigma_a^2 + \sigma_\omega^2}\right.\right.\right.$$

$$\left.\left(E\left[P(\tilde{x})/\tilde{y} = y_i\right] - P_0\right)\right) - z_i^r(y_i)^2 \cdot \gamma_i \cdot \frac{\sigma_a^4}{2\left(\sigma_a^2 + \sigma_\omega^2\right)^2} \cdot Var\left[\tilde{a},\tilde{x}/\tilde{y} = y_i\right]$$

$$\left.\left. + \frac{1}{2} \cdot \gamma_i \cdot \frac{\left(P_0 - \mu_a\right)^2}{Var\left[\tilde{a}/\tilde{x} = x\right]}\right]\right]$$

29 Vgl. <u>Ohlson</u> (1987), Proposition 5.15, S. 162.

so wird deutlich, daß das optimale Wertpapierportefeuille der ersten Tauschrunde von der Divergenz zwischen aktuellem Preis und erwartetem Preis für die zweite Runde abhängt. Durch Maximierung von (3.4.2.14) unter Beachtung der Budgetrestriktion erhält man somit die optimalen Werte für $z_i^f(y_i)$ und $z_i^r(y_i)$. Somit lautet das Optimierungsproblem in der ersten Tauschrunde nach Erhalt von y_i, aber vor Kenntnis von x:

(3.4.2.15) $$\max_{z_i^f(y_i),\, z_i^r(y_i)} E\left[U_i(\tilde{w}_i)/\tilde{y}=y_i\right]$$

unter der Nebenbedingung

(3.4.2.16) $$\overline{w}_{i0} = z_i^f(y_i) + z_i^r(y_i)\cdot P_0 + K(e_i^P)$$

Durch Bilden der Lagrange-Funktion und Differentiation nach $z_i^f(y_i)$ und $z_i^r(y_i)$ erhält man die Werte für das optimale Portefeuille der ersten Runde:

(3.4.2.17) $$z_i^r(y_i) = \frac{E\left[P(x)/\tilde{y}=y_i\right] - P_0}{\gamma_i \cdot \frac{\sigma_a^2}{\sigma_a^2+\sigma_\omega^2} \cdot \mathrm{Var}\left[\tilde{a},\tilde{x}/\tilde{y}=y_i\right]} = \frac{E\left[a,x/y=y_i\right] - P_0}{\gamma_i \cdot \frac{\sigma_a^2}{\sigma_a^2+\sigma_\omega^2} \cdot \mathrm{Var}\left[\tilde{a},\tilde{x}/\tilde{y}=y_i\right]}$$

$$= \frac{\left(\sigma_a^2+\sigma_\omega^2\right)\cdot\left(y_i-\mu_a\right)}{\gamma_i\cdot\sigma_a^2\cdot e_i^2}$$

(3.4.2.18) $$z_i^f(y_i) = \overline{w}_{i0} - K(e_i^P) - \frac{\left(\sigma_a^2+\sigma_\omega^2\right)\cdot\left(y_i-\mu_a\right)}{\gamma_i\cdot\sigma_a^2\cdot e_i^2}\cdot P_0$$

Aus (3.4.2.17) wird deutlich, daß das Vorzeichen von $z_i^r(y_i)$ von der Preisdifferenz zwischen aktuellem und erwartetem Preis abhängt. Erwartet der Investor, daß der Preis des riskanten Wertpapiers steigen wird, so wird er dieses Wertpapier kaufen, andernfalls ist es für ihn optimal, einen negativen Bestand an dem riskanten Wertpapier zu halten.[30] Bei gegebener Preisdifferenz ist der positive bzw. negative Wertpapierbestand um so größer, je genauer das private Informationssystem, je ungenauer das öffentliche Informationssystem, je geringer die Streuung der Wertpapiererträge und je geringer die Risikoaversion des Investors ist. Die Abhängigkeit von $z_i^r(y_i)$ von der Risikoaversion ergibt sich daraus, daß mit dem Halten einer spekulativen Position Risiken verbunden sind, die der Investor um so geringer wertet, je höher seine Risikotoleranz ist.

(3) Einsetzen von (3.4.2.17) und (3.4.2.18) in (3.4.2.14) sowie Integration über y ergibt den erwarteten Nutzen des Investors zu dem Zeitpunkt, an dem er über die Investition in die Informationsbeschaffung entscheiden muß:

$$(3.4.2.19) \quad E\left[U_i(\tilde{w}_i)\right] = - \left(\frac{e_i^2}{\sigma_a^2 + \sigma_\omega^2 + e_i^2}\right)^{\frac{1}{2}} \cdot \exp\left[\gamma_i \cdot \left(K(e_i^P) - \overline{w}_{io}\right) - \frac{1}{2} \cdot \frac{(P_0 - \mu_a)^2}{Var\left[\tilde{a}/\tilde{x} = x\right]}\right]$$

Wird (3.4.2.19) nach e_i^P differenziert, so erhält man schließlich das optimale Ausmaß privater Informationbeschaffung:

$$(3.4.2.20) \quad 2 \cdot \gamma_i \cdot \frac{\partial K(e_i^P)}{\partial e_i^P} \cdot \left[e_i^P + \frac{\sigma_a^P}{1 + \sigma_a^P / \sigma_\omega^P}\right] = 1$$

Diejenige Präzision, die (3.4.2.20) als Gleichung erfüllt, sei mit $e_i^P{}_1$ bezeichnet. Vergleicht man $e_i^P{}_1$ mit der optimalen Genauigkeit des privaten Informationssystems in den Situationen,

30 Dabei wird die Zulässigkeit von Leerverkäufen vorausgesetzt.

1. wenn kein öffentliches Informationssystem vorhanden ist,

$$(3.4.1.20)\quad e_i P_2: \quad 2\cdot\gamma_i \cdot \frac{\partial K(e_i^P)}{\partial e_i^P} \cdot \left(e_i^P + \sigma_a^P\right) = 1$$

2. wenn die öffentliche Information vor der privaten Information eintrifft,[31]

$$(3.4.2.21)\quad e_i P_3: \quad 2\cdot\gamma_i \cdot \frac{\partial K(e_i^P)}{\partial e_i^P} \cdot \left(e_i^P + \sigma_a^P + \sigma_\omega^P\right) = 1$$

so erhält man folgende Relation:

$$(3.4.2.22)\quad e_i P_3 < e_i P_2 < e_i P_1$$

Offensichtlich hängt die Höhe von $e_i P_1$ bzw. $e_i P_3$ auch von der Genauigkeit des öffentlichen Informationssystems ab. Dabei werden $e_i P_1$ bzw. $e_i P_3$ um so kleiner, je genauer $\tilde{x}$ über den künftigen Ertrag informiert. Für den Grenzfall $\sigma_\omega^P \to \infty$ gilt, daß $e_i P_1$ in $e_i P_2$ übergeht, während $e_i P_3$ gegen Null strebt.

Bei der bisherigen Analyse wurde aus der Sicht eines einzelnen Anlegers argumentiert. Grundsätzlich bestehen aber für alle Anleger Anreize, in private Informationsbeschaffung zu investieren. Damit wird der Wertpapierpreis der ersten Runde P_0 nicht mehr konstant bleiben, sondern die Informationen der Anleger zumindest teilweise widerspiegeln. In dem Maße, in dem der Informationsgehalt des Preissystems die Präzision der öffentlich verfügbaren Informationen erhöht, reduzieren sich die Anreize zur privaten Informationsbeschaffung. Dabei ist wiederum die gegenseitige Abhängigkeit, die zwischen

---

31 In diesem Fall ist es natürlich nicht sinnvoll anzunehmen, daß $\tilde{x}$ eine suffiziente Statistik für $(\tilde{x},\tilde{y})$ ist. Statt dessen gilt:

$$\tilde{x} = \tilde{a} + \tilde{\omega}$$

$$\tilde{y} = \tilde{a} + \tilde{\varepsilon}_i$$

e_iP und dem Informationsgehalt des Preissystems besteht, zu beachten: Je höher e_iP ist, desto größer ist auch die Präzision, mit der das Preissystem über den künftigen Wertpapierertrag informiert. Dies wirkt sich aber wiederum dämpfend auf die private Informationsbeschaffung aus. Werden nun die Ausdrücke in (3.4.2.20), (3.4.1.20) und (3.4.2.21) jeweils um die Präzision, die aus dem Informationsgehalt des Preissystems folgt, modifiziert, so ändern sich zwar die Differenzen zwischen e_iP_3, e_iP_2 und e_iP_1, die in (3.4.2.22) angegebene Reihenfolge bleibt aber unverändert.

Hinsichtlich der wohlfahrtstheoretischen Implikationen gilt genau die umgekehrte Reihenfolge: Ist die private Informationsbeschaffung vor Erhalt der öffentlichen Information ausgeschlossen, so können Informationskosten eingespart werden, da private Informationsbeschaffung durch die kostengünstigere Bereitstellung öffentlicher Informationen substituiert wird. Zudem werden Wohlfahrtsverluste aufgrund spekulativer Engagements reduziert. Ist es den Anlegern dagegen möglich, vor Erhalt der öffentlichen Information private Informationen zu erlangen, so liegt wohlfahrtstheoretisch die ungünstigste der drei möglichen Situationen vor: Die Aufwendungen für private Informationsbeschaffung sind am höchsten und hinzu kommen noch die Aufwendungen für das öffentliche Informationssystem. Schließlich sind auch die Wohlfahrtsverluste aufgrund spekulativer Engagements bei dieser Konstellation am größten.

Grundsätzlich sind zwei Wege denkbar, auf denen Investoren Kenntnisse über die künftige, von der Unternehmung zu publizierende Nachricht erlangen können. Zum einen ist möglich, daß Anleger parallel zur Informationsproduktion der Unternehmen eigene Informationsbeschaffungsaktivitäten initiieren. Dieser Weg ist den Anlegern dann weitgehend versperrt, wenn die Unternehmensleitung Informationen veröffentlicht, die für Außenstehende kaum zugänglich sind.

Hierzu zählen z.B. Jahresabschlüsse, die in verstärktem Maße zukünftige Entwicklungen berücksichtigen, über die die Unternehmensleitung am besten informiert ist.

Darüber hinaus können Anleger versuchen, die Zeitspanne, die zwischen der Beschaffung und Aufbereitung von Jahresabschlußinformationen einerseits und deren Veröffentlichung andererseits liegt, dazu zu nutzen, vorab herauszufinden, welche Informationen die Unternehmensleitung veröffentlichen wird.[32] Hier kommt es für die Unternehmung vor allem darauf an, durch organisatorische Maßnahmen sicherzustellen, daß zur Veröffentlichung vorgesehene Jahresabschlußinformationen nicht vorzeitig an die Öffentlichkeit gelangen.

Als Ergebnis kann somit festgehalten werden, daß Jahresabschlüsse, die zukunftsbezogene Informationen enthalten, am ehesten geeignet sind, private Informationsbeschaffung, die gesellschaftlich wertlos ist, einzudämmen. Zum einen dürfte zukunftsbezogenen Informationen der höchste Informationsgehalt hinsichtlich des künftigen Wertpapierertrages zukommen, zum anderen ist hier die Gefahr am geringsten, daß diese Informationen von den Kapitalmarktanlegern auf andere Weise beschafft werden können.

---

32 Empirische Untersuchungen kommen überwiegend zu dem Ergebnis, daß der Inhalt von Jahresabschlüssen größtenteils erhebliche Zeit vor der Veröffentlichung bekannt wird. Vgl. für den deutschen Aktienmarkt *Coenenberg* (1988), S. 804; *Möller* (1983), S. 298. Einen Überblick über empirische Forschungsarbeiten zu dieser Fragestellung, die sich auf den amerikanischen Aktienmarkt beziehen, gibt *Foster* (1978), S. 343-352.

3.5 Rechnungslegung und asymmetrische Informationsverteilung zwischen Kapitalgebern und Unternehmensleitung

Im vorhergehenden Abschnitt wurde untersucht, welchen Nutzen Rechnungslegungsinformationen haben, wenn Kapitalmarktinvestoren unterschiedliche Informationen besitzen. In diesem Abschnitt geht es um den Primärmarkt, also um den Markt für neu emittierte Finanzierungstitel. Offensichtlich ist, daß beide Marktseiten, das Management des emittierenden Unternehmens und die potentiellen Erwerber von Finanzierungstiteln unterschiedlich gut über die künftige Ertragslage des ausgebenden Unternehmens und damit über den "inneren" Wert der neu emittierten Finanzierungstitel informiert sind. Die asymmetrische Informationsverteilung erstreckt sich dabei auf zwei Dimensionen:

Die künftige Ertragslage eines Unternehmens hängt nicht nur vom Eintritt exogener, von der Unternehmensleitung nicht beeinflußbarer Größen ab, sondern wird zusätzlich auch ganz wesentlich durch die Entscheidungen des Managements beeinflußt. Für exogene Kapitalgeber besteht die Gefahr, daß die Unternehmensleitung nicht ausschließlich an einer hohen Gewinnerzielung interessiert ist, sondern vor allem solche Aktivitäten unternimmt, die zwar für die Unternehmensleitung nutzbringend sind, den Unternehmensgewinn aber schmälern. Diese Gefahr ist besonders dann gegeben, wenn die Unternehmensleitung gar nicht oder nur zu einem geringen Teil als Kapitalgeber an dem Unternehmen beteiligt ist. Dies ist typischerweise bei Unternehmen der Fall, deren Anteile an organisierten Märkten gehandelt werden. Darüber hinaus besteht die Möglichkeit, daß die Unternehmensleitung vor allem im Interesse derjenigen Kapitalgeber, die Mitspracherechte besitzen, handelt und zu Lasten anderer Kapitalgeber, die über keine Möglichkeiten der Einflußnahme besitzen.

Der Rechnungslegung kommt hier die Funktion zu, den Informationsnachteil der externen Kapitalgeber zu vermindern, in dem die Tätigkeit der Unternehmensleitung besser überwacht werden kann und möglichen Fehlentwicklungen vorgebeugt wird. Welche Konsequenzen sich hieraus im einzelnen für die Gestaltung der externen Rechnungslegung ergeben, wird im nächsten Kapitel ausführlich erläutert. Grundsätzlich gilt aber, daß ein Kapitalmarktanleger bereit ist, c. p. um so mehr für einen Finanzierungstitel zu zahlen, je besser das Rechnungswesen eines Unternehmens dazu geeignet ist, das Verhalten der Unternehmensleitung zu kontrollieren. Werden Finanzierungstitel emittiert, so liegt es daher auch und gerade im Interesse der gegenwärtigen Anteilseigner, potentielle Kapitalgeber davon zu überzeugen, daß ihre künftigen Zahlungsansprüche geschützt sind.

Abgesehen von dem Risiko, das aus dem Verhalten der Unternehmensleitung resultiert, beeinflussen Informationen über die Wahrscheinlichkeitsverteilung der zukünftigen Erträge auch unmittelbar die Bewertung von Finanzierungstiteln. Dieser Aspekt wurde in Abschnitt 3.3 ausführlich erörtert. Dabei zeigte sich, daß nur unter sehr restriktiven Bedingungen ein positiver gesellschaftlicher Wert öffentlicher Informationen gewährleistet ist. Risiken, die aus der Unkenntnis der "wahren" Wahrscheinlichkeitsverteilung künftiger Erträge resultieren, können nämlich auf einem funktionierenden Kapitalmarkt durch Diversifikation reduziert werden. Dies setzt allerdings voraus, daß das Verhalten der Unternehmensleitung, die über die Ertragsaussichten besser informiert ist als Unternehmensexterne, nicht davon abhängt, inwieweit die Ertragserwartungen der Kapitalmarktinvestoren von denen der Unternehmensleitung abweichen. Diese Annahme ist aber problematisch: So ist denkbar, daß vorzugsweise solche Unternehmen ihren Kapitalbedarf durch Außenfinanzierung decken, deren Ertragserwartungen von den Kapitalmarktanlegern überschätzt werden, und deren Finanzierungstitel somit aus der Sicht der Unternehmensleitung überbewertet sind. Unternehmen, deren Finanzierungstitel unterbewertet sind, werden dagegen vorzugsweise ihr benötigtes Kapital durch Innenfinanzierung aufbringen. Die Konsequenz ist, daß ein Kapitalanleger, der Finanzierungstitel unterschiedlicher Unternehmen kauft, nicht damit rechnen kann, daß sich Unter- und Überbewertungen in seinem Portefeuille im Durchschnitt ausgleichen, vielmehr werden die zum Kauf angebotenen Titel vor allem von solchen Unternehmen emittiert, deren Finanzierungstitel überbewertet sind.[1] Rationale Kapitalmarktinvestoren werden diesen Zusammenhang durchschauen und bei der Bewertung neu emittierter Finanzierungstitel einen entsprechenden Risikoabschlag vornehmen. Dies kann wiederum dazu führen, daß weitere Unternehmen auf die Alternative der Innenfinanzierung ausweichen. Setzt sich dieser Prozeß der Gegenauswahl ("*adverse selection*"[2]) fort, so ist die Funktionsfähigkeit des Kapitalmarkts entscheidend beeinträchtigt. Ähnliche Probleme erschweren das Zustandekommen von Finanzierungsbeziehungen, die nicht über einen organisierten Kapitalmarkt abgewickelt werden. Solange die Kapitalnehmer über bessere Informationen verfügen, müssen potentielle Kapitalgeber immer damit rechnen, daß sie vorzugsweise an solche kapitalsuchenden Unternehmen geraten, deren Ertragsaussichten überschätzt werden.

Für das Management von Unternehmen, deren Finanzierungstitel unterbewertet sind, besteht ein Anreiz, die Kapitalmarktinvestoren von den "tatsächlichen" Ertragsaussichten zu überzeugen.[3] Gelingt dies, so kann neues Kapital zu günstigeren Konditionen aufgenommen werden. Dies ist für die bisherigen Anteilseigner vorteilhaft, darüber hinaus kann das Management damit seine eigene Leistungsfähigkeit belegen. Dieser Aspekt ist vor allem im Hinblick auf Interessenkonflikte zwischen Unternehmensleitung und Kapitalgebern von Relevanz.

---

1 Vgl. hierzu *Myers/Majluf* (1984) für den Aktienmarkt sowie *Stiglitz/Weiss* (1981) für den Kreditmarkt.

2 Siehe hierzu *Akerlof* (1970).

3 Vgl. *Ross* (1979).

Soll die externe Rechnungslegung bestehende Informationsasymmetrien zwischen Unternehmensleitung und externen Kapitalgebern reduzieren, so kommt es darauf an, daß Jahresabschlüsse vor allem Informationen über die Gewinnaussichten der Unternehmen enthalten. Dies erfordert eine grundlegende Änderung der bestehenden Vorschriften zur Rechnungslegung. Zwar kann gezeigt werden, daß auch Jahresabschlüsse, die nach den geltenden Rechnungslegungsvorschriften aufgestellt werden, eine Reihe von Prognoseelementen enthalten[4], dennoch engen detaillierte Ansatz- und Bewertungsvorschriften den Spielraum der Unternehmensleitung so weit ein, daß der Jahresabschluß nur sehr eingeschränkt als Prognoseinstrument für Unternehmensexterne geeignet ist.[5] Statt dessen steht bei den geltenden Vorschriften die Anforderung im Vordergrund, daß Rechnungslegungsinformationen vor allem intersubjektiv überprüfbar sein müssen. Eine konsequente Ausrichtung des Jahresabschlusses als Prognoseinstrument für Unternehmensexterne erfordert dagegen, daß der Unternehmensleitung bei der Bilanzierung erhebliche Spielräume zugestanden werden und auf intersubjektive Überprüfbarkeit der Rechnungslegungsinformationen weitgehend verzichtet wird.

Ein Verzicht auf die Übermittlung objektivierter Informationen ist allerdings problematisch: Derjenige, der besser informiert ist, kann im allgemeinen davon profitieren, wenn es ihm gelingt, die Rechnungslegungsadressaten zu täuschen. So wird das Management eines kapitalsuchenden Unternehmens versuchen, die Ertragslage des Unternehmens möglichst vorteilhaft darzustellen, um das benötigte Kapital zu günstigeren Konditionen zu erhalten. Ähnliches gilt für eine Unternehmensleitung, die weiß, daß die von ihr bereitgestellten Informationen dazu dienen, die Leistungsfähigkeit des Managements zu beurteilen. Rationale Marktteilnehmer werden allerdings die

---

4 Vgl. Beaver (1981), S. 7; Hax (1989); Ordelheide (1988 a, b).

5 Vgl. z.B. Hartle (1984), S. 97; Moxter (1984), S. 151-155; Schildbach (1986), S. 8.

bestehenden Anreize zur Fehlinformation erkennen und den übermittelten Informationen nicht ohne weiteres vertrauen.

Damit sind an die Rechnungslegung zwei Anforderungen zu stellen, die offensichtlich nicht gemeinsam zu verwirklichen sind: Rechnungslegungsinformationen sollen zum einen glaubhaft sein, und sie sollen darüber hinaus über die Gewinnerwartungen der Unternehmensleitungen informieren. Stellt man den Aspekt der Überprüfbarkeit in den Vordergrund, so reduziert man zwangsläufig die Relevanz der Rechnungslegungsinformationen für Kapitalanlageentscheidungen[6]; betont man dagegen die Zukunftsbezogenheit der Rechnungslegungsinformationen, so verzichtet man damit zugleich weitgehend auf die Überprüfbarkeit der Jahresabschlußangaben. Ein möglicher Ausweg aus diesem Dilemma könnte darin bestehen, für die Unternehmensleitung Anreize zu schaffen, korrekt zu informieren. Im nächsten Kapitel wird gezeigt, wie eine solche anreizkompatible Rechnungslegung gestaltet werden kann.[7]

---

6 So spricht Brandl von einer "objektivierungsbedingten Relevanzlücke", Brandl (1987), S. 92. *Moxter* bemerkt hierzu: "*Es gibt keine objektivierte Gewinnermittlung ohne objektivierungsbedingte Gewinnverzerrung; nur um den Preis der Entobjektivierung ist ein (aussagefähiger) "betriebswirtschaftlicher" Gewinn zu bestimmen.*" Moxter (1982), S. 227 (Kursiv im Original). Ähnlich auch Ballwieser (1982), S. 776 sowie Moxter (1984), S. 125.

7 Vgl. dazu auch Hartle (1984).

3.6 Zusammenfassung und Schlußfolgerungen

Werden die Auswirkungen von öffentlichen Informationen auf die Kapitalanlageentscheidungen von Investoren untersucht, so sind drei Aspekte zu betrachten:

- Öffentliche Informationen haben Einfluß auf die Risikoallokation. Dabei ist nur schwer abschätzbar, in welcher Weise die Wohlfahrt der Marktteilnehmer verändert wird. Eindeutige Ergebnisse sind nur unter sehr restriktiven Prämissen zu erhalten; ein positiver gesellschaftlicher Wert öffentlicher Informationen in einer reinen Tauschwirtschaft ist nur dann gewährleistet, wenn Umverteilungseffekte ausgeschlossen werden können. Damit ist die These, daß ein Mehr an Informationen die Wohlfahrt der Bilanzadressaten in jedem Fall erhöht, nicht haltbar.

- Öffentliche Informationen haben Auswirkungen auf die privaten Informationsbeschaffungsaktivitäten der Kapitalmarktteilnehmer. In welcher Weise dieser Einfluß wirksam wird, hängt entscheidend davon ab, ob Kapitalmarktinvestoren die Möglichkeit haben, einen Informationsvorsprung hinsichtlich der zu erwartenden öffentlichen Information zu erlangen. Ist diese Möglichkeit gegeben, so werden die Anreize verstärkt, in private Informationsbeschaffungsaktivitäten zu investieren, auch wenn diesen Investitionen kein entsprechender gesellschaftlicher Wert gegenübersteht. Haben Kapitalmarktinvestoren dagegen keine Möglichkeit, Vorabinformationen zu erhalten, so können Aufwendungen zur Beschaffung privater Informationen durch die Bereitstellung öffentlicher Informationen reduziert werden. Unter recht allgemeinen Bedingungen resultiert hieraus eine Verbesserung der Wohlfahrt aller Marktteilnehmer.

- Öffentliche Informationen können die Güterausstattung der Volkswirtschaft beeinflussen. Je besser die Kapitalmarktinvestoren über die Ertragsaussichten der von den Unternehmen durchgeführten Investitionsprogramme unterrichtet sind, desto eher ist gewährleistet, daß das knappe Finanzkapital den besten Verwendungen zugeführt wird. Auch der Abbau einer asymmetrischen Informationsverteilung zwischen Unternehmensleitung und Kapitalgebern kann produktive Wirkungen haben: Informationsvorteile kann die Unternehmensleitung dazu ausnutzen, von einer im Interesse der Kapitalgeber liegenden Unternehmenspolitik abzuweichen und statt dessen eigene Zielsetzungen zu verfolgen. Die Wohlfahrtsverluste, die aus solchen Interessenkonflikten resultieren, können durch eine Kontrolle der Unternehmensleitung durch die Kapitalgeber reduziert werden. Dies setzt allerdings Informationen über die Tätigkeit des Managements voraus. Damit ist die Kontrollfunktion des externen Rechnungswesens angesprochen, die im nächsten Kapitel ausführlich behandelt wird.

Eine asymmetrische Informationsverteilung zwischen verschiedenen Kapitalmarktinvestoren einerseits sowie zwischen Kapitalgebern und Unternehmensleitungen andererseits kann die Funktionsfähigkeit des Kapitalmarkts beeinträchtigen und das Zustandekommen von Finanzierungsbeziehungen erschweren. Der externen Rechnungslegung kommt hier die Aufgabe zu, bestehende Informationsunterschiede abzubauen, um so das Mißtrauen der schlechter Informierten zu überwinden. Da hiervon alle Marktteilnehmer profitieren, bestehen durchaus Anreize auf Seiten der besser Informierten, freiwillig Informationen bereitzustellen und zusätzlich Maßnahmen zu ergreifen, die die Glaubwürdigkeit der übermittelten Informationen belegen.

Damit ist allerdings nicht gewährleistet, daß die individuellen Optimierungskalküle der Investoren stets zu einer gesellschaftlich optimalen Versorgung mit Informationen führen. Allerdings kann auch nicht nachgewiesen werden, daß ohne regulierende Eingriffe in jedem Fall mit einer Unter- oder Überproduktion an Informationen zu rechnen ist. Solange aber keine eindeutigen Indizien dafür vorliegen, daß das freie Spiel der Marktkräfte überhaupt zu Fehlallokationen führt und darüber hinaus auch nicht gesagt werden kann, ob sich das Marktversagen in einer Unter- oder Überproduktion an Informationen manifestiert, kann auch keine ökonomisch fundierte Empfehlung gegeben werden, ob und in welcher Weise in das Marktgeschehen korrigierend einzugreifen ist.

4. Das externe Rechnungswesen als Kontrollinstrument der Kapitalgeber

4.1 Problemstellung und Überblick über das Kapitel

Indem Kapitalgeber einem Unternehmen Finanzmittel zur Verfügung stellen, erwerben sie einen Anspruch auf Beteiligung an den künftig in dem Unternehmen anfallenden Erträgen. Die Höhe dieser Erträge hängt von der durchgeführten Investitionspolitik ab. Daher haben Kapitalgeber grundsätzlich ein Interesse daran, Einfluß auf die Unternehmenspolitik zu nehmen. Typisch für größere Unternehmen ist nun, daß die Kapitalgeber an der Unternehmensleitung selbst nicht unmittelbar beteiligt sind, sondern diese wird Managern übertragen. Hierdurch können Spezialisierungsvorteile genutzt werden, andererseits stellt sich das Problem, daß die Ziele von Kapitalgebern und Unternehmensleitung nicht übereinstimmen. Während die Kapitalgeber vor allem an einer hohen Verzinsung des eingesetzten Kapitals interessiert sind, verfolgen Manager auch davon abweichende Ziele. So müssen die Kapitalgeber damit rechnen, daß die Untenehmensleitung Ressourcen des Unternehmens für Ausgaben verwendet, die vor allem den Nutzen des Managers erhöhen und zu Lasten der Unternehmenserträge gehen. Ein solcher Interessenkonflikt ist typisch für eine Principal-Agent-Beziehung. Der Kapitalgeber als Principal überläßt der Unternehmensleitung als Agent die Verfügungsgewalt über das in dem Unternehmen eingezahlte Kapital, daher muß er damit rechnen, daß der Agent eigennützig handelt. Für die Kapitalgeber ergibt sich daraus die Notwendigkeit, die Tätigkeit der Unternehmensleitung zu überwachen.

In welcher Weise Principal-Agent-Probleme für die Beziehung zwischen Kapitalgeber und Unternehmensleitung relevant werden, hängt von der Art des Zahlungsanspruchs, den der Kapitalgeber hat, ab. Für Eigenkapitalgeber gilt, daß ihnen der Residualgewinn zusteht, ihre Zahlungsansprüche somit gewinnabhängig sind. Daher haben die

Eigenkapitalgeber ein besonderes Interesse daran, daß die jeweils optimale Unternehmenspolitik verfolgt wird. Die Kontrolle der Unternehmensleitung kann unmittelbar an deren Tätigkeit ansetzen. Denkbar wäre, daß der Unternehmensleitung eine bestimmte Handlungsweise verbindlich vorgegeben wird und die Ausführung dieser Vorgabe dann durch die Eigentümer oder deren Vertreter überwacht wird. Dies setzt allerdings voraus, daß die Kapitalgeber einerseits alle unternehmerischen Handlungsmöglichkeiten und die damit verbundenen möglichen Konsequenzen kennen, um beurteilen zu können, welche Aktion optimal ist, und daß sie darüber hinaus die Handlungen des Managements beobachten können. Die Informationskosten, die aufgebracht werden müßten, um über derartige Kenntnisse zu verfügen, wären aber vermutlich so hoch, daß alle Spezialisierungsvorteile, die aus der Trennung von Eigentum und Leitung des Unternehmens resultieren, zu nichte gemacht werden würden.

Eine andere Möglichkeit besteht darin, die Beurteilung der Tätigkeit des Agent an der Höhe des unter seiner Verantwortung erzielten Erfolges auszurichten. Der Erfolg gibt allerdings in der Regel nur unvollständigen Aufschluß über die Tätigkeit des Agent: Ob ein Unternehmen erfolgreich ist oder nicht, hängt nicht nur von der Qualität der Unternehmensleitung ab, sondern auch von den Auswirkungen exogener Umweltentwicklungen, auf die die Unternehmensleitung selbst keinen Einfluß hat. Für den Agent hat dies zur Konsequenz, daß Abweichungen von der optimalen Unternehmenspolitik nicht mit Sicherheit von den Eigentümern festgestellt werden können, daß er andererseits aber auch dann für niedrige Erfolge oder gar Verluste zur Verantwortung gezogen wird, wenn diese nicht auf mangelndes Engagement, sondern auf ungünstige Umweltentwicklungen zurückzuführen sind. Eine Kontrolle, die den erzielten Erfolg als Maßstab für die Beurteilung des Managements heranzieht, spart zwar Kontrollkosten ein, sie wird aber nicht diejenige Verhaltenssteuerung bewirken können, die durch eine direkte Beobachtung der Tätigkeit der Unternehmensleitung erreicht werden kann. Dem Rechnungswesen kommt nun die Aufgabe zu, solche Informationen bereitzustellen, die einen möglichst genauen Aufschluß über die Tätigkeit der Unternehmensleitung zulassen.

Der Zahlungsanspruch der Kreditgeber ist grundsätzlich unabhängig von der Ertragslage des Unternehmens. Principal-Agent-Probleme werden für die Kreditgeber-Kreditnehmer-Beziehung relevant, wenn die Durchsetzbarkeit der Gläubigeransprüche nicht gewährleistet ist. Bei beschränkter Haftung der Eigenkapitalgeber müssen auch die Gläubiger Kapitalverluste tragen, wenn die im Leistungsbereich erwirtschafteten Zahlungsüberschüsse und das vorhandene Eigenkapital nicht ausreichen, Zins- und Tilgungsleistungen zu erbringen. In diesem Sinne sind auch die Gläubigeransprüche ertragsabhängig, allerdings partizipieren die Gläubiger nur an Kapitalverlusten, Erträge, die über die vereinbarten Zins- und Tilgungsleistungen hinausgehen, können sie nicht erzielen. Aus dieser asymmetrischen Erfolgsbeteiligung resultieren wiederum für die Eigentümer Anreize, Reichtumsverschiebungen zu Lasten der Kreditgeber vorzunehmen. Diese Anreize sind um so stärker, je größer die Ausfallwahrscheinlichkeit des Fremdkapitals ist.

Für die Gläubiger ist es somit weniger wichtig, zu ermitteln, ob die Unternehmensleitung die jeweils optimale Unternehmenspolitik verfolgt hat, vielmehr reicht es aus, sicherzustellen, daß eine hinreichend gute, d.h. die Gläubigeransprüche nicht gefährdende Investitionspolitik durchgeführt wird. Vor allem aber kommt es für die Gläubiger darauf an, rechtzeitig zu erkennen, ob eine Gefährdung ihrer Ansprüche vorliegt. Da das Sanktionspotential der Gläubiger aufgrund der Haftungsbeschränkung eingeschränkt ist, sind Informationen, die im nachhinein Aufschluß über die durchgeführte Unternehmenspolitik geben, nur von begrenztem Interesse. Entscheidend ist vielmehr, zu verhindern, daß für die Eigentümer Anreize und Möglichkeiten entstehen, Reichtumsverschiebungen zu Lasten der Gläubiger vorzunehmen. Das Rechnungswesen kann hier Auskunft geben über

Kennzahlen, die als ein Indikator angesehen werden können über das Ausmaß der bestehenden Anreize zu Reichtumsverschiebungen und damit über das Ausmaß der Gläubigergefährdung.

Der theoretische Bezugsrahmen, aus dem Aussagen über die optimale Gestaltung von Rechnungslegungsinformationen abgeleitet werden, ist die Principal-Agent-Theorie. Das Grundanliegen dieser Theorie ist die Bestimmung eines Anreizvertrages, der zwar in der Regel keine vollständige, aber unter den gegebenen Umständen doch eine optimale Lösung des Interessenkonflikts zwischen Principal und Agent darstellt. Der Anreizvertrag kann nur von solchen Größen abhängen, die von beiden - Principal und Agent- beobachtbar sind. Der Informationsstand von Principal und Agent wird wiederum durch die Informationen bestimmt, die das externe Rechnungswesen zur Verfügung stellt. Damit sind durch die Rechnungslegung solche Informationen bereitzustellen, die eine möglichst vollständige Lösung des Principal-Agent-Problems ermöglichen. Nachdem in den nächsten beiden Abschnitten die Principal-Agent-Theorie ausführlich dargestellt wird, werden im Abschnitt 4.2.3 Kriterien erarbeitet, die angeben, welche Eigenschaften ein Informationssystem aufweisen muß, damit es einen Anreizvertrag ermöglicht, der zu einer - in einem noch näher zu definierenden Sinne - besseren Lösung des Principal-Agent-Problems beitragen kann.

Ein Grundanliegen der Theorie des Rechnungswesens ist die Ermittlung des "*richtigen*" Periodenerfolgs. Jede Bestimmung einer Erfolgsgröße, die sich auf einen abgegrenzten Zeitraum bezieht, erfordert eine Zurechnung von Ein- und Auszahlungen zu Perioden, in denen diese als erfolgswirksam angesehen werden. Für diese Zuordnung gibt es keine eindeutigen Kriterien, vielmehr ist die Frage der Periodisierung von Zahlungen unter dem Gesichtspunkt der Zweckmäßigkeit zu beantworten. Damit stellt sich die Frage, welche Bilanzierungs- und Bewertungsmethoden aus der Sicht der Principal-Agent-Theorie anzuwenden sind, und darüber hinaus, welchen Spielraum Bilanzierungs- und Bewertungswahlrechte der Unternehmensleitung lassen sollen. Hier wird man zunächst vermuten, daß Rechnungslegungsinformationen um so aussagekräftiger sind, je weniger diese durch bilanzpolitische Maßnahmen der Unternehmensleitung beeinflußt werden können. Denn es ist zu erwarten, daß die Unternehmensleitung Bilanzierungs- und Bewertungsfreiheiten dazu nutzt, ein möglichst positives Bild ihrer Tätigkeit zu vermitteln. *Dieter Schneider* führt hierzu aus: "Der erste Grundsatz einer jeden Rechenschaft lautet, daß derjenige, der Rechenschaft zu geben hat, nicht selbst darüber entscheiden darf, wie weit er sich der Rechenschaft entzieht. Dies auf die Rechnungslegung übertragen, bedeutet **Verbot sämtlicher Bilanzierungswahlrechte.**"[1]

In Abschnitt 4.2.4 wird allerdings gezeigt, daß gerade eine Konzeption der Rechnungslegung, die der Unternehmensleitung extreme Spielräume läßt, zu einer besseren Lösung von Principal-Agent-Problemen beitragen kann. Die Unternehmensleitung muß dazu motiviert werden, Freiheiten bei der Bilanzierung und Bewertung im Sinne der Unternehmenseigner zu nutzen. Gelingt diese Motivation, so geben die erhaltenen Informationen genauere Auskunft über die Tätigkeit der Unternehmensleitung als Rechnungslegungsinformationen, die auf genau definierten Bilanzierungs- und Bewertungsvorschriften beruhen.

In Abschnitt 4.3 wird die Bedeutung von Rechnungslegungsinformationen im Rahmen von Kreditgeber-Kreditnehmer-Beziehungen untersucht. Hier ist der Anreizvertrag in Form des Kreditvertrages fest vorgegeben, Rechnungslegungsinformationen dienen vor allem dazu, die Durchsetzbarkeit der Gläubigeransprüche zu verbessern.

---

1 Schneider (1987 a), S. 411 (Hervorhebung im Original); fast gleichlautend: *Kommission Rechnungswesen* (1979), S. 12; ähnlich auch Schildbach (1987), S. 28.

4.2. Die Principal-Agent-Theorie als Erklärungsansatz für die Kontrollfunktion des Rechnungswesens

4.2.1. Das Grundmodell der Principal-Agent-Theorie

4.2.2.1. Nähere Charakterisierung der Principal-Agent-Problematik

Untersuchungsgegenstand der Agency-Theorie ist eine Vertragsbeziehung, in der eine ausführende Instanz, der Agent, von einer übergeordneten Instanz, dem Principal, die Ausführung einer Aufgabe übertragen bekommt und hierfür entlohnt wird. Dem Agent verbleibt dabei ein gewisser Entscheidungsspielraum, da der Principal nicht beobachten kann, welche Handlung der Agent ergreift und auch aus dem Ergebnis nicht mit Sicherheit auf die Aktion des Agent zurückschließen kann. Ausgangspunkt der folgenden Überlegungen ist ein Principal-Agent-Modell, das auf sehr vereinfachenden Prämissen beruht.[1] So wird angenommen, daß die Unternehmung nur aus zwei Individuen, einem Principal und einem Agent besteht und das Vertragsverhältnis nur für eine Periode andauert. Der Principal betraut den Agent mit der Durchführung einer Aufgabe, wofür dieser entsprechend der Entlohnungsfunktion $\zeta(\cdot)$ bezahlt wird. Sowohl das Aktivitätsniveau e $(e>0)$, das der Agent aufbringt, als auch der Einfluß einer stochastischen Größe φ bestimmen das monetäre Ergebnis $a(e,\varphi)$.

Die Nutzenfunktion des Agent ist definiert über die Komponenten Entlohnung und Arbeitseinsatz, wobei der Grenznutzen der Entlohnung positiv und der des Arbeitseinsatzes negativ ist.

---

1 Vgl. zu Principal-Agent-Modellen dieser Art: Grossman/Hart (1983); Harris/Raviv (1978), (1979); Holmström (1979); Mirrlees (1974), (1976); Rees (1985a); Ross (1973); Shavell (1979).

(4.2.1.1) $U_A = U(\zeta,e)$ mit

$$\frac{\partial U(\zeta,e)}{\partial \zeta} > 0 \;;\quad \frac{\partial U^2(\zeta,e)}{\partial \zeta^2} < 0 \;;\quad \frac{\partial U(\zeta,e)}{\partial e} < 0 \;;\quad \frac{\partial U^2(\zeta,e)}{\partial e^2} > 0$$

Zur Vereinfachung der Analyse wird in den meisten Fällen unterstellt, daß die Nutzenfunktion des Agent additiv in den beiden Komponenten Entlohnung und Aktivitätsniveau ist:

(4.2.1.1') $U_A = U_1\big(\zeta(\cdot)\big) - U_2(e)$ mit

$$\frac{\partial U_1\big(\zeta(\cdot)\big)}{\partial \zeta} > 0 \;;\quad \frac{\partial^2 U_1\big(\zeta(\cdot)\big)}{\partial \zeta^2} < 0 \;;\quad \frac{\partial U_2(e)}{\partial e} > 0 \;;\quad \frac{\partial^2 U_2(e)}{\partial e^2} > 0$$

Dem Agent wird somit stets risikoscheues Verhalten unterstellt. Die Vorstellung, daß der Agent einen möglichst geringen Arbeitseinsatz leisten möchte, stellt sicherlich eine unzutreffende Hypothese über das Verhalten von Managern dar. Das Symbol "e" kann aber auch ganz allgemein für solche Maßnahmen stehen, die im Interesse der Anteilseigner liegen, den Interessen des Managers aber zuwiderlaufen. Abweichende Interessen von Unternehmensleitung und Eigentümern können sich auf Aufwendungen beziehen, die dem Agent Nutzen bringen, den Überschuß der Eigentümer aber schmälern. Hierzu zählen z.B. Repräsentation, Reisen sowie Sach- und Geldleistungen, die dem Manager Ansehen und Einfluß verschaffen.[2] Der Nutzen des Agent ist dann keine fallende, sondern eine steigende Funktion von

2 Solche Aufwendungen werden auch als *"perquisites"* bezeichnet; vgl. Jensen/Meckling (1976), S. 308 ff. Ein Interessenkonflikt zwischen Unternehmensleitung und Eigentümern kann auch daraus resultieren, daß die Eigentümer ausschließlich an den finanziellen Überschüssen des Investitionsprogramms interessiert sind, während die Manager Investitionsprojekte präferieren, die vor allem ihre Management-Fähigkeiten dokumentieren. Siehe hierzu: *Holmström/Ricart-Costa* (1986).

"e", und das Agency-Problem besteht dann nicht darin , daß der Agent eine zu geringe, sondern eine zu hohe Ausprägung von e wählt. Im folgenden soll jedoch "e" immer als Arbeitseinsatz bzw. als Aktivitätsniveau bezeichnet werden.

Die Nutzenfunktion des Principal ist über sein Einkommen definiert, das aus dem Ertrag abzüglich der Entlohnung für den Agent besteht:

(4.2.1.2) $V_P = V\big(a(e,\varphi)-\zeta(\cdot)\big)$ mit

$$\frac{\partial\, V\big(a(e,\varphi)-\zeta(\cdot)\big)}{\partial\, a(e,\varphi)} > 0 \; ; \quad \frac{\partial^2\, V\big(a(e,\varphi)-\zeta(\cdot)\big)}{\partial\, a(e,\varphi)^2} \leq 0$$

Der Principal ist somit risikoneutral oder risikoscheu.

Hinsichtlich des Informationsstandes von Principal und Agent wird von folgenden Annahmen ausgegangen: Beide haben vor der Vertragsgestaltung homogene Erwartungen hinsichtlich der Wahrscheinlichkeitsverteilung der exogenen Einflußgröße φ. Beiden sind auch die produktionstheoretischen Zusammenhänge bekannt, so daß der Principal weiß, welcher Wahrscheinlichkeitsverteilung $F(a/e)$ der Ertrag bei gegebenem Aktivitätsniveau unterliegt. Informationsasymmetrie besteht lediglich darin, daß der Principal weder den Arbeitseinsatz des Agent noch die Realisation von φ beobachten kann, sondern nur das Ergebnis $a(e,\varphi)$ kennt. Wüßte der Principal, welcher Umweltzustand eingetreten ist, so könnte er aufgrund der ihm bekannten Produktionsfunktion von dem Ergebnis auf das Aktivitätsniveau schließen. Dieser Fall ist also identisch mit der Annahme, daß der Principal das Ergebnis direkt beobachten kann. Es wird daher angenommen, daß der Principal aus der Beobachtung des Ertrages nie mit Sicherheit auf die vom Agent gewählte Aktion schließen kann, gleichgültig welcher Ertrag realisiert wird und welche Aktion der Agent gewählt hat. Diese Bedingung ist erfüllt, wenn der Wertebereich, über dem die bedingte Wahrscheinlichkeitsverteilung des Ertrages bei gegebenem Aktivitätsniveau positive Werte annimmt, unabhängig davon ist, welche Aktion der Agent gewählt hat.

Der Interessenkonflikt zwischen Principal und Agent besteht darin, daß der Agent die Zielsetzung verfolgt, seinen Nutzen, der über die beiden Komponenten Arbeitseinsatz und Entlohnung definiert ist, zu maximieren, während der Principal ausschließlich an einem möglichst hohen Reinertrag (nach Abzug der Vergütung für den Agent) interessiert ist. Der Agent wird sich nur dann um die Erzielung eines hohen Ertrages bemühen, wenn dies Auswirkungen auf seine Entlohnung hat. Der Entlohnungsvertrag ist somit das Instrument, mit dem der Principal Einfluß auf das Verhalten des Agent nehmen kann. Da dem Principal sowohl die Nutzenfunktion des Agent als auch die Produktionsfunktion bekannt ist, besitzt er alle erfoderlichen Informationen, um antizipieren zu können, mit welchem Aktivitätsniveau der Agent auf einen gegebenen Entlohnungsvertrag reagieren wird. Der Principal verfügt somit über *rationale Erwartungen.*[3]

Offensichtlich führt eine konstante Entlohnung nicht zum Ziel; der Agent würde in diesem Fall den geringst möglichen Arbeitseinsatz leisten. Da die Entlohnung nur von solchen Größen abhängen kann, die für Principal und Agent beobachtbar sind, kommt als Bezugsgröße für die Entlohnung nur der Ertrag in Frage. Eine ertragsabhängige Entlohnung bewirkt, daß der Agent nicht nur die Nutzenminderung, die eine Arbeitsleistung für ihn bedeutet, sondern auch den davon ausgehenden Einfluß auf den Ertrag in sein Optimierungskalkül mit einbezieht. Dabei ist die Anreizwirkung um so größer, je stärker die Entlohnung mit der Ertragshöhe variiert.

Da der Zusammenhang zwischen Aktivitätsniveau und Ertrag stochastisch ist, bewirkt eine ertragsabhängige Entlohnung zugleich eine

---

3 Vgl. zum Konzept rationaler Erwartungen: *Muth* (1961).

Übernahme von Risiko durch den Agent. Dazu ist er nur bereit, wenn er hierfür eine Risikoprämie erhält. Neben die Anreizwirkung tritt als zweite Zielsetzung bei der Ermittlung der optimalen Entlohnungsfunktion die Optimierung der Risikoallokation hinzu. Dabei wird unterstellt, daß die Entlohnung aus der Agency-Beziehung die einzige Einkunftsquelle des Agent darstellt, und er keine Möglichkeit hat, durch Kapitalmarkttransaktionen seine Risikoposition zu verändern.[4] Ist der Arbeitseinsatz des Agent beobachtbar, so können beide Zielsetzungen unabhängig voneinander optimiert werden, bei asymmetrischer Informationsverteilung bezüglich e dagegen sind beides gegenläufige Ziele.

Schließlich ist zu berücksichtigen, daß der Agent nur dann für den Principal tätig wird, wenn ihm ein erwarteter Mindestnutzen in Höhe von $\bar{U}$ zugestanden wird. Auf die Bedeutung von $\bar{U}$, das exogen vorgegeben ist, wird weiter unten näher eingegangen.

Bei der Bestimmung des optimalen Entlohnungsvertrages hat der Principal somit als Nebenbedingungen zu beachten, daß (1) der Erwartungsnutzen des Agent den Wert $\bar{U}$ nicht unterschreiten darf, und daß (2) der Agent bei gegebenem Anreizvertrag stets dasjenige Aktivitätsniveau wählt, das für ihn nutzenoptimal ist:

$$(4.2.1.3) \quad \max_{\zeta(a),e} \left\{E\left[V\left(a-\zeta(a)\right)\right]\right\}$$

unter den Nebenbedingungen

$$(4.2.1.4) \quad E\left[U\left(\zeta(a),e\right)\right] \geq \bar{U}$$

$$(4.2.1.5) \quad e \in \underset{\hat{e} \in E}{\operatorname{argmax}} \left\{E\left[U\left(\zeta(a),\hat{e}\right)\right]\right\}$$

---

4 Vgl. hierzu <u>Neus</u> (1989 a, b).

Die Nebenbedingung (4.2.1.4), die dem Agent einen erwarteten Mindestnutzen gewährleistet, erlaubt zwei unterschiedliche Interpretationen: Verfolgen Principal und Agent das Ziel der gemeinsamen Nutzenmaximierung, so kann in einem ersten Schritt die Menge der effizienten Lösungen ermittelt werden. Vorausgesetzt, diese Menge ist konvex, so kann man dabei in der Weise vorgehen, daß für alle zulässigen Werte von $\bar{U}$ die jeweils für den Principal optimale Lösung ermittelt wird. Durch das Agency-Programm (4.2.1.3-5) wird somit genau ein Element aus der Menge der effizienten Lösungen bestimmt. $\bar{U}$ kann aber auch als eine exogene, durch den Arbeitsmarkt bestimmte Größe aufgefaßt werden, die angibt, welchen Nutzen der Agent bei anderweitiger Beschäftigung erzielen kann. Somit ist der Agent nur dann bereit, für den Principal tätig zu werden, wenn der aus der Agency-Beziehung resultierende Erwartungsnutzen mindestens $\bar{U}$ beträgt. Nebenbedingung (4.2.1.5) schließlich spiegelt wieder, daß der Principal dem Agent das Aktivitätsniveau nicht direkt vorgeben kann, sondern der Agent bei jeder gegebenen Entlohnungsfunktion diejenige Aktion wählt, die seinen eigenen Nutzen maximiert.

Das Agency-Problem kann auch als ein nicht-kooperatives Spiel aufgefaßt werden. Die (reine)[5] Strategie des Principal besteht darin, eine Entlohnungsfunktion festzulegen. Der Agent wählt nun seine optimale Reaktionsstrategie, indem er in Abhängigkeit von der Entlohnungsfunktion den für ihn optimalen Arbeitseinsatz bestimmt (Nebenbedingung 4.2.1.5). Der Principal wiederum wählt bei gegebener Strategie des Agent diejenige Entlohnungsfunktion, die seinen eigenen Nutzen maximiert (Zielfunktion 4.2.1.3). Principal und Agent verfolgen somit die für sie optimale nicht-kooperative Strategie unter der

---

5 Gemischte Strategien, bei denen die Randomisierung *nach* Aktionswahl durch den Agent stattfindet, können nur dann vorteilhaft sein, wenn die Nutzenfunktion des Agent nicht-additiv ist in den beiden Komponenten Aktivitätsniveau und Entlohnung; vgl. *Gjesdal* (1981), S. 217; *Myerson* (1979). Randomisierung *vor* Aktionswahl kann auch dann vorteilhaft sein, wenn die Nutzenfunktion des Agent die Eigenschaft der Separierbarkeit aufweist. Vgl. *Fellingham/Kwon/Newman* (1984).

Voraussetzung, daß der jeweils andere bei seiner Strategie bleibt. Die Lösung des Agency-Programms (4.2.1.3-5) stellt daher ein nichtkooperatives *Nash*-Gleichgewicht dar.

Um die Konsequenzen, die aus dem Interessenkonflikt zwischen Agent und Principal resultieren aufzuzeigen, ist ein Vergleich der Optimallösungen bei Existenz bzw. bei Nicht-Existenz von Agency-Problemen aufschlußreich. Besonders anschaulich ist der Spezialfall eines risikoneutralen Principal und eines risikoscheuen Agent. In einer Welt ohne Anreizprobleme würde der Agent eine feste Entlohnung erhalten und der Principal das gesamte Risiko tragen. Diese Aufteilung entspricht einer Pareto-optimalen Risikoallokation. Unter Berücksichtigung der Anreizproblematik ist diese Lösung offensichtlich nicht optimal; der Agent leistet den geringst möglichen Arbeitseinsatz, wenn seine Entlohnung unabhängig vom Ertrag ist und das Aktivitätsniveau damit keinen Einfluß mehr auf die Entlohnung hat. Andererseits kann der Agent nur dann motiviert werden, dasjenige Aktivitätsniveau zu ergreifen, das in einer Welt ohne Agency-Probleme optimal ist, wenn er das gesamte Risiko trägt und der Principal folglich einen festen Betrag erhält. Eine solche Aufteilungsregel löst zwar das Anreizproblem vollständig, bewirkt aber eine suboptimale Risikoallokation. Lediglich dann, wenn der Agent risikoneutral ist, ist eine vollständige Übernahme des Risikos durch den Agent mit einer Pareto-optimalen Risikoallokation vereinbar. Bei einem risikoneutralen Agent können somit Agency-Probleme vollständig gelöst werden.

In allen anderen Fällen stellt die Optimierung der Anreizsteuerung und der Risikoallokation konkurrierende Teilziele dar.[6] Die optimale Lösung des Agency-Programms ist im allgemeinen durch einen Kompromiß zwischen beiden Zielsetzungen gekennzeichnet: Das Aktivitätsni-

---

6 Vgl. Neus (1988).

veau des Agent ist geringer und das von ihm zu tragende Risiko ist größer, verglichen jeweils mit der Optimallösung einer (Modell-) Welt, in der es keine Agency-Probleme gibt. Das geringere Aktivitätsniveau führt zu einem niedrigeren Ertrag, und zu der Übernahme von Risiko ist der Agent nur bereit, wenn er hierfür eine Risikoprämie erhält. Die Konsequenz aus beiden Effekten ist, daß der Erwartungsnutzen des Principal sinkt. Da diese Nutzeneinbuße auf die Agency-Problematik zurückzuführen ist, wird sie auch als *Agency-Costs*[7] bezeichnet.

Die für den Spezialfall eines risikoneutralen Principal abgeleiteten Ergebnisse lassen sich auch auf den allgemeineren Fall eines (schwach) risikoscheuen Principal übertragen. Hierzu ist allerdings eine formale Analyse des Agency-Problems erforderlich. Diesem Zweck dient der folgende Abschnitt.

4.2.1.2. Die Ermittlung der optimalen Anreizfunktion und Eigenschaften der optimalen Lösung

Zur Ermittlung der optimalen Anreizfunktion können zwei unterschiedliche Lösungswege beschritten werden. Bei der ersten Methode wird die Ermittlung der optimalen Entlohnungsfunktion $\zeta^*(a)$ in zwei Schritte zerlegt. Zunächst wird zu jedem gegebenem e diejenige Entlohungsfunktion $\zeta^*_e(a)$ gesucht, die am kostengünstigsten den Agent veranlaßt, Aktion e zu wählen. Weist die Nutzenfunktion des

---

7 Genau genommen handelt es sich nur um einen Bestandteil der *Agency-Costs*, nämlich um den "*residual loss*". Daneben zählen zu den *Agency-Costs* auch Aufwendungen für solche Maßnahmen, die zu einer Verringerung des "*residual loss*" beitragen. Diese Aufwendungen werden als "*bonding*" bzw. "*monitoring costs*" bezeichnet. Die Terminologie wurde von Jensen/Meckling (1976) geprägt. Zur Diskussion um die Zweckmäßigkeit des Konzepts der *Agency-Costs* siehe; Neus (1989 b); Schmidt, R. (1987); Schneider (1987).

Agent bestimmte Eigenschaften auf, so kann dieses Problem als eine konvexe Optimierungsaufgabe mit linearen Nebenbedingungen formuliert werden.[8] Unter allen auf diese Weise ermitelten Kombinationen von e und $\zeta_e^*(a)$ ist dann diejenige auszuwählen, die den Nutzen des Principal maximiert.

Rechentechnisch weniger aufwendig ist die Formulierung des Principal-Agent-Programms als Kontrollproblem, das mit Hilfe der Variationsrechnung gelöst werden kann.[9] Für deren Anwendung müssen allerdings einige weitere Voraussetzungen erfüllt sein. So muß die Nutzenfunktion des Agent additiv in e und $\zeta(\cdot)$ sein, darüber hinaus muß Bedingung (4.2.1.5) durch die notwendige Bedingung für ein Maximum ersetzt werden können:

(4.2.1.5') $$\frac{\partial E\left[U_1\big(\zeta(a)\big)\right]}{\partial e} - \frac{\partial U_2(e)}{\partial e} = 0$$

Beziehung (4.1.2.5') gibt zunächst nur die Bedingung für das Vorliegen eines stationären Punktes an. Die Variationsrechnung kann allerdings nur dann angewendet werden, wenn dasjenige e*, das (4.2.1.5') erfüllt, zugleich ein globales Maximum ist und keine weiteren lokalen Maxima existieren.[10] Daher muß gelten:

(4.2.1.6) $$\frac{\partial^2 E\left[U_1\big(\zeta(a)\big)\right]}{\partial e^2} - \frac{\partial^2 U_2(e)}{\partial e^2} \leq 0 \qquad \text{für alle } e$$

---

8 Vgl. zu diesem Lösungsansatz und den dazu notwendigen Voraussetzungen *Grossman/Hart* (1983).

9 Vgl. zu diesem Ansatz: *Harris/Townsend* (1981); *Holmström* (1979); *Mirrlees* (1975), (1976); *Ross* (1973); *Shavell* (1979).

10 Vgl. *Intrilligator* (1971), S. 306 ff.

Damit (4.2.1.6) erfüllt ist, muß die Wahrscheinlichkeitsverteilung der Erträge zwei Eigenschaften aufweisen[11]:

1. Mit $f(a/e)$ sei die Dichtefunktion des Ertrages bei gegebenem Arbeitseinsatz bezeichnet. Erfüllt die Familie von Dichtefunktionen $\{f(a/e)\}$ für jedes e* die Bedingung

$$(4.2.1.7) \qquad \frac{\partial}{\partial a}\left\{\frac{\frac{\partial f(a/e)}{\partial e}}{f(a/e)}\right\} > 0$$

so weist $f(a/e)$ die Eigenschaft der "*Monotone Likelihood Ratio Property (MLRP)*" auf.[12] Diese Eigenschaft kann folgendermaßen interpretiert werden: Der Quotient in der geschweiften Klammer in (4.1.2.7) ist die Ableitung der Maximum-Likelihood-Funktion $ln\, f(a/e)$, wobei a die Stichprobenbeobachtung und e der zu schätzende Wert darstellen. Gilt Bedingung (4.2.1.7), so kann der Principal aus der Beobachtung eines größeren Ertrages auf ein höheres Aktivitätsniveau des Agent schließen, wenn er seine Erwartungen entsprechend dem *Bayes*-Theorem revidiert.

Weisen die Dichtefunktionen $f(a/e)$ die *MLRP* auf, so erfüllt die zugehörige Verteilungsfunktion $F(a/e)$ die Bedingung:

$$(4.1.2.8) \qquad \frac{\partial F(a/e)}{\partial e} < 0$$

Eine Erhöhung des Aktivitätsniveaus führt zu einer Rechtsverschiebung der Verteilungsfunktion im Sinne der stochastischen Dominanz erster Ordnung.

---

11 Vgl. Grossman/Hart (1983); Mirrlees (1976); Rogerson (1985 b); Singh (1984).

12 Vgl. Grossman/Hart (1983), S. 23; Lindgren (1976), S. 246; Milgrom (1981), S. 383; Rogerson (1985 b), S. 1361.

2. Darüber hinaus muß vorausgesetzt werden, daß $F(a/e)$ eine konvexe Funktion von e ist:

$$\frac{\partial^2 F(a/e)}{\partial e^2} \geq 0 \qquad \text{für alle a, e} \tag{4.2.1.9}$$

Die optimale Entlohnungsfunktion kann charakterisiert werden, indem das Agency-Programm (4.2.1.3, - 4, -5') punktweise nach ζ differenziert wird.[13]

$$\left[\frac{\partial V\left(a-\zeta(a)\right)}{\partial \zeta(a)} - \lambda_0 \cdot \frac{\partial U_1\left(\zeta(a)\right)}{\partial \zeta(a)}\right] \cdot f(a/e) - \lambda_1 \cdot \frac{\partial U_1\left(\zeta(a)\right)}{\partial \zeta(a)} \cdot \frac{\partial f(a/e)}{\partial e} = 0 \tag{4.2.1.10}$$

Hieraus folgt:

$$\frac{\dfrac{\partial V\left(a-\zeta(a)\right)}{\partial \zeta(a)}}{\dfrac{\partial U_1\left(\zeta(a)\right)}{\partial \zeta(a)}} = \lambda_0 + \lambda_1 \cdot \frac{\dfrac{\partial f(a/e)}{\partial e}}{f(a/e)} \tag{4.2.1.11}$$

Mit λ_0 und λ_1 sind die Lagrange-Multiplikatoren bezeichnet, die den Nebenbedingungen (4.2.1.4) und (4.2.1.5') zugeordnet sind.

Aussagen über die optimale Höhe von e können getroffen werden, wenn das Agency-Programm nach e differenziert wird:

---

13 Vgl. Holmström (1979), S. 77; zur Herleitung von (4.2.1.10) siehe auch Anhang 4.1.

$$(4.2.1.12) \quad \int_a V\big(a-\zeta(a)\big)\cdot\frac{\partial f(a/e)}{\partial e}\,da + \lambda_0\left[\int_a U_1\big(\zeta(a)\big)\cdot\frac{\partial f(a/e)}{\partial e}\,da - \frac{\partial U_2(e)}{\partial e}\right]$$

$$+ \lambda_1\cdot\left[\int_a U_1\big(\zeta(a)\big)\cdot\frac{\partial^2 f(a/e)}{\partial e^2}\,da - \frac{\partial^2 U_2(e)}{\partial e^2}\right] = 0$$

Der mittlere Summand entspricht (4.2.1.5'), so daß (4.2.1.12) vereinfacht werden kann zu:

$$(4.2.1.13) \quad \int_a V\big(a-\zeta(a)\big)\cdot\frac{\partial f(a/e)}{\partial e}\,da + \lambda_1\cdot\left[\int_a U_1\big(\zeta(a)\big)\cdot\frac{\partial^2 f(a/e)}{\partial e^2}\,da - \frac{\partial^2 U_2(e)}{\partial e^2}\right] = 0$$

Der Maßstab, anhand dessen die Lösung des Agency-Problems beurteilt wird, ist die optimale Entlohnungsfunktion in einer Welt, in der es keine Anreizprobleme gibt, sei es, weil das Aktivitätsniveau des Agent unmittelbar beobachtbar ist, oder weil der Agent sich kooperativ verhält. In diesem Fall entfällt die Nebenbedingung (4.2.1.5'), die das opportunistische Verhalten des Agent berücksichtigt. Differentiation des reduzierten Optimierungsproblems (4.1.2.3-4) nach $\zeta(a)$ und e ergibt.[14]

$$(4.2.1.14) \quad \left.\frac{\dfrac{\partial V\big(a-\zeta(a)\big)}{\partial \zeta(a)}}{\dfrac{\partial U_1\big(\zeta(a)\big)}{\partial \zeta(a)}}\right|_{\zeta(\cdot)=\zeta^*(\cdot)} = \lambda_0$$

---

14 Vgl. <u>Borch</u> (1962); <u>Wilson, R.</u> (1968).

$$(4.2.1.15)\quad \int_a V\big(a-\zeta(a)\big)\cdot\frac{\partial f(a/e)}{\partial e}\,da$$

$$+\lambda_0\left[\int_a U_1\big(\zeta(a)\big)\cdot\frac{\partial f(a/e)}{\partial e}\,da-\frac{\partial U_2(e)}{\partial e}\right]\Bigg|_{e=e^*}=0$$

Die optimale Aufteilungsregel für den Ertrag in einer Welt ohne Agency-Probleme ist offensichtlich unabhängig von der jeweiligen Realisation von a und entspricht dem Verhältnis der Grenznutzen von Principal und Agent.

Die Risikoallokation im Agency-Modell stimmt nur dann mit (4.2.1.14) überein, wenn $\lambda_1=0$, da $\frac{\partial f(\cdot)/\partial e}{f(\cdot)}>0$. Aus (4.2.1.13) folgt, daß stets gilt: $\lambda_1>0$, da[15]

$$\int_a U_1\big(\zeta(a)\big)\cdot\frac{\partial^2 f(a/e)}{\partial e^2}\,da-\frac{\partial^2 U_2(e)}{\partial e^2}\le 0$$

sofern die *Monotone-Likelihood-Ratio-Property* und die Konvexitätsbedingung (4.2.1.9) erfüllt sind. Da $\frac{\partial f(\cdot)/\partial e}{f(\cdot)}$ eine steigende Funktion des Ertrages ist, und die linke Seite von (4.2.1.11) bei gegebenem a mit zunehmendem $\zeta(a)$ steigt, gilt: $\zeta(a)>\zeta^*(a)$. Der Agent trägt im Agency-Modell stets einen größeren Anteil am Risiko, als es gemessen an den Bedingungen einer (Ideal-)Welt ohne Agency-Probleme optimal wäre. Näheren Aufschluß über die Höhe des Risikos, das der Agent trägt, erhält man, wenn (4.2.1.11) nach a abgeleitet wird:

---

15 Vgl. Rogerson (1985 b).

$$(4.2.1.16)\quad \frac{\dfrac{\partial^2 V\big(a-\zeta(a)\big)}{\partial \zeta(a)^2}\cdot\left(1-\dfrac{\partial \zeta(a)}{\partial a}\right)\cdot\dfrac{\partial U_1\big(\zeta(a)\big)}{\partial \zeta(a)}-\dfrac{\partial\ U_1\big(\zeta(a)\big)}{\partial \zeta(a)^2}\cdot\dfrac{\partial \zeta(a)}{\partial a}\cdot\dfrac{\partial V\big(a-\zeta(a)\big)}{\partial \zeta(a)}}{\left(\dfrac{\partial U_1\big(\zeta(a)\big)}{\partial \zeta(a)}\right)^2}$$

$$= \lambda_1\cdot\frac{\dfrac{\partial f(a/e)}{\partial e}}{f(a/e)} > 0$$

(4.2.1.16) ist stets positiv, da sowohl λ_1 als auch $\frac{\partial f(\cdot)/\partial e}{f(\cdot)}$ größer als Null sind. Multiplikation von (4.2.1.16) mit

$$\frac{\dfrac{\partial U_1\big(\zeta(a)\big)}{\partial \zeta(a)}}{\dfrac{\partial V\big(a-\zeta(a)\big)}{\partial \zeta(a)}}$$

ergibt:

$$(4.2.1.17)\quad \frac{\dfrac{\partial^2 V\big(a-\zeta(a)\big)}{\partial \zeta(a)^2}}{\dfrac{\partial V\big(a-\zeta(a)\big)}{\partial \zeta(a)}}\cdot\left(1-\frac{\partial \zeta(a)}{\partial a}\right)-\frac{\dfrac{\partial^2 U_1\big(\zeta(a)\big)}{\partial \zeta(a)^2}}{\dfrac{\partial U_1\big(\zeta(a)\big)}{\partial \zeta(a)}}\cdot\frac{\partial \zeta(a)}{\partial a} > 0$$

Die beiden Doppelbrüche in (4.2.1.17) sind das *Arrow-Pratt*-Maß für die lokale Risikoaversion[16] von Principal $r_P\big(a-\zeta(a)\big)$ bzw. Agent $r_A\big(\zeta(a)\big)$. Weiteres Umformen von (4.2.1.17) ergibt schließlich:[17]

$$(4.2.1.18)\quad \frac{\partial \zeta(a)}{\partial a} > \frac{r_P\big(a-\zeta(a)\big)}{r_A\big(\zeta(a)\big)+r_P\big(a-\zeta(a)\big)} > 0$$

16 Vgl. Keeney/Raiffa (1976), S. 160.

17 Vgl. Petersen (1989), S. 63.

Aus (4.2.1.18) ist zu erkennen, daß die Entlohnung des Agent eine steigende Funktion des Ertrages ist und daß der marginale Anteil des Agent am Ertrag - und damit das von ihm zu tragende Risiko - um so höher sind, je geringer die Risikoaversion des Agent ist. Dieses Ergebnis ist leicht zu erklären: Eine Erhöhung von $\frac{\partial \zeta(a)}{\partial a}$ bewirkt zum einen ein höheres Aktivitätsniveau und damit höhere Erträge, zum anderen muß dem Agent eine höhere Risikoprämie gewährt werden. Diese Kosten der Anreizsteuerung sind um so niedriger, je weniger risikoscheu der Agent ist; dies macht es für den Principal vorteilhaft, in stärkerem Maße die Anreizwirkung, die von einer Erhöhung von $\frac{\partial \zeta(a)}{\partial a}$ ausgeht, zu nutzen. Im Grenzfall eines risikoneutralen Agent werden die Kosten der Anreizsteuerung ausschließlich durch das Arbeitsleid des Agent bestimmt, damit kann die gleiche Lösung erreicht werden, die ohne die Existenz von Agency-Problemen optimal ist. Ist der Agent dagegen risikoscheu, so setzen sich die Kosten der Anreizsteuerung zusammen aus der Entschädigung, die dem Agent für das empfundene Arbeitsleid und das zu tragende Risiko zu zahlen ist. Damit ist es für den Principal optimal, ein geringeres Aktivitätsniveau als e*, das optimale Aktivitätsniveau ohne Agency-Probleme zu induzieren. Aus (4.2.1.15) ist zu erkennen, daß für e* gilt:

$$(4.2.1.19) \quad \left.\frac{\partial U_2(e)}{\partial e}\right|_{e=e^*} > \int U_1(\zeta(a)) \cdot \frac{\partial f(a/e)}{\partial e} da$$

Die Ungleichung in (4.2.1.19) gilt, da λ_0 und $\left[\partial E(V(\cdot))/\partial e\right]$ stets positiv sind, sofern der Agent nicht das gesamte Risiko trägt. Im Agency–Modell dagegen wählt der Agent dasjenige Aktivitätsniveau $e<e^*$, für das (4.2.1.19) als Gleichung erfüllt ist.

Die Lösung des Agency-Problems ist somit dadurch gekennzeichnet, daß das Aktivitätsniveau des Agent geringer und das von ihm zu tragende Risiko größer ist, verglichen jeweils mit der Lösung ohne Existenz von Agency-Problemen. Das niedrigere Aktivitätsniveau bewirkt tendenziell einen geringeren Ertrag und für das erhöhte Risiko ist der Agent durch eine entsprechende Risikoprämie zu entschädigen. Somit muß letztlich der Principal die Agency-Costs tragen und es liegt daher vor allem in seinem Interesse, zusätzliche Vorkehrungen zu treffen, die zu einer im Sinne des Pareto-Kriteriums dominanten Lösung führen. Zu solchen Maßnahmen zählen vor allem die Beschaffung zusätzlicher Informationen, die Aufschluß über den vom Agent geleisteten Arbeitseinsatz geben. Auf das Problem der Informationsbeschaffung wird in Abschnitt 4.2.3. ausführlich eingegangen.

Die Existenz von Agency-Costs bewirkt eine potentielle Instabilität der optimalen Lösung des Agency-Modells:[18] Nachdem der Agent seinen Arbeitseinsatz geleistet hat, besteht keine Notwendigkeit mehr, die Entlohnungsfunktion zum Zwecke der Anreizsteuerung einzusetzen. Damit können Principal und Agent ihre Position verbessern, indem sie zu der Entlohnungsfunktion übergehen, die im Modell ohne Agency-Probleme optimal ist. Antizipiert allerdings der Agent diese spätere Korrektur der Anreizfunktion bereits vor der Wahl seines Arbeitseinsatzes, so wird er sein Verhalten nicht nach der ursprünglich vereinbarten, sondern nach der zu erwartenden revidierten Anreizfunktion ausrichten. Damit sind die beabsichtigten Anreizwirkungen aber zerstört. Die Gestaltung anreizkompatibler Entlohnungsverträge setzt damit voraus, daß der Principal den Agent davon überzeugt, daß von der ursprünglich vereinbarten Aufteilungsregel unter keinen Umständen später abgewichen wird, auch wenn eine solche Abweichung für beide vorteilhaft wäre.

---

18 Vgl. Gjesdal (1981), S. 219.

4.2.1.3. Ein spezieller Modellansatz zur Principal-Agent-Theorie

4.2.1.3.1. Die algebraische Lösung

Die Grundstruktur einer Principal-Agent-Beziehung soll in diesem Abschnitt noch einmal anhand eines speziellen Modellansatzes erläutert werden, der in den folgenden Abschnitten an mehreren Stellen wieder aufgegriffen und erweitert wird. Dieser Modellansatz, der eine besonders anschauliche Darstellung der Principal-Agent-Problematik ermöglicht, ist durch drei Besonderheiten gekennzeichnet:[19]

1. Die Entlohnungsfunktion ist exogen gegeben und linear:

(4.2.1.20) $\zeta(a) = r + \zeta \cdot a$

Die Beschränkung auf lineare Anreizfunktionen ist insofern problematisch, als die Ermittlung der funktionalen Abhängigkeiten des Anreizvertrages gerade das Optimierungsproblem des Principal-Agent-Modells darstellt. Da die optimale Entlohnungsfunktion im allgemeinen nicht-linear ist, wird man bei der Verwendung linearer Anreizfunktionen im allgemeinen das Optimum verfehlen.[20] Diesem grundsätzlichen Nachteil stehen einige Vorteil gegenüber, die die Verwendung eines vereinfachten Modellansatzes rechtfertigen: So gestattet die Vorgabe einer linearen Anreizfunktion die Ermittlung expliziter Lösungen,

---

19 Vgl. zu einem derartigen Modellansatz auch Hartmann-Wendels (1989); Neus (1989 a); Spremann (1987), (1988). Ein ähnlicher Ansatz wird auch von Atkinson (1979) und Baron/Besanko (1988) verwendet.

20 Zur Optimalität linearer Aufteilungsregeln siehe: Gjesdal (1988);Hart/ Holmström (1987); Holmström/Milgrom (1985); Huang/ Litzenberger (1985); Laffont/Tirole (1986); McAfee/McMillan (1987); Melumad/Reichelstein (1986); Picard (1986); Rees (1985 a); Rogerson (1987); Ross (1973), (1974). Lineare Anreizfunktionen werden auch verwendet von Atkinson (1978), (1979); Berhold (1971); Starks (1987).

die gerade auch für die Beurteilung und Erklärung der in der Praxis angewandten Motivationssysteme von Bedeutung sind.[21] Die erzielten Ergebnisse können darüber hinaus sehr anschaulich interpretiert werden, dies gilt insbesondere auch für die Modellerweiterungen, die in den späteren Abschnitten dargestellt werden. Bedeutsam sind lineare Anreizsysteme schließlich auch für folgende Situation: Der Agent ist ein Unternehmensgründer, der zur Finanzierung von Investitionsprojekten Eigen– und Fremdkapital aufnimmt. Der Rückzahlungsbetrag des Fremdkapitals (einschließlich der angefallenen Zinsen) beträgt F_1, der Anteil, den die externen Eigenkapitalgeber am Einzahlungsüberschuß nach Bedienung des Fremdkapitals erhalten, sei c. Das Einkommen des Unternehmensgründers beträgt dann:

$$\zeta(a) = (1-c)\cdot(a-F_1) = F_1(c-1)+(1-c)\,a$$

Wird $F_1(c-1) \equiv r$ und $(1-c) \equiv \zeta$ gesetzt, so liegt ein linearer Entlohnungsvertrag vor, wie er durch (4.2.1.20) beschrieben wird. Im Unterschied zu der bisher betrachteten Principal-Agent-Beziehung existieren nun mehrere Principals, die einen Mindestbetrag erhalten, und zwar entweder in Form der Tilgung und Verzinsung des eingesetzten Kapitals oder aber in Form von Gewinnausschüttungen, deren Marktwert dem Kapitaleinsatzbetrag entspricht. Der Agent dagegen erhält nun den Residualertrag, der ihm nach der "Entlohnung" der Principals verbleibt. Wie aus den folgenden Ausführungen hervorgehen wird, ist die Frage, wer einen Mindestbetrag erhält und wer den Residualgewinn maximiert, ohne Einfluß auf die optimale Höhe des erfolgsabhängigen Anteils, den der Agent erhält und hat damit auch keine Auswirkungen auf den im Optimum sich ergebenden Arbeitseinsatz. Mit der Vorgabe des Typs der Entlohnungsfunktion reduziert sich das Optimierungsproblem auf die Bestimmung der optimalen Werte von ζ und r.

---

21 Einen Überblick über in der Praxis angewandte Entlohnungssysteme geben Becker/Holzer (1986); Lal/Staelin (1986).

2. Die zweite Besonderheit des Modells betrifft die Produktionsfunktion; diese lautet:

(4.2.1.21) $a = e + \tilde{\varphi}$

Die Zufallsvariable $\tilde{\varphi}$ ist normalverteilt mit dem Erwartungswert $E(\tilde{\varphi})=0$ und der Varianz $Var(\tilde{\varphi})=\sigma^2$. Diese Formulierung der Produktionsfunktion legt es nahe, e als den in Outputeinheiten gemessenen Arbeitseinsatz des Agent zu interpretieren.

3. Die dritte Annahme bezieht sich auf die Präferenzen von Agent und Principal. Die Nutzenfunktion des Agent weist die Eigenschaft der konstanten Risikoaversion auf und ist somit exponentiell:

(4.2.1.22) $U_A = -\exp\left(-\gamma(w - \alpha \cdot e^2)\right)$

mit

(4.2.1.23) $w = r + \zeta \cdot a$

Die Nutzenfunktion ist separierbar hinsichtlich der Komponenten Einkommen (w) und Arbeitseinsatz (e). Damit ist die Nutzenminderung, die von dem Aktivitätsniveau ausgeht, unabhängig davon, welches Einkommen der Agent erzielt; oder anders ausgedrückt: Arbeit wird vom Agent wie negatives Einkommen empfunden.[22] Der Parameter α ermöglicht zwei unterschiedliche Interpretationen: Zum einen kann er als ein Maß für die Arbeitsaversion des Agent aufgefaßt werden, wobei hohe Werte von α eine große Arbeitsaversion anzeigen, andererseits kann α auch als ein Produktivitätsparameter interpretiert werden, wobei hohe Werte von α eine geringe Produktivität anzeigen. Im weiteren Verlauf der Arbeit werden je nach Problemstellung beide Interpretationen verwendet.

---

22 Vgl. Grossman/Hart (1983), S. 11.

Der Principal soll risikoneutral sein; somit gilt:[23]

$$(4.2.1.24)\qquad V = (1-\zeta)\cdot E(\tilde{a}) - r$$
$$= (1-\zeta)\cdot e - r$$

Der optimale Arbeitseinsatz des Agent bei gegebener Anreizfunktion kann ermittelt werden aus:

$$(4.2.1.25)\qquad \max_{e} \int \frac{1}{\sqrt{2\pi\sigma}} - \exp\left[-\gamma\left(r+\zeta\cdot(e+\varphi)-\alpha\cdot e^2\right)-\frac{\varphi^2}{2\sigma^2}\right] d\varphi$$

Strategisch äquivalent ist die Maximierung des Sicherheitsäquivalents (SÄ) zu (4.2.1.25):[24]

$$(4.2.1.26)\qquad \max\left[\text{SÄ} = r+\zeta\cdot e-\alpha\cdot e^2-\frac{\gamma}{2}\zeta^2\sigma^2\right]$$

Durch Differentiation von (4.2.1.26) nach e und Nullsetzen erhält man den optimalen Wert für den Arbeitseinsatz bei gegebener Anreizfunktion:[25]

$$(4.2.1.27)\qquad e^* = \frac{\zeta}{2\alpha}$$

Durch Einsetzen von (4.2.1.27) in (4.2.1.26) wird dasjenige Sicherheitsäquivalent SÄ^* ermittelt, das der Agent erzielen kann, wenn er sein Aktivitätsniveau entsprechend der Bedingung (4.2.1.27) wählt:

---

23 Den Fall eines risikoscheuen Principal behandeln <u>*Neus*</u> (1989 a) sowie <u>*Spremann*</u> (1988)

24 Für die Ableitung von (4.2.1.26) gelten die Ausführungen in Anhang 3.3 entsprechend.

25 Die hinreichende Bedingung für ein Maximum an der Stelle $e = \zeta/2\alpha$ ist erfüllt, da

$$\frac{\partial^2 \text{SÄ}}{\partial e^2} = -2\alpha < 0 \quad .$$

$$(4.2.1.28)\qquad SÄ^* = r + \frac{\zeta^2}{4\alpha}\left[1 - 2\alpha\gamma\sigma^2\right]$$

Ist $SÄ_{min}$=m derjenige Mindestbetrag, den der Principal dem Agent gewähren muß, damit eine Agency-Beziehung überhaupt zu Stande kommt, so kann aus (4.2.1.28) der Wert für r, den fixen Bestandteil des Anreizvertrages, bestimmt werden:

$$(4.2.1.29)\qquad r = m - \frac{\zeta^2}{4\alpha}\left[1 - 2\alpha\gamma\sigma^2\right]$$

Wird in die Nutzenfunktion des Principal aus (4.2.1.27) bzw. aus (4.2.1.29) eingesetzt, so ergibt sich:

$$(4.2.1.30)\qquad V = (1-\zeta)\cdot\frac{\zeta}{2\alpha} - m + \frac{\zeta^2}{4\alpha}\left[1 - 2\alpha\gamma\sigma^2\right]$$

Der optimale Wert für ζ kann ermittelt werden, indem (4.2.1.30) nach ζ differenziert und gleich Null gesetzt wird:

$$(4.2.1.31)\qquad \zeta = \frac{1}{1 + 2\alpha\gamma\sigma^2}$$

Einsetzen in (4.2.1.27), (4.2.1.29) sowie (4.2.1.30) liefert schließlich die optimalen Werte für das Aktivitätsniveau, für das Fixum r sowie für das im Optimum erreichbare Nutzenniveau des Principal:

$$(4.2.1.32)\qquad e^* = \frac{1}{2\alpha(1 + 2\alpha\gamma\sigma^2)}$$

$$(4.2.1.33)\qquad r^* = m - \frac{1 - 2\alpha\gamma\sigma^2}{4\alpha(1 + 2\alpha\gamma\sigma^2)^2}$$

$$(4.2.1.34)\qquad V^* = \frac{1}{4\alpha(1 + 2\alpha\gamma\sigma^2)} - m \geq 0$$ [26]

---

26 Wäre $V^* < 0$, so würde der Principal auf die Beschäftigung eines Agent verzichten.

Offensichtlich sind der erfolgsabhängige Entlohnungsbestandteil, das Aktivitätsniveau des Agent sowie das Nutzenniveau des Principal um so größer, je weniger risikoavers und je produktiver (je geringer die Arbeitsaversion) der Agent ist, und je geringer die Varianz des Ertrages ist.

Die entsprechenden optimalen Lösungswerte in einer Welt ohne Agency-Probleme lauten:

(4.2.1.35) $\zeta = 0 \; ; \quad e = \frac{1}{2\alpha} \; ; \quad r = m + \frac{1}{4\alpha} \; ; \quad V = \frac{1}{4\alpha} - m$

Der Agent erhält eine erfolgsunabhängige Entlohnung, so daß der Principal das gesamte (technologische) Risiko trägt. Dies entspricht einer Pareto-effizienten Risikoallokation, da der Agent risikoscheu und der Principal risikoneutral ist. Für das Aktivitätsniveau des Agent gilt, daß das Wertgrenzprodukt der Arbeit den Grenzkosten des Arbeitseinsatzes entspricht $\left(\frac{\partial}{\partial e}\{e-\alpha \cdot e^2\} = 0\right)$. Bei opportunistischem Verhalten des Agent kann dieses Aktivitätsniveau nur dann erreicht werden, wenn $\zeta=1$ gesetzt wird. Diese Lösung ist allerdings für den Principal unvorteilhaft, da dem Agent eine zu hohe Risikoprämie gewährt werden müßte. Schließlich ist auch das vom Principal erreichbare Nutzenniveau höher, wenn keine Agency-Probleme existieren. Die Nutzeneinbuße $(V-V^*)$ sind die Agency-Costs, die der Principal zu tragen hat.

4.2.1.3.2. Die graphische Ableitung der Lösung

Die Verwendung eines Entlohnungsvertrages, der aus zwei Komponenten besteht (fixer Bestandteil r sowie ertragsproportionaler Bestandteil ζ), ermöglicht eine anschauliche graphische Interpretation des Agency-Problems.

Ausgangspunkt ist die Zielfunktion des Agent:

(4.2.1.26) $$SÄ = r + \zeta \cdot e - \alpha e^2 - \frac{\gamma}{2}\zeta^2\sigma^2$$

Das vollständige Differential von (4.2.1.26) lautet:

(4.2.1.36) $$\frac{d\,\zeta}{d\,r}A = \frac{-1}{e - \gamma\zeta\sigma^2}$$

Einsetzen aus der Reaktionsfunktion des Agent $e = \frac{\zeta}{2\alpha}$ in (4.2.1.36) ergibt:

(4.2.1.37) $$\frac{d\,\zeta}{d\,r}A = -\frac{1}{\zeta\left[\frac{1}{2\alpha} - \gamma\sigma^2\right]} \quad \begin{matrix} < 0 \text{ für } 2\alpha\gamma\sigma^2 < 1 \\ > 0 \text{ für } 2\alpha\gamma\sigma^2 > 1 \end{matrix}$$

Beziehung (4.2.1.37) kann als Steigungsmaß einer Indifferenzkurve aufgefaßt werden, die solche Kombinationen von r und ζ repräsentiert, denen der Agent das gleiche Nutzenniveau beimißt. Der Differentialquotient $\frac{d\zeta}{d\,r}A$ ist die Grenzrate der Substitution, die das Austauschverhältnis von r und ζ angibt. Der Index "A" gibt an, daß sich die Grenzrate der Substitution auf die Nutzenfunktion des Agent bezieht. Das Vorzeichen von (4.2.1.37) hängt bei gegebenem α und σ vom Grad der Risikoaversion des Agent ab. Dies ist leicht zu erklären: Jede Erhöhung von ζ bewirkt nicht nur ein höheres erwartetes Einkommen, sondern auch eine Erhöhung des Risikos, das der Agent zu tragen hat. Der erste Effekt hat eine nutzensteigernde, der zweite eine nutzenmindernde Wirkung.

Welcher der beiden Effekte dominiert, hängt von der Arbeitsproduktivität, dem insgesamt vorhandenen Risiko, gemessen durch σ und vom Ausmaß der Risikoaversion des Agent ab. Gilt $2\alpha\gamma\sigma^2 < 1$, so hat eine Erhöhung von ζ insgesamt eine nutzensteigernde Wirkung. Der Wert für r kann daher bei einer Erhöhung von ζ gesenkt werden, wenn das Nutzenniveau konstant bleiben soll. Die Indifferenzkurven haben einen fallenden Verlauf (siehe Abbildung 4.2.1.1). Ist die Risikoaversion dagegen hoch, so daß gilt $2\alpha\gamma\sigma^2>1$, so überwiegen die nutzenmindernden Effekte einer stärkeren ertragsabhängigen Entlohnung. Das Nutzenniveau des Agent kann nur dann konstant gehalten werden, wenn ein höheres ζ auch mit einer Erhöhung von r verbunden ist; die Indifferenzkurven haben einen steigenden Verlauf (siehe Abbildung 4.2.1.2).

Auch das Ausmaß der Steigung der Indifferenzkurven hängt von den Parametern α, γ und σ ab. Bei fallenden Indifferenzkurven gilt: Je niedriger Arbeitsaversion, die Risikoaversion bzw. das Risiko ist, desto flacher verlaufen die Indifferenzkurven. Bei steigenden Indifferenzkurven gilt dagegen: Je niedriger α,γ bzw. σ sind, desto steiler verlaufen die Indifferenzkurven. Aus

$$(4.2.1.38) \qquad \frac{d^2\zeta}{d\,r^2} = \frac{\gamma\sigma^2}{\left[\frac{\zeta}{2\alpha}\left(1 - 2\alpha\gamma\sigma^2\right)\right]^4} > 0$$

folgt, daß die Indifferenzkurven stets konvex verlaufen. Das Nutzenniveau, das von den Indifferenzkurven repräsentiert wird, ist um so größer, je weiter rechts eine Indifferenzkurve liegt.

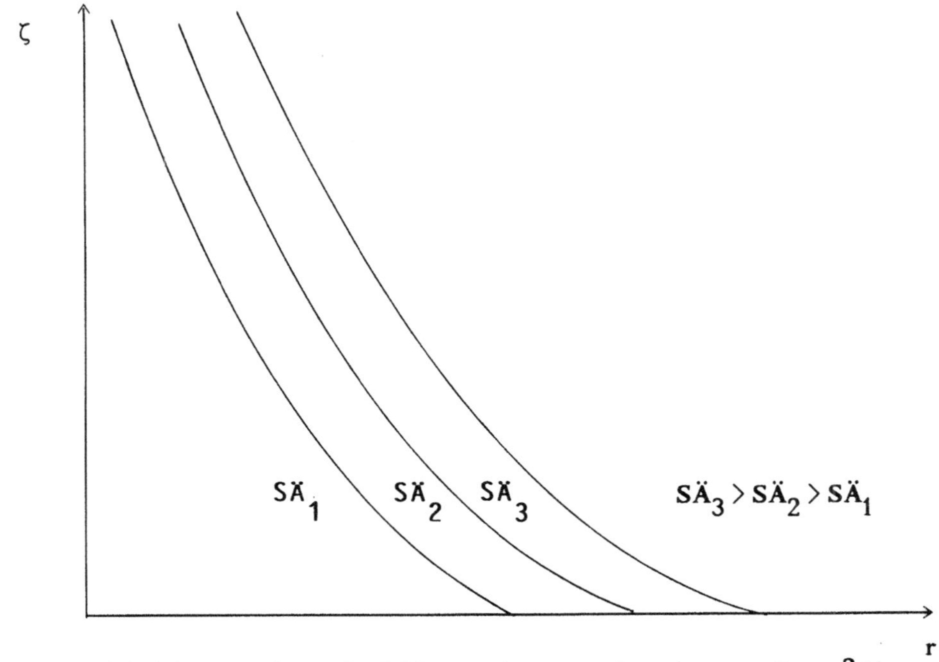

Abbildung 4.2.1.1: Indifferenzkurven des Agent; $2\alpha\gamma\sigma^2 < 1$

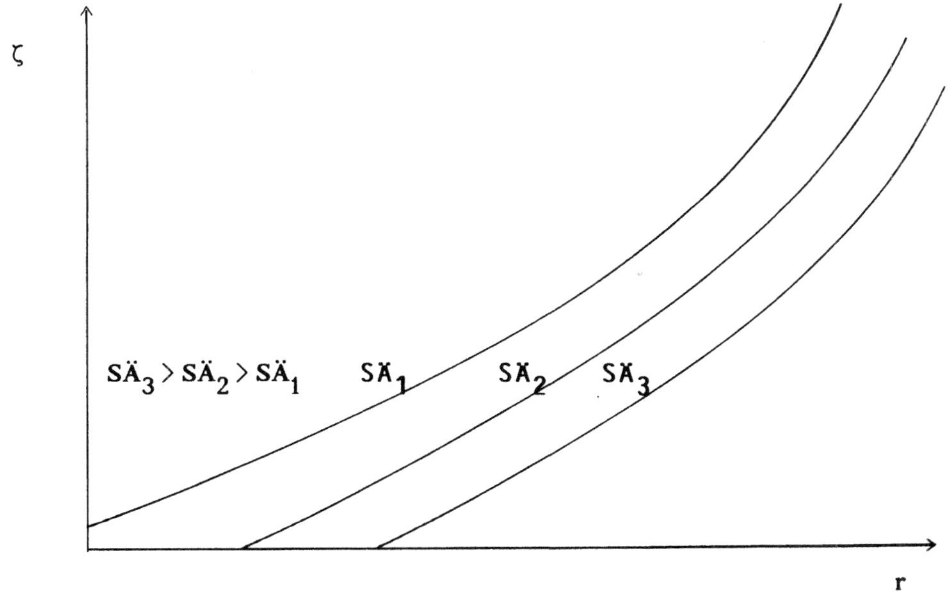

Abbildung 4.2.1.2: Indifferenzkurven des Agent; $2\alpha\gamma\sigma^2 > 1$

Wird in die Zielfunktion des Principal (4.2.1.24) $\left(V=(1-\zeta)\cdot e-r\right)$ für e die Beziehung $e=\frac{\zeta}{2\alpha}$ eingesetzt und das vollständige Differential gebildet, so ergibt sich:

$$\frac{d\,\zeta}{d\,r}P = \frac{2\alpha}{1-2\zeta} \tag{4.2.1.39}$$

Auch (4.2.1.39) kann als Steigungsmaß einer Indifferenzkurve aufgefaßt werden. Diese Indifferenzkurve ist der geometrische Ort aller (r,ζ)-Kombinationen, die dem Principal den gleichen Ertrag (bzw. das gleiche Nutzenniveau) erbringen. In der Formulierung von (4.2.1.39) ist bereits die Anreizwirkung, die von dem Entlohungsvertrag auf das Verhalten des Agent ausgeht, berücksichtigt.

Das Vorzeichen von (4.2.1.39) hängt ebenfalls von der Ausprägung der Parameter α, σ^2 und γ ab. Aus (4.2.1.31) folgt, daß für den Fall $2\alpha\gamma\sigma^2<1$ gilt: $\zeta>1/2$, so daß der Differentialquotient in (4.2.1.39) negativ wird. Die Indifferenzkurven fallen daher, sofern $2\alpha\gamma\sigma^2<1$ (vgl. auch Abbildung 4.2.1.3). Entsprechend gilt für $2\alpha\gamma\sigma^2>1$, $\zeta<1/2$ und die Indifferenzkurven steigen (vgl. Abbildung 4.2.1.4). Da das Nutzenniveau des Principal vom Aktivitätsniveau des Agent abhängt, haben auch die das Verhalten des Agent beeinflussenden Parameter α, γ und σ Einfluß auf den Verlauf der Indifferenzkurven. Fallende Indifferenzkurven verlaufen um so flacher und steigende um so steiler, je geringer die Arbeitsaversion und die Risikoaversion des Agent sind und je geringer die Varianz des Ertrages ist. Aus

$$\frac{d^2\,\zeta}{d\,r^2}P = -\frac{16\alpha^3}{(1-\zeta)^4} < 0 \tag{4.2.1.40}$$

folgt, daß die Indifferenzkurven des Principal stets einen konkaven Verlauf haben. Das Nutzenniveau, das eine Indifferenzkurve repräsentiert, ist dabei um so größer, je weiter links eine Indifferenzkurve liegt.

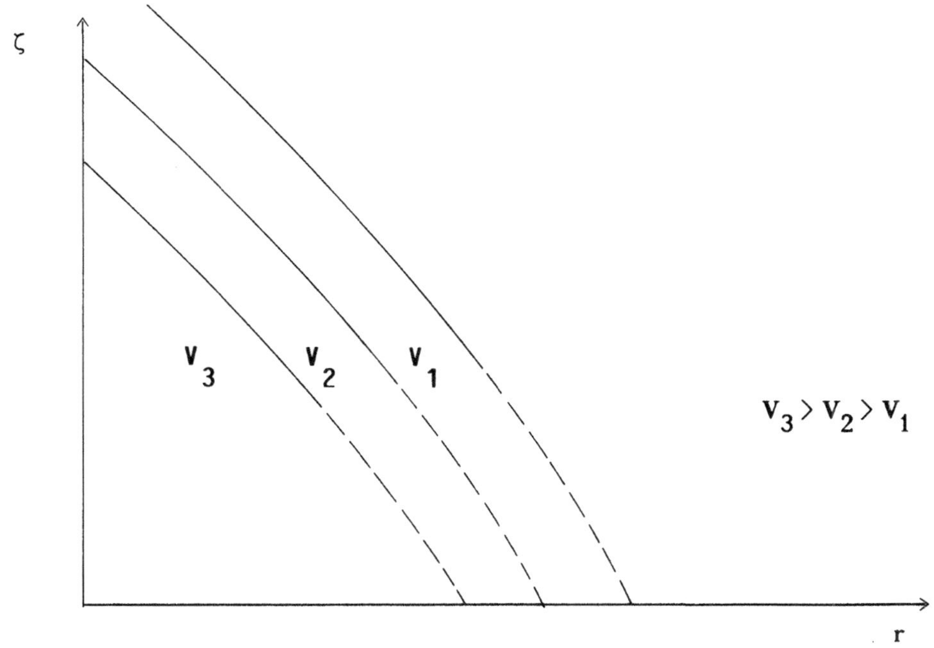

Abbildung 4.2.1.3: Indifferenzkurven des Principal; $2\alpha\gamma\sigma^2 < 1$

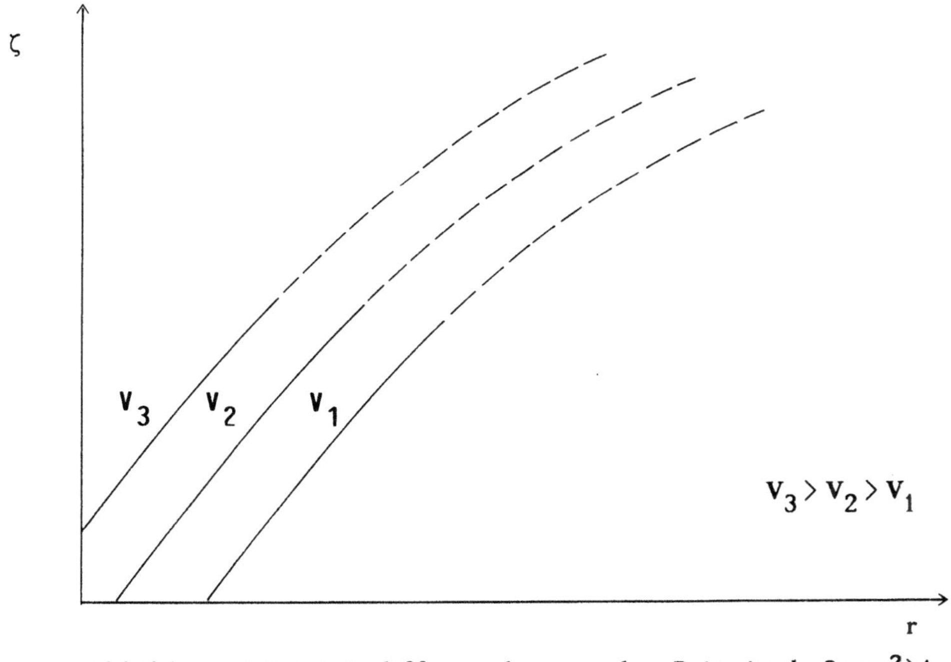

Abbildung 4.2.1.4: Indifferenzkurven des Principal; $2\alpha\gamma\sigma^2 > 1$

Den optimalen Wert für ζ erhält man als Tangentialpunkt der Indifferenzkurven von Principal und Agent:

$$(4.2.1.41)\qquad \frac{d\,\zeta}{d\,r}A = -\frac{1}{\zeta\left[\frac{1}{2\alpha}-\gamma\sigma^2\right]} = \frac{2\alpha}{1-2\zeta} = \frac{d\,\zeta}{d\,r}P$$

Auflösen nach ζ liefert dann den bereits im vorigen Abschnitt ermittelten optimalen Wert für den ertragsabhängigen Entlohnungsbestandteil.

Wie aus den Abbildungen 4.2.1.5 bzw. 4.2.1.6 hervorgeht, existieren unendlich viele Tangentialpunkte, die alle auf einer Parallelen zur Abszisse liegen. Dies ergibt sich auch aus der analytischen Darstellung: Die Steigung der Indifferenzkurven von Principal und Agent sind unabhängig von r, daher kann auch die Lage der Tangentialpunkte beider Indifferenzkurven nicht von r abhängen.

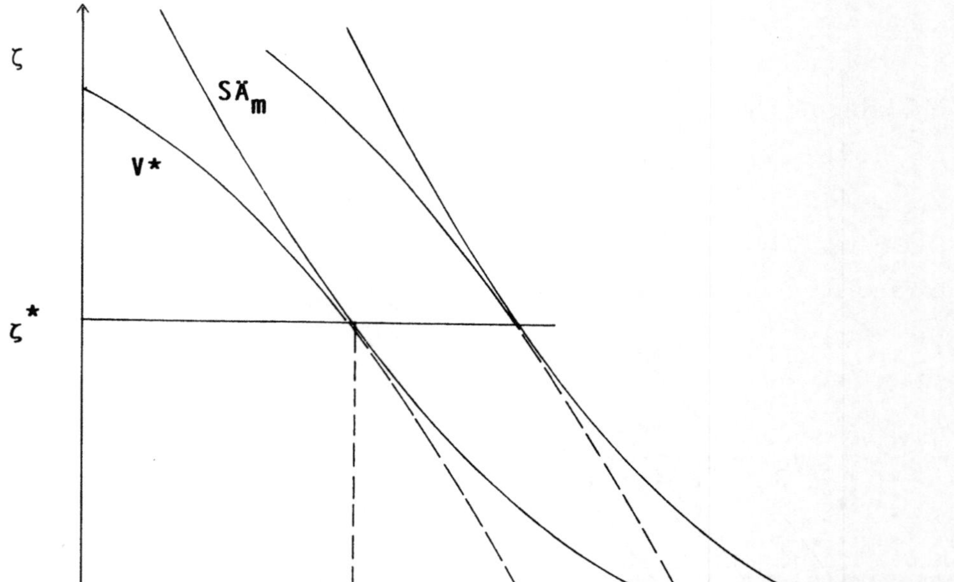

Abbildung 4.2.1.5: Lösung des Principal-Agent-Problems; $2\alpha\gamma\sigma^2<1$

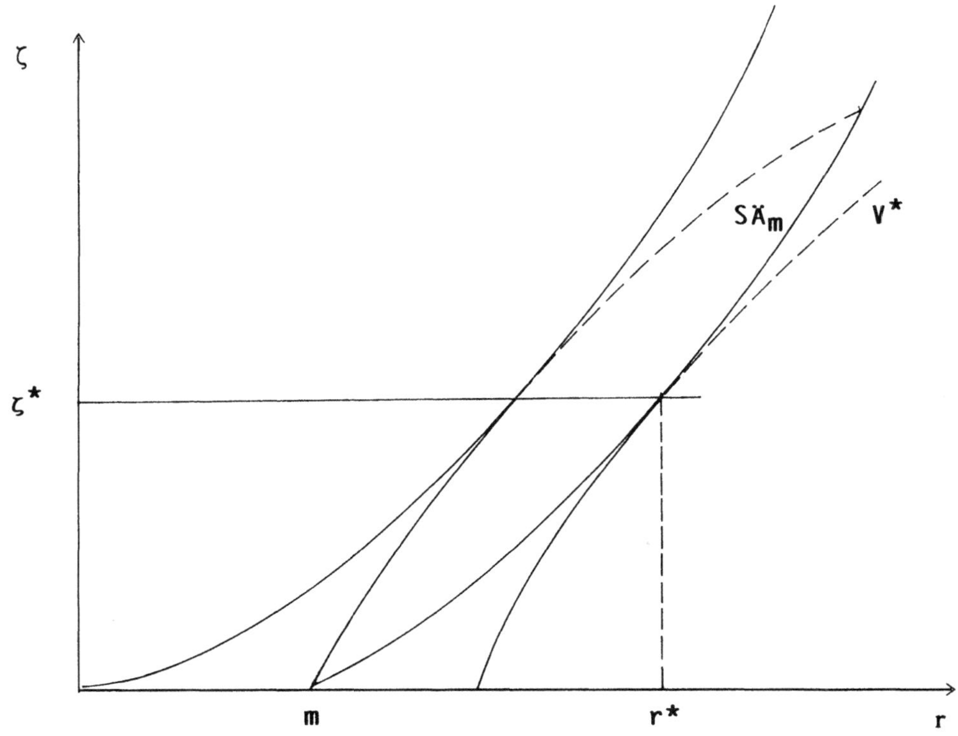

Abbildung 4.2.1.6: Lösung des Principal-Agent-Problems; $2\alpha\gamma\sigma^2>1$

Eine eindeutige Lösung des Principal-Agent-Problems erhält man durch die Vorgabe eines bestimmten Mindestnutzens, der entweder dem Principal oder aber dem Agent zugestanden werden muß. Für die optimale Anreizsteuerung und Risikoallokation ist es unbedeutend, wer von den beiden den Mindestnutzen erhält und welche Höhe das Mindestnutzenniveau hat. Die Höhe von r hat somit keinerlei Auswirkungen auf den insgesamt erzielten Ertrag, durch unterschiedliche Werte von r werden lediglich unterschiedliche Aufteilungen des Ertrages bewirkt. Dieses Ergebnis gilt jedoch nicht allgemein, sondern ist auf die Annahme der konstanten Risikoaversion zurückzuführen.

Hier soll wieder der Fall betrachtet werden, daß der Agent ein Mindestnutzenniveau erhält und der Principal das Residuum bekommt. Diejenige Indifferenzkurve des Agent, die das Mindestnutzenniveau repräsentiert, ist in den Abbildungen 4.2.1.5 bzw. 4.2.1.6 mit $SÄ_{min}$ gekennzeichnet. Die optimalen Werte des Anreizvertrages werden dann graphisch durch den Tangentialpunkt von $SÄ_{min}$ mit der Indifferenzkurve des Principal bestimmt.

4.2.2 Erweiterungen des Grundmodells

4.2.2.1 Mehrperiodige Principal-Agent-Modelle

Das einperiodige Agency-Modell des vorigen Abschnitts kann ohne weiteres auf mehrere Perioden erweitert werden. Hier soll ein Zwei-Perioden-Modell vorgestellt werden.[27] Mehrperiodige Principal-Agent-Beziehungen bieten die Möglichkeit, die Entlohnung einer Periode nicht nur von dem in dieser Periode erzielten Ergebnis, sondern auch von den Ergebnissen früherer Perioden abhängig zu machen. Dies erlaubt im allgemeinen sowohl eine bessere Anreizsteuerung als auch eine verbesserte Risikoallokation verglichen mit dem Ein-Perioden-Fall.

Die Annahmen, die für die Analyse getroffen werden, sind so gewählt, daß sie einerseits eine einfache analytische Handhabung der Problemstellung ermöglichen, daneben sollen sie aber auch deutlich machen, daß mehrperiodige Principal-Agent-Beziehungen vorteilhaft sind, obwohl weder die Nutzenfunktionen von Agent und Principal, noch die Produktionsfunktion intertemporale Interdependenzen aufweisen.

---

27 Vgl. zu mehrperiodigen Principal-Agent-Modellen: Lambert (1983 a, b); Petersen (1989); Radner (1981), (1985); Rogerson (1985 a); Rubinstein, A./Yaari (1983); Townsend (1982). Die Ausführungen dieses Abschnitts bauen auf Lambert (1983 a) auf.

Im einzelnen wird vorausgesetzt:

- Die Wahrscheinlichkeitsverteilungen der Erträge in t=1 und t=2 bei gegebenem Aktivitätsniveau in der jeweiligen Periode sind stochastisch unabhängig:

$$\mathit{Prob}(a_1, a_2/e_1, e_2) = f(a_1/e_1) \cdot f(a_2/e_2)$$

Damit wird ausgeschlossen, daß das Aktivitätsniveau der ersten Periode Einfluß auf die Erträge in der zweiten Periode hat. Weiterhin wird angenommen, daß beide Dichtefunktionen die *Monotone Likelihood Ratio Condition* erfüllen.[28]

- Die Nutzenfunktionen des Agent und des Principal weisen die Eigenschaft der Zeitadditivität auf und der Nutzen des Agent ist darüber hinaus separierbar in die Komponenten Entlohnung und Aktivitätsniveau:

$$U_A = \sum_{t=1}^{2} \left[u_{t1}(\zeta_t(\cdot)) - u_{t2}(e) \right]$$

$$V_P = \sum_{t=1}^{2} v_t(a_t - \zeta_t(\cdot))$$

- Der Principal kann lediglich den Ertrag einer jeden Periode, nicht aber den Arbeitseinsatz des Agent beobachten. Der Anreizvertrag der ersten Periode ist damit eine Funktion von a_1, $\zeta_1(a_1)$, der Entlohnungsvertrag der zweiten Periode ist sowohl eine Funktion von a_1 als auch von a_2, $\zeta_2(a_1,a_2)$. Der Agent wählt wiederum dasjenige Aktivitätsniveau, das bei gegebener Entlohnungsfunktion seinen eigenen Nutzen maximiert. In t=2 hängt der Arbeitseinsatz des Agent zusätzlich noch von dem realisierten Ertrag der ersten Periode ab.

---

28 Vgl. hierzu Abschnitt 4.2.1.1 dieser Arbeit.

- Zunächst wird weiterhin unterstellt, daß weder der Principal noch der Agent das Vertragsverhältnis vorzeitig beenden können.

Das Agency-Programm zur Ermittlung der optimalen Entlohnungsfunktionen $\zeta_1(\cdot)$ und $\zeta_2(\cdot)$ lautet:

$$(4.2.2.1) \qquad \max_{\zeta_1,\zeta_2,e_1,e_2} E\left\{V_1\left(a_1-\zeta_1(a_1)\right)+E\left[V_2\left(a_2-\zeta_2(a_1,a_2)\right)\right]\right\}$$

unter den Nebenbedingungen

$$(4.2.2.2) \qquad E\left\{U_{1,1}\left(\zeta_1(a_1)\right)+E\left[U_{2,1}\left(\zeta_2(a_1,a_2)\right)\right]-U_{2,2}(e_2)\right\}-U_{1,2}(e_1)\geq \bar{U}$$

$$(4.2.2.3) \qquad \frac{\partial E\left[U_{2,1}\left(\zeta_2(a_1,a_2)\right)\right]}{\partial e_2}=\frac{\partial U_{2,2}(e_2)}{\partial e_2} \quad \text{für jedes } a_1$$

$$(4.2.2.4) \qquad \frac{\partial E\left\{U_{1,1}\left(\zeta_1(a_1)\right)+E\left[U_{2,1}\left(\zeta_2(a_1,a_2)\right)\right]-U_{2,2}(e_2)\right\}}{\partial e_1}=\frac{\partial U_{1,2}(e_1)}{\partial e_1}$$

Nebenbedingung (4.2.2.2) besagt, daß der Agent nur dann für den Principal tätig wird, wenn sein Erwartungsnutzen aus der Agency-Beziehung mindestens so groß ist wie der Nutzen aus einer anderweitigen zweiperiodigen Beschäftigung. Da annahmegemäß für den Agent keine Möglichkeit besteht, die Agency-Beziehung vorzeitig zu verlassen, reicht hier <u>eine</u> Nebenbedingung aus.

Bedingungen (4.2.2.3) und (4.2.2.4) drücken aus, daß der Agent bei gegebener Entlohnungsfunktion dasjenige Aktivitätsniveau leistet, das seinen eigenen Nutzen maximiert. Im zweiten Entscheidungszeitpunkt hängt die Wahl von e_2 zusätzlich noch davon ab, welcher Ertrag am Ende der ersten Periode eingetreten ist, bei der Bestimmung von e_1 hat der Agent zu berücksichtigen, daß sein jetziger

Arbeitseinsatz über den Einfluß auf die Wahrscheinlichkeitsverteilung der Erträge a die Entlohnung in beiden Perioden beeinflußt.

Die optimalen Entlohnungsfunktionen $\zeta_1(a_1)$ und $\zeta_2(a_1,a_2)$ können durch folgende Bedingungen charakterisiert werden:

$$\text{(4.2.2.5)} \qquad \frac{\dfrac{\partial V_1\big(a_1 - \zeta_1(a_1)\big)}{\partial \zeta_1}}{\dfrac{\partial U_{1,1}\big(\zeta_1(a_1)\big)}{\partial \zeta_1}} = \lambda_0 + \lambda_1 \cdot \frac{\dfrac{\partial f_1(a_1/e_1)}{\partial e_1}}{f_1(a_1/e_1)}$$

$$\text{(4.2.2.6)} \qquad \frac{\dfrac{\partial V_2\big(a_2 - \zeta_2(a_1,a_2)\big)}{\partial \zeta_2(a_1,a_2)}}{\dfrac{\partial U_{2,1}\big(\zeta_2(a_1,a_2)\big)}{\partial \zeta_2(a_1,a_2)}} = \lambda_0 + \lambda_1 \cdot \frac{\dfrac{\partial f_1(a_1/e_1)}{\partial e_1}}{f_1(a_1/e_1)}$$

$$+ \lambda_2(a_2) \cdot \frac{\dfrac{\partial f_1\big(a_2/e_2(a_1)\big)}{\partial e_2}}{f_1(a_1/e_1) \cdot f_2\big(a_2/e_2(a_1)\big)}$$

Mit λ_0, λ_1, $\lambda_2(a_1)$ sind die den Nebenbedingungen (4.2.2.2-4) zugeordneten Lagrange-Multiplikatoren bezeichnet.

Es kann wiederum gezeigt werden, daß gilt: λ_1, $\lambda_2(a_1)>0$. In Verbindung mit der *Monotone Likelihood Ratio* - Eigenschaft der Dichtefunktionen folgt, daß auch in einer zweiperiodigen Agency-Beziehung der Arbeitseinsatz des Agent geringer und das von ihm zu tragende Risiko größer ist als es in einer Situation opitmal wäre, in der der Principal das Aktivitätsniveau direkt beobachten könnte. Wird

$$\lambda_0 + \lambda_1 \cdot \frac{\dfrac{\partial f_1(a_1/e_1)}{\partial e_1}}{f_1(a_1/e_1)} \equiv \lambda'_2(a_1)$$

und

$$\frac{\lambda_2(a_1)}{f_1(a_1/e_1)} \equiv \lambda''_2(a_1)$$

in (4.2.2.6) eingesetzt

$$\text{(4.2.2.6')} \quad \frac{\dfrac{\partial V\big(a - \zeta_2(a_1,a_2)\big)}{\partial \zeta_2(a_1, a_2)}}{\partial U_{2,1}\big(\zeta_2(a_1,a_2)\big)} = \lambda_2(a_1) + \lambda_2(a_1) \cdot \frac{\dfrac{\partial f_2\big(a_2/e_2(a_1)\big)}{\partial e_2}}{f_2\big(a_2/e_2(a_1)\big)}$$

so ist zu erkennen, daß der Ertrag der ersten Periode als Parameter in die Bestimmung der Entlohnungsfunktion und des Aktivitätsniveaus in t=2 eingeht. Aufgrund der *Monotone-Likelihood-Ratio*-Bedingung und $\lambda_1 > 0$ gilt, daß sowohl $\zeta_2(\cdot)$ als auch $\{E[U_{2,1}(\zeta_2(a_1,a_2))] - U_{2,2}(e_2)\}$ eine steigende Funktion von a_1 ist.

Die Einbeziehung von a_1 in den Entlohnungsvertrag der zweiten Periode bewirkt, daß bei gegebener Risikoaufteilung der Anreiz des Agent zur Arbeitsleistung in der ersten Periode gesteigert werden kann, und bei gegebener Anreizsteuerung die Risikoallokation verbessert werden kann. Dies wird möglich, indem das Risiko, dem der Ertrag der ersten Periode unterliegt, auf beide Perioden verteilt wird.

Damit erlaubt der Abschluß eines mehrperiodigen Vertrages eine Pareto-Verbesserung, so daß Agent und Principal an einer langfristigen Vertragsbeziehung interessiert sind. Bemerkenswert ist, daß in der Entlohnungsfunktion eine zeitliche Interdependenz hergestellt wird, obwohl weder zeitlich bedingte Nutzenkomplementaritäten noch intertemporale produktionstechnische Interdependenzen existieren. Entscheidend für die Vorteilhaftigkeit eines mehrperiodigen Vertrages ist allein, daß die Abhängigkeit der Entlohnung in t=2 von a_1 sowohl eine verbesserte Risikoallokation als auch eine verbesserte Anreizsteuerung erlaubt.[29]

Kann der Agent die Vertragsbeziehung nach der ersten Periode beenden, so ist in Form einer zusätzlichen Nebenbedingung zu berücksichtigen, daß der Agent in der zweiten Periode nur dann für den Principal tätig wird, wenn sein erwarteter Nutzen bei gegebenem a_1 einen Mindestnutzen $\overline{U}_2$ übersteigt:

$$\text{(4.2.2.7)} \qquad E\left[U_{1,2}\left(\zeta_2(a_1,a_2)\right)\right] - U_{2,2}(e_2) \geq \overline{U}_2$$

In Bedingung (4.2.2.6') ist $\lambda_2'(a_1)$ wie folgt zu modifizieren:

$$\lambda_2(a_1) = \max\left(\lambda_0 + \lambda_1 \cdot \frac{\frac{\partial f_1(a_1/e_1)}{\partial e_1}}{f_1(a_1/e_1)}\ ;\ \overline{\lambda}_2\right)$$

wobei $\overline{\lambda}_2$ der der Nebenbedingung (4.2.2.7) zugeordnete Lagrange-Multiplikator ist.

Ein von a_1 unabhängiger Mindestnutzen $\overline{U}_2$ wirkt für den Agent wie eine Versicherung, denn sein Mindestnutzenniveau kann nicht unter $\overline{U}_2$ sinken, auch wenn der Ertrag der ersten Periode sehr niedrig

---

29 Ein Entlohnungsvertrag $\zeta_2(\cdot)$, der nicht vom Ertrag der ersten Periode abhängt, wäre im hier vorgestellten Modellansatz nur dann optimal, wenn der Agent risikoneutral ist, ein echtes Principal-Agent-Problem also nicht existiert. Eine vollständige Charakterisierung der Bedingungen, unter denen eine mehrperiodige Vertragsbeziehung keine Vorteile erbringt ist in _Fellingham/Newman/Suh_ (1985) für unterschiedliche Modellansätze zu finden.

ausfällt. Dies hat wiederum Rückwirkungen auf die Anreizproblematik und die Risikoallokation mit der Konsequenz, daß im Vergleich zu einem bindenden Zwei-Perioden-Vertrag eine im Sinne des Pareto-Kriteriums schlechtere Lösung erzielt wird. Es sind jedoch Situationen vorstellbar, in denen U_2 vom erzielten Ertrag in der ersten Periode abhängt. So kann angenommen werden, daß die Konditionen, zu denen der Agent außerhalb der betrachteten Unternehmung beschäftigt wird, von a_1 abhängen.[30]

Die gleichen Vorteile, die ein zweiperiodiger Vertrag gegenüber einer einperiodigen Agency-Beziehung erbringt, sprechen für eine noch längerfristige Vertragsbeziehung. So kann man zeigen, daß unter bestimmten Voraussetzungen ein Entlohnungsvertrag realisierbar ist, der beliebig nahe an die first-best-Lösung herankommt, wenn die Vertragsdauer hinreichend lang ist.[31] Je mehr Perioden der Agent für den Principal arbeitet, desto genauer ist dieser in der Lage, aus den beobachteten Erträgen auf den tatsächlich geleisteten Arbeitseinsatz des Agent zu schließen. Gleichzeitig wächst auch der Vorteil, den beide durch Kooperation erzielen können, mit der Dauer der Agency-Beziehung.

---

30 Die Disziplinierung der Manager durch den Arbeitsmarkt wird auch von *Fama* (1980) beschrieben. Bei *Fama* sind es jedoch die anderen Manager, und nicht wie hier die anderen Principals, von denen die Disziplinierung ausgeht.

31 Vgl. hierzu *Radner* (1981), (1985); Siehe zur Gleichgewichtskonzeption sequentieller Spiele *Kreps/Wilson, R.* (1982).

4.2.2.2 Asymmetrische Informationsverteilung

Bisher wurde davon ausgegangen, daß der Informationsvorsprung des Agent gegenüber dem Principal sich ausschließlich auf die Beobachtbarkeit des Aktivitätsniveaus erstreckt. Alle anderen Informationen dagegen, insbesondere die Kenntnis der Nutzenfunktion des Agent, der produktionstheoretischen Zusammenhänge sowie des Ergebnisses stehen Principal und Agent gleichermaßen zur Verfügung. Aufgrund dieser Kenntnisse weiß der Principal, mit welchem Aktivitätsniveau der Agent auf einen Entlohnungsvertrag reagiert, auch wenn der tatsächlich geleistete Arbeitseinsatz für den Principal nicht unmittelbar beobachtbar ist. Darüber hinaus weiß der Principal, welche Wahrscheinlichkeitsverteilung der Erträge mit einem bestimmten Aktivitätsniveau verbunden sind, und er ist damit in der Lage, diejenige Aktion zu bestimmen, die im Falle ohne Anreizprobleme optimal wäre und die unter Beachtung der Agency-Problematik optimal ist.

Man wird jedoch in vielen Fällen davon ausgehen müssen, daß der Agent zusätzliche Informationen besitzt.[32] Hierbei kann es sich zum einen um Informationen handeln, die sich auf das vom Agent gewählte Aktivitätsniveau beziehen ("*agency information*"), daneben ist auch denkbar, daß der Agent private Informationen über die Ausprägung von Parametern besitzt, die Einfluß auf die optimale Lösung des Principal-Agent-Problems haben (*"parameter information")*[33]. Eine asymmetrische Informationsverteilung über Parameter des Principal-Agent-Problems kann sowohl **vor** als auch **nach** Abschluß des Anreiz-

---

32 Principal-Agent-Modelle mit zusätzlichen Informationsasymmetrien werden analysiert von *Atkinson* (1979); *Baron/Besanko* (1988); *Bester/Hellwig* (1987); *Chan/Thakor* (1987); *Darrough/Stougthon* (1986); *Guesnerie/Laffont* (1984); *Hartmann-Wendels* (1986), (1989); *Holmström/Weiss* (1985); *John* (1987); *John/Kalay* (1985); *Jost* (1988); *Laffont/Tirole* (1986); *Laux* (1988 b); *Maskin/Riley* (1984); *Sappington* (1984). In sehr allgemeiner Form wird dieses Problem in der Literatur zum "*mechanism design*" behandelt; vgl. *Holmström* (1984); *Myerson* (1982).

33 Zur Unterscheidung von *agency information* und *parameter information* siehe *Firchau* (1987).

vertrages vorliegen. Eine asymmetrische Informationsverteilung **vor** Vertragsabschluß wird in der Regel hinsichtlich der Nutzenfunktion des Agent gegeben sein. Kennt der Principal die genaue Spezifikation der Nutzenfunktion des Agent nicht, so kann er auch nicht mehr vorherbestimmen, mit welchem Aktivitätsniveau dieser auf einen Entlohnungsvertrag reagiert. Daneben kann der Fall betrachtet werden, daß der Agent zusätzliche private Informationen erhält, nachdem die Principal-Agent-Beziehung zu Stande gekommen ist, jedoch bevor das Aktivitätsniveau gewählt wird. Hier ist insbesondere an Informationen über die produktionstheoretischen Zusammenhänge zu denken, die sich in einer veränderten Wahrscheinlichkeitsverteilung der Erträge bei gegebenem Aktivitätsniveau niederschlagen. Der Principal weiß damit wiederum nicht, wie der Agent auf einen Entlohnungsvertrag reagieren wird, darüber hinaus weiß er nun auch nicht, welche Aktion optimal ist, da er nicht alle verfügbaren Informationen besitzt, die für die Bestimmung des optimalen Aktivitätsniveaus relevant sind. Eine asymmetrische Verteilung von Agency-Informationen liegt schließlich vor, wenn der Agent ein Signal beobachten kann, das (unvollständige) Informationen über das von ihm gewählte Aktivitätsniveau enthält. Agency-Informationen beziehen sich somit auf einen Zeitpunkt nach Vertragsabschluß und nach Aktionswahl.

Auf die Bedeutung asymmetrischer Informationsverteilung nach Vertragsabschluß wird in Abschnitt 4.2.4 ausführlich eingegangen. Im folgenden sollen die Auswirkungen untersucht werden, die sich ergeben, wenn der Agent bereits vor Vertragsabschluß seine Nutzenfunktion genauer kennt als der Principal. Grundlage der Analyse ist der vereinfachte Modellansatz, der in Abschnitt 4.2.1.3 vorgestellt wurde. Asymmetrische Informationsverteilung besteht hinsichtlich der Ausprägung des Parameters α. Jeder Agent kennt das Ausmaß seiner Arbeitsaversion, die Principals dagegen können nicht zwischen Agents mit unterschiedlichem α unterscheiden. Zur Vereinfachung wird angenommen, daß α nur zwei Werte annehmen kann, und zwar gilt entweder $\alpha=1$ oder aber $\alpha<1$. Agents mit $\alpha<1$ werden als Typ 0, Agents mit $\alpha=1$ als Typ 1 bezeichnet. Daneben werden folgende Annahmen getroffen:

- Die Anzahl der Agents vom Typ 0 ist geringer als die Anzahl der Principals, die Gesamtzahl aller Agents übersteigt aber die Zahl der Principals.[34]

- Das Sicherheitsäquivalent, das die Agents bei einer anderweitigen Tätigkeit erzielen können, beträgt einheitlich für alle Agents m. Somit ist m dasjenige Sicherheitsäquivalent, das ein Agent mindestens erzielen muß, damit er am betrachteten Markt teilnimmt (Partizipationsbedingung).

Bevor der Fall der asymmetrischen Informationsverteilung untersucht wird, soll zunächst die Situation betrachtet werden, in der die Principals zwischen Agents mit unterschiedlichem α differenzieren können. In diesem Fall erhalten die Agents vom Typ 1 folgenden Entlohnungsvertrag:

$$\text{(4.2.2.8)} \qquad \zeta_1 = \frac{1}{1+2\gamma\sigma^2} \; ; \quad r_1 = m - \frac{1-2\gamma\sigma^2}{4(1+2\gamma\sigma^2)^2}$$

Damit erzielen diese Agents ein Sicherheitsäquivalent in Höhe von $SÄ_{min} = m$. Dem Principal verbleibt ein erwarteter Ertrag in Höhe von

$$\text{(4.2.2.9)} \qquad V = \frac{1}{4(1+2\gamma\sigma^2)} - m$$

34 Wäre die Anzahl der Principals kleiner als die Anzahl der Agents vom Typ 0, so würden die Agents vom Typ 0 die anderen Agents verdrängen. Überstiege die Anzahl der Principals die Gesamtzahl aller Agents, so würde die Knappheit der Agents die Entlohnung in die Höhe treiben. Zum Einfluß der Wettbewerbskonstellation auf die Existenz und Eigenschaft von Signalling-Gleichgewichten siehe auch: Chan/Thakor (1987).

Der optimale Wert für den erfolgsabhängigen Entlohnungsbestandteil beträgt bei einem Agent vom Typ 0:

$$(4.2.2.10) \qquad \zeta_0 = \frac{1}{1+2\alpha\gamma\sigma^2} > \zeta_1$$

Da die Nachfrage nach Agents die vorhandene Anzahl der Agents vom Typ 0 überschreitet, wird der Wettbewerb unter den Principals die Entlohnungsangebote für Agents vom Typ 0 so weit nach oben treiben, bis jeder Principal indifferent ist zwischen der Beschäftigung eines Agent vom Typ 0 und der Anstellung eines Agent vom Typ 1. Den Agents vom Typ 0 fällt somit die gesamte Knappheitsrente zu. Damit bestimmt sich der Wert für r_0 aus:

$$(4.2.2.11) \qquad V = (1-\zeta_0)\cdot e_0 - r_0 = \frac{1}{4(1+2\gamma\sigma^2)} - m$$

Daraus folgt für r_0:

$$(4.2.2.12) \qquad r_0 = m + \frac{\gamma\sigma^2}{(1+2\alpha\gamma\sigma^2)^2} - \frac{1}{4(1+2\gamma\sigma^2)}$$

$$= r_1 + \gamma\sigma^2\left[\frac{1}{(1+2\alpha\gamma\sigma^2)^2} - \frac{1}{(1+2\gamma\sigma^2)^2}\right] > r_1$$

Können die Principals nicht zwischen Agents mit unterschiedlicher Arbeitsaversion unterscheiden, so können sie auch nicht kontrollieren, ob eine (ζ,r)-Kombination jeweils von dem dafür vorgesehenen Typ von Agent gewählt wird. In einer solchen Situation gibt es grundsätzlich zwei Möglichkeiten, die Agents zu entlohnen:

- Alle Agents erhalten den gleichen Entlohnungsvertrag, man spricht von einer *Pooling*-Situation.

- Die Entlohnungsverträge werden in der Weise konstruiert, daß für unterschiedliche Agents auch jeweils ein unterschiedlicher Entlohnungsvertrag optimal ist. Durch die Auswahl eines Entlohnungsvertrages aus der Menge alternativ angebotener Anreizverträge ordnet sich jeder Agent selbst ein; diese anreizkompatible Selbsteinordnung wird *Self-Selection* genannt. Die Informationsübertragung kann auch etwas anders interpretiert werden: Der Agent signalisiert durch die Wahl eines Entlohnungsvertrages die Ausprägung von α, die Informationsübertragung wird daher auch als *Signalling* bezeichnet.[35]

Die optimalen Entlohnungsverträge bei symmetrischer Informationsverteilung bezüglich α gewährleisten keine anreizkompatible Selbsteinordnung. Für Agents vom Typ 1 ist es nämlich stets vorteilhaft, sich als Typ 0 auszuweisen, indem sie den Vertrag (ζ_0, r_0) auswählen. Sie erhalten in diesem Fall ein Sicherheitsäquivalent in Höhe von:

$$(4.2.2.13) \qquad SÄ_1(\zeta_0, r_0) = m + \frac{\sigma^2(1-\alpha)\cdot(2+\alpha)}{(1+2\alpha\gamma\sigma^2)^2\cdot(1+2\gamma\sigma^2)} > SÄ_1(\zeta_0, r_0) = m$$

Für Agents vom Typ 0 ist die (in diesem Fall korrekte) Mitteilung von $\alpha<1$ ebenfalls optimal, da gilt:

$$(4.2.2.14) \qquad SÄ_0(\zeta_0, r_0) = m + \frac{1}{4\alpha(1+2\alpha\gamma\sigma^2)} - \frac{1}{4(1+2\gamma\sigma^2)}$$

$$> m + \frac{1-\alpha}{4\alpha(1+2\gamma\sigma^2)^2} = SÄ_0(\zeta_1, r_1)$$

Da alle Agents behaupten, eine geringe Arbeitsaversion zu haben, ist die Mitteilung der Agents ohne Informationsgehalt für die Principals.

---

35 Zur Äquivalenz der beiden Konzepte *Signalling* und *Self-Selection* siehe: Hartmann-Wendels (1986), S. 86, Fn. 3.

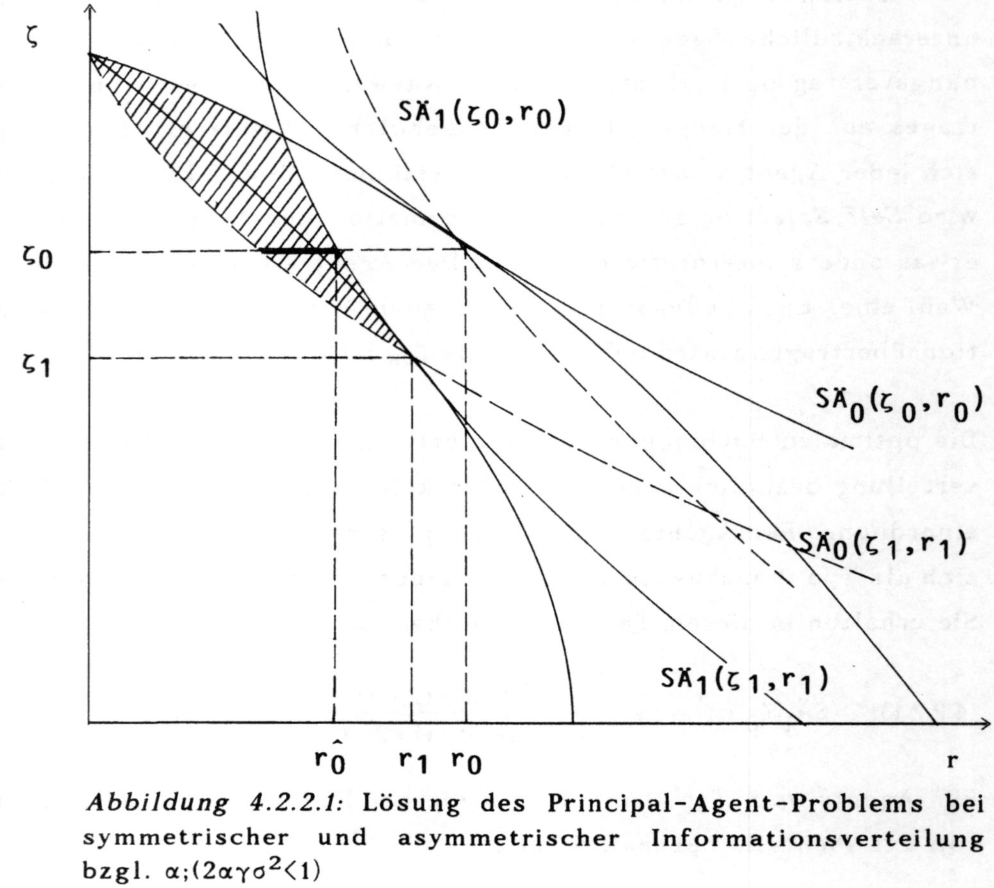

Abbildung 4.2.2.1: Lösung des Principal-Agent-Problems bei symmetrischer und asymmetrischer Informationsverteilung bzgl. α;($2\alpha\gamma\sigma^2 < 1$)

Auch aus den Abbildungen 4.2.2.1 und 4.2.2.2 wird deutlich, daß das Entlohnungssystem mit den Verträgen (ζ_0,r_0) und (ζ_1,r_1) nicht anreizkompatibel ist. Wie bereits im Abschnitt 4.2.1.3.2 gezeigt worden ist, hängt das Steigungsmaß der Indifferenzkurven von Agent und Principal vom Ausmaß der Arbeitsaversion ab, und zwar gilt: Bei fallenden Indifferenzkurven ist der Absolutbetrag des Steigungsmaßes um so größer, je größer α ist (vgl. Abbildung 4.2.2.1). Bei steigenden Indifferenzkurven gilt umgekehrt, daß diese um so flacher verlaufen, je höher die Arbeitsaversion ist (vgl. Abbildung 4.2.2.2).

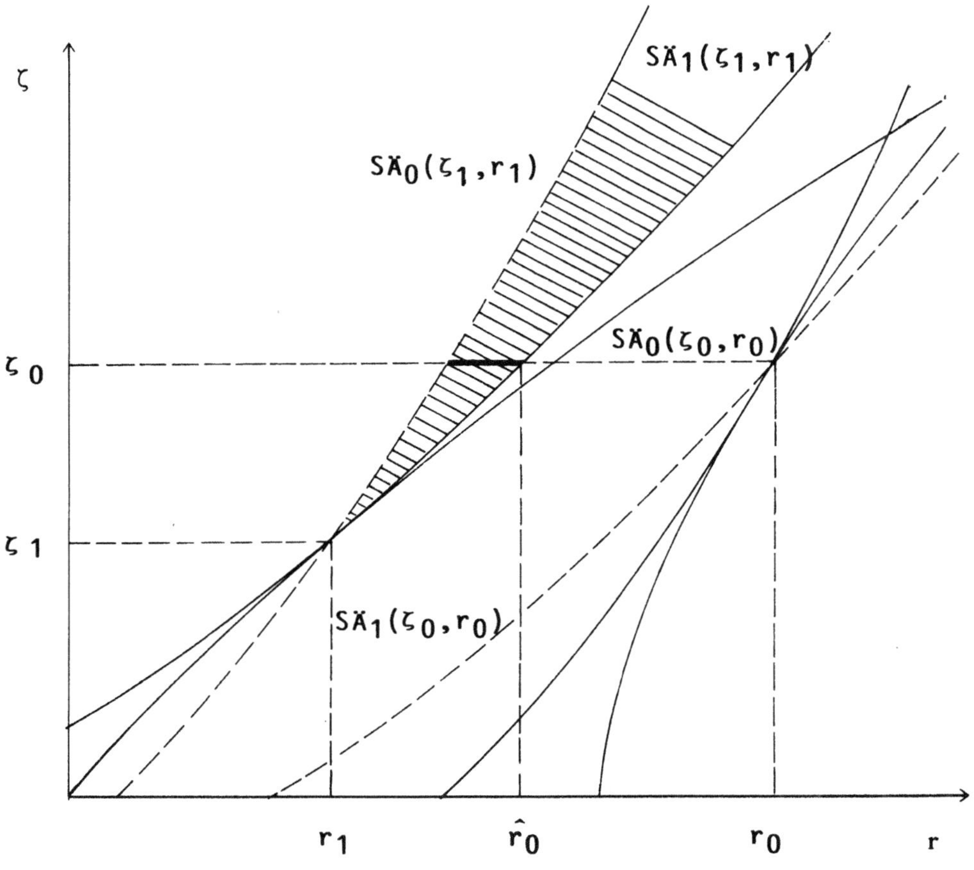

Abbildung 4.2.2.2: Lösung des Principal-Agent-Problems bei symmetrischer und asymmetrischer Informationsverteilung bzgl. α ; $(2\alpha\gamma\sigma^2>1)$

Aus den Abbildungen geht hervor, daß es für einen Agent vom Typ 1 immer vorteilhaft ist, $\alpha<1$ zu melden, um den Entlohnungsvertrag (ζ_0,r_0) zu erhalten; die zugehörige Indifferenzkurve liegt weiter rechts als die bei wahrheitsgemäßer Information.

Damit ein Entlohnungssystem mit den Verträgen (ζ_0',r_0') und (ζ_1,r_1) die Agents zur wahrheitsgemäßen Selbsteinordnung veranlaßt, müssen folgende beiden Bedingungen erfüllt sein:

1. $SÄ_1\left(\zeta_0',r_0'\right) \leq SÄ_1\left(\zeta_1,r_1\right)$

2. $SÄ_0(\zeta_0',r_0') \geq SÄ_0(\zeta_1,r_1)$

Die beiden Bedingungen fordern, daß der Nutzen des Agent bei korrekter Selbsteinordnung nicht geringer sein darf, als bei fehlerhafter Selbsteinordnung. Damit ist sichergestellt, daß der Agent keinen Anreiz hat, die Unwahrheit zu sagen. Dabei wird zur Vereinfachung unterstellt, daß der Agent bei Nutzenindifferenz stets die Wahrheit sagt. Im Rahmen der Abbildungen 4.2.2.1 bzw. 4.2.2.2 können die beiden Bedingungen folgendermaßen interpretiert werden: (ζ_0',r_0') muß auf bzw. links von der Indifferenzkurve liegen, die das Nutzenniveau $U[SÄ_1(\zeta_1,r_1)]$ repräsentiert. Damit ist gewährleistet, daß Agents vom Typ 1 den Vertrag (ζ_1,r_1) wählen. Weiterhin muß (ζ_0',r_0') auf bzw. rechts von der durch den Punkt (ζ_1,r_1) verlaufenden Indifferenzkurve liegen. Dies gewährleistet, daß die Agents vom Typ 0 den Vertrag (ζ_0',r_0') gegenüber (ζ_1,r_1) präferieren.

Die Menge aller anreizkompatiblen Verträge (ζ_0',r_0') ist in den Abbildungen 4.2.2.1 und 4.2.2.2 durch die schraffierten Flächen gekennzeichnet. Innerhalb dieser Bereiche weisen alle Verträge (ζ_0,r_0'), die auf der durchgezogen gezeichneten Linie liegen, die Eigenschaft auf, daß sie das gleiche Aktivitätsniveau induzieren, das auch im Fall symmetrischer Informationsverteilung bezüglich α optimal ist. Diese Verträge dominieren somit alle anderen anreizkompatiblen Verträge (ζ_0',r_0'). Aus der Menge der effizienten anreizkompatiblen Verträge ist $(\zeta_0,\hat{r}_0)$ diejenige Entlohnung, die den Nutzen eines Agent vom Typ 0 maximiert. Da $\hat{r}_0$ dasjenige Fixum ist, das ζ_0 zugeordnet ist und zugleich auf der Indifferenzkurve $SÄ_1(\zeta_1.r_1)$ liegt, lautet die Bestimmungsgleichung für $\hat{r}_0$:

(4.2.2.15) $$SÄ_1(\zeta_0,\hat{r}_0) = \hat{r}_0 + \zeta_0 \cdot e_1 - e_1^2 - \frac{\gamma}{2} \cdot \zeta_0^2 \cdot \sigma^2 = m = SÄ_1(\zeta_1,r_1)$$

Auflösen nach $\hat{r}_0$ liefert:

(4.2.2.16) $$\hat{r}_0 = m - \frac{1-2\gamma\sigma^2}{4(1+2\alpha\gamma\sigma^2)^2}$$

Aus (4.2.2.16) sowie aus den Abbildungen 4.2.2.1 bzw. 4.2.2.2 geht hervor, daß bei fallenden Indifferenzkurven der erfolgsunabhängige Entlohnungsbestandteil der Agents vom Typ 0 (r_0') bei einem anreizkompatiblen Vertrag geringer sein muß als r_1. Andernfalls würden entweder die Agents vom Typ 1 nicht mehr den Vertrag (ζ_1, r_1) wählen $(r_0' > r_1 , \zeta_0 > \zeta_1)$, oder aber die Agents vom Typ 0 würden den Vertrag (ζ_1, r_1) bevorzugen $(\zeta_0 < \zeta_1 , r_0' > r_1)$. Bei steigenden Indifferenzkurven dagegen ist r_0' zwar größer als r_1, aber stets kleiner als r_0.

Zu begründen bleibt noch, warum $\hat{r}_0$ sich als fixer Entlohnungsbestandteil einstellen wird. Gelingt die anreizkompatible Selbsteinordnung, so wird wieder Wettbewerb unter den Principals um die Beschäftigung eines Agent vom Typ 0 einsetzen. Dies wird das Fixum so weit ansteigen lassen, bis derjenige Wert für r erreicht wird, ab dem der Entlohnungsvertrag nicht mehr anreizkompatibel ist $(r > \hat{r}_0)$.

Die Entlohnung der Agents bei Selbsteinordnung ist durch folgende Eigenschaften charakterisiert:

- Es wird für beide Arten von Agents das gleiche Aktivitätsniveau induziert, das auch im Fall symmetrischer Informationsverteilung bezüglich α optimal ist. Die Selbsteinordnung bewirkt somit nicht nur eine Informationsübertragung, sondern damit sind gleichzeitig auch produktive Wirkungen verbunden. Aus wohlfahrtstheoretischer Sicht ist die Informationsübertragung somit eindeutig der Situation überlegen, in der alle Agents nach dem gleichen Vertrag entlohnt werden.

- Da $\hat{r}_0 < r_0$, ist das Sicherheitsäquivalent der Agents vom Typ 0 bei Selbsteinordnung kleiner als bei symmetrischer Informationsverteilung:

$$(4.2.2.17) \qquad S\ddot{A}_0\left(\zeta_0, \hat{r}_0\right) = m + \frac{1-\alpha}{4\alpha(1+2\alpha\gamma\sigma^2)^2} < S\ddot{A}_0\left(\zeta_0, r_0\right)$$

Die Differenz $\left[S\ddot{A}_0\left(\zeta_0, r_0\right) - S\ddot{A}_0\left(\zeta_0, \hat{r}_0\right)\right]$ kann als Kosten der Informationsübertragung bzw. als Signalling-Kosten angesehen werden, die die Agents vom Typ 0 zu tragen haben. Die Signalling-Kosten stellen allerdings keine gesellschaftlichen Kosten dar, sondern fallen in voller Höhe denjenigen Principals zu, die einen Agent vom Typ 0 beschäftigen[36]. Während in der Pooling-Situation die Gleichbehandlung aller Agents einen negativen externen Effekt für die Agents vom Typ 0 bedeutet, ist die Selbsteinordnung für diese Agents ebenfalls mit einem Nachteil verbunden. Je nach dem welcher der beiden Effekte überwiegt, ist die Pooling-Situation oder aber die Selbsteinordnung für die Agents vom Typ 0 vorteilhafter; entsprechend wird sich entweder ein Self-Selection- oder aber ein Pooling-Gleichgewicht einstellen.[37]

---

36 Es handelt sich daher um ein sogenanntes "*nicht-dissipatives*" Signalling-Modell. Im Gegensatz zu anderen nicht-dissipativen Signalling-Modellen, fallen hier auch im Gleichgewicht Signalling-Kosten an. Vgl. zu nicht-dissipativen Signalling-Modellen: *Bhattacharya* (1980); *Brennan/Kraus* (1984), (1987); *Franke* (1987); *Heinkel* (1982).

37 Zur Existenz von Self-Selection- und Pooling-Gleichgewichten im Rahmen von Principal-Agent-Beziehungen siehe *Hartmann-Wendels* (1989); Zur Existenz und Stabilität von Signalling-Gleichgewichten siehe auch *Cho/Kreps* (1987); *Riley* (1975), (1979); *Rothschild/Stiglitz* (1975), (1976); *Wilson, C.* (1977).

4.3 Die Bewertung von Informationen in Principal-Agent-Modellen

4.3.1 Zur Bedeutung von Informationen in Agency-Beziehungen

Das Kernproblem der Principal-Agent-Theorie ist eine ungleiche Informationsverteilung zwischen Agent und Principal. Der unterschiedliche Informationsstand kann sich zum einen auf das Aktivitätsniveau des Agent beziehen, daneben aber auch zusätzlich auf die Ausprägung exogener Parameter, die das Verhalten des Agent oder die damit verbundenen Konsequenzen beeinflussen. Konsequenz der asymmetrischen Informationsverteilung ist, daß die Risikoallokation und die Anreizsteuerung suboptimal sind, verglichen jeweils mit einer Situation, die durch gleichen Informationsstand gekennzeichnet ist.

Da die asymmetrische Informationsverteilung zu Nutzenminderungen führt, die als Agency-Costs bezeichnet werden, liegt es nahe, zu untersuchen, inwieweit eine Beschaffung von Informationen dazu beitragen kann, die Agency-Costs zu reduzieren. Hiermit ist zugleich eine wichtige Aufgabe des betrieblichen Rechnungswesens angesprochen, die darin besteht, Informationen bereitzustellen, die für eine Kontrolle der Unternehmensleitung benötigt werden. Zu fragen ist, welche Art von Informationen benötigt werden, und unter welchen Bedingungen eine Rechnungslegungsmethode, die als ein spezielles Informationssystem aufgefaßt werden kann, einer anderen überlegen ist. Maßstab für die Vorteilhaftigkeit eines Informationssystems ist, ob dessen Verwendung zu einer im Sinne des Pareto-Kriteriums besseren Lösung des Principal-Agent-Problems führt. Da unterstellt wird, daß der Agent stets ein erwartetes Mindestnutzenniveau erhält, kommt eine Pareto-dominante Lösung des Principal-Agent-Problems in voller Höhe dem Principal zu gute. Dabei wird bei den folgenden Untersuchungen unterstellt, daß die Beschaffung von Informationen kostenlos ist und die Informationen Principal und Agent gleichermaßen zur Verfügung stehen. Besteht das Ziel der Informationsbeschaffung darin, den Agent zu kontrollieren, so werden Informationen benötigt, die Aufschluß geben über das vom Agent geleistete Aktivitätsniveau. Da es sich dabei um Informationen über Größen handelt, die von dem Aktivitätsniveau des Agent (stochastisch) abhängen, können diese Informationen erst vorliegen, nachdem der Agent tätig geworden ist. Derartige Informationen werden daher entsprechend dem Zeitpunkt ihrer Verfügbarkeit als "*Post-Decision*"-Informationen bezeichnet.[38] Zu dem Zeitpunkt, an dem der Agent über sein Aktivitätsniveau entscheidet, sind ihm diese Informationen somit ebenfalls nicht bekannt, daher können Post-Decision-Informationen auch das Verhalten des Agent nicht unmittelbar beeinflussen. Sie haben aber einen indirekten Einfluß auf die Tätigkeit des Agent, da dieser bei der Entscheidung über seinen Arbeitseinsatz weiß, über welche Informationen der Principal später verfügen wird.[39] Da diese Art von Post-Decision-Informationen lediglich für Agency-Beziehungen relevant sind, werden sie auch als *Agency*-Informationen bezeichnet.[40]

Neben Informationen, die Aufschluß geben über das Verhalten des Agent, sind auch Informationen von Interesse über die Ausprägung exogener Parameter, die Einfluß haben auf die möglichen Ergebnisse, die aus der Tätigkeit des Agent resultieren. Derartige Informationen werden auch *Parameter*-Informationen genannt.[41] Da Parameter-Informationen benötigt werden, um die optimale Höhe des Aktivitätsniveaus zu bestimmen, müssen sie bereits zur Verfügung stehen, bevor der Agent die Entscheidung über den Arbeitseinsatz trifft, es handelt sich daher um "*Pre-Decision*"-Informationen.[42]

---

38 Vgl. Demski/Feltham (1976), S. 240.

39 *Laux* spricht in diesem Zusammenhang von der "Verhütungswirkung" der Kontrolle. Vgl. Laux (1979), S. 215.

40 Vgl. Firchau (1987), S. 85.

41 Vgl. Firchau (1987), S. 85.

42 Vgl. Demski/Feltham (1976), S. 240.

Im nächsten Abschnitt geht es um die Bewertung von Agency-Informationen, in Abschnitt 4.3.3 wird die Wirkungsweise von Parameter-Informationen analysiert. Dabei wird sich zeigen, daß eine dem *Blackwell*-Kriterium sehr ähnliche Bedingung für die Vorteilhaftigkeit von kostenlosen Informationen auch in Agency-Beziehung gilt.

4.3.2 Der Wert von Agency-Informationen

4.3.2.1 Bedingungen für den Wert von Agency-Informationen

Bei der bisherigen Analyse wurde stets unterstellt, daß Principal und Agent den Ertrag a beobachten können. Hier soll von dem allgemeineren Fall ausgegangen werden, daß lediglich ein Informationssystem Y zur Verfügung steht, das unvollständigen Aufschluß über den Ertrag liefert. Principal und Agent stehen nun vor dem Problem, ob sie auf das Informationssystem Y, dessen Benutzung annahmegemäß keine Kosten verursacht, zurückgreifen sollen, oder ob der Principal auf jegliche Informationen über das Aktivitätsniveau des Agent verzichten soll. Im letzteren Fall kann die Entlohnung des Agent lediglich eine Konstante sein, das Aktivitätsniveau des Agent wird dann den geringst möglichen Wert annehmen. Das Informationssystem Y besitzt dann einen Wert, wenn es für Principal und/oder Agent vorteilhaft ist, die Entlohnung des Agent als eine Funktion von y zu formulieren. Die Aussage, daß das Informationssystem Y einen (streng positiven) Wert besitzt, besagt daher nichts anderes, als daß die Enlohnungsfunktion $\zeta(y)$ zu einer Pareto-dominanten Lösung des Agency-Problems führt gegenüber einer konstanten Entlohnung ($\overline{\zeta}$) des Agent. In diesem Abschnitt werden zwei Bedingungen erarbeitet, die jede für sich hinreichend ist für die Vorteilhaftigkeit von $\zeta(y)$ gegenüber $\overline{\zeta}$.

Bei Verwendung des Infomationssystems Y lautet die Zielfunktion des Principal:

$$(4.3.2.1)\qquad \max_{\zeta(y),e} \int_y \left[\int_a V\big(a-\zeta(y)\big)\cdot f(a/y)\,da \right]\cdot f(y/e)\,dy$$

$$\equiv \max_{\zeta(y),e} E_{y/e}\Big[E_{a/y}\big[V(a,\zeta(y))\big]\Big]$$

Eine optimale Enlohnungsfunktion ist dadurch gekennzeichnet, daß die gewichtete Summe aus den Erwartungsnutzen von Principal und Agent ein Maximum annimmt:

$$(4.3.2.2)\qquad E_{y/e}\Big[E_{a/y}\big[V\big(a,\zeta(y)\big)\big] + \lambda_0\cdot U\big(\zeta(y),e\big)\Big]$$

An der Stelle, an der (4.3.2.2) ein Maximum annimmt, gilt, daß das vollständige Differential bei marginaler Variation von $\zeta(\cdot)$ den Wert Null annimmt:

$$(4.3.2.3)\qquad \frac{\partial E_{a,y/e}\big[V\big(a,\zeta(y)\big)\big]}{\partial\zeta(y)} + \frac{\partial E_{a,y/e}\big[V\big(a,\zeta(y)\big)\big]}{\partial e}\cdot\frac{de}{d\zeta(y)}$$

$$+\ \lambda_0\cdot\frac{\partial E_{y/e}\big[U\big(\zeta(y)\big)\big]}{\partial\zeta(y)} + \lambda_0\cdot\frac{\partial E_{y/e}\big[U\big(\zeta(y)\big)\big]}{\partial e}\cdot\frac{de}{d\zeta(y)} = 0$$

Das Informationssystem Y hat dann keinen Wert, wenn (4.2.3.3) auch für die Entlohnungsfunktion $\zeta(y)=\overline{\zeta}$ gilt.

Im Optimum wählt der Agent das Aktivitätsniveau stets derart, daß der letzte Summand in (4.3.2.3) den Wert Null annimmt:

$$(4.3.2.4)\qquad \frac{\partial E_{y/e}\left[U(\zeta(y))\right]}{\partial \zeta(y)} = \int_y U_1(\zeta(y)) \cdot \frac{\partial f(y/e)}{\partial e}\, dy - \frac{\partial U_2(e)}{\partial e} = 0$$

Da (4.3.2.4) annahmegemäß (vgl. Abschnitt 4.2.1.2) nur ein inneres Maximum bezüglich e besitzt, ist $e(\zeta)$ eine differenzierbare Funktion, deren erste Ableitung durch implizites Differenzieren von (4.3.2.4) gefunden werden kann:

$$(4.3.2.5)\qquad \frac{de}{d\zeta(y)} = \frac{-\dfrac{\partial U_1(\zeta(y))}{\partial \zeta(y)} \cdot \dfrac{\partial f(y/e)}{\partial e}}{\displaystyle\int_y U_1(\zeta(y)) \cdot \frac{\partial^2 f(y/e)}{\partial e^2}\, dy - \frac{\partial^2 U_2(e)}{\partial e^2}}$$

Wenn $\overline{\zeta}$ die optimale Entlohnungsfunktion sein soll, dann folgt aus

$$\int_y \frac{\partial^2 f(y/e)}{\partial e^2}\, dy = 0 \quad \text{wegen} \quad \int_y f(y/e)\, dy = 1 \;,$$

daß der erste Summand im Nenner von (4.3.2.5) den Wert Null annimmt. Beziehung (4.3.2.5) lautet dann:

$$(4.3.2.6)\qquad \frac{de}{d\overline{\zeta}} = \frac{\dfrac{\partial U_1(\overline{\zeta})}{\partial \overline{\zeta}} \cdot \dfrac{\partial f(y/e)}{\partial e}}{\dfrac{\partial^2 U_2(e)}{\partial e^2}} > 0$$

Ist ζ die optimale Entlohnungsfunktion, so muß weiterhin gelten:

$$(4.3.2.7)\qquad \frac{\partial E_{a,y/e}\left[V(\overline{\zeta})\right]}{\partial e} = \int_a V(a - \overline{\zeta}) \cdot \frac{\partial f(a/e)}{\partial e}\, da$$

Unter Verwendung von (4.3.2.6) sowie (4.3.2.7) kann für den zweiten Summanden in (4.3.2.3) geschrieben werden:

$$(4.3.2.8)\qquad \frac{\partial E_{a,y/e}\left[V(\bar{\zeta})\right]}{\partial e}\cdot\frac{de}{d\bar{\zeta}} = \int_a V(a-\bar{\zeta})\cdot\frac{\partial f(a/e)}{\partial e}\cdot\frac{\dfrac{\partial U_1(\bar{\zeta})}{\partial\bar{\zeta}}\cdot\dfrac{\partial f(y/e)}{\partial e}}{\dfrac{\partial^2 U_2(e)}{\partial e^2}}$$

$$\equiv h\cdot\frac{\partial f(y/e)}{\partial e}$$

Wird nun (4.3.2.8) in (4.3.2.3) eingesetzt, so erhält man die Bedingung dafür, daß $\bar{\zeta}$ eine optimale Entlohnungsfunktion ist:

$$(4.3.2.9)\qquad \left[\int\frac{\partial V(a-\bar{\zeta})}{\partial\bar{\zeta}}\cdot f(a/y)\,da + \lambda_0\cdot\frac{\partial U_1(\bar{\zeta})}{\partial\bar{\zeta}}\right]\cdot f(y/e) + h\cdot\frac{\partial f(y/e)}{\partial e} = 0$$

Eine konstante Entlohnungsfunktion ζ, d.h. ein Verzicht auf das Informationssystem Y ist offensichtlich nur dann optimal, wenn sowohl der erste als auch der zweite Summand in (4.3.2.9) gleich Null sind.[43]

Der zweite Summand kann anschaulich interpretiert werden, wenn er mit $f(y/e)$ erweitert wird:

$$(4.3.2.10)\qquad f(y/e)\cdot h\cdot\frac{\dfrac{\partial f(y/e)}{\partial e}}{f(y/e)} = 0 \quad\text{für alle } y$$

Der Quotient $\frac{\partial f(\cdot)/\partial e}{f(\cdot)}$ in (4.3.2.10) stellt die Ableitung der Maximum-Likelihood-Funktion *ln* $f(y/e)$ dar. Nimmt diese Ableitung für alle Realisationen von y den Wert Null an, so sind y und e unabhängig voneinander verteilt, d.h. die (Stichproben-) Beobachtung von y enthält keinerlei Informationen über den "wahren" Wert von e.

---

43 Theoretisch denkbar ist der Spezialfall, daß beide Summanden zwar ungleich Null sind, sich aber für jeden Wert von y zu Null ergänzen.

Gilt dagegen $\frac{\partial f(\cdot)/\partial e}{f(\cdot)} \neq 0$, so wird das Informationssystem Y "anreiz-informativ"[44] genannt. $\frac{\partial f(\cdot)/\partial e}{f(\cdot)} > 0$ bedeutet, daß ein hoher Wert von y mit einer größeren Wahrscheinlichkeit auf ein hohes Aktivitätsniveau des Agent schließen läßt, $\frac{\partial f(\cdot)/\partial e}{f(\cdot)} < 0$ besagt, daß eine niedrige Realisation von y die Wahrscheinlichkeit für ein hohes e vergrößert. Diese Interpretation legt nahe, die Wirkung des Informationssystems Y so zu erklären, als würde die Beobachtung von y dem Principal eine genauere Kenntnis des vom Agent geleisteten Arbeitseinsatzes ermöglichen. Diese zunächst intuitiv eingängige Begründung übersieht jedoch, daß der Principal genau weiß, mit welchem Aktivitätsniveau der Agent auf einen Entlohnungsvertrag reagiert, allein die mangelnde Beobachtbarkeit von e verhindert die Vereinbarung eines Entlohnungsvertrages, der unmittelbar vom Aktivitätsniveau abhängt.

Der Wert von Y liegt darin, daß die Kosten, die damit verbunden sind, um den Agent zu einem bestimmten Aktivitätsniveau zu motivieren, verringert werden können, wenn die Entlohnung von dem Erhalt des Signals y abhängig gemacht wird. Hängt die Entlohnung von y ab, obwohl y unabhängig von e verteilt ist, so hat die Handlung des Agent keinen Einfluß auf seine Entlohnung. Der Agent wird dann den geringst möglichen Arbeitseinsatz wählen, zudem muß ihm eine Risikoprämie gewährt werden, da seine Entlohnung risikobehaftet ist. Beide Effekte vermindern den Erwartungsnutzen des Principal. Ist y dagegen positiv mit e korreliert, so steigt die Wahrscheinlichkeit, daß y einen hohen (kleinen) Wert annimmt, wenn das Aktivitätsniveau groß (niedrig) ist. Der Agent kann damit durch den Arbeitseinsatz die Höhe der erwarteten Entlohnung beeinflussen. Dies ist zum einen unter Motivationsgesichtspunkten vorteilhaft, zum anderen kann die Risikoallokation verbessert werden, da die Wahrscheinlichkeit sinkt, daß der Agent "fälschlicherweise" für einen geringen

---

44 Vgl. <u>Gjesdal</u> (1982), S. 377. Zu einer anderen Darstellungsweise des Problems siehe <u>Laux</u> (1974 a, b).

Arbeitseinsatz "belohnt" und für einen hohen Arbeitseinsatz "bestraft" wird.

Diese Überlegungen machen deutlich, daß die Bezeichnung "anreizinformativ" nicht so zu verstehen ist, als hätte die Verwendung von Y lediglich einen Einfluß auf die Anreizsteuerung. In einer Agency-Beziehung sind vielmehr beide Aspekte, Risikoallokation und Anreizsteuerung untrennbar miteinander verbunden. Die Bezeichnung "anreizinformativ" soll eine bestimmte Wirkungsweise von Informationen charakterisieren, die ausschließlich für Agency-Beziehungen relevant ist. Daneben können von einem Informationssystem auch Effekte ausgehen, die nicht ausschließlich für Agency-Beziehungen typisch sind, sondern allgemein die Risikoallokation betreffen. So wird ein risikoscheuer Principal auch ohne die Existenz von Agency-Problemen eine Risikoaufteilung anstreben. Dies erfolgt dann nicht aus Gründen der Anreizsteuerung, sondern ausschließlich aus einem Versicherungsmotiv heraus. Ist der Ertrag a selbst nicht beobachtbar, so ist als Basis für eine Risikoaufteilung zwischen Agent und Principal grundsätzlich jede beobachtbare Größe geeignet, die in irgendeiner stochastischen Beziehung zum Ertrag steht. Kann auf diese Weise durch die Verwendung von Y eine verbesserte Risikoallokation erzielt werden, so wird Y als "versicherungsinformativ"[45] bezeichnet.

Ob Y versicherungsinformativ ist, kann am ersten Summanden von (4.3.2.9) abgelesen werden. Eine Risikoallokation ist dann optimal, wenn für jedes Signal y gilt, daß die erwarteten Grenznutzen von Agent und Principal bei gegebenem Signal gleich sind. Da $\frac{\partial U_1(\cdot)}{\partial \zeta}$ unabhängig von y ist, kann y nur dann **nicht** versicherungsinformativ sein, wenn der bedingte Erwartungsnutzen des Principal unabhängig davon ist, welches Signal y eintrifft. Dies ist in zwei Fällen gegeben:

---

45 Vgl. Gjesdal (1982), S. 377.

1. Der Principal ist risikoneutral, d.h.: $V_P = (a-\overline{\zeta})$. Es gilt dann:

$$\int_a \frac{\partial (a-\overline{\zeta})}{\partial \overline{\zeta}} \cdot f(a/y)\, da = -1 \qquad \text{für alle } y$$

Bei einem risikoneutralen Principal stellt eine konstante Entlohnung des Agent bereits eine Pareto-optimale Risikoallokation dar, so daß eine Informationsbeschaffung keine Verbesserung der Risikoallokation bewirken kann.

2. Der Ertrag a und das Signal y sind stochastisch unabhängig verteilt, so daß gilt:

$$\int_a \frac{\partial V(a-\overline{\zeta})}{\partial \overline{\zeta}} \cdot f(a/y)\, da = \int_a \frac{\partial V(a-\overline{\zeta})}{\partial \overline{\zeta}} \cdot f(a)\, da \qquad \text{für alle } y$$

4.3.2.2 Der Vergleich von Agency-Informationssystemen

Im entscheidungstheoretischen Kontext ist das *Blackwell*-Kriterium die entscheidende Bedingung dafür, daß ein Informationssystem Y einem anderen Informationssystem Y' vorgezogen wird. Bei einem kontinuierlichen Zustandsraum mit den Zustandsvariablen a und e sowie den Signalen y bzw. y' lautet das *Blackwell*-Kriterium:

(B) $\quad \Lambda'(a) = \Lambda(a) \cdot M_B(y'/y) \qquad$ für jedes e

mit $\Lambda'(a)$ bzw. $\Lambda(a)$ als *Markoff*-Kern der bedingten Dichtefunktionen $\{f(y'/a)\}$ bzw. $\{f(y/a)\}$ und $M_B(y'/y)$ als *Markoff*-Kern, der die stochastische Transformation von y zu y' angibt.

Analog können die Kriterien

(E) $\Lambda'(e) = \Lambda(e) \cdot M_E(y'/y)$

sowie

(EB) $\Lambda'(a,e) = \Lambda(a,e) \cdot M_{EB}(y'/y)$

definiert werden mit den bedingten Dichtefunktionen $f(y'/e)$, $f(y/e)$ sowie $f(y'/a,e)$ und $f(y/a,e)$. Offensichtlich impliziert (EB) die Bedingungen (B) und (E) .

In Analogie zum *Blackwell*-Kriterium kann nun die folgende wichtige Aussage über den Vergleich von Informationssystemen in einer Agency-Beziehung getroffen werden:[46]

Hinreichend dafür, daß der Wert von Y mindestens so groß ist wie der von Y' ist, daß die beiden Informationssysteme nach dem Kriterium (EB) geordnet werden können. Ist der Principal risikoneutral und/oder der Ertrag zwar nicht beobachtbar, aber eine deterministische Funktion von e, so reicht Bedingung (E) aus für die Vorziehenswürdigkeit von Y gegenüber Y'.

Der Beweis dieser Aussage vollzieht sich in zwei Schritten. Zunächst wird gezeigt, daß bei Geltung von (EB) bzw. (E) eine Entlohnungsfunktion $\zeta(y)$ existiert, derart, daß der Agent indifferent ist zwischen $\zeta(y)$ und $\zeta'(y')$. Daran anschließend wird gezeigt, daß der Principal $\zeta(y)$ präferiert.

---

46 Vgl. Gjesdal (1981), S. 217, (1982), S. 380.

1. Der Agent ist indifferent zwischen den beiden Entlohnungsformen $\zeta(y)$ und $\zeta'(y')$, wenn gilt:

$$U_1\big(\zeta(y)\big) = \int_{y'} U_1\big(\zeta'(y)\big) \cdot M_E(y'/y)\, dy' \qquad \text{für alle } y \tag{4.3.2.11}$$

Ist (4.3.2.11) erfüllt, so sind die Erwartungsnutzen des Agent $E\big[U\big(\zeta(y),e\big)\big]$ und $E\big[U\big(\zeta'(y'),e\big)\big]$ identische Funktionen von e:

$$E\big[U\big(\zeta'(y'),e\big)\big] = \int_{y'} \big[U_1\big(\zeta'(y')\big) - U_2(e)\big] \cdot f(y'/e)\, dy' \tag{4.3.2.12}$$

Aufgrund von (E) kann hierfür auch geschrieben werden:

$$E\big[U\big(\zeta'(y'),e\big)\big] = \int_{y}\int_{y'} \big[U_1\big(\zeta'(y')\big) - U_2(e)\big] \cdot f(y/e) \cdot M_E(y'/y)\, dy'\, dy \tag{4.3.2.13}$$

Einsetzen von (4.3.2.11) schließlich zeigt, daß $\zeta(y)$ und $\zeta'(y')$ für den Agent äquivalent sind:

$$E\big[U\big(\zeta'(y'),e\big)\big] = \int_{y} \big[U_1\big(\zeta(y)\big) - U_2(e)\big] \cdot f(y/e)\, dy = E\big[U\big(\zeta(y),e\big)\big] \tag{4.3.2.14}$$

2. Da $U_1(\cdot)$ eine konkave Funktion ist, folgt aus (4.3.2.11) aufgrund der *Jensen*'schen Ungleichung:

$$\zeta(y) \le E\big[\zeta'(y')/y\big] \qquad \text{für alle } y \tag{4.3.2.15}$$

bzw.

$$\big(a - \zeta(y)\big) \ge \big(a - E\big[\zeta'(y')/y\big]\big) \qquad \text{für alle } y \tag{4.3.2.16}$$

Bedingung (4.3.2.16) ist ausreichend dafür, daß der Principal Y gegenüber Y' präferiert, wenn er entweder risikoneutral ist, und/oder der Ertrag deterministisch vom Aktivitätsniveau abhängt. Da bislang lediglich auf (E) zurückgegriffen wurde, gilt dieses Ergebnis für alle Informationssysteme, die nach dem Kriterium (E) geordnet werden können.

Die Differenz $\left(E\left[\zeta'(y')/y\right]-\zeta(y)\right)$ ist nicht als Differenz der Werte der Informationssysteme Y und Y' aufzufassen. Beziehung (4.3.2.15) besagt lediglich folgendes: Die Kosten, die entstehen, um den Agent zu einem bestimmten Aktivitätsniveau zu motivieren, sind bei Verwendung des Informationssystems Y niederiger als bei Y'. Dies gilt für jeden beliebigen Wert von e, somit auch für das optimale Aktivitätsniveau e*(y') bei Verwendung von Y'. Wird nun auf Y zurückgegriffen, so ist im allgemeinen ein höheres Aktivitätsniveau e*(y)≥e*(y') optimal. Für e*(y) gilt nun ebenfalls die Beziehung (4.3.2.15), d.h. auch die Kosten, die aufgewendet werden müssen, um den Agent zum Aktivitätsniveau e*(y) zu motivieren, sind geringer, wenn Y statt Y' verwendet wird. Der vollständige Nutzenzuwachs, den der Principal durch Verwendung von Y gegenüber Y' erzielen kann, beinhaltet somit auch die Vorteile aufgrund der verbesserten Anreizsteuerung.

Ist der Principal risikoscheu und ist weiterhin a eine stochastische Funktion des Aktivitätsniveaus, so muß zusätzlich die strengere Bedingung (EB) erfüllt sein. Der Erwartungsnutzen des Principal ist definiert durch:

$$(4.3.2.17)\qquad E\left[V\left(a-\zeta'(y')\right)\right] = \int_a \int_{y'} V\left(a-\zeta'(y')\right) \cdot f(y'/a,e) \cdot f(a/e)\, dy'\, da$$

Unter Verwendung von (EB) kann (4.3.2.17) umformuliert werden zu:

$$(4.3.2.18)\qquad E\left[V\left(a-\zeta'(y')\right)\right] = \int_a \int_y \int_{y'} V\left(a-\zeta'(y')\right) \cdot M_{EB}(y'/y) \cdot f(y/a,e) \cdot f(a/e)\, dy'\, da$$

Aufgrund der *Jensen*'schen Ungleichung gilt:

$$(4.3.2.19) \quad E\left[V\left(a - \zeta'(y')\right)\right] \leq \int_a \int_y V\left(a - \int_{y'} \zeta'(y') \cdot M_{EB}(y'/y)\, dy'\right) \cdot f(y/a,e) \cdot f(a/e)\, dy\, da$$

$$= E\left[V\left(a - E[\zeta'(y')/y]\right)\right]$$

Aus (4.3.2.15) folgt wiederum:

$$(4.3.2.20) \quad E\left[V\left(a - E[\zeta'(y')/y]\right)\right] \leq \int_a \int_y V\left(a - \zeta(y)\right) \cdot f(y/a,e) \cdot f(a/e)\, dy\, da$$

$$= E\left[V\left(a - \zeta(y)\right)\right]$$

Damit ist gezeigt, daß auch dann, wenn der Principal risikoscheu ist und der Ertrag nicht deterministisch vom Aktivitätsniveau abhängt, das Informationssystem Y zu einer im Sinne des Pareto-Kriteriums besseren Lösung des Principal-Agent-Problems führt als Y'.

Wird statt der Bedingung (E)

$$f(y'/e) \equiv \int_y f(y,y'/e)\, dy = \int_y f(y/e) \cdot m_E(y'/y)\, dy \qquad \text{für alle } y \in Y,\ y' \in Y'$$

auf das strengere Kriterium der Suffizienz zurückgegriffen, das die Identität (E) nicht nur für die Randverteilungen, sondern für jeden Wert der gemeinsamen Dichtefunktion $f(y,y'/e)$ fordert,

$$(4.3.2.21) \quad f(y,y'/e) = f(y/e) \cdot m_E(y'/y) \qquad \text{für alle } y \in Y,\ y' \in Y'$$

so folgt aus dem zuvor abgeleiteten Ergebnis, daß bei Risikoneutralität des Principal und/oder bei einem Aktivitätsniveau, das deterministisch vom Ertrag abhängt, ein Informationssystem Y gegenüber Y' vorgezogen wird, wenn (4.3.2.21) gilt.

Es kann nun ganz allgemein gezeigt werden, daß jede Entlohnungsfunktion $\zeta(y)$ schwach dominiert wird von einer Entlohnungsfunktion $\zeta(T(y))$, wobei $T(y)$ eine suffiziente Statistik für y bezüglich e ist.[47] Der Beweis dieser Aussage beruht wiederum darauf, daß zu jeder Entlohnungsfunktion $\zeta(y)$ eine Entlohnungsfunktion $\zeta(T(y))$ konstruiert werden kann mit der Eigenschaft, daß der Agent indifferent ist zwischen $\zeta(T(y))$ und $\zeta(y)$, der Erwartungswert $E_y[\zeta(T(y))]$ aber kleiner ist als $E_y[\zeta(y)]$. Somit präferiert der Principal $\zeta(T(y))$ gegenüber $\zeta(y)$, wenn er risikoneutral ist und/oder der Ertrag deterministisch vom Aktivitätsniveau abhängt.

Wenn auch für den Vergleich von Informationssystemen in einem Agency-Modell ein der *Blackwell*-Bedingung sehr ähnliches Kriterium gilt, so darf dennoch nicht übersehen werden, daß zwischen der Informationsbeschaffung in einer Agency-Beziehung und der Informationsbeschaffung in einem Entscheidungsmodell ein fundamentaler Unterschied besteht. In einem Entscheidungsmodell ist e - die Größe, über deren Ausprägung Informationen beschafft werden sollen, - eine Zufallsvariable, deren Realisation von der "Natur" gewählt wird. Im Agency-Modell dagegen ist die jeweilige Realisation von e zwar dem Principal ebenfalls unbekannt, e ist aber keine Zufallsvariable, sondern wird von einem rational handelnden Gegenspieler - dem Agent - bestimmt. Die wichtigste Konsequenz dieses Unterschieds ist, daß das *Blackwell*-Kriterium im Rahmen des entscheidungstheoretischen Kontexts sowohl hinreichende als auch notwendige Bedingung für die Vorteilhaftigkeit eines Informationssystems ist, die diesem Kriterium entsprechenden Bedingungen (EB) bzw. (E) dagegen nur hinreichend aber nicht unbedingt notwendig dafür sind, daß ein Agency-Informationssystem einem anderen vorgezogen wird. Notwendige Bedingung für einen größeren Wert von Y gegenüber Y' ist, daß Y' für alle Werte von e insuffizient ist bezüglich Y.[48]

---

47 Vgl. Holmström (1982), S. 331.

48 Vgl. Holmström (1982), S. 331 f.

Anhand eines einfachen Beispiels soll erläutert werden, daß das Kriterium (EB) nicht notwendig ist für die relative Vorteilhaftigkeit eines Informationssystems:[49] Es existieren lediglich zwei Aktivitätsniveaus $\{e_1,e_2\}$ sowie zwei mögliche Erträge $\{a_1,a_2\}$. Die Informationssysteme Y und Y' sind durch die Zerlegungen des Zustandsraums E×A, $E=\{e_i\}$, $A=\{a_j\}$, charakterisiert:

$$Y = \Big\{ \{a_1,e_1\}, \{a_1,e_2\}, \{a_2,e_1\}, \{a_2,e_2\} \Big\}$$

$$Y' = \Big\{ \{(a_1,e_1), (a_2,e_2)\}, \{a_1,e_2\}, \{a_2,e_1\} \Big\}$$

Offensichtlich stellt Y perfekte Information dar, während Y' eine gröbere Zerlegung von E×A ist, da nicht zwischen den Zuständen (a_1,e_1) und (a_2,e_2) unterschieden werden kann. Somit können Y und Y' sowohl nach der Bedingung (EB) als auch nach dem strengeren Kriterium der statistischen Suffizienz geordnet werden. Dennoch kann der Principal nicht nur bei Verwendung von Y, sondern auch bei Y' jede der beiden Aktionen e_1,e_2 durch eine entsprechende Gestaltung der Entlohnungsfunktion erzwingen. Ist e_1 die vom Principal gewünschte Aktion, so wird der Agent davon abgehalten, e_2 zu wählen, wenn die Differenz in der Entlohnung zwischen $\{a_2,e_1\}$ und $\{(a_1,e_1),(a_2,e_2)\}$ auf der einen Seite sowie $\{a_1,e_2\}$ auf der anderen Seite hinreichend groß ist. Umgekehrt wird der Agent immer dann e_2 wählen, wenn $\zeta(a_1,e_2)$ und $\zeta\big((a_1,e_1),(a_2,e_2)\big)$ hinreichend größer sind als $\zeta(a_2,e_1)$. Gleichzeitig besteht für den Agent kein Risiko, daß er aufgrund eines niedrigen Ertrages eine geringe Entlohnung enthält, obwohl er die vom Principal gewünschte Aktion gewählt hat.

Aus dem Beispiel ist zu erkennen, daß in einer Agency-Beziehung ein Informationssystem, das mit einer bestimmten Wahrscheinlichkeit aufdeckt, ob der Agent die gewünschte Aktion gewählt hat, genauso wirkungsvoll ist wie ein Informationssystem, das mit Sicherheit die

---

49 Vgl. Gjesdal (1982), S. 380.

vom Agent gewählte Aktion anzeigt. Bei Verwendung von Y' muß allerdings der Unterschied zwischen den beiden Entlohnungsniveaus größer ausfallen als bei Verwendung von Y, da der Agent davon ausgehen kann, daß ein abweichendes Verhalten mit einer bestimmten Wahrscheinlichkeit nicht entdeckt wird. Dieses größere Risiko ist aber irrelvant, da die Wahrscheinlichkeit, trotz Durchführung der gewünschten Aktion eine niedrigere Entlohnung zu erhalten, gleich Null ist. Die erforderliche Differenz in den Entlohnungsniveaus bei Verwendung von Y' kann allerdings so groß sein, daß die Entlohnungsfunktion bei (entdecktem) abweichenden Verhalten des Agent eine (Straf-) Zahlung an den Principal vorsieht. Sind derartige Entlohnungsfunktionen unzulässig, entweder aufgrund rechtlicher Vorschriften oder aber aufgrund der begrenzten Haftung des Agent,. so ist die Äquivalenz von Y und Y' nicht mehr gewährleistet.[50]

Ein weiterer Unterschied zwischen dem *Blackwell*-Kriterium und der Bedingung (EB) besteht darin, daß das Kriterium (EB) nur dann Gültigkeit besitzt, wenn die Nutzenfunktion des Agent separierbar in den Komponenten Aktivitätsniveau und Entlohnung ist. Für den Beweis des *Blackwell*-Kriteriums ist eine derartige Annahme nicht erforderlich. Ist die Nutzenfunktion nicht separierbar in $\zeta(\cdot)$ und e, so hängt die Risikopräferenz des Agent vom Aktivitätsniveau ab. Sofern die Risikotoleranz des Agent eine steigende Funktion des Aktivitätsniveaus ist, kann es für Agent und Principal vorteilhaft sein, eine gemäß dem Kriterium (EB) risikoreichere Entlohnung zu wählen, obwohl beide risikoscheu sind.[51] Je stärker $\zeta(\cdot)$ risikobehaftet ist, desto größer wird das Aktivitätsniveau des Agent sein, da dies seine Risikotoleranz erhöht. Diesem positiven Anreizeffekt steht eine Nutzenminderung von Agent und Principal aufgrund des erhöhten Risikos gegenüber. Überwiegt der Anreizeffekt den Risikoeffekt, so ist es vorteilhaft, ein gemäß (EB) weniger informatives Informationssystem zu verwenden.

50 Vgl. hierzu Sappington (1983); Sappington/Riordan (1988).

51 Vgl. hierzu auch Gjesdal (1982), S. 382-386.

4.3.2.3 Ein Beispiel zur Informationsbewertung im Agency-Modell

Die Überlegenheit des Informationssystems Y gegenüber Y' wurde im vorigen Abschnitt damit bewiesen, indem gezeigt wurde, daß bei Verwendung von Y jedes Aktivitätsniveau durch eine geringere Entlohnung induziert werden kann. Da dies für jeden beliebigen Wert von e gilt, kann auch der bei Verwendung von Y' optimale Wert des Aktivitätsniveaus mit geringeren Kosten induziert werden, wenn das Informationssystem Y zur Verfügung steht. Dies ist zwar hinreichend für die Vorteilhaftigkeit von Y, zeigt aber nur unvollständig, in welcher Weise die optimale Lösung des Principal-Agent-Problems vom verwendeten Informationssystem abhängt. Daher soll nun im Rahmen des im Abschnitt 4.2.1.3 vorgestellten Modellansatzes gezeigt werden, welche Auswirkungen die Verwendung eines genaueren Informationssystems auf das optimale Aktivitätsniveau, die optimale Risikoallokation und das Nutzenniveau des Principal hat.

Im Unterschied zum Standardmodell wird nun angenommen, daß sich die Zufallsgröße $\tilde{\varphi}$ additiv aus den Zufallsvariablen $\tilde{\vartheta}$ und $\tilde{\varepsilon}$ zusammensetzt, wobei gilt: $E(\tilde{\vartheta})=E(\tilde{\varepsilon})=0$; $Var(\tilde{\vartheta})=\sigma_{\vartheta}^2$, $Var(\tilde{\varepsilon})=\sigma_{\varepsilon}^2$, $Cov(\tilde{\vartheta},\tilde{\varepsilon})=0$. Daraus folgt: $E(\tilde{\varphi})=E(\tilde{\vartheta}+\tilde{\varepsilon})=0$, $Var(\tilde{\varphi})=Var(\tilde{\vartheta}+\tilde{\varepsilon})=\sigma_{\vartheta}^2+\sigma_e^2$. Weiterhin soll aus Gründen der Vereinfachung $\alpha=1$ gelten. Die Produktionsfunktion lautet damit: $\tilde{a}=e+\tilde{\vartheta}+\tilde{\varepsilon}$.

Die beiden Informationssysteme, die miteinander verglichen werden sollen, erlauben zum einen die Beobachtung des Ertrages a und zum anderen zusätzlich die Kenntnis von $\tilde{y}=e+\tilde{\vartheta}$. Es ist offensichtlich, daß y suffizient ist für a bezüglich e. Die optimalen Lösungswerte bei Verwendung der Informationssysteme y bzw. a können analog zu den Ausführungen in Abschnitt 4.2.1.3 ermittelt werden. Sie lauten:

$$r_y = m - \frac{\zeta^2}{4} \cdot \left[1 - 2\gamma\sigma_{\vartheta}^2\right] \quad ; \quad r_a = m - \frac{\zeta^2}{4} \cdot \left[1 - 2\gamma\left(\sigma_{\vartheta}^2 + \sigma_{\varepsilon}^2\right)\right]$$

Ein Vergleich von r_y und r_a zeigt, daß bei gegebenem ζ gilt: $r_a > r_y$. Die Kosten, die aufgewendet werden müssen, um den Agent zu motivieren, ein bestimmtes Aktivitätsniveau zu erbringen, sind bei Verwendung von y niedriger als bei a. Wie sich dieser Vorteil auf die optimale Lösung des Agency-Problems auswirkt, wird deutlich, wenn die weiteren Lösungswerte ermittelt werden:

$$\zeta_y^* = \frac{1}{1+2\gamma\sigma_\vartheta^2} \quad ; \quad \zeta_a^* = \frac{1}{1+2\gamma\left(\sigma_\vartheta^2+\sigma_\varepsilon^2\right)}$$

$$e_y^* = \frac{1}{2\left(1+2\gamma\sigma_\vartheta^2\right)} \quad ; \quad e_a^* = \frac{1}{2\left(1+2\gamma\left(\sigma_\vartheta^2+\sigma_\varepsilon^2\right)\right)}$$

$$r_y^* = m - \frac{1-2\gamma\sigma_\vartheta^2}{4\left(1+2\gamma\sigma_\vartheta^2\right)^2} \quad ; \quad r_a^* = m - \frac{1-2\gamma\left(\sigma_\vartheta^2+\sigma_\varepsilon^2\right)}{4\left(1+2\gamma\left(\sigma_\vartheta^2+\sigma_\varepsilon^2\right)\right)^2}$$

$$V_y^* = \frac{1}{4\left(1+2\gamma\sigma_\vartheta^2\right)} - m \quad ; \quad V_a^* = \frac{1}{4\left(1+2\gamma\left(\sigma_\vartheta^2+\sigma_\varepsilon^2\right)\right)} - m$$

Offensichtlich gilt: $\zeta_y^* > \zeta_a^*$, $e_y^* > e_a^*$, $r_y^* < r_a^*$, $V_y^* > V_a^*$. Durch die Verwendung von y kann zunächst das vom Agent zu tragende Risiko reduziert werden. Dies wird teilweise dadurch kompensiert, daß ζ erhöht wird, was den Agent wiederum zu einem höheren Aktivitätsniveau motiviert. Hieraus resultiert schließlich ein Nutzenzuwachs für den Principal bei konstantem Reservationsnutzen für den Agent.

4.3.2.4 Ein Anwendungsfall zur Informationsbewertung: Die relative Entlohnung

Dem betrieblichen Rechnungswesen wird unter anderem auch die Aufgabe zugeschrieben, Informationen bereitzustellen, die einen Vergleich der Ertragskraft des betrachteten Unternehmens mit der anderer Unternehmen ermöglichen.[52] Dabei wird allerdings meistens nicht explizit begründet, welchen Zweck ein solcher Vergleich erfüllen soll. Im Rahmen der Agency-Theorie ist es möglich, Kriterien abzuleiten, die angeben, unter welchen Voraussetzungen ein Vergleich der Ertragskraft verschiedener Unternehmen sinnvoll ist.

Bezogen auf die Fragestellung der Agency-Theorie kann das Problem folgendermaßen umrissen werden: Unter welchen Bedingungen kann eine Pareto-dominante Lösung des Agency-Problems erreicht werden, wenn die Entlohnung eines Agent nicht nur von dem von ihm zu vertretenen Ergebnis abhängig gemacht wird, sondern diese auch in Relation gesetzt wird zu den Erträgen, die andere Agents erwirtschaftet haben. In Frage kommen hier insbesondere solche Agents, von denen man annehmen kann, daß sie weitgehend identischen Umwelteinflüssen ausgesetzt sind, also z.B. Manager von Unternehmen derselben Branche. Dabei wird sich zeigen, daß auf diese Problemstellung die oben getroffenen Aussagen über die Vorteilhaftigkeit von Informationssystemen unmittelbar angewendet werden können.

Eine relative Entlohnung scheint zunächst das vom Agent zu tragende Risiko zu erhöhen, da seine Entlohnung nun von weiteren, von ihm nicht kontrollierbaren Einflußgrößen abhängt. Das Aktivitätsniveau anderer Agents stellt aber keine Zufallsgröße dar, sondern ist das Ergebnis eines Optimierungskalküls[53]. Indem die Realisationen

---

52 Vgl. z. B. <u>*Kommission Rechnungswesen*</u> (1979), S. 4, 17, 26; <u>*Wöhe*</u> (1987), S. 7 sowie S. 11 f.

53 Es wird angenommen, daß die Agents unabhängig voneinander handeln.

von Zufallsvariablen, die auf die Ergebnisse anderer Agents einwirken, mitberücksichtigt werden, kann eine Verbesserung der Anreizsteuerung und der Risikoallokation erreicht werden, wenn die Zufallseinflüsse miteinander korreliert sind. Weicht z.B. der Ertrag, der einem Agent zuzurechnen ist, von den Erträgen anderer Unternehmen derselben Branche ab, so ist die Wahrscheinlichkeit groß, daß diese Abweichungen unternehmensspezifische Ursachen haben, die die Leitung dieses Unternehmens zu verantworten hat. Durch eine relative Entlohnung kann somit erreicht werden, daß die Wahrscheinlichkeit sinkt, den Agent fälschlicherweise für ein hohes Aktivitätsniveau zu bestrafen und umgekehrt für einen niedrigen Arbeitseinsatz zu belohnen.

Hinsichtlich des Informationsgehalts der Erträge, die von anderen Unternehmen erzielt wurden, gilt nun folgende Aussage, die mit Hilfe der in den vorigen Abschnitten gewonnenen Erkenntnisse leicht bewiesen werden kann:[54]

Die Ergebnisse, die von anderen Agents erwirtschaftet werden, besitzen genau dann einen Informationsgehalt, wenn diese Erträge und der Ertrag des jeweils betrachteten Agent bei gegebenem Aktivitätsniveau stochastisch abhängig sind.

Um zu zeigen, daß dies eine notwendige Bedingung für den Informationsgehalt ist, wird der Fall betrachtet, daß die Wahrscheinlichkeitsverteilungen der Erträge zweier Agents i und j bei gegebenem Aktivitätsniveau unabhängig sind. Für die gemeinsame bedingte Dichtefunktion gilt dann:

$$f(a_i, a_j / e_i, e_j) = f(a_i / e_i) \cdot f(a_j / e_j)$$

54 Vgl. _Baiman/Demski_ (1980), S. 198; _Holmström_ (1982), S. 335. Siehe hierzu auch: _Antle/Smith_ (1986); _Laux/Liermann_ (1986).

Offensichtlich ist a_i eine suffiziente Statistik für (a_i, a_j) bezüglich e_i. Für a_j und e_j gilt diese Aussage entsprechend. Sind die Erträge unabhängig voneinander verteilt, so bewirkt eine relative Entlohnung lediglich, daß das vom Agent zu tragende Risiko erhöht wird.

Daß die stochastische Abhängigkeit der Erträge zugleich auch eine hinreichende Bedingung für die Vorteilhaftigkeit einer relativen Entlohnung ist, wird deutlich, wenn der Ertrag explizit als Funktion der zufälligen Einflußgröße s_i und des Aktivitätsniveaus geschrieben wird: $a_i = a_i(s_i, e_i)$. Ist a_i eine streng monotone Funktion von s_i, so kann die Umkehrfunktion gebildet werden: $a_i = a_i^{-1}(a_i, e_i)$. Zur Vereinfachung wird wieder eine Situation mit zwei Agents i und j betrachtet und unterstellt, daß dem Principal die Nutzenfunktion jedes Agent bekannt ist, so daß der Principal weiß, welche Aktion jeder Agent wählt. Damit kann der Principal aus der Beobachtung der Erträge auf die Realisationen der Zufallsvariablen s_i bzw. s_j schließen. Dies ermöglicht es, s_j als Argument in die Anreizfunktion des Agent i zu verwenden. Bei gegebenem Aktivitätsniveau des Agent i wird die gemeinsame Dichtefunktion der Erträge durch die gemeinsamen Dichtefunktion der Zufallsvariablen $g(s_i, s_j)$ bestimmt:

$$f(a_i, s_j / e_i) \equiv g(s_i, s_j) = g\left(a_i^{-1}(a_i, e_i), s_j\right)$$

Damit gilt auch:

$$\frac{\dfrac{\partial f(a_i, s_j / e_i)}{\partial e_i}}{f(a_i, s_j / e_i)} = \frac{\dfrac{\partial g\left(a_i^{-1}(a_i, e_i), s_j\right)}{\partial s_i}}{g\left(a_i^{-1}(a_i, e_i), s_j\right)} \cdot \frac{\partial a_i^{-1}(a_i, e_i)}{\partial e_i}$$

Da s_i und s_j voneinander abhängig verteilt sind, hängt auch der Quotient $\frac{\partial g(\cdot)/\partial s}{g(\cdot)}$ von s_j ab. Im Umkehrschluß zu 4.3.2.10 folgt dann, daß s_j informativ ist und Bestandteil des Anreizvertrages für Agent i werden sollte.

4.3.3 Der Wert von Parameter-Informationen

Es wird nun der Fall betrachtet, daß die durch das Informationssystem Y bereitgestellten Informationen bereits eintreffen, bevor der Agent über das Aktivitätsniveau entscheidet. Damit ist die Höhe des Arbeitseinsatzes, den der Agent wählt, eine Funktion des erhaltenen Signals. Das Agency-Programm lautet dann:

$$(4.3.3.1) \qquad \max_{\zeta, e(y)} \int_y \int_a V\big(a - \zeta(a,y)\big) \cdot f\big(a/y; e(y)\big) \cdot f(y)\, da\, dy$$

unter den Nebenbedingungen:

$$(4.3.3.2) \qquad \int_y \left[\int_a U_1\big(\zeta(a,y)\big) \cdot f\big(a/y; e(y)\big)\, da - U_2\big(e(y)\big) \right] \cdot f(y)\, dy \geq \overline{U}$$

$$(4.3.3.3) \qquad \int_a U_1\big(\zeta(a,y)\big) \cdot \frac{\partial f\big(a/y; e(y)\big)}{\partial e(y)}\, da - \frac{\partial U_2\big(e(y)\big)}{\partial e(y)} = 0 \qquad \text{für alle } y \in Y$$

Das Informationssystem Y hat dann **keinen** Wert, wenn es weder für den Principal vorteilhaft ist, y in den Entlohnungsvertrag aufzunehmen, noch der Agent die Wahl seines Aktivitätsniveaus von dem Erhalt des Signals y abhängig macht. Die Bedingung (4.3.3.3) lautet dann:

$$(4.3.3.4) \qquad \int_y \int_a U_1\big(\zeta(a)\big) \cdot \frac{\partial f(a/y; e)}{\partial e} \cdot f(y)\, da\, dy - \frac{\partial U_2(e)}{\partial e} = 0$$

Offensichtlich setzt die Äquivalenz von (4.3.3.3) und (4.3.3.4) voraus, daß gilt:

$$e(y) = e \text{ für alle } y \in Y$$

Damit diese Bedingung erfüllt ist, muß gelten:

1. $U_1\big(\zeta(a,y)\big) = U_1\big(\zeta(a)\big)$ für alle $y \in Y$

Die Voraussetzungen hierfür sind in Abschnitt 4.3.2.1 ermittelt worden. Demnach wird Y dann nicht Bestandteil der Entlohnungsfunktion, wenn Y weder versicherungs- noch anreizinformativ ist.

2. $$\int_{Y} \frac{\partial f(a/y;e)}{\partial e} \cdot f(y)\,dy = \frac{\partial f(a/y;e)}{\partial e} \quad \text{für alle} \quad y \in Y$$

Daraus folgt:

$$\frac{\partial f(a/y;e)}{\partial e} = \frac{\partial f(a/e)}{\partial e}$$

Selbst dann, wenn der Principal Y nicht in der Entlohnungsfunktion berücksichtigt, hat das Informationssystem Y nur dann keinen Einfluß auf die Entscheidung des Agent über sein Aktivitätsniveau, wenn die Verteilung der Erträge nur von e, nicht aber auch von Y abhängt. Ist diese Bedingung verletzt, so soll ein Informationssystem als "entscheidungsinformativ" bezeichnet werden.

4.4 Periodengerechte Erfolgsermittlung aus der Sicht der Principal-Agent-Theorie

4.4.1 Periodengerechte Erfolgsermittlung und Prognoseproblematik

Eine der Hauptaufgaben des Rechnungswesens ist die Messung des wirtschaftlichen Erfolges des Unternehmens innerhalb einer Periode. Bei der Analyse der Principal-Agent-Beziehung wurden Probleme der Erfolgsmessung und periodengerechten Erfolgszurechnung bisher weitgehend ausgeklammert. Statt dessen wurde davon ausgegangen, daß die wirtschaftlichen Konsequenzen, die aus der Tätigkeit des Agent resultieren, in Form eines einmaligen Einzahlungsüberschusses vorliegen, und dieser die Grundlage für die Entlohnung des Agent ist. Diese Vorgehensweise ist aber nur dann zweckmäßig, wenn die Zeitspanne zwischen der Handlung des Agent und den daraus folgenden Zahlungen kurz ist. Für viele unternehmerische Maßnahmen, insbesondere für Investitionsentscheidungen gilt aber nun, daß sie in einer Reihe von künftigen Perioden zu Zahlungen führen. Soll die Tätigkeit des Agent anhand des von ihm erwirtschafteten Zahlungsüberschusses beurteilt werden, so müßte man abwarten, bis die letzte durch die Handlung des Agent hervorgerufene Zahlung angefallen ist.

Ein Rechnungssystem, das den durch eine Maßnahme hervorgerufenen Totalerfolg unter Umständen erst viele Jahre später zeigt, ist aus mehreren Gründen für eine Anreizsteuerung ungeeignet.

- Insbesondere bei sehr langfristig wirkenden Entscheidungen ist denkbar, daß die Unternehmensleitung möglicherweise gar nicht mehr das Unternehmen führt, wenn die zahlungsmäßigen Auswirkungen dieser Maßnahme absehbar sind. Eine Kontrolle verliert aber ihre Anreizwirkung, wenn derjenige, dessen Handeln kontrolliert werden soll, nicht mehr zur Rechenschaft gezogen werden kann.[55]

- Fehlentwicklungen sollen möglichst frühzeitig erkannt werden, damit rechtzeitig Maßnahmen zur Behebung der Fehlentwicklungen eingeleitet werden können. Die Unternehmensleitung selbst wird im allgemeinen keinen Anreiz haben, eine ungünstige Unternehmensentwicklung frühzeitig bekanntzugeben, da sie damit ihre eigene Position gefährdet. Daher kommt es darauf an, daß die Unternehmenseigner rechtzeitig verläßliche Daten über die Ertragsentwicklung des Unternehmens erhalten.

- Je weiter die Zahlungen in die Zukunft reichen, in desto größerem Umfang hängt die Höhe der Zahlungen vom Einfluß zufälliger, vom Agent nicht beeinflußbarer Umweltgrößen ab. Je später eine Zahlung anfällt, desto geringer ist daher im allgemeinen ihre Aussagekraft im Hinblick auf die Beurteilung der Managementleistung des Agent. Wie die vorangegangenen Ausführungen gezeigt haben, wird sowohl das Motivations- als auch das Risikoteilungsproblem um so schlechter gelöst, je geringer der Zusammenhang ist zwischen der Handlung des Agent und der Erfolgsgröße, die die Grundlage für die Entlohnung des Agent bildet.

Es ist somit naheliegend, ein Rechnungssystem zu verwenden, das den Erfolg einer Maßnahme möglichst noch in der Periode ausweist, in der dieser Erfolg durch das unternehmerische Handeln verursacht worden ist. Diese Anforderung, die an ein Rechnungssystem zu stellen ist, wird als Prinzip der *Entscheidungsverbundenheit* bezeichnet.[56] Diesem Prinzip würde in idealer Weise entsprochen werden, wenn die Summe aller aus einer Maßnahme resultierenden Zahlun-

---

55 Siehe hierzu auch *Poensgen* (1973), S. 398 ff.

56 vgl. *Hax* (1989); "internes Realisationsprinzip" bei *Schneider* (1988 a), S. 1188 f; (1988 b), S. 1371 ff. Vgl. hierzu auch *Laux/Liermann* (1986), S. 96.

gen, oder der Barwert dieser Zahlungen derjenigen Periode als Erfolgsgröße zugeordnet wird, in der diese Maßnahme veranlaßt worden ist. Diese Vorgehensweise läuft darauf hinaus, den *ökonomischen Erfolg* bzw. *kapitaltheoretischen Gewinn* als Maßgröße für die Beurteilung der Leistungsfähigkeit des Managements zu verwenden.[57]

Der ökonomische Erfolg wird in der Weise ermittelt, daß das Vermögen des Unternehmens als Barwert der künftigen Einzahlungsüberschüsse angesetzt wird. Dabei wird zunächst von sicheren Erwartungen ausgegangen. Für V_{t-1}, das Vermögen am Anfang der Periode t gilt daher:

$$(4.4.1.1) \qquad V_{t-1} = \sum_{\tau=t}^{T} a_\tau (1+r)^{-(\tau - t + 1)}$$

mit a_τ: Zahlungsüberschuß aus dem Leistungsbereich am Ende der Periode τ

Der Gewinn einer Periode G_t entspricht dem Zahlungsüberschuß a_t, erhöht um kapitalbindende (das Vermögen erhöhende) Auszahlungen bzw. vermindert um kapitalfreisetzende (das Vermögen reduzierende) Einzahlungen:

$$(4.4.1.2) \qquad G_t = V_t - V_{t-1} + a_t$$

Einsetzen von (4.4.1.2) in (4.4.1.1) liefert:

$$(4.4.1.3) \qquad G_t = r \cdot V_{t-1}$$

57 Vgl. hierzu Moxter (1982), S. 43 ff.; Seicht (1970).

Der ökonomische Gewinn entspricht den Zinsen auf das jeweils gebundene Kapital, wobei die Kapitalbindung mit dem Ertragswert angesetzt wird.[58]

Wird in der Periode t eine Investitionsmaßnahme durchgeführt, so resultieren daraus zusätzliche Zahlungsüberschüsse, die mit Δa_t bezeichnet werden. V_t^Δ bezeichnet das Vermögen der Unternehmung am Ende der Periode t unter Berücksichtigung der aus dem Investitionsprojekt fließenden Zahlungen Δa :

$$(4.4.1.4) \qquad V_t^\Delta = \sum_{\tau=t+1}^{T} (a_\tau + \Delta a_\tau)(1+r)^{-(\tau-t+1)}$$

Für den Gewinn der Periode t gilt nun entsprechend zu (4.4.1.4):

$$(4.4.1.5) \qquad G_t = V_t^\Delta - V_{t-1} + a_t + \Delta a_t$$

$$= V_t - V_{t-1} + V_t^\Delta - V_t + a_t + \Delta a_t$$

$$= r \cdot V_{t-1} + \sum_{\tau=t}^{T} \Delta a_\tau (1+r)^{-(\tau-t)}$$

Der zweite Summand in (4.4.1.5) ist der Kapitalwert der Investitionsmaßnahme. Der gesamte aus der Investitionsmaßnahme resultierende Erfolg, gemessen als Barwert aller Zahlungsüberschüsse, wirkt sich somit bereits in der Periode gewinnerhöhend aus, in der die Investition eingeleitet wird.[59] Der Erfolg, der in den folgenden Perioden ausgewiesen wird, reicht gerade aus, die kalkulatorischen Zinsen auf das gebundene Kapital zu decken. Dem Prinzip der Entscheidungsverbundenheit wird vollständig Rechnung getragen.

---

58 "Zeiteffekt" nach _Moxter_ (1982), S. 52.

59 "Aktionseffekt" nach _Laux/Liermann_ (1986), S. 84.

Das Konzept des ökonomischen Gewinns läßt sich ohne weiteres auf den Fall unsicherer Erwartungen erweitern, sofern der Kapitalmarkt vollständig ist und eindeutige Marktpreise für zustandsabhängige Zahlungen existieren.[60] Es ist dann lediglich noch eine Korrekturgröße in (4.4.1.5) zu berücksichtigen, die die Neubewertung des Vermögens aufgrund von Erwartungsänderungen erfaßt. Probleme treten dann auf, wenn der Markt unvollständig ist: Zum einen ist nicht mehr gewährleistet, daß der Marktwert eines Zahlungsstroms eindeutig definiert ist, darüber hinaus fehlt ein im Interesse aller Marktteilnehmer liegendes Kriterium, an dem die Vorteilhaftigkeit einer Investitionsmaßnahme gemessen werden kann.[61] Da im folgenden vor allem der Aspekt der Anreizverträglichkeit untersucht werden soll, wird stets davon ausgegangen, daß der Marktwert eines Zahlungsstroms eindeutig definiert ist.

Es ist offensichtlich, daß das Prinzip der Entscheidungsverbundenheit stets eine Prognose künftiger Zahlungen verlangt. Dies gilt nicht nur für den ökonomischen Gewinn, sondern ebenso für jede andere Gewinnermittlungsmethode, die nicht den Zahlungsüberschuß einer Periode als Erfolg ausweist, sondern auf einer Bewertung von Vermögensgegenständen beruht. Somit kann auch die Jahresüberschußermittlung nach den geltenden Rechnungslegungsvorschriften als eine Prognose künftiger Zahlungen interpretiert werden.[62]

An eine Schätzung künftiger Zahlungen sind zwei Forderungen zu stellen:

- Die Schätzung sollte möglichst genau sein, d.h. alle vorhandenen Informationen ausschöpfen.

---

60 Vgl. Beaver (1981), S. 87-116.

61 Siehe hierzu im einzelnen Abschnitt 3.3.2. dieser Arbeit.

62 Vgl. Hax (1964); Ordelheide (1988 a, b).

- Die Schätzung sollte frei von Manipulationen und intersubjektiv überprüfbar sein.

Die erste Zielsetzung bedarf keiner weiteren Erörterung, die Notwendigkeit der Manipulationsfreiheit und Überprüfbarkeit ergibt sich daraus, daß der ausgewiesene Erfolg die Grundlage für die Managerentlohnung ist. Beide Zielsetzungen stehen in Gegensatz zueinander und sind nicht gemeinsam zu verwirklichen: Steht der Aspekt der Schätzgenauigkeit im Vordergrund, so sollte das Vermögen der Unternehmung als Barwert der von der Unternehmensleitung prognostizierten künftigen Zahlungen ausgewiesen werden. Da die Unternehmensleitung am ehesten in der Lage ist, die künftige Ertragslage abzuschätzen, ist damit sichergestellt, daß alle vorhandenen Informationen bei der Prognose berücksichtigt werden. Eine solche Prognose ist aber weder intersubjektiv überprüfbar, noch ist zu erwarten, daß sie frei von Manipulationen ist. Da die Unternehmensleitung weiß, daß die von ihr ausgewiesene Erfolgsgröße die Grundlage für die Leistungsbeurteilung ist, hat sie keinen Anreiz, eine korrekte Prognose abzugeben, vielmehr wird sie die Ertragslage günstiger darstellen, als es den tatsächlichen Verhältnissen entspricht.

Steht dagegen der Aspekt der Objektivierbarkeit im Vordergrund, so wird man auf eine vollständige Prognose künftiger Zahlungen verzichten müssen. Das ausgewiesene Vermögen entspricht damit auch nicht dem Barwert aller künftigen Zahlungen. Statt dessen kann man eine andere Vorgehensweise wählen: Bei bestimmten Auszahlungen wird unterstellt, daß sie ein Potential zur Erzielung künftiger Einzahlungsüberschüsse schaffen. Als Schätzgröße für den Wert dieses Potentials wird dann die Höhe der Auszahlungen, die zur Schaffung dieses Potentials notwendig sind, angesetzt. Dabei ist offensichtlich gar nicht beabsichtigt, eine möglichst genaue Schätzung zu erreichen, vielmehr geht es vor allem darum, eine allgemein anwendbare Bewertungsregel zu formulieren, die zu einem relativ einfach und objektiv überprüfbaren Wertansatz führt.

Diese Vorgehensweise entspricht offensichtlich den geltenden Ansatz- und Bewertungsgrundsätzen. Anschaffungsauszahlungen für Gegenstände des Anlage- und Umlaufvermögens werden erfolgsneutral behandelt. Dies kann man gedanklich in zwei erfolgswirksame Vorgänge aufspalten, die sich beide betragsmäßig kompensieren. Die Anschaffungsauszahlung stellt zunächst eine Erfolgsminderung dar; gleichzeitig wird aber unterstellt, daß mit der Anschaffung ein Potential zur Erzielung künftiger Einzahlungen geschaffen wird, wobei der Wert dieses Potentials genau den Anschaffungsauszahlungen entspricht. Geht man davon aus, daß nur erfolgversprechende Investitionen in Angriff genommen werden, so kann der Anschaffungswert als ein unterer Schätzwert, d.h. als Ergebnis einer pessimistischen Schätzung des Wertes künftiger Einzahlungsüberschüsse interpretiert werden.[63] Zeigt sich in den folgenden Perioden, daß das tatsächliche Erfolgspotential die Anschaffungsauszahlungen übersteigt, so wird dieser Überschuß in den späteren Perioden erfolgswirksam ausgewiesen, obwohl diese Erfolgsbestandteile bereits in einer früheren Rechnungsperiode verursacht worden sind.

Die herkömmlichen Rechnungslegungsvorschriften führen daher zu einer Gewinngröße, die als periodengerechter Erfolgsmaßstab nur sehr eingeschränkt geeignet ist.[64] Aufgrund des Vorsichtsprinzips und der daraus abgeleiteten weiteren Bewertungsprinzipien wird das Erfolgspotential der Unternehmung immer dann systematisch zu niedrig im Jahresabschluß ausgewiesen, wenn vorteilhafte Investitionsmaßnahmen, d.h. Investitionen mit positivem Kapitalwert, eingeleitet werden. Da die Höhe des Totalerfolgs von dessen Zuordnung auf die einzelnen Rechnungsperioden unberührt bleibt, führt ein nicht verursachungsgerechter Erfolgsausweis einer Periode automa-

---

63 In der gleichen Weise können auch andere Bilanzierungsgrundsätze wie z.B. das Niederstwertprinzip und das Realisationsprinzip als Planungsheuristiken interpretiert werden. Siehe hierzu *Hax* (1989); *Ordelheide* (1988 a, b).

64 Vgl. *Hax* (1964), S. 645 ff.

tisch zu nicht verursachungsgerechten Gewinnausweisen in künftigen Rechnungsperioden. Der zu niedrige Gewinnausweis zu Beginn der Investitionsmaßnahme hat zur Konsequenz, daß in folgenden Perioden der Erfolg zu hoch ausgewiesen wird, nämlich dann, wenn in späteren Perioden Einzahlungsüberschüsse realisiert werden, die die Anschaffungsauszahlung übersteigen.

4.4.2 Die Prognosefunktion des Jahresabschlusses im Rahmen von Principal-Agent-Beziehungen

4.4.2.1 Asymmetrische Informationsverteilung und anreizkompatible Informationsübermittlung

Im folgenden soll untersucht werden, welche Möglichkeiten bestehen, ein Rechnungssystem zu konstruieren, das vor allem den Aspekt der Schätzgenauigkeit künftiger Zahlungen in den Vordergrund stellt. Damit ist zwangsläufig verbunden, daß man der Unternehmensleitung bei der Bewertung des Vermögens freie Hand läßt, mithin auf die Vorgabe einer intersubjektiv überprüfbaren Bewertungsregel verzichtet. Dies kann in Kauf genommen werden, wenn sichergestellt wird, daß für denjenigen, dem die Schätzung obliegt Anreize bestehen, eine korrekte, d.h. dem jeweiligen Informationsstand entsprechende Prognose abzugeben. Gelingt es, die Unternehmensleitung zur korrekten Information zu bewegen, so kann man ein Rechnungssystem konstruieren, das in viel stärkerem Umfang als die herkömmliche Bilanz zukunftsbezogene Informationen enthält. Dies kann, wie das dritte Kapitel gezeigt hat, im Hinblick auf die Informationsbedürfnisse der Kapitalanleger vorteilhaft sein.[65] Hier jedoch

---

65 Zur (mangelnden) Zukunftsbezogenheit von Bilanzinformationen siehe Abschnitt 3.5 dieser Arbeit sowie Moxter (1982), S. 145 ff., (1984), S. 149 ff.; Schildbach (1986), S. 7-9; Schneider (1981), S. 20 ff. Vgl. auch Abschnitt 3.4.2.2 dieser Arbeit.

soll ausschließlich aus der Sicht der Principal-Agent-Theorie untersucht werden, ob eine Rechnungslegung, die auf prognostizierten Größen aufbaut, vorteilhaft ist.[66] Dies ist der Fall, wenn die Risikoallokation und damit automatisch verbunden die Anreizsteuerung verbessert werden können. Eine "*bessere*" Rechnungslegung im Sinne der Principal-Agent-Theorie stellt somit nicht lediglich eine "*bessere*" Abbildungsregel der als gegeben betrachteten güter- und finanzwirtschaftlichen Ströme innerhalb der Unternehmung dar, vielmehr gehen von der unterschiedlichen Art der Erfolgsmessung auch Rückwirkungen auf den leistungswirtschaftlichen Bereich des Unternehmens aus, indem die Motivation der Unternehmensleitung, sich für die Belange der Eigentümer zu engagieren, verstärkt wird.

Erstreckt sich die asymmetrische Informationsverteilung ausschließlich auf die Unbeobachtbarkeit des Arbeitseinsatzes, so ist eine Prognose der künftigen Einzahlungsüberschüsse durch den Agent überflüssig: Da der Principal die Ausprägung aller Einflußgrößen kennt, die in den Optimierungskalkül des Agent eingehen, weiß er auch, welches Aktivitätsniveau der Agent ergreift und welche Wahrscheinlichkeitsverteilung der Einzahlungsüberschüsse hieraus resultiert. Andere Konsequenzen ergeben sich dann, wenn der Agent zusätzliche Informationen besitzt, die der Principal nicht hat. Hier sind zwei unterschiedliche Situationen zu betrachten:

Der Agent erhält, nachdem er den Arbeitseinsatz geleistet hat, eine Information, die unvollständigen Aufschluß über die Höhe des zu erwartenden Einzahlungsüberschusses gibt. Die Information kann somit keinen direkten Einfluß auf die Höhe des Aktivitätsniveaus nehmen, daher ist der Principal weiterhin in der Lage, definitiv vorherbestimmen zu können, wie der Agent auf jede gegebene Anreiz-

---

66 Die Existenz wahrheitsinduzierender Anreizverträge wird in Hartle (1984) untersucht. Dort finden sich aber keine Aussagen darüber, ob eine entobjektivierte Rechnungslegung auch vorteilhaft ist; kritisch äußert sich hierzu Ordelheide (1988 b), S. 287.

funktion reagieren wird. Lediglich über die mit dem Arbeitseinsatz verbundenen Konsequenzen ist der Agent bessert informiert. Genauere *"post-decision"* Informationen sind im Rahmen von Principal-Agent-Beziehungen immer dann von Vorteil, wenn - wie Abschnitt 4.3.2.2 gezeigt hat - das Risiko, dem der Agent ausgesetzt ist, reduziert werden kann und damit eine Verbesserung der Anreizsteuerung erreicht wird. Zu untersuchen ist daher, ob eine Offenlegung derartiger Informationen in Form eines prognostizierten Zahlungsüberschusses auch noch dann vorteilhaft ist, wenn ausschließlich der Agent im Besitz der Information ist und zudem unterstellt wird, daß der Agent nur dann wahrheitsgemäß informiert, wenn dies für ihn vorteilhaft ist.

Denkbar ist aber auch, daß der Agent über private *"pre-decision"* Informationen verfügt. Da es gerade zu einer der Hauptaufgaben der Unternehmensleitung gehört, neue, rentable Investitionsprojekte ausfindig zu machen, wird sie im allgemeinen besser als der Principal die erfolgsmäßigen Konsequenzen ihrer Handlungen abschätzen können. Die Annahme einer asymmetrischen *"pre-decision"* Informationsverteilung ist in der Modellanalyse in der Weise zu berücksichtigen, daß der Agent genauere Kenntnisse über die Produktionsfunktion besitzt. Damit weiß der Principal nun nicht mehr, welches Aktivitätsniveau im Lichte aller verfügbaren Informationen optimal wäre. Da die Aktionswahl des Agent bei gegebener Entlohnungsfunktion unmittelbar vom erhaltenen Signal abhängt, kann der Principal darüber hinaus auch nicht mehr definitiv vorherbestimmen, mit welcher Aktion der Agent auf einen Anreizvertrag reagieren wird. Schließlich hat der Agent zusätzliche Informationen über die Wahrscheinlichkeitsverteilung der Zahlungsüberschüsse, da diese zum einen vom Aktivitätsniveau und darüber hinaus von der genauen Spezifikation der Produktionsfunktion abhängt. Kriterium für den Wert von öffentlichen *"pre-decision"* Informationen sind in Abschnitt 4.3.3 ermittelt worden. Auch hier stellt sich wieder die Frage, ob eine Offenlegung der privaten Informationen des Agent vorteilhaft ist, wenn dem Agent eigennützige Verhalten unterstellt wird.

Voraussetzung für eine wahrheitsgemäße Berichterstattung ist, daß der Principal sich ex ante, d.h. bei Vertragsabschluß, verpflichtet, von der Information nur in einer solchen Weise Gebrauch zu machen, daß es für den Agent niemals nachteilhaft ist, die Wahrheit zu sagen. Damit stellt sich das Problem, ob die Information für den Principal noch einen Wert besitzt, wenn der spätere Gebrauch der Information von vorne herein derart eingeschränkt werden muß. Dieses Problem sei an einem einfachen Beispiel erläutert: Im Rahmen des Agency-Grundmodells ist denkbar, daß der Agent dem Principal mitteilt, welche Aktion er ergriffen hat. Eine Entlohnungsfunktion, bei der der Agent das Mindestnutzenniveau $\bar{U}$ erhält, wenn er das vom Principal gewünschte Aktivitätsniveau meldet und andernfalls eine geringere Entlohnung bekommt, ist offensichtlich nicht anreizkompatibel: Sofern der Principal keine Möglichkeit besitzt, die Information des Agent mit einer positiven Wahrscheinlichkeit vollständig zu überprüfen, wird der Agent stets behaupten, das gewünschte Aktivitätsniveau geleistet zu haben, obwohl er in Wirklichkeit diejenige Aktion wählt, die die geringste Nutzenminderung verursacht. Erhält der Agent dagegen auch dann $\bar{U}$, wenn er einen geringeren als das vom Principal vorgegebene Aktivitätsniveau meldet, so bedeutet dies, daß der Principal die erhaltene Nachricht ignoriert. Für den Agent bestehen nun zwar keine Anreize mehr, die Unwahrheit zu sagen, die Information ist aber offensichtlich wertlos für den Principal, da sie keine Auswirkungen auf die Entlohnung des Agent hat. Aus dem Beispiel geht auch hervor, daß Kommunikation niemals nachteilhaft sein kann, da dem Principal immer die Möglichkeit erhalten bleibt, die Mitteilung des Agent zu ignorieren, indem im Anreizvertrag nur die gemeinsam beobachtbaren Signale berücksichtigt werden. Daher ist hier lediglich die Frage interessant, unter welchen Voraussetzungen Kommunikation einen streng positiven Wert besitzt.

4.4.2.2 Der Wert von Kommunikation bei Informationsasymmetrie nach Aktionswahl

4.4.2.2.1 Darstellung im Rahmen des allgemeinen Modellansatzes

Betrachtet wird eine zweiperiodige Agency-Beziehung, bei der der Agent ausschließlich in der ersten Periode eine Handlung ergreift, die dann über beide Perioden hinweg Zahlungsüberschüsse abwirft. Am Ende der ersten Periode erhält der Agent eine Information y, die unvollständigen Aufschluß über den zu erwartenden Einzahlungsüberschuß am Ende der zweiten Periode gibt. Gemeinsam beobachtet werden können von Agent und Principal die realisierten Zahlungsüberschüsse a_t in den jeweiligen Perioden. Der Agent hat keine Möglichkeit, die Agency-Beziehung vorzeitig zu verlassen.

Es soll untersucht werden, ob ein Anreizvertrag konstruiert werden kann, der sowohl anreizkompatibel ist im Hinblick auf das Aktivitätsniveau des Agent, und zudem den Agent veranlaßt, den von ihm beobachteten Wert von y korrekt mitzuteilen. Darüber hinaus ist zu prüfen, ob ein solcher Anreizvertrag Vorteile bringt gegenüber einer Entlohnung des Agent, die ausschließlich an realisierten Zahlungsüberschüssen anknüpft. Kann die Vorteilhaftigkeit von Kommunikation nachgewiesen werden, so ist damit gezeigt, daß eine Rechnungslegung, die auf subjektiv geschätzten Erfolgsgrößen basiert, einer Erfolgsrechnung überlegen sein kann, die den Aspekt der Objektivierbarkeit der ausgewiesenen Erfolgsgröße in den Vordergrund stellt.

Für die Modellanalyse wird angenommen, daß alle Voraussetzungen erfüllt sind, die das Agency-Problem einer analytischen Handhabung mit Hilfe der Variationsrechnung zugänglich machen. Hierzu zählen:

- Separierbarkeit der Nutzenfunktion des Agent hinsichtlich Arbeitseinsatz und Entlohnung,

- *Monotone-Likelihood-Ratio-Property*

- Konvexität der Verteilungsfunktion der Zahlungsüberschüsse bezüglich e.[67]

Darüber hinaus wird unterstellt, daß die Nutzenfunktion von Principal und Agent zeitadditiv sind.

Notwendige Bedingung für die Vorteilhaftigkeit einer Kommunikation von y ist, daß das Signal auch bei kostenloser gemeinsamer Beobachtbarkeit einen positiven Wert besitzt. Andernfalls kann eine Kommunikation von y niemals vorteilhaft sein, da die Notwendigkeit, den Agent zur wahrheitsgemäßen Berichterstattung zu motivieren, zusätzliche Aufwendungen verursacht. Hinreichende Bedingung dafür, daß ein von Agent und Principal gemeinsam beobachtbares Signal y einen positiven Wert besitzt, ist, daß y eine suffiziente Statistik ist für das Signal (a_2, y) bezüglich e. In diesem Fall gilt:[68]

$$f_2(a_2, y/e) = g(y/e) \cdot h(a_2/y)$$

Alle Informationen, die die Beobachtung von a_2 und y über den geleisteten Arbeitseinsatz liefern, sind auch in y alleine enthalten. Die Beobachtung des Zahlungsüberschusses a_2 liefert keine zusätzli-

67 vgl. hierzu die Ausführungen in Abschnitt 4.2.1.2.

68 vgl. hierzu die Ausführungen in Abschnitt 4.3.2.2.

chen Informationen über das Aktivitätsniveau, die nicht bereits in y enthalten sind.

Auf eine Informationsübertragung, die Kosten verursacht, wird man nur dann zurückgreifen, wenn kostenlose Informationsübertragung nicht möglich ist. Zu einer wahrheitsgemäßen Berichterstattung kann der Agent immer dann kostenlos motiviert werden, wenn der Principal – wenn auch nur mit geringer Wahrscheinlichkeit - anhand der Beobachtung von a_2 mit Sicherheit feststellen kann, ob der Agent korrekt informiert hat.[69] Eine solche vollständige Überprüfbarkeit der Mitteilung des Agent ist ausgeschlossen, wenn der Wertebereich, über dem a_2 verteilt ist, unabhängig davon ist, welches Signal der Agent erhalten hat.

Zur Vereinfachung der Modellanalyse werden zwei weitere Annahmen getroffen:

- Der Zahlungsüberschuß der ersten Periode ist unabhängig vom geleisteten Arbeitseinsatz. Da a_1 somit keine Informationen über e enthält, wird a_1 nur Bestandteil der Entlohnung, um eine Risikoaufteilung zwischen Agent und Principal zu erreichen. Da dies unabhängig von dem Agency-Problem ist, wird die Bestimmung der optimalen Entlohnung des Agent in der ersten Periode als gelöst vorausge-

---

69 vgl. zu Modellansätzen, in denen eine solche Überprüfbarkeit angenommen wird: *Baiman/Demski* (1980); *Dye* (1986); *Kanodia* (1985); *Wagenhofer* (1987): Ist eine vollständige (kostenlose) Überprüfbarkeit der Information des Agent, wenn auch nur mit geringer Wahrscheinlichkeit, möglich, so kann prinzipiell die gleiche Lösung erreicht werden, die bei öffentlicher Beobachtbarkeit von y erreichbar ist. Voraussetzung hierfür ist allerdings, daß die Entlohnung des Agent bei entdeckter Fehlinformation hinreichend niedrig ausfallen kann. Je höher diese "Bestrafung" des Agent sein kann, desto niedriger ist die erforderliche Mindestwahrscheinlichkeit, mit der eine Fehlinformation entdeckt werden muß, damit es für den Agent vorteilhaft ist, korrekt zu informieren. Dieser Zusammenhang kann auch dazu genutzt werden, die Kontrollkosten zu minimieren.

setzt und im folgenden nicht weiter betrachtet. Damit entfällt auch die Notwendigkeit, U(·), V(·), ζ(·) sowie a mit einem Zeitindex zu versehen, da sich alle Größen auf die zweite Periode beziehen.

- Der Zusammenhang zwischen a und y sei derart, daß gilt:

$$\frac{\partial E(a/y)}{\partial y} > 0$$

Diese Bedingung entspricht in etwa der *Monotone-Likelihood-Ratio-Property* im Agency-Grundmodell, allerdings mit dem Unterschied, daß der Agent y nicht direkt, sondern nur mittelbar über das Aktivitätsniveau beeinflussen kann.

Im Agency-Modell ist nun zusätzlich zu berücksichtigen, daß die Entlohnungsfunktion anreizkompatibel ist im Hinblick auf die Informationsstrategie des Agent. Dabei kommt es zunächst darauf an, eine Entlohnungsfunktion zu finden, bei der der Agent jedem beobachteten Signal y in eineindeutiger Weise eine Nachricht $\hat{y}$ zuordnet. $\hat{y}$ braucht nicht identisch mit y zu sein, wichtig ist aber, daß der Principal aufgrund der funktionalen Beziehung $\hat{y}=g(y)$ eindeutig auf $y=g^{-1}(\hat{y})$ schließen kann. Dies setzt voraus, daß der Principal weiß, wie der Agent bei gegebener Entlohnungsfunktion auf den Erhalt einer Nachricht reagiert. Durch eine geeignete Umformulierung der Entlohnungsfunktion in $\zeta(a,\hat{y})=\hat{\zeta}\left(g^{-1}(\hat{y}),a\right)$ kann dann immer erreicht werden, daß der Agent die Wahrheit sagt, d.h. $\hat{y}=y$ meldet, und Principal und Agent unter $\zeta(a,\hat{y})$ das gleiche Nutzenniveau erreichen wie bei Verwendung von $\hat{\zeta}(a,\hat{y})$.[70] Dieser auch als "*Revelation Principle*"[71] bekannte Zusammenhang hat zur Konsequenz, daß man sich bei der Suche nach optimalen Entlohnungsfunktionen auf solche

---

70 Dies macht deutlich, daß die Informationsstrategie $\hat{y}=g(y)$ implizit durch die Entlohnungsfunktion bestimmt wird.

71 Vgl. hierzu Harris/Townsend (1981); Myerson (1979), (1982). Zur Anwendbarkeit des *Revelation Principle* siehe auch: Green,J./Laffont (1986).

beschränken kann, die den Agent veranlassen, die Wahrheit zu sagen. Denn durch die Verwendung einer Anreizfunktion, bei der der Agent in systematischer Weise die Unwahrheit sagt , ist keine Allokation erreichbar, die nicht auch durch die Verwendung einer wahrheitsinduzierenden Entlohnungsfunktion erreicht werden könnte.

Das Agency-Modell ist nun um zwei Nebenbedingungen zu erweitern; Zunächst ist zu berücksichtigen, daß der Agent aus der Menge möglicher Signale stets dasjenige wählt, das seinen eigenen Nutzen maximiert. Schließlich soll die Betrachtung auf solche Entlohnungsfunktionen beschränkt bleiben, die den Agent zur wahrheitsgemäßen Berichterstattung motivieren. Das Agency-Programm lautet damit:[72]

(4.4.2.1) $$\max_{e,y,\zeta} \int_y \int_a V[a - \zeta(a,y)] \cdot f(a,y/e)\, d a\, d y$$

unter den Nebenbedingungen

(4.4.2.2) $$\int_y \int_a U_1\big(\zeta(a,y)\big) \cdot f(a,y/e)\, d a\, d y \geq \bar{U}$$

(4.4.2.3) $$\int_y \int_a U_1\big(\zeta(a,y)\big) \left.\frac{\partial f(a,y/e)}{\partial e}\right|_{e=e*} d a\, d y - \left.\frac{\partial U\ (e)}{\partial e}\right|_{e=e*} = 0$$

(4.4.2.4) $$\hat{y}(y/e) \in \operatorname*{argmax}_{\hat{y}''} \left[\int_a U_1\big(\zeta(a,\hat{y}')\big)\, f(a/y,e)\, d a - U_2(e) \right]$$

(4.4.2.5) $y = \hat{y}(y/e)$ für alle y und e

---

72 Vgl. <u>*Dye*</u> (1983), S. 525.

Beziehung (4.4.2.1) ist die Zielfunktion des Principal, die erste Nebenbedingung stellt sicher, daß der Agent einen exogen vorgegebenen erwarteten Mindestnutzen erhält, (4.4.2.3) und (4.4.2.4) berücksichtigen, daß der Agent sich sowohl hinsichtlich des Arbeitseinsatzes als auch der Mitteilung über y opportunistisch verhält. (4.4.2.5)) schließlich besagt, daß nur wahrheitsinduzierende Entlohnungsfunktionen betrachtet werden.

Die Annahme der Suffizienz von y für (a,y) bezüglich e erlaubt es, Nebenbedingung (4.4.2.4) in eine Form zu bringen, die analytisch einfacher handhabbar ist. Aufgrund der Suffizienz gilt:

$$f(a/y,e) = f(a/y)$$

Die bedingte Verteilung des Zahlungsüberschusses hängt nur vom Signal y ab und nicht auch unmittelbar vom Aktivitätsniveau. Damit hängt die optimale Mitteilungsstrategie des Agent ebenfalls nur von y und nicht direkt auch von e ab. Daher kann für (4.4.2.4) auch geschrieben werden:

$$\text{(4.4.2.4')} \quad \hat{y}(y) \in \underset{\hat{y}'}{\operatorname{argmax}} \int_a U_1\big(\zeta(a,\hat{y}')\big)\, f(a/y)\, da$$

Da der bedingte Erwartungswert von a eine kontinuierlich steigende Funktion von y ist, kann (4.4.2.4') schließlich weiter vereinfacht werden zu:

$$\text{(4.4.2.4'')} \quad \int_a \left. \frac{\partial U_1\big(\zeta(a,y)\big)}{\partial \zeta(a,y)} \cdot \frac{\partial \zeta(a,y)}{\partial y} \right|_{\hat{y}=y} f(a/y)\, da = 0$$

Die notwendige Bedingung für das Vorliegen einer optimalen Lösung $\zeta*(a,y)$, $e*$ ist dadurch gekennzeichnet, daß die aus dem Agency-Programm sowie aus (4.4.2.4'') gebildete Lagrange-Funktion an der

Stelle ζ^*, e^* einen stationären Punkt aufweist. Dies führt zu folgender Bedingung für die optimale Entlohnungsfunktion.[73]

$$(4.4.2.6) \qquad \frac{\dfrac{\partial V[a-\zeta(a,y)]}{\delta\zeta(a,y)}}{\dfrac{\partial U_1\big(\zeta(a,y)\big)}{\partial\zeta(a,y)}} = \lambda_0 - \frac{d\lambda_2(y)}{dy} + \frac{\lambda_1\dfrac{\partial f(a,y/e)}{\partial e} - \lambda_2\dfrac{\partial f(a,y/e)}{\partial y}}{f(a,y/e)}$$

Hierbei sind λ_0, λ_1 sowie $\lambda_2(y)$ die den Nebenbedingungen [(4.4.2.2-4 ''] zugeordneten Lagrange-Multiplikatoren. Offensichtlich geht (4.4.2.6) in die aus dem Agency-Grundmodell bekannte Charakterisierung des optimalen Entlohnungsvertrages über, wenn die Nebenbedingung (4.4.2.4''), die die optimale Mitteilungsstrategie des Agent berücksichtigt, entfällt.

Der mögliche Vorteil einer Kommunikation von y liegt darin, daß der Agent ein geringeres Risiko zu tragen hat, wenn seine Entlohnung nicht nur vom Zahlungsüberschuß, sondern zusätzlich auch vom Signal y abhängt. Da Risikoaufteilung und Anreizsteuerung in einer Principal-Agent-Beziehung eng miteinander verzahnt sind, geht mit der Verbesserung der Risikoallokation auch eine verbesserte Anreizsteuerung einher. Somit hat die Beobachtung von y Auswirkungen auf das Verhalten des Agent, obwohl dieser die Ausprägung der Information y zum Zeitpunkt der Entscheidung über das optimale Aktivitätsniveau noch gar nicht kennt. Dies steht in offensichtlichem Widerspruch zu den informationsökonomischen Erkenntnissen, die sich auf den klassischen entscheidungstheoretischen Kontext beziehen. Dort gilt, daß eine Information, die erst eintrifft, nachdem der Entscheidungsträger die optimale Handlung gewählt hat, keinen Wert besitzen kann, da sie zu keiner verbesserten Entscheidungsfindung mehr beitragen kann. Im Agency-Kontext kommt es darauf an,

---

73 Zur Herleitung von (4.4.2.6) siehe Anhang 4.2.

daß der Agent bei der Entscheidung über das Aktivitätsniveau bereits antizipiert, daß er später über Informationen verfügen wird, die - sofern sie dem Principal mitgeteilt werden - eine genauere Beurteilung seiner Tätigkeit erlauben werden.

Aufschlußreich ist ein Vergleich der beiden Situationen, die dadurch gekennzeichnet sind, daß y einmal öffentliche Information ist und zum anderen private Information des Agent darstellt. Aufgrund der Suffizienzeigenschaft von y für (a,y) bezüglich e sehen sich Principal und Agent bei der Bestimmung des Entlohnungsvertrages für jedes gegebene y einer Lotterie

$$\int_a \zeta(a)\, f(a/y)\, da$$

gegenüber. In einer Welt, in der y von Agent und Principal beobachtbar ist, wird die Entlohnung nur deshalb auch vom Zahlungsüberschuß abhängen, weil damit eine Risikoaufteilung zwischen Principal und Agent erreicht werden kann, nicht aber, weil auf das Verhalten des Agent eingewirkt werden soll. Für die Anreizsteuerung reicht die Kenntnis von y aus, a ist somit versicherungsinformativ.[74] Ist der Principal risikoneutral, so wird die Entlohnung des Agent ausschließlich eine Funktion von y sein, da a keine über y hinausgehenden Informationen über das Aktivitätsniveau des Agent enthält und eine Einbeziehung von a in die Entlohnungsfunktion lediglich das vom Agent zu tragende Risiko erhöhen würde.

Kann y dagegen nicht vom Principal beobachtet, sondern nur durch den Agent übermittelt werden, so kann die Entlohnung des Agent auch bei risikoneutralem Principal nicht unabhängig von a sein. Der tatsächlich realisierte Zahlungsüberschuß liefert nämlich unvollständigen Aufschluß darüber, ob der Agent korrekt informiert hat, a

74 Vgl. hierzu Abschnitt 4.2.3.2.1.

ist somit anreizinformativ hinsichtlich der Informationsübermittlung durch den Agent. Bei einem risikoscheuen Principal gilt entsprechend, daß die Entlohnung des Agent in stärkerem Maße vom Zahlungsüberschuß abhängt, als dies allein aus Gründen der Risikoaufteilung optimal wäre, denn a erfüllt als Bemessungsgrundlage für die Entlohnungsfunktion nun zwei Aufgaben. Zum einen dient es der Herstellung einer Risikoaufteilung zwischen Agent und Principal, und darüber hinaus soll der Agent motiviert werden, wahrheitsgemäß zu berichten. Dies wird erreicht, indem die Entlohnung nicht nur eine Funktion des prognostizierten, sondern auch des realisierten Zahlungsüberschusses ist. Der Wohlfahrtsverlust, der daraus resultiert, daß die Entlohnung des Agent in höherem Maße von a abhängt, als es aus Gründen der Risikoallokation optimal wäre, stellt somit die Kosten dar, die mit der Informationsübertragung der Nachricht y verbunden sind.

Nur wenn diese Kosten geringer sind als die Vorteile, die mit einer Informationsübertragung verbunden sind, hat die Kommunikation letztlich einen positiven Wert. Trivial ist, daß Kommunikation niemals einen negativen Wert haben kann:[75] Dem Principal steht immer die Möglichkeit offen, die Nachricht des Agent zu ignorieren, d.h. die Entlohnung ausschließlich vom realisierten Zahlungsüberschuß abhängig zu machen. Eine eigentliche Informationsübertragung findet damit gar nicht statt. Interessant ist daher nur die Fragestellung, ob und unter welchen Bedingungen eine Kommunikation von y einen streng positiven Wert besitzt. Hierzu kann folgendes Ergebnis bewiesen werden:

Es kann ein Entlohnungsvertrag $\zeta(a,\hat{y})$ konstruiert werden, der den Agent veranlaßt, wahrheitsgemäß zu informieren und der darüber

---

75 "*no damage in knowledge*", Marschak (1954), S. 201; Obwohl sich diese Aussage auf den klassischen entscheidungstheoretischen Kontext bezieht, kann sie mit der gleichen Argumentationsweise auch für die Principal-Agent-Problematik begründet werden.

hinaus zu einer im Sinne des Pareto-Kriteriums besseren Lösung des Agency-Problems führt als ein Entlohnungsvertrag, der nur von a abhängt. Kommunikation von y besitzt somit einen positiven Wert.

Die Voraussetzungen, unter denen dieses Ergebnis gilt, werden im folgenden noch einmal kurz zusammengefaßt:

- y ist eine suffiziente Statistik für (a,y) bezüglich e;

- E(a/y) ist eine steigende Funktion von y und liegt im Intervall $[\underline{a},\overline{a}]$;

- Der Wertebereich, über dem der Zahlungsüberschuß a verteilt ist, hängt nicht davon ab, welches Signal der Agent erhalten hat;

- Es sind alle diejenigen Voraussetzungen erfüllt, die erforderlich sind, um das Agency-Grundmodell als ein Problem der Variationsrechnung darstellen zu können (Vgl. hierzu den Abschnitt 4.2.1.2) dieser Arbeit);

Der Beweis der Vorteilhaftigkeit von Kommunikation ist sehr umfangreich und vorwiegend formaler Natur. Er ist daher im Anhang dargestellt.[76] Hier sei skizziert, wie ein wahrheitsinduzierender Entlohnungsvertrag konstruiert werden kann. Ausgangspunkt ist $\zeta^*(a)$, der optimale Entlohnungsvertrag bei Verzicht auf Kommunikation. Zu diesem Entlohnungsvertrag wird nun eine Größe $\delta\zeta(a,\hat{y})$ hinzuaddiert, deren Ausprägung sowohl von der Nachricht des Agent als auch von dem tatsächlichen Zahlungsüberschuß abhängt. Für $\delta\zeta(a,\hat{y})$ gilt im einzelnen:

$$\delta\zeta(a,\hat{y}) = \begin{cases} n_1(a) & \text{für } \hat{y} \in Y_1 \\ n_2(a) & \text{für } \hat{y} \in Y_2 \end{cases}$$

76 Vgl. Anhang 4.3.

$$\text{mit} \quad \frac{d\,n_1(a)}{d\,a} > \frac{d\,n_2(a)}{d\,a}$$

Y_1 und Y_2 sind zwei disjunkte Teilmengen des Wertebereichs von y, wobei gilt: $y_1 > y_2$, für alle $y_1 \epsilon Y_1$, $y_2 \epsilon Y_2$.

Meldet der Agent einen hohen Ertrag ($\hat{y} \epsilon Y_1$), so ist dies nur dann glaubwürdig, wenn er auch bereit ist, einen höheren Anteil am Risiko zu tragen.[77] Hat der Agent dagegen einen niedrigen Wert von y beobachtet, so ist auch der Erwartungswert des Zahlungsüberschusses niedrig. Damit ist es für den Agent vorteilhaft, eine Entlohnungsfunktion zu wählen, die in geringerem Ausmaße von der Höhe des Zahlungsüberschusses abhängt. Ein Entlohnungsvertrag kann daher nur dann wahrheitsinduzierend sein, wenn der Agent sich an seine Prognose selbst bindet. Anders formuliert bedeutet dies, daß der Agent zur Rechenschaft gezogen werden muß, wenn prognostizierter und realisierter Zahlungsüberschuß nicht übereinstimmen.[78] Da der Agent aber den künftigen Zahlungsüberschuß selbst auch nicht mit Sicherheit kennt, besteht für ihn das Risiko, daß er für eine Prognoseabweichung verantwortlich gemacht wird, obwohl er - seinem Informationsstand zufolge - korrekt informiert hat. Für dieses zusätzliche Risiko muß der Agent entschädigt werden. Hierin liegen die Kosten, die mit der Informationsübertragung verbunden sind. Im Anhang ist gezeigt, daß bei geeigneter Formulierung des Entlohnungsvertrages die Vorteile der Kommunikation die Kosten überwiegen.

---

77 Zu einem ähnlichen Ergebnis kommen *Leland/Pyle* (1977) im Rahmen eines finanzierungstheoretischen Signalling-Modells: Ein Alleineigentümer kann eine optimistische Einschätzung der Ertragskraft seiner Unternehmung dadurch glaubwürdig dokumentieren, indem er selbst einen hohen Anteil am Eigenkapital hält, seine "Entlohnung" somit im hohen Maße erfolgsabhängig ist.

78 *Schneider* spricht in diesem Zusammenhang vom "Grundsatz einer imparitätischen Behandlung von Ermessensentscheidungen"; *Schneider* (1988 a), S. 1191.

Ein ähnliches Problem besteht - wie bereits in Abschnitt 4.2.2.1 beschrieben wurde, hinsichtlich der eigentlichen Agency-Problematik: Da die Entlohnung des Agent von einer Größe abhängt, die in einer stochastischen Beziehung zum Aktivitätsniveau steht, ist der Agent auch hier dem Risiko ausgesetzt, daß seine Entlohnung niedrig ausfällt, obwohl er ein hohes Aktivitätsniveau gewählt hat. Somit stellt die hier betrachtete Fragestellung ein doppeltes Agency-Problem dar.

Für einen Spezialfall kann die Vorteilhaftigkeit von Kommunikation sehr anschaulich erklärt werden.[79] Meldet der Agent $\hat{y}$, so weiß der Principal im allgemeinen nicht, ob der tatsächliche Wert des Signals größer oder kleiner als $\hat{y}$ ist. Ist aber Principal und Agent bekannt, daß der Wert des Signals nur Realisationen in einem Intervall $[\underline{y}, \bar{y}]$ annehmen kann, so liegt dann, wenn die Realisation von y zugleich eine der Intervallgrenzen darstellt, eine asymmetrische Informationsverteilung nur in eingeschränktem Maße vor: meldet der Agent $\hat{y}=\underline{y}$ ($\hat{y}=\bar{y}$), so weiß der Principal, daß der tatsächliche Wert von y nicht geringer (größer), sondern lediglich größer (kleiner) oder gleich $\underline{y}$ ($\bar{y}$) sein kann. Da aus Gründen der Anreizkompatibilität $\zeta(a)$ eine steigende Funktion von a ist, und wegen $\partial E(a/y)/\partial y>0$ auch $E\big(\zeta(a/y)\big)$ mit steigendem y zunimmt, gibt die eingeschränkte Informationsasymmetrie am unteren Intervallende dem Principal die Möglichkeit, für den Fall $\hat{y}=\underline{y}$ einen Vertrag anzubieten, der eine wahrheitsgemäße Berichterstattung induziert und zugleich eine verbesserte Risikoallokation ermöglicht. Bei jedem gegebenem y sieht sich der Agent einer Lotterie

$$\int_a \zeta(a)\cdot f(a/y)\,da \qquad \text{für alle} \quad y\in[\underline{y},\bar{y}]$$

gegenüber. Der Erwartungswert des Nutzens und das Sicherheitsäquivalent SÄ(a/y) dieser Lotterie lauten:

---

79 Vgl. *Penno* (1985).

$$U_1\big(SÄ(a/y)\big) = \int_a U_1\big(\zeta(a)\big) \cdot f(a/y)\, da \qquad \text{für alle } y$$

Mit $SÄ(a/y)_{Min}$ wird das kleinste Sicherheitsäquivalent bezeichnet, d.h.:

$$SÄ(a/y)_{Min} = \underset{y}{Min} \left\{ SÄ(a/y) \right\}$$

Y_{Min} bezeichnet denjenigen Wertebereich von y, für den gilt:

$$Y_{Min} = \left\{ y \Big/ \int_a U_1\big(\zeta(a)\big) \cdot f(a/y)\, da = U_1\big(SÄ(a/y)_{Min}\big) \right\}$$

Es kann nun gezeigt werden, daß ein Anreizvertrag mit Kommunikation $\zeta(a,\hat{y})$, für den gilt,

$$\zeta(a/\hat{y}) = \begin{cases} SÄ(a/y)_{Min} & \text{wenn } \hat{y} \in Y_{Min} \\ \zeta(a) & \text{wenn } \hat{y} \notin Y_{Min} \end{cases}$$

sowohl wahrheitsgemäße Berichterstattung induziert als auch den optimlen Vertrag ohne Kommunikation $\zeta(a)$ dominiert. Die Mitteilung des Agent hat also nur dann Einfluß auf den Anreizvertrag, wenn $\hat{y} \in Y_{Min}$ gemeldet wird, andernfalls behält der optimale Entlohnungsvertrag ohne Kommunikation Gültigkeit.

Die Anreizkompatibilität von $\zeta(a,\hat{y})$ ist leicht zu zeigen, zu unterscheiden sind die beiden Fälle $y \in Y_{Min}$ und $y \notin Y_{Min}$.

1. Meldet der Agent $\hat{y} \notin Y_{Min}$, obwohl $y \in Y_{Min}$, so erzielt er einen Erwartungsnutzen in Höhe von:

$$\int_a U_1\big(\zeta(a)\big) \cdot f(a/y)\, da \qquad\qquad y \in Y_{Min}$$

Bei wahrheitsgemäßer Information erhält der Agent dagegen den Betrag $SÄ(a/y)_{Min}$, für den definitionsgemäß gilt:

$$U_1\big(SÄ(a/y)_{Min}\big) = \int_a U_1\big(\zeta(a)\big) \cdot f(a/y)\, da \qquad y \in Y_{Min}$$

Da der Agent annahmegemäß bei Nutzenindifferenz die Wahrheit sagt, berichtet er $\hat{y} \in Y_{Min}$, wenn $y \in Y_{Min}$

2. Gilt umgekehrt $y \notin Y_{Min}$, und meldet der Agent dennoch $\hat{y} \in Y_{Min}$, so erhält er:

$$U_1\big(SÄ(a/y)_{Min}\big) < \int_a U_1\big(\zeta(a)\big) \cdot f(a/y)\, da \qquad \text{für alle} \quad y \notin Y_{Min}$$

Die rechte Seite gibt den Erwartungsnutzen an, den der Agent bei wahrheitsgemäßer Mitteilung erhält.

Damit ist gezeigt, daß der Vertrag $\zeta(a,\hat{y})$ anreizkompatibel ist hinsichtlich der Informationstätigkeit des Agent. Die Vorteilhaftigkeit von $\zeta(a,\hat{y})$ gegenüber $\zeta(a)$ resultiert aus der verbesserten Risikoallokation für den Fall, daß $y \in Y_{Min}$ eintritt. Aufgrund der Risikoscheu des Agent gilt für das Sicherheitsäquivalent $SÄ(a/y)_{Min}$:

$$SÄ(a/y)_{Min} < \int_a \zeta(a) \cdot f(a/y)\, da \qquad\qquad \text{für alle} \quad y \in Y_{Min}$$

Ist der Principal risikoneutral, so folgt daraus:

$$\left(a - SÄ(a/y)_{Min}\right) > \int \left(a - \zeta(a)\right) \cdot f(a/y)\, da \quad \text{für alle} \quad y \in Y_{Min}$$

Da die Eintrittswahrscheinlichkeit des Ereignisses $y \in Y_{Min}$ positiv ist, gilt:

$$\int_y \int_a \left(a - \zeta(a,\hat{y})\right) \cdot f(a/y) \cdot f(y/e)\, da\, dy > \int_y \int_a \left(a - \zeta(a)\right) \cdot f(a/y) \cdot f(y/e)\, da\, dy$$

Damit ist gezeigt, daß $\zeta(a,\hat{y})$ sowohl anreizkompatibel ist als auch zu einer besseren Lösung des Agency-Problems beiträgt.

4.4.2.2.2 Darstellung im Rahmen eines spezielleren Modellansatzes

Um deutlicher herauszuarbeiten, wie sich eine asymmetrische Informationsverteilung hinsichtlich der Ertragsaussichten der Unternehmung und die Kommunikation dieses Informationsvorsprungs auf das Nutzenniveau von Agent und Principal auswirken, wird die im vorangegangenen Abschnitt behandelte Problematik im folgenden noch einmal im Rahmen des vereinfachten sogenannten *LEN*-Modells analysiert. Dabei wird das Grundmodell in der foglenden Weise modifiziert:[80]

- Der Agent wählt in der ersten Periode das Aktivitätsniveau e, aus dem in t=1 und t=2 unsichere Zahlungsüberschüsse resultieren in Höhe von:

(4.4.2.7)
$$\tilde{a}_1 = e + \tilde{\varphi}$$
$$\tilde{a}_2 = e + \tilde{\varepsilon} + \tilde{z}$$

---

80 Vgl. Abschnitt 4.2.1.3.

$\tilde{\varphi}$, $\tilde{\varepsilon}$ und $\tilde{z}$ sind drei normalverteilte Zufallsvariablen mit $E(\tilde{\varphi})=E(\tilde{\varepsilon})=E(\tilde{z})=0$ und $Var(\tilde{\varphi})=\sigma_\varphi^2$, $Var(\tilde{\varepsilon})=\sigma_\varepsilon^2$, $Var(\tilde{z})=\sigma_z^2$. Alle Zufallsvariablen sind miteinander unkorreliert.

- Die Nutzenfunktionen von Agent und Principal weisen die Eigenschaft der Zeitadditivität auf; der Agent ist risikoscheu mit konstanter Risikoaversion und der Principal sei risikoneutral:

$$U_A = -\exp\left(\gamma(w_1 - e^2)\right) - R\cdot\exp\left(-\gamma\cdot w_2\right)$$

(4.4.2.8)

$$V = \left[(1-\zeta_1) + R(1-\zeta_2)\right]\cdot e - (r_1 + R\cdot r_2)$$

Mit R ist ein subjektiver Diskontierungsfaktor bezeichnet, der für Agent und Principal identisch ist.

- Am Ende der ersten Periode beobachtet der Agent die Realisation der Zufallsvariablen $\tilde{y}=e+\tilde{\varepsilon}$. Gemeinsam beobachtbar sind für Principal und Agent die jeweils realisierten Zahlungsüberschüsse.

Offensichtlich enthält der Zahlungsüberschuß a_2 keine Informationen über das Aktivitätsniveau, die nicht auch bereits in dem Signal y enthalten sind. Könnte der Principal ebenfalls y beobachten, so würde der Anreizvertrag ausschließlich von y und a_1 ahängen, da eine zusätzliche Abhängigkeit der Entlohnung von a_2 lediglich ein höheres Risiko für den Agent bedeutet.

Ist y für den Principal nicht beobachtbar, so kommt zunächst ein Entlohnungsvertrag in Betracht, der ausschließlich von den realisierten Zahlungsüberschüssen abhängt. Dieser Entlohnungsvertrag ist zugleich der Ausgangspunkt zur Analyse eines Anreizvertrages mit Kommunikation. Die optimalen Werte für die Parameter des Entlohnungsvertrages lassen sich analog zu der Vorgehensweise in Abschnitt 4.2.1.3.1 ermitteln:

$$(4.4.2.9) \qquad \zeta_1^* = \frac{1+R}{1+2\gamma\sigma_\varphi^2 + \dfrac{\sigma_\varphi^2}{\sigma_z^2+\sigma_\varepsilon^2}}$$

$$(4.4.2.10) \qquad \zeta_2^* = \frac{1+R}{R\left[1+2\gamma(\sigma_z^2+\sigma_\varepsilon^2) + \dfrac{\sigma_z^2+\sigma_\varepsilon^2}{\sigma_\varphi^2}\right]}$$

$$(4.4.2.11) \qquad r_1^* + R\cdot r_2^* = m - \frac{(1+R)^2\,(\sigma_z^2+\sigma_\varepsilon^2+\sigma_\varphi^2)\left[\sigma_z^2+\sigma_\varepsilon^2+\sigma_\varphi^2 - 2\gamma\sigma_\varphi^2(\sigma_z^2+\sigma_\varepsilon^2)\right]}{4\left[\sigma_z^2+\sigma_\varepsilon^2+\sigma_\varphi^2+2\gamma\sigma_\varphi^2(\sigma_z^2+\sigma_\varepsilon^2)\right]^2}$$

Wie aus (4.4.2.9) und (4.4.2.10) zu erkennen ist, hängt die Größenrelation von ζ_1^* und ζ_2^* davon ab, wie groß die Varianz der Zahlungsüberschüsse in den jeweiligen Perioden ist. Es gilt diesbezüglich folgende Relation:

$$\zeta_1^* \gtreqless R\cdot\zeta_2^* \quad \text{wenn} \quad Var(a_2) \gtreqless Var(a_1)$$

Je geringer die Varianz des Zahlungsüberschusses einer Periode ist, desto infomativer ist dieser im Hinblick auf das vom Agent gewählte Aktivitätsniveau. Daher ist ζ eine fallende Funktion der Varianz von a_t.

Nach der Beobachtung von y sieht sich der Agent einer Lotterie gegenüber mit dem Erwartungswert $r_2+\zeta_2\cdot y$ und der Varianz $\zeta_2^2\cdot\sigma_z^2$. Das dieser Lotterie zugeordnete Sicherheitsäquivalent beträgt:

$$(4.4.2.12) \qquad SÄ(a_2/y) = r_2+\zeta_2\cdot y - \frac{\gamma}{2}\zeta_2^2\sigma^2$$

Differentiation von (4.4.2.12) ergibt:

$$\frac{d\zeta_2}{dr_2}A = -\frac{1}{y-\gamma\zeta_2\sigma_z^2} \tag{4.4.2.13}$$

Einsetzen in $\left(y = e + \varepsilon\right)$ aus der Reaktionsfunktion des Agent $\left[e = (\zeta_1 + R\cdot\zeta_2)/2\right]$ liefert:

$$\frac{d\zeta_2}{dr_2}A = -\frac{1}{\frac{\zeta_2}{2}\,[R - 2\gamma\sigma_z^2]\frac{\zeta_1}{2} + \varepsilon} \tag{4.4.2.14}$$

Der Differentialquotient in (4.4.2.14)) kann als Steigungsmaß einer Indifferenzkurve aufgefaßt werden, die Kombinationen von ζ_2 und r_2 gleichen Nutzenniveaus repräsentiert. Ob die Indifferenzkurven steigen oder fallen, hängt nun nicht ausschließlich von den Parametern γ und σ_z^2 ab, sondern auch von ζ_1 und zudem insbesondere von der Realisation der Zufallsvariablen $\tilde{\varepsilon}$. Im weiteren Verlauf soll nur der Fall betrachtet werden, daß der Nenner von (4.4.2.14) positiv ist, die Indifferenzkurven des Agent somit einen fallenden Verlauf haben. Die zweite Ableitung des Differentialquotienten zeigt, daß die Indifferenzkurven stets konvex sind:

$$\frac{d^2\zeta_2}{dr_2^2}A = \frac{\gamma\sigma_z^2}{\left[\frac{1}{2}\left(\zeta_2(R - 2\gamma\sigma_z^2) + \zeta_1\right) + \varepsilon\right]} > 0 \tag{4.4.2.15}$$

Aus (4.4.2.13) ist weiterhin zu erkennen, daß die Indifferenzkurven um so flacher verlaufen, je größer y ist, d.h. je höher bei gegebenem Aktivitätsniveau die Realisation der Zufallsvariablen $\tilde{\varepsilon}$ ist. Dies ist leicht zu erklären: Je höher ε ist, desto höher ist auch der erwartete Zahlungsüberschuß in t=2. Damit führt jeder Wert von ζ_2 bei gleicher Varianz nun zu einem höheren erwarteten Einkommen des Agent und damit auch zu einem höheren Nutzenniveau. Somit kann jedem r_2-Wert nun ein geringerer ζ_2-Wert zugeordnet werden, ohne daß das Nutzenniveau des Agent abgesenkt wird. Abbildung 4.4.2.1 zeigt zwei Indifferenzkurven des Agent, die jeweils das gleiche Nutzenniveau repräsentieren, aber unterschiedlichen Werten von ε zugeordnet sind:

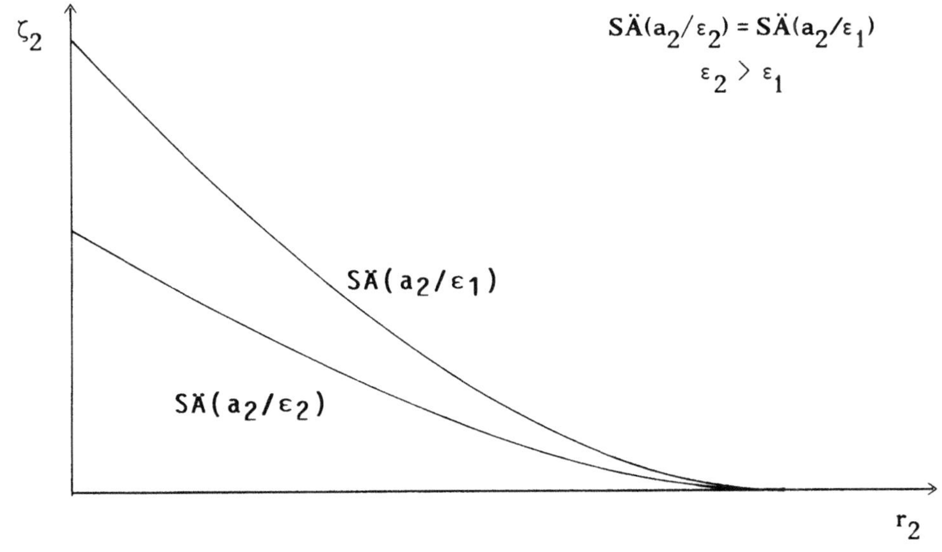

Abbildung 4.4.2.1: Indifferenzkurven des Agent bei unterschiedlichen Werten von ε

Kennt der Principal ebenfalls die Realisation von ε, nicht aber die von y [81] so können diejenigen Kombinationen von ζ_2 und r_2 ermittelt werden, die dem Principal bei gegebenem ζ_1 und gegebenem r_1 den gleichen Ertrag erbringen, indem in

(4.4.2.16) $\quad V(a_2/\varepsilon) = (1-\zeta_2)\cdot(e+\varepsilon) - r_2$

---

81 Kennt der Principal auch y, so kann er aus $\tilde{y} = e + \tilde{\varepsilon}$ auf den tatsächlichen Arbeitseinsatz zurückschließen. In diesem Fall existiert kein Agency-Problem. Kann der Principal umgekehrt die Realisation von y, nicht aber die von ε beobachten, so wird der Entlohnungsvertrag - wie oben begründet - ausschließlich von y abhängen.

für e aus der Reaktionsfunktion des Agent eingesetzt wird und (4.4.2.16) vollständig differenziert wird:

(4.4.2.17) $$\frac{d\zeta_2}{dr_2}P = \frac{2}{(R-\zeta_1)-2(R\zeta_2+\varepsilon)}$$

Bei der unterstellten Wertekonstellation für die Parameter γ, ζ_1, ζ_2 und ε ist (4.4.2.17) eine fallende Funktion. Weiterhin gilt, daß die Indifferenzkurven des Principal um so flacher verlaufen, je größer ε ist. Abgesehen von dem Spezialfall $\zeta_2=1$ gilt, daß der Ertrag des Principal eine steigende Funktion von ε ist. Eine Indifferenzkurve, die ein gegebenes Nutzenniveau repräsentiert, liegt daher um so weiter vom Ursprung entfernt, je größer ε ist. In Abbildung 4.4.2.2 sind zwei Indifferenzkurven abgebildet, die bei unterschiedlichen Werten für ε das gleiche Nutzenniveau darstellen.

Nochmalige Differentiation von (4.4.2.16) zeigt, daß die Indifferenzkurven des Principal konkav sind.

(4.4.2.18) $$\frac{d^2\zeta_2}{dr_2^2}P = -R\left[\frac{2}{(R-\zeta_1)-2(R\zeta_2+\varepsilon)}\right]^4 < 0$$

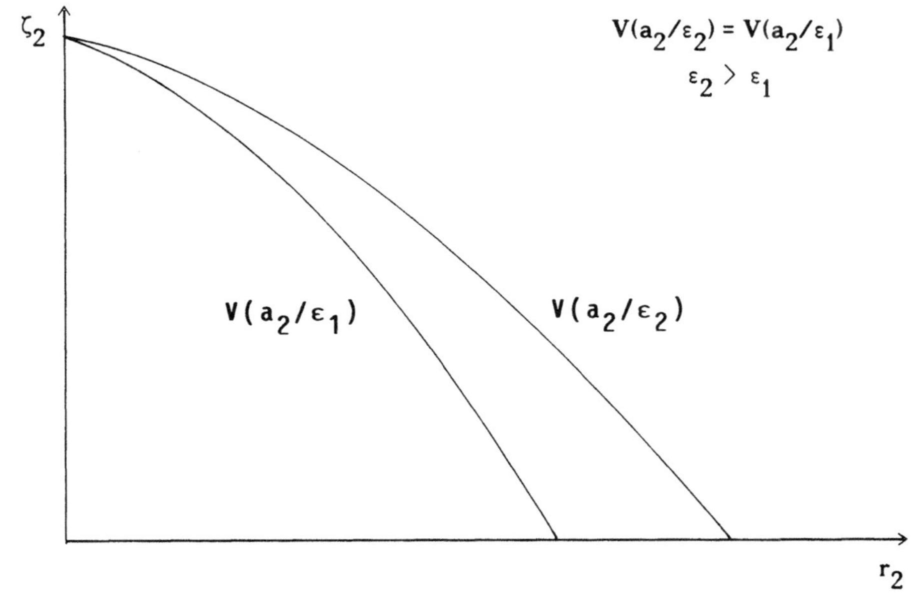

Abbildung 4.4.2.2: Indifferenzkurven des Principal bei unterschiedlichen Werten von ε

Die optimale Lösung für ζ_2 erhält man dort, wo die Indifferenzkurven von Agent und Principal sich tangieren. Analytisch erhält man das optimale ζ_2 durch Gleichsetzen von (4.4.2.14) und (4.4.2.16):

$$(4.4.2.19) \qquad \frac{d\zeta_2}{dr_2}A = -\frac{1}{\frac{\zeta_2}{2}\left[R - 2\gamma\sigma_z^2\right] + \frac{\zeta_1}{2} + \varepsilon} = \frac{2}{(R-\zeta_1) - 2(R\zeta_2 + \varepsilon)} = \frac{d\zeta_2}{dr_2}P$$

$$\zeta_2^{\varepsilon} = \frac{R}{R + 2\gamma\sigma_z^2}$$

Einsetzen in das bedingte Sicherheitsäquivalent des Agent liefert den zugehörigen Wert für r_2 bei gegebenem r_1:

$$(4.4.2.20) \qquad r_2^{\varepsilon} = m - \frac{R\left[\zeta_1(R + 2\gamma\sigma_z^2) + R^2 - R\gamma\sigma_z^2\right]}{2(R + 2\gamma\sigma_z^2)^2} - \frac{R \cdot \varepsilon}{R + 2\gamma\sigma_z^2}$$

Wie auch aus Abbildung 4.4.2.3 hervorgeht, ist im Optimum das Nutzenniveau des Agent unabhängig davon, welcher Wert von $\tilde{\varepsilon}$ realisiert worden ist. Dies wird erreicht, indem der fixe Entlohnungsbestandteil an die jeweilige Realisation von $\tilde{\varepsilon}$ angepaßt wird. Damit bedeutet die Unkenntnis von ε zum Zeitpunkt des Vertragsabschlusses für den Agent kein zusätzliches Risiko, dieses wird allein vom risikoneutralen Principal getragen. Da der Agent somit einem geringeren Risiko ausgesetzt wird, kann der Principal jedes Aktivitätsniveau mit geringeren Kosten induzieren. Die Konsequenz ist, daß der optimale Wert für ζ_2 steigt, die Anreizsteuerung somit verbessert wird.

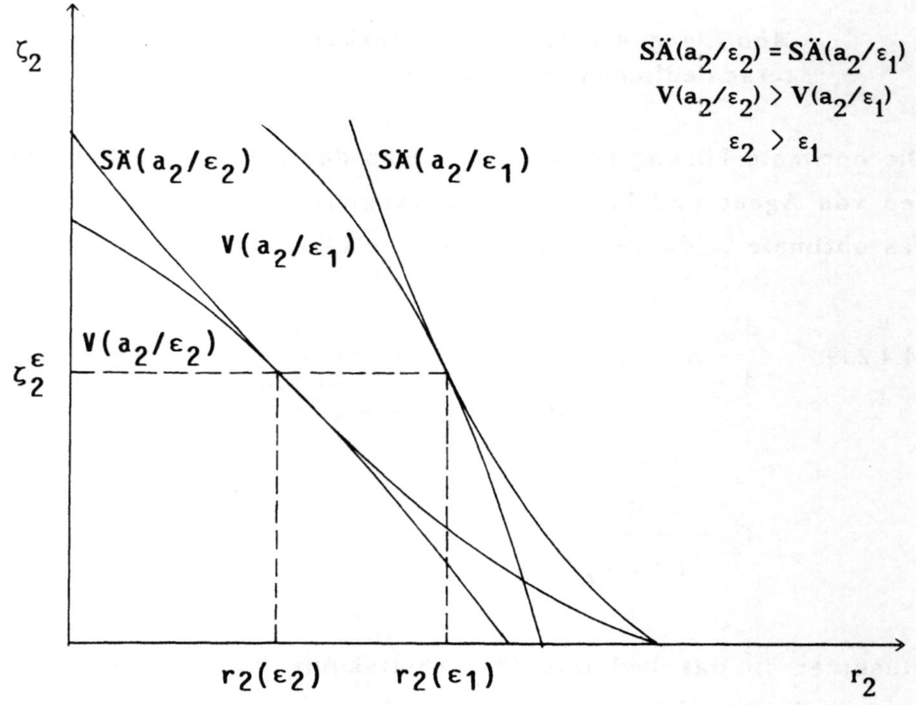

Abbildung 4.4.2.3: Lösung des Principal-Agent-Problems bei symmetrischer Information über ε

Kann der Principal ε nicht beobachten, so kann die Entlohnung des Agent nur von den realisierten Zahlungsüberschüssen a_1 und a_2 abhängen. In Abbildung 4.4.2.4 ist dargestellt, in welcher Weise das bedingte Sicherheitsäquivalent des Agent $SÄ_2(a/y)$ bei gegebenem Aktivitätsniveau und gegebenem a mit der Realisation von $\tilde{\varepsilon}$ variiert, wenn die Entlohnung des Agent ausschließlich von den realisierten Zahlungsüberschüssen abhängt. Mit ζ_2^* und r_2^* sind die in (4.4.2.10) und (4.4.2.11) ermittelten optimalen Werte des Entlohnungsvertrages bezeichnet und $SÄ^*(a_2,y)$ gibt das zugehörige (unbedingte) Sicherheitsäquivalent des Agent vor Realisation von y an. y_1 und y_2 ($y_2>y_1$) sind zwei Realisationen des Informationssystems y bei gegebenem Aktivitätsniveau und $SÄ(a_2,y_1)$ bzw. $SÄ(a_2,y_2)$ sind die damit verbundenen (bedingten) Sicherheitsäquivalente. Offensichtlich ist $SÄ(a_2/y)$ eine steigende Funktion von y, und die Differenz $\left[SÄ(a_2,y_2)-SÄ(a_2,y_1)\right]$, die auf der Abszisse als Differenz $\left[m(y_2)-m(y_1)\right]$ abgelesen werden kann, ist Ausdruck des zusätzlichen Risikos, das daraus resultiert, daß die Entlohnungsparameter nur von a abhängen, und nicht an die jeweilige Realisation von $\tilde{\varepsilon}$ angepaßt werden.

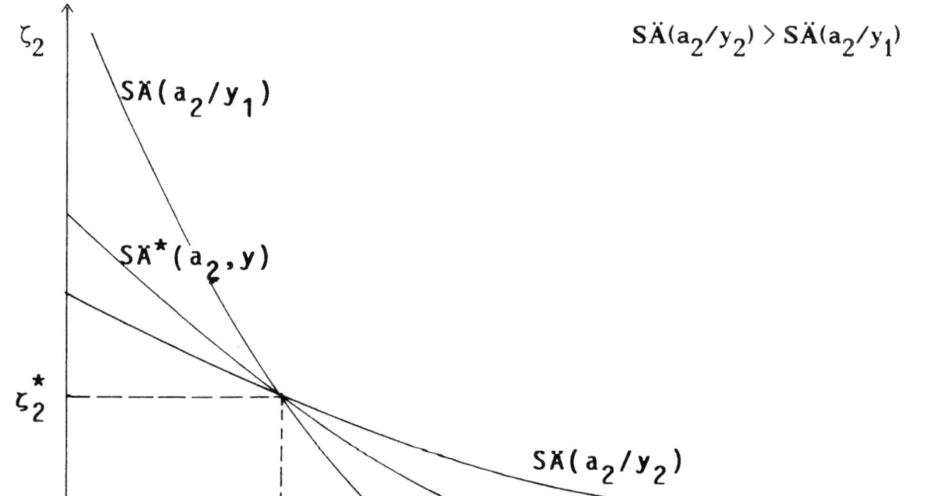

Abbildung 4.4.2.4: Unbedingtes und bedingte Sicherheitsäquivalente des Agent bei asymmetrischer Information und Verzicht auf Kommunikation

Der mögliche Vorteil einer Kommunikation von y liegt darin begründet, daß das vom Agent zu tragende Risiko reduziert werden kann. Dies wiederum erlaubt eine bessere Anreizsteuerung. Aus Abbildung 4.4.2.5 geht hervor, daß der optimale Entlohnungsvertrag bei symmetrischer Informationsverteilung bezüglich ε, $[\zeta_2^\varepsilon, r_2^\varepsilon]$ informationsmäßig nicht anreizkompatibel ist, denn der Agent würde stets einen niedrigen Wert von ε melden, um so in den Genuß des höheren Fixums zu kommen.

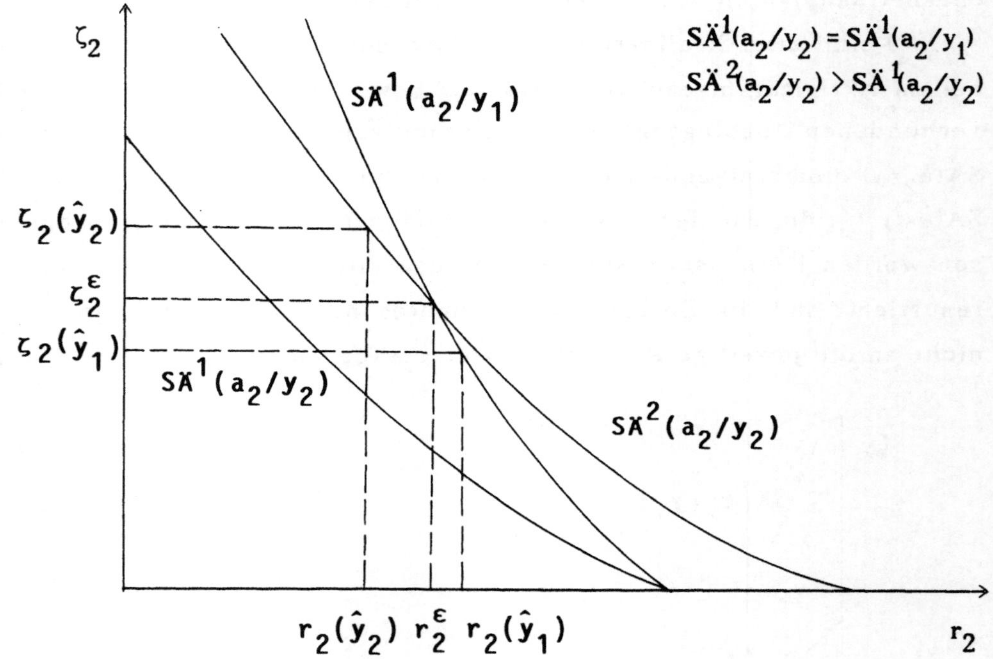

Abbildung 4.4.2.5: Informationsmäßige Inkompatibilität von $\zeta_2^\varepsilon, r_2^\varepsilon$

Aus Abbildung 4.4.2.5 geht auch hervor, wie ein Anreizvertrag zu konstruieren ist, der den Agent veranlaßt, korrekt zu informieren. Die erste Möglichkeit besteht darin ζ_2=0 zu setzen. Diese Lösung ist jedoch nur sinnvoll, wenn y vom Principal beobachtbar ist, andernfalls würde dies eine erfolgsunabhängige Entlohnung des Agent bedeuten, die aber aus Gründen der Anreizsteuerung nicht optimal sein kann. Als Alternative kommt daher nur in Frage, ζ_2 und r_2 von der Information des Agent abhängig zu machen, und zwar in der Weise, daß gilt: $\zeta_2(\hat{y}_2) > \zeta_2(\hat{y}_1)$ sowie $r_2(\hat{y}_2) < r_2(\hat{y}_1)$. Der Agent kann seine optimistischen Ertragserwartungen dadurch glaubhaft zum Ausdruck bringen, indem er bereit ist, eine Entlohnung zu akzeptieren, die in stärkerem Maße erfolgsabhängig ist und ein geringeres Fixum aufweist. Der in Abbildung 4.4.2.5 eingezeichnete Anreizvertrag $\left[\zeta_2(\hat{y}), r_2(\hat{y})\right]$ ist zwar informationsmäßig anreizkompatibel, er führt aber zu keiner im Sinne des Pareto-Kriteriums besseren Lösung des Agency-Problems. Das Risiko des Agent und damit auch die Anreizsteuerung bleiben unverändert, lediglich die Höhe seiner Entlohnung ist angestiegen, dies geht vollständig zu Lasten des Principal. Kommunikation kann nur dann vorteilhaft sein, wenn es hierdurch gelingt, das vom Agent zu tragende Risiko zu vermindern. In der graphischen Darstellungsweise zeigt sich dies daran, daß die Abszissenschnittpunkte der den jeweiligen Entlohnungsparametern $\left[\zeta_2(\hat{y}), r_2(\hat{y})\right]$ zugeordneten Sicherheitsäquivalente näher zusammenrücken, d.h. die Differenz $\left[m(\hat{y}_2) - m(\hat{y}_1)\right]$ reduziert wird. Eine Reduzierung des Risikos bewirkt zugleich, daß das ex ante Sicherheitsäquivalent bei Kommunikation $SÄ^K(a_2,y)$ flacher verläuft als das ex ante Sicherheitsäquivalent ohne Kommunikation $SÄ^*(a_2,y)$, der Tangentialpunkt von $SÄ^K(a_2,y)$ mit der Indifferenzkurve des Principal sich somit weiter nach links oben verschiebt.

In Abbildung 4.4.2.6 ist eine Situation dargestellt, in der Kommunikation den Ertrag des Principal erhöht $\left[V\left(\zeta_2(\hat{y}), r_2(\hat{y})\right) > V\left(\zeta_2^{\varepsilon}, r_2^{\varepsilon}\right)\right]$, während das Nutzenniveau des Agent konstant bleibt $\left[SÄ^K(a_2,\hat{y}) = SÄ^*(a_2,y)\right]$. Durch die Reduzierung des Risikos können die Werte für die erfolgsabhängigen Entlohnungsbestandteile bei Kommunikation $\left(\zeta_2(\hat{y}_2)\right.$ bzw. $\left.\zeta_2(\hat{y}_1)\right)$ gegenüber dem Fall ohne Kommunikation angehoben werden, darin kommt zum Ausdruck, daß nicht nur die Risikoallokation, sondern auch die Anreizsteuerung des Agent durch Kommunikation verbessert werden kann.

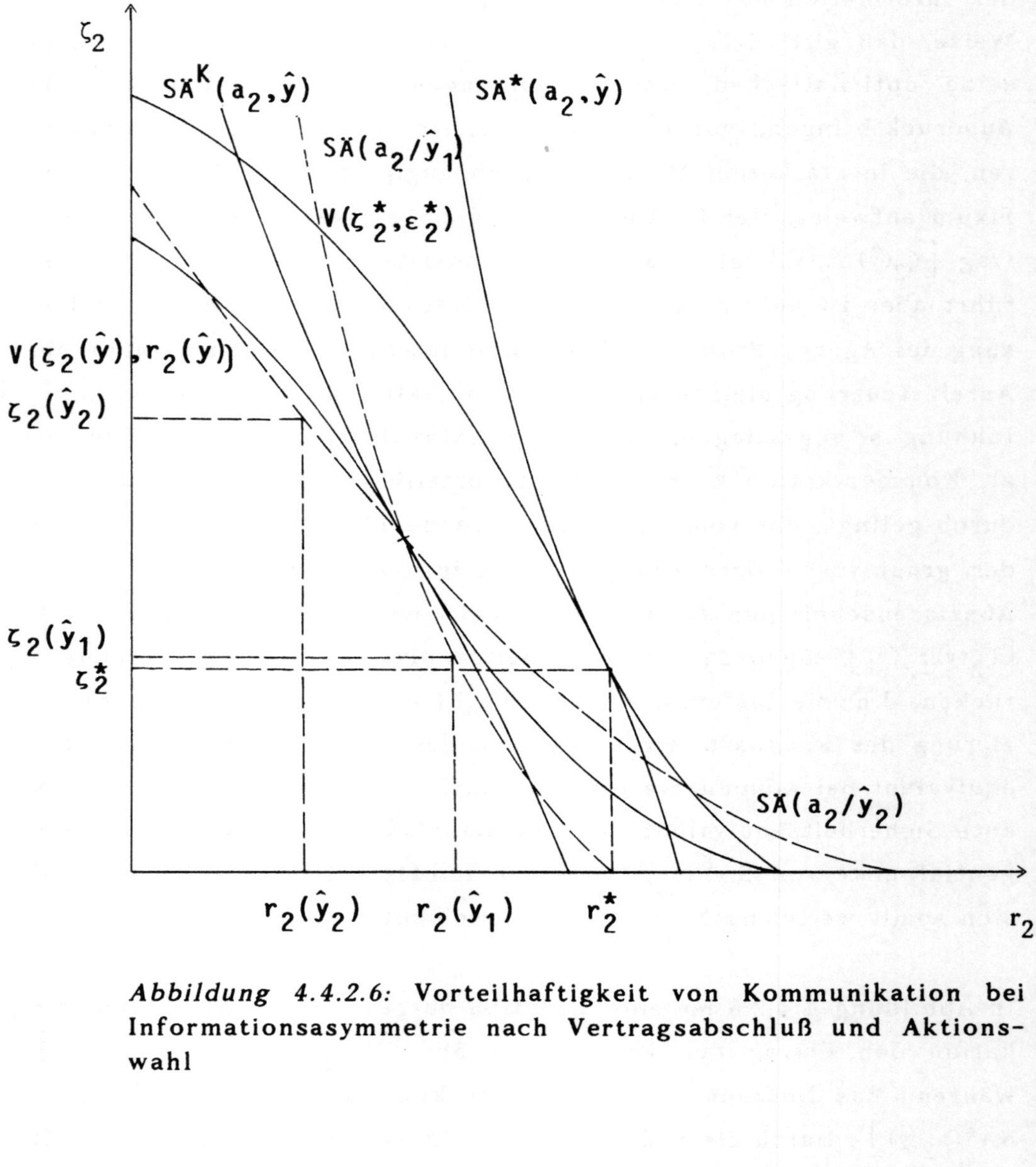

Abbildung 4.4.2.6: Vorteilhaftigkeit von Kommunikation bei Informationsasymmetrie nach Vertragsabschluß und Aktionswahl

4.4.2.3 Der Wert von Kommunikation bei Informationsasymmetrie vor Aktionswahl

4.4.2.3.1 Problemformulierung im Rahmen des allgemeinen Modellansatzes

Zu den wichtigsten Aufgaben einer Unternehmensleitung zählen Entscheidungen über die Durchführung von Investitionsmaßnahmen. Insbesondere bei kapitalintensiven Investitionsprojekten wird der Entscheidung eine Phase der Entscheidungsvorbereitung vorangehen, in der Informationen über mögliche Umweltentwicklungen beschafft werden mit dem Ziel, die erfolgsmäßigen Konsequenzen von Investitionsmaßnahmen besser abschätzen zu können. Soll diesem Umstand auch bei der Analyse der Agency-Beziehung Rechnung getragen werden, so ist im Modellansatz zu berücksichtigen, daß der Agent zu dem Zeitpunkt, zu dem er das Aktivitätsniveau festlegt, besser als der Principal über die relevante Wahrscheinlichkeitsverteilung der Erträge informiert ist. Hierzu wird angenommen, daß der Agent nach Vertragsabschluß, jedoch vor der Entscheidung über das Aktivitätsniveau ein Signal y erhält, das Informationen über künftige Umweltentwicklungen enthält. Die Wahrscheinlichkeitsverteilung der Zahlungsüberschüsse $f(a/y,e)$, die den Informationsstand des Agent widerspiegelt, unterscheidet sich daher von der Wahrscheinlichkeitsverteilung $f(a/y)$, die der Principal zu Grunde legt. Es gilt somit: $f(a/e) \neq f(a/y,e)$.

Sofern Informationen über die Eintrittswahrscheinlichkeit relevanter Umweltgrößen eine bessere Entscheidungsfindung ermöglichen, haben derartige Informationen in einer Welt ohne Agency-Probleme einen positiven Wert. Verwendet der Agent die Informationen dagegen zu seinem eigenen Vorteil, so ist nicht gewährleistet, daß eine Informationsbeschaffung des Agent für den Principal vorteilhaft ist. Sofern der Principal in der Lage ist, die Versorgung des Agent mit Informationen zu kontrollieren, wird er daher nur unter bestimmten Voraussetzungen dem Agent eine Informationsbeschaffung erlauben. Diese Fragestellung soll jedoch im folgenden nicht behandelt werden, da davon ausgegangen wird, daß der Principal die Informationsversorgung des Agent nicht steuern kann. Statt dessen steht die Frage im Vordergrund, ob und unter welchen Voraussetzungen ein Rechnungssystem vorteilhaft ist, in dem der Agent dem Principal seine Ertragserwartungen mitteilt.

Eine Informationsasymmetrie, die bereits zu Stande kommt, bevor der Agent sein Aktivitätsniveau wählt, weist gegenüber dem im vorigen Abschnitt behandelten Fall einer asymmetrischen Informationsverteilung nach Aktionswahl einige Besonderheiten auf: Ohne Kenntnis der privaten Information des Agent weiß der Principal nicht, welches Aktivitätsniveau im Lichte aller verfügbaren Informationen optimal ist. Da die Aktionswahl des Agent bei gegebener Anreizfunktion unmittelbar vom erhaltenen Signal abhängt, kann der Principal darüber hinaus auch nicht mehr definitiv vorherbestimmen, mit welchem Aktivitätsniveau der Agent auf einen bestimmten Entlohnungsvertrag reagieren wird. Es wird aber angenommen, daß der Principal die Handlungsstrategie e(y) kennt, mit der der Agent bei gegebenem Anreizvertrag auf den Erhalt eines Signals y reagiert. Mit der Festlegung des Anreizvertrages kann der Principal somit nicht mehr direkt das Aktivitätsniveau des Agent beeinflussen, sondern lediglich die Handlungsstrategie e(y), d.h. die Art und Weise, in der der Agent auf den Erhalt eines Signals reagiert. Damit stellt sich die Frage, ob ein Entlohnungsvertrag konstruiert werden kann, der den Agent einerseits motiviert, wahrheitsgemäß zu berichten und der darüber hinaus auch noch Anreize schafft, die erhaltene Information bei der Entscheidung über das Aktivitätsniveau zum Vorteil des Principal einzusetzen.

Bevor die Frage der Vorteilhaftigkeit von Kommunikation im nächsten Abschnitt ausführlich diskutiert wird, soll zunächst dargestellt werden, in welcher Weise das Grundmodell der Agency-Theorie zu modifizieren ist, wenn der Agent vor der Festlegung seines Aktivitätsniveaus zusätzliche Informationen erhält. Mit $y \in Y$ wird wieder das Signal bezeichnet, das der Agent erhält, $f(y)$ ist die Dichtefunktion für y. Die a priori Wahrscheinlichkeitsverteilung von Agent und Principal über y sei annahmegemäß homogen. Das zu (4.2.1.3-5) äquivalente Agency-Programm lautet dann:[82]

$$(4.4.2.21) \qquad \max_{\zeta, e} \int_y \int_a V\big(a - \zeta(a)\big) \cdot f\big(a/y;e(y)\big) \cdot f(y)\, da\, dy$$

unter den Nebenbedingungen

$$(4.4.2.22) \qquad \int_y \Big\{ \int_a U_1\, \zeta(a)\big) \cdot f\big(a/y;e(y)\big)\, da \; - U_2\big(e(y)\big)\Big\} \cdot f(y)\, dy \geq \overline{U}$$

$$(4.4.2.23) \qquad \int_a U_1\big(\zeta(a)\big) \cdot \frac{\partial f\big(a/y;e(y)\big)}{\partial e(y)} \cdot da - \frac{\partial U_2\big(e(y)\big)}{\partial e(y)} = 0 \quad \text{für alle} \quad y \in Y$$

Nebenbedingung (4.4.2.22) garantiert dem Agent einen erwarteten Mindestnutzen, wobei nun zu beachten ist, daß die Unsicherheit über die Ausprägung von y zum Zeitpunkt des Vertragsabschlusses für den Agent ein zusätzliches Risiko bedeutet. Nebenbedingung (4.4.2.23) berücksichtigt, daß der Agent bei gegebenem Anreizvertrag *und gegebenem Signal* stets dasjenige Aktivitätsniveau wählt, das seinen Erwartungsnutzen maximiert. Punktweise Differenzierung des Agency-Programms nach $\zeta(a)$ liefert die (notwendige) Bedingung, die der optimale Entlohnungsvertrag erfüllen muß:

$$(4.4.2.24) \qquad \frac{\dfrac{\partial V\big(a - \zeta(a)\big)}{\partial \zeta(a)}}{\dfrac{\partial U_1\big(\zeta(a)\big)}{\partial \zeta(a)}} = \lambda_0 + \frac{\displaystyle\int_y \lambda_1(y) \cdot \frac{\partial f\big(a/y;e(y)\big)}{\partial e(y)} \cdot f(y)\, dy}{f\big(a/e(y)\big)}$$

---

82 Vgl. <u>*Holmström*</u> (1979), S. 88 f.

Beziehung (4.4.2.24) ähnelt (4.2.1.12) im Agency-Grundmodell. Der Unterschied zwischen beiden Bedingungen besteht darin, daß der zweite Summand, der als ein Maß für die Abweichung von der Lösung in einer Welt ohne Agency-Probleme angesehen werden kann, nun eine gewichtete Summe darstellt. Die Gewichtungsfaktoren sind zum einen die Eintrittswahrscheinlichkeiten für die möglichen Signale y sowie zum anderen der dem jeweiligen Signal zugeordnete Wert des Lagrange-Multiplikators. Dieser kann als Kostenbetrag interpretiert werden, der aufzuwenden ist, damit der Agent motiviert werden kann, die Aktion e(y) zu wählen.

Differentiation nach e(y) liefert:

$$(4.4.2.25) \qquad \int\int V\big(a-\zeta(a)\big)\cdot\frac{\partial f\big(a/y;e(y)\big)}{\partial e(y)}\cdot f(y)\,da\,dy$$

$$+\int_y \lambda_1(y)\left[\int_a U_1\big(\zeta(a)\big)\cdot\frac{\partial^2 f\big(a/y;e(y)\big)}{\partial e(y)^2}\,da-\frac{\partial^2 U_2\big(e(y)\big)}{\partial e(y)^2}\right]dy=0$$

Da der erste Summand positiv ist, kann (4.4.2.25) wiederum nur dann erfüllt sein, wenn $\lambda_1(y)\neq 0$. Es ist nun allerdings möglich, daß für einige Signale y, $\lambda_1(y)<0$ gilt, während für andere y, $\lambda_1(y)>0$ gilt. Die Berücksichtigung von Kommunikation erfordert nun folgende Erweiterungen des Agency-Modells:

- Die Entlohnung des Agent hängt nun zusätzlich von der Mitteilung $\hat{y}$ ab.

- In Form einer zusätzlichen Nebenbedingung ist zu berücksichtigen, daß der Agent bei gegebenem Anreizvertrag und gegebenem Signal stets diejenige Mitteilung macht, die seinen Erwartungsnutzen maximiert.

Die Entlohnungsfunktion ist daher so zu gestalten, daß der Erwartungsnutzen des Agent an der Stelle $\hat{y}=y$ ein Maximum annimmt. Damit existiert ein zusätzliches Anreizproblem: Der Agent muß motiviert werden, wahrheitsgemäß die Ausprägung von y zu melden. Dieses zweite Anreizproblem bleibt auch dann bestehen, wenn das Aktivitätsniveau für den Principal beobachtbar ist. Der Agent hat dann nämlich ein Interesse, stets einen solchen Wert für y zu melden, der dem Principal ein niedriges Aktivitätsniveau als optimal erscheinen läßt.

Das Agency-Programm mit Kommunikation lautet:[83]

$$(4.4.2.26)\qquad \max_{\zeta,e,y} \int_y \int_a V\left(a-\zeta(a,\hat{y})\right)\cdot f\left(a/y;e(y,\hat{y})\right)\cdot f(y)\,da\,dy$$

unter den Nebenbedingungen

$$(4.4.2.27)\qquad \int_y \left[\int_a U_1\left(\zeta(a,\hat{y})\right)\cdot f\left(a/y,e(y,\hat{y})\right)da - U_2\left(e(y,\hat{y})\right)\right]\cdot f(y)\,dy \geq \bar{U}$$

$$(4.4.2.28)\qquad \int_a U_1\left(\zeta(a,\hat{y})\right)\cdot \frac{\partial f\left(a/y,e(y,\hat{y})\right)}{\partial e(y,\hat{y})}da - \frac{\partial U_2\left(e(y,\hat{y})\right)}{\partial e(y,\hat{y})} = 0 \quad \text{für alle } y\in Y$$

$$(4.4.2.29)\qquad \frac{d}{d\hat{y}}\left\{\int_a \left[U_1\left(\zeta(a,\hat{y})\right)-U_2\left(e(y,\hat{y})\right)\right]\cdot f\left(a/y,e(y,\hat{y})\right)da\right\}\Bigg|_{y=\hat{y}} = 0$$

für alle $y\in Y$

83 Vgl. Christensen (1981), S. 663 ff.

Ausrechnen der Differentiation in (4.4.2.29) ergibt:

$$(4.4.2.30)\quad \int_a \Bigg[\frac{\partial U_1\big(\zeta(a,y)\big)}{\partial \zeta(a,y)} \cdot \frac{\partial \zeta(a,y)}{\partial y} \cdot f\big(a/y;(y,\hat{y})\big)$$

$$+ U_1\big(\zeta(a,\hat{y})\big) \cdot \frac{\partial f\big(a/y,e(y,\hat{y})\big)}{\partial e(y,\hat{y})} \cdot \frac{\partial e(y,\hat{y})}{\partial \hat{y}} \Bigg] da - \frac{\partial U_2\big(e(y,\hat{y})\big)}{\partial e(y,\hat{y})} \cdot \frac{\partial e(y,\hat{y})}{\partial \hat{y}} \Bigg|_{y=\hat{y}} = 0$$

Wie aus (4.4.2.28) zu ersehen ist, addieren sich im Optimum die letzten beiden Terme zu Null, so daß für (4.4.2.30) geschrieben werden kann:

$$(4.4.2.29')\quad \int_a \frac{\partial U_1\big(\zeta(a,\hat{y})\big)}{\partial \zeta(a,\hat{y})} \cdot \frac{\partial \zeta(a,\hat{y})}{\partial \hat{y}} \cdot f\big(a/y,e(y,\hat{y})\big)\, da = 0$$

Eine optimale Anreizfunktion ist dadurch gekennzeichnet, daß die aus (4.4.2.26- 29') gebildete Lagrange-Funktion einen stationären Punkt aufweist. Dies führt zu der Bedingung:[84]

$$(4.4.2.31)\quad \frac{\dfrac{\partial V\big(a-\zeta(a,y)\big)}{\zeta(a,y)}}{\dfrac{\partial U_1\big(\zeta(a,\hat{y})\big)}{\partial \zeta(a,y)}} = \lambda_0 - \frac{d\lambda_2(y)}{dy}$$

$$+ \frac{\left[\lambda_1(y) - \lambda_2(y) \cdot \dfrac{de(y)}{dy}\right] \cdot \dfrac{\partial f\big(a/y,e(y,\hat{y})\big)}{\partial e(y)} - \lambda_2(y) \cdot \dfrac{\partial f\big(a/y,e(y,\hat{y})\big)}{\partial y}}{f\big(a/y,e(y,\hat{y})\big)}$$

---

84 Vgl. *Christensen* (1981), S. 606; zur Herleitung von (4.4.2.31) siehe Anhang 4.4 .

Die Unterschiede zu Bedingung (4.4.2.6), die sich auf den optimalen Anreizvertrag bei Informationsasymmetrie und Kommunikation *nach* Aktionswahl bezog, liegen darin begründet, daß nun auch das Aktivitätsniveau des Agent eine Funktion des erhaltenen Signals ist.

Beziehung (4.4.2.31) erlaubt noch keine Aussage über die Vorteilhaftigkeit von Kommunikation. Offensichtlich ist lediglich, daß Kommunikation keinen negativen Wert haben kann, da dem Principal immer die Möglichkeit offensteht, die Nachricht des Agent zu ignorieren, d.h. den Anreizvertrag unabhängig von der Mitteilung des Agent zu formulieren. Der Nachweis, das Kommunikation einen streng positiven Wert besitzt, ist bislang nur für spezielle Fälle gelungen.[85] Im folgenden Abschnitt soll im Rahmen des vereinfachten Modellansatzes gezeigt werden, daß Kommunikation für Agent und Principal vorteilhaft ist.

4.4.2.3.2 Darstellung im Rahmen eines spezielleren Modellansatzes

Die asymmetrische Informationsverteilung zwischen Agent und Principal wird im *LEN*-Modell in der Weise berücksichtigt, daß der Agent die Ausprägung des Parameters α nach Abschluß des Agency-Vertrages und vor Durchführung seiner Handlung kennenlernt, wohingegen der Principal lediglich weiß, welche Ausprägungen α annehmen kann, ohne allerdings die jeweilige Realisation von α beobachten zu können. Vor Vertragsabschluß haben Agent und Principal annahmegemäß

85 Die Beweise von Baiman/Evans (1983) und Penno (1984) beziehen sich auf Spezialfälle. *Baiman/Evans* untersuchen den Fall, daß der Principal die Nachricht des Agent mit einer positiven Wahrscheinlichkeit vollständig überprüfen kann, für die Beweisführung von *Penno* ist wesentlich, daß der Agent mit einer positiven Wahrscheinlichkeit eine Information erhält, die ein Aktivitätsniveau von e=0 als optimal impliziert. Christensen (1982) zeigt anhand von Beispielen, daß Kommunikation vorteilhaft sein kann, ohne allerdings Bedingungen zu charakterisieren, die für den Wert von Kommunikation maßgeblich sein können.

homogene Erwartungen hinsichtlich der Wahrscheinlichkeitsverteilung von α. Der Parameter α wird nun der besseren Anschaulichkeit wegen als ein Maß für die Produktivität gedeutet, wobei hohe Werte für α eine geringe Produktivität anzeigen et vice versa. Der Ablauf der Handlungen in der Agency-Beziehung kann damit folgendermaßen interpretiert werden: Der Agent lernt erst nach Vertragsabschluß den genauen Schwierigkeitsgrad seiner Aufgabe kennen, d.h. erst nach Vertragsabschluß weiß der Agent, welches Aktivitätsniveau erforderlich ist, um eine bestimmte Wahrscheinlichkeitsverteilung der Zahlungsüberschüsse zu erzeugen. Der Principal ist zu keinem Zeitpunkt über die genaue Form der Produktionsfunktion informiert.

Asymmetrische Informationsverteilung bezüglich α hat zur Konsequenz, daß der Principal nicht mehr weiß, mit welchem Aktivitätsniveau der Agent auf die Vorgabe einer Anreizfunktion reagieren wird. Da der optimale Arbeitseinsatz von α abhängt, weiß der Principal noch nicht einmal, welches Aktivitätsniveau optimal ist. Da schließlich auch die Wahrscheinlichkeitsverteilung der Zahlungsüberschüsse bei gegebenem Arbeitseinsatz von α abhängt, ist der Agent außerdem über die zu erwartenden Zahlungsüberschüsse besser informiert als der Principal.

Es soll nun wieder untersucht werden, ob Pareto-dominante Lösungen des Agency-Problems erreicht werden können, wenn der Agent dem Principal seine Gewinnerwartungen mitteilt, bevor die aus seiner Tätigkeit resultierenden Zahlungsüberschüsse realisiert werden.

Unkenntnis von α zum Zeitpunkt des Vertragsabschlusses bedeutet für den Agent ein zusätzliches Risiko, da sowohl die Höhe des optimalen Aktivitätsniveaus, als auch die Wahrscheinlichkeitsverteilung der Zahlungsüberschüsse bei gegebenem Aktivitätsniveau - und davon abhängig - die Entlohnung des Agent von der Höhe von α abhängen. Bei Risikoscheu des Agent und Risikoneutralität des Principal bestünde eine optimale Risikoallokation darin, den Agent vollständig gegen das aus der Unkenntnis von α resultierende Risiko zu versichern. Durch welche Vertragsgestaltung dieses Optimum, das wiederum als Referenzpunkt für die weitere Analyse dient, erreicht werden kann, wird deutlich, wenn man zunächst unterstellt, daß Agent *und* Principal die Ausprägung von α zwar noch nicht bei Vertragsabschluß, jedoch noch bevor der Agent seinen Arbeitseinsatz leistet, *gemeinsam* beobachten können. In diesem Fall wird ein Optimum erreicht, indem ein bedingter, d.h. auf die jeweilige Realisation von α konditionierter Anreizvertrag vereinbart wird. Dabei wird zur Vereinfachung wieder davon ausgegangen, daß α nur die beiden Werte $\alpha=1$ und $\alpha<1$ annehmen kann.

Stellt sich nach Vertragsabschluß heraus, daß $\alpha=1$ gilt, so erhält der Agent den Anreizvertrag:

(4.4.2.32) $$\zeta_1 = \frac{1}{1+2\gamma\sigma^2} \quad ; \quad r_1 = m - \frac{1-2\gamma\sigma^2}{4(1+2\gamma\sigma^2)^2}$$

Nimmt α dagegen den Wert $\alpha<1$ an, so wird der Agent entsprechend dem Vertrag

(4.4.2.33) $$\zeta_0 = \frac{1}{1+2\alpha\gamma\sigma^2} \quad ; \quad r_0 = m - \frac{1-2\alpha\gamma\sigma^2}{4\alpha(1+2\alpha\gamma\sigma^2)^2}$$

entlohnt. Man kann leicht nachprüfen, daß das Sicherheitsäquivalent des Agent in beiden Fällen den gleichen Wert m annimmt. Das Risiko, das aus der Unsicherheit über α resultiert, wird somit allein vom risikoneutralen Principal getragen. Ist β die Wahrscheinlichkeit dafür, daß $\alpha=1$ eintritt und $(1-\beta)$ die Wahrscheinlichkeit für $\alpha<1$, so erreicht der Principal im Fall symmetrischer Informationsverteilung bezüglich α einen Erwartungsnutzen in Höhe von:

$$(4.4.2.34) \qquad V_{opt} = \beta\left[\frac{1}{4(1+2\gamma\sigma^2)}\right] + (1-\beta)\left[\frac{1}{4\alpha(1+2\alpha\gamma\sigma^2)}\right] - m$$

Ist α nach Vertragsabschluß zwar für den Agent, nicht aber für den Principal beobachtbar, so kommen zwei Entlohnungssysteme in Betracht.

1. Es wird ein Vertrag abgeschlossen, der nicht auf die Realisation von α konditioniert ist, sondern dem die erwartete Ausprägung von α zu Grunde liegt. Ein solcher Vertrag kann als Pendant zu der Pooling-Situation des Abschnitts 4.2.2.2 gesehen werden. Gepoolt werden hier allerdings nicht Agents mit unterschiedlicher Arbeitsaversion, sondern ein und derselbe Agent bei unterschiedlichen Ausprägungen von α. Der Entlohnungsvertrag besteht dann aus den Komponenten:

$$(4.4.2.35) \qquad \bar{\zeta} = \frac{1}{1+2\gamma\sigma^2\cdot\frac{\alpha}{\bar{\alpha}}} \qquad \zeta_1 < \bar{\zeta} < \zeta_0$$

$$\bar{r} = m' - \frac{\bar{\alpha}^2(\bar{\alpha}-2\alpha\gamma\sigma^2)}{4\alpha(\bar{\alpha}+2\alpha\gamma\sigma^2)^2}$$

$$\text{mit} \quad \bar{\alpha} = 1-\beta(1-\alpha) \quad , \quad \alpha < \bar{\alpha} < 1 \quad \text{für} \quad 0 < \beta < 1$$

Das Aktivitätsniveau des Agent beträgt $e=\zeta/2\alpha$. Somit gilt für $\alpha<1$ bzw. $\alpha=1$:

$$(4.4.2.36) \qquad e^*(\alpha<1) = \frac{1}{2\alpha\left[1+2\gamma\sigma^2\cdot\frac{\alpha}{\bar{\alpha}}\right]} \quad ; \quad e^*(\alpha=1) = \frac{1}{2\left[1+2\gamma\sigma^2\cdot\frac{\alpha}{\bar{\alpha}}\right]}$$

Offensichtlich gilt: $e^*(\alpha<1) > e^*(\alpha=1)$. Aufgrund der speziellen Form der Produnktionsfunktion sind dies zugleich die Erwartungswerte der Zahlungsüberschüsse bei der jeweiligen Realisation von α. Asymmetrische Infomationsverteilung bezüglich α impliziert damit einen ungleichen Wissensstand über die Wahrscheinlichkeitsverteilung der künftigen Zahlungsüberschüsse.

Das Sicherheitsäquivalent, das der Agent erzielt, hängt damit ebenfalls von der Realisation von α ab. Für $\alpha<1$ gilt:

$$(4.4.2.37) \quad SÄ_0(\overline{\zeta},\overline{r}) = m' + \frac{\overline{\alpha}^2(1-\alpha)}{4\alpha(\overline{\alpha}+2\alpha\gamma\sigma^2)^2} > m'$$

Entsprechend gilt für $\alpha=1$:

$$(4.4.2.38) \quad SÄ_1(\overline{\zeta},\overline{r}) = m' + \frac{\overline{\alpha}^2(\alpha-\overline{\alpha})}{4\alpha(\overline{\alpha}+2\alpha\gamma\sigma^2)^2} < m'$$

Der Agent ist nun nicht mehr gegen das Risiko, das aus der Unkenntnis von α zum Zeitpunkt des Vertragsabschlusses resultiert, versichert. Damit sein insgesamt erreichbares Sicherheitsäquivalent weiterhin m beträgt, muß m um eine Risikoprämie (RP) auf $m' \equiv m+RP$ erhöht werden, so daß gilt:

$$(4.4.2.39) \quad E\left[SÄ_0(\overline{\zeta},\overline{r}),\ SÄ_1(\overline{\zeta},\overline{r})\right] = m' \equiv m+RP$$

Der Erwartungsnutzen des Principal sinkt durch die asymmetrische Informationsverteilung bezüglich α:

$$(4.4.2.40) \quad V(\overline{\zeta},\overline{r}) = \frac{\overline{\alpha}^2}{4\alpha(\overline{\alpha}+2\alpha\gamma\sigma^2)^2} - m' < V_{opt}$$

Der Reichtumsverlust des Principal gegenüber V_{opt} ist auf zwei Effekte zurückzuführen: Zum einen muß dem Agent eine höhere Risikoprämie zugestanden werden, da er durch die Unkenntnis über α zum Vertragszeitpunkt einem zusätzlichen Risiko ausgesetzt ist (Risikoeffekt), und zum anderen verschlechtert sich die Anreizsteuerung, wenn der erfolgsabhängige Entlohnungsbestandteil nicht mehr auf die jeweilige Realisation von α abgestimmt werden kann (Anreizeffekt). Für $\alpha=1$ ist $\bar{\zeta}$ zu groß, für $\alpha<1$ dagegen ist $\bar{\zeta}$ zu klein, bezogen jeweils auf den optimalen Wert von ζ bei gleichem Informationsstand von Principal und Agent hinsichtlich der Realisation von α. Der Anreizeffekt trat auch in der Pooling-Situation des Abschnitts 4.2.2.2 auf, wo die asymmetrische Informationsverteilung bezüglich α bereits vor Vertragsabschluß bestand; neu ist hier der Risikoeffekt, der mit einem Pooling-Vertrag verbunden ist.

2. Die zweite Möglichkeit besteht darin, daß der Agent dem Principal die Realisation von α mitteilt. Denkbar ist auch, daß der Agent dem Principal den von ihm erwarteten Zahlungsüberschuß mitteilt. Da der Principal weiß, mit welchem Aktivitätsniveau der Agent auf den jeweiligen Wert von α reagiert, und da er zudem die damit verbundene Wahrscheinlichkeitsverteilung der Zahlungsüberschüsse kennt, sind beide Fälle völlig äquivalent. Hier wird zur Vereinfachung immer von Kommunikaton von α gesprochen.

Kommunikation bedeutet wieder, daß der Agent nach Beobachtung von α zwischen zwei ex ante spezifizierten Anreizverträgen auswählen kann. Das optimale Entlohnungssystem bei symmetrischer Informationsverteilung bezüglich α ist allerdings nicht anreizkompatibel. Der Agent hat nämlich einen Anreiz, stets $\alpha=1$ zu melden, unabhängig davon, wie hoch der tatsächlich realisierte Wert von α ist. Tritt der Fall $\alpha<1$ ein, so erzielt er bei dieser Strategie ein Sicherheitsäquivalent in Höhe von:

$$(4.4.2.41) \qquad SÄ_0(\zeta_1, r_1) = m + \frac{1-\alpha}{4\alpha(1+2\gamma\sigma^2)^2} > m = SÄ_0(\zeta_0, r_0)$$

Aus (4.4.2.41) wird deutlich, daß es für den Agent optimal ist, die Unwahrheit zu sagen, wenn $\alpha<1$. Dies ist auch aus Abbildung 4.4.2.7 zu erkennen. $SÄ_0(\zeta_0,r_0)$ bzw. $SÄ_1(\zeta_1,r_1)$ sind diejenigen Indifferenzkurven, auf denen die optimalen (ζ,r)-Werte bei symmetrischer Informationsverteilung bezüglich α liegen. Sowohl die Indifferenzkurven des Agent als auch die des Principal verlaufen um so flacher, je kleiner α ist, so daß für die Tangentialpunkte gilt: $\zeta_0>\zeta_1$ sowie $r_0<r_1$. Erweist sich die Produktivität als hoch, so kommt es für den Principal vor allem darauf an, den Agent zu einem hohen Aktivitätsniveau zu motivieren. Damit muß dem Agent zwar eine größere Risikoprämie gezahlt werden, dies wird aber durch die höhere Produktivität kompensiert. Für die Folgen einer geringen Produktivität wird der Agent durch eine entsprechend höhere feste Entlohnung entschädigt. Durch diese Art der Vertragsgestaltung wird im Optimum erreicht, daß das Nutzenniveau des Agent unabhängig von α ist. In Abbildung 4.4.2.7 ist diese Eigenschaft der Optimallösung bei gleichem Informationsstand bezüglich α daran zu erkennen, daß $SÄ_0(\zeta_0,r_0)$ und $SÄ_1(\zeta_1,r_1)$ sich auf der Abszisse schneiden, beide Indifferenzkurven somit das gleiche Nutzenniveau repräsentieren.

Die in Abbildung 4.4.2.7 mit $SÄ_0(\zeta_1,r_1)$ bezeichnete Indifferenzkurve gibt dasjenige Nutzenniveau an, das der Agent erreichen kann, wenn er im Fall $\alpha<1$ die Mitteilung $\alpha=1$ macht, um damit den Entlohnungsvertrag (ζ_1,r_1) zu erhalten. Da $SÄ_0(\zeta_1,r_1)$ rechts von $SÄ_0(\zeta_0,r_0)$ liegt, ist diese Informationsstrategie für den Agent vorteilhaft, die Entlohnungskombination (ζ_0,r_0) und (ζ_1,r_1) ist somit nicht anreizkompatibel hinsichtlich der Informationstätigkeit des Agent. Damit der Agent bei Realisation von $\alpha<1$ wahrheitsgemäß berichtet, muß ihm somit für diesen Fall ein Sicherheitsäquivalent in Höhe von mindestens

$SÄ_0(\zeta_1,r_1)$ zugestanden werden.[86] Diese Bedingung erfüllen alle (ζ,r)-Kombinationen auf bzw. rechts oberhalb von $SÄ_0(\zeta_1,r_1)$. Alle (ζ,r)-Kombinationen auf bzw. links unterhalb von $SÄ_1(\zeta_1,r_1)$ sind anreizkompatibel für den Fall, daß der Produktivitätsparameter α den Wert 1 annimmt. Alle (ζ,r)-Kombinationen im schraffierten Bereich sind daher anreizkompatibel. Aus der Menge der anreizkompatiblen Entlohnungsfunktionen sind nur diejenigen von Interesse, deren ζ-Wert ζ_0 bzw. ζ_1 beträgt. Diese Entlohnungsfunktionen ermöglichen dieselbe Anreizsteuerung, die im Fall symmetrischer Informationsverteilung bezüglich α erreicht wird, sie dominieren somit alle anderen anreizkompatiblen (ζ,r)-Kombinationen. Für den Fall, daß der Agent $\alpha=1$ meldet, ist somit zugleich r_1 als der feste Entlohnungsbestandteil ermittelt. Für $\alpha<1$ liegen alle dominanten Anreizfunktionen auf der durchgezogen gezeichneten Linie. Die Kombination $(\zeta_0,\hat{r}_0)$ ist für den Principal die kostengünstigste Möglichkeit, den Agent zur wahrheitsgemäßen Informationsübermittlung zu motivieren, wenn $\alpha<1$ realisiert wird. Analytisch ergibt sich $\hat{r}_0$ aus:

(4.4.2.42) $$SÄ_0(\zeta_0,\hat{r}_0) = \hat{r}_0 + \zeta_0 \cdot e_0 - \alpha e_0^2 - \frac{\gamma}{2} \cdot \zeta_0^2 \cdot \sigma^2$$

$$= m + \frac{1-\alpha}{4\alpha(1+2\gamma\sigma^2)^2} = SÄ_0(\zeta_1,r_1)$$

Einsetzen für e_0 und ζ_0 in (4.4.2.42) und auflösen nach $\hat{r}_0$ liefert:

(4.4.2.43) $$\hat{r}_0 = m - \frac{1-2\alpha\gamma\sigma^2}{4\alpha(1+2\alpha\gamma\sigma^2)^2} + \frac{1-\alpha}{4\alpha(1+2\gamma\sigma^2)^2}$$

---

86 Es wird wieder unterstellt, daß der Agent bei Nutzenindifferenz wahrheitsgemäß informiert.

Wie auch der Abbildung 4.4.2.7 zu entnehmen ist, gilt:

(4.4.2.44) $r_0 < \hat{r}_0 < r_1$

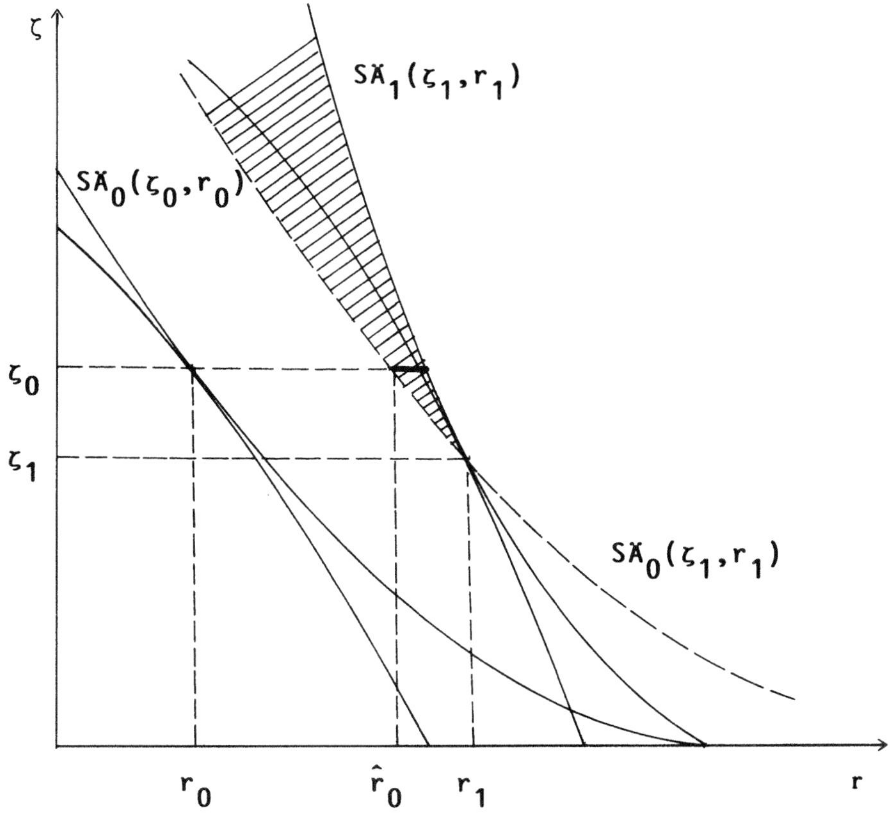

Abbildung 4.4.2.7: Anreizkompatible Entlohnungsverträge bei Informationsasymmetrie nach Vertragsabschluß und vor Aktionswahl

Das Entlohnungssystem mit den Anreizverträgen $(\zeta_0, \hat{r}_0)$ und (ζ_1, r_1) motiviert den Agent zwar zur wahrheitsgemäßen Berichterstattung und es ermöglicht auch dieselbe Anreizsteuerung wie im Fall symmetrischer Informationsverteilung bezüglich α, der Agent wird aber nicht gegen das aus der Unsicherheit über die Realisation von α

resultierende Risiko versichert. Hierin unterscheiden sich die Lösungen bei gleicher bzw. ungleicher Informationsverteilung und hierin liegen auch die Kosten, die mit der Informationsübertragung verbunden sind (Signalling-Kosten).

Die Existenz eines wahrheitsinduzierenden Entlohnungsvertrages ist aufgrund der damit verbundenen Signalling-Kosten noch keine Gewähr für die Vorteilhaftigkeit von Kommunikation. Im folgenden wird gezeigt, daß es im Rahmen des *LEN*-Modells stets ein Entlohnungssystem mit den Verträgen $(\zeta_0,\hat{\hat{r}}_0)$ und $(\zeta_1,\hat{\hat{r}}_1)$ gibt, das wahrheitsinduzierend ist und zugleich den optimalen Entlohnungsvertrag ohne Kommunikation $(\overline{\zeta},\overline{r})$ dominiert.

$\hat{\hat{r}}_0$ bzw. $\hat{\hat{r}}_1$ sind definiert durch:

$$\hat{\hat{r}}_0 = m'' - \frac{1-2\alpha\gamma\sigma^2}{4\alpha(1+2\alpha\gamma\sigma^2)^2} + \frac{1-\alpha}{4\alpha(1+2\gamma\sigma^2)^2}$$

$$\hat{\hat{r}}_1 = m'' + \frac{1-\alpha}{4\alpha(1+2\gamma\sigma^2)^2}$$

Aus den vorangegangenen Ausführungen ist offensichtlich, daß $(\zeta_0,\hat{\hat{r}}_0)$ bzw. $(\zeta_1,\hat{\hat{r}}_1)$ wahrheitsinduzierend sind.

Das Sicherheitsäquivalent des Agent im Falle $\alpha<1$ beträgt:

$$S\ddot{A}_0(\zeta_0,\hat{\hat{r}}_0) = m'' + \frac{1-\alpha}{4\alpha(1+2\gamma\sigma^2)^2} > m''$$

Für $\alpha=1$ gilt:

$$S\ddot{A}_1(\zeta_1,\hat{\hat{r}}_1) = m''$$

Der Erwartungswert über beide Sicherheitsäquivalente beträgt:

$$E\left[SÄ_0(\zeta_0,\hat{\hat{r}}_0);SÄ_1(\zeta_1,\hat{\hat{r}}_1);\beta\right] = m'' + \frac{\bar{\alpha}-\alpha}{4\alpha(1+2\gamma\sigma^2)^2}$$

m'' wird nun derart festgesetzt, daß gilt:

$$m'' = m' - \frac{\bar{\alpha}-\alpha}{4\alpha(1+2\gamma\sigma^2)^2}$$

Der Erwartungswert des Sicherheitsäquivalents ist damit bei den beiden Entlohnungssystemen mit und ohne Kommunikation identisch. Der Agent wird dann dasjenige Anreizsystem bevorzugen, das zu einer geringeren Schwankungsbreite der möglichen Sicherheitsäquivalente führt. Dies ist bei dem Entlohnungssystem mit Kommunikation der Fall:

$$SÄ_0(\zeta_0,\hat{\hat{r}}_0) - SÄ_1(\zeta_1,\hat{\hat{r}}_1) < SÄ_0(\bar{\zeta},\bar{r}) - SÄ_1(\bar{\zeta},\bar{r})$$

$$\frac{1-\alpha}{4\alpha(1+2\gamma\sigma^2)^2} < \frac{\bar{\alpha}^2(1-\alpha)}{4\alpha(\bar{\alpha}+2\alpha\gamma\sigma^2)^2}$$

$$(\bar{\alpha}+2\alpha\gamma\sigma^2)^2 < (\bar{\alpha}+2\bar{\alpha}\gamma\sigma^2)^2$$

$$\text{da} \qquad \alpha < \bar{\alpha}$$

Der Agent bevorzugt somit das Entlohnungssystem mit Kommunikation.

Für den Principal ist Kommunikation ebenfalls vorteilhaft. Sein Erwartungsnutzen beträgt in diesem Fall:

$$V\left((\zeta_0,\hat{\hat{r}}_0),(\zeta_1,\hat{\hat{r}}_1)\right) = \beta\left[\frac{1}{4(1+2\gamma\sigma^2)}\right] + (1-\beta)\left[\frac{1}{4\alpha(1+2\alpha\gamma\sigma^2)} - \frac{1-\alpha}{4\alpha(1+2y\sigma^2)^2}\right]$$

$$+ \frac{\overline{\alpha}-\alpha}{4\alpha(1+2y\sigma^2)^2} - m'$$

$$= \beta\left[\frac{1}{4(1+2\gamma\sigma^2)}\right] + (1-\beta)\left[\frac{1}{4\alpha(1+2\alpha\gamma\sigma^2)}\right] - m'$$

$$= V_{opt} - RP$$

Es gilt nun:

$$V\left((\zeta_0,\hat{\hat{r}}_0),(\zeta_1,\hat{\hat{r}}_1)\right) = V_{opt} - RP > \frac{\overline{\alpha}^2}{4\alpha(\alpha+2\alpha\gamma\sigma^2)^2} - m - RP = V(\overline{\zeta},\overline{r})$$

$$\text{da} \qquad V_{opt} > \frac{\overline{\alpha}^2}{4\alpha(\alpha+2\alpha\gamma\sigma^2)^2} - m$$

q.e.d.

Im Kapitel 4.4 ist damit gezeigt worden, daß Kommunikation für Agent und Principal vorteilhaft ist, wenn die Informationsasymmetrie nicht nur das Aktivitätsniveau des Agent umfaßt, sondern sich auch auf die Kenntnis der Ausprägung exogener Parameter bezieht. Der Jahresabschluß kann als Informationsinstrument dienen, mit dem der Agent seine Gewinnerwartungen dem Principal mitteilt, wenn dem Agent bei der Festsetzung der bilanziellen Wertansätze freie Hand gelassen wird. Zusätzlich zu den Gewinnerwartungen müssen auch die tatsächlich im Leistungsbereich des Unternehmens realisierten Einzahlungsüberschüsse erfaßt werden, da diese wiederum anreizinformativ sind hinsichtlich der Informationstätigkeit des Agent.

4.5 Agency-Probleme der Fremdfinanzierung

4.5.1 Die Finanzierungsbeziehung zwischen Eigentümern und Kreditgebern als Principal-Agent-Beziehung

Während bislang die Beziehung zwischen Eigentümern und Unternehmensleitung untersucht wurde, soll in diesem Abschnitt die Finanzierungsbeziehung zwischen Eigen- und Fremdkapitalgebern analysiert werden. Dabei wird davon ausgegangen, daß die Unternehmensleitung ausschließlich im Interesse der Eigenkapitalgeber handelt, so daß beide als eine Einheit angesehen werden können.

Die Finanzierungsbeziehung zwischen Eigen- und Fremdkapitalgebern kann ebenfalls als eine Principal-Agent-Beziehung aufgefaßt werden. Principal ist hierbei der Fremdkapitalgeber, der dem Unternehmen Kapital überläßt, und Agent sind die Eigentümer, die über die Verwendung dieses Kapitalbetrages verfügen. In diesem Fall erhält der Principal einen Mindestbetrag in Form der Tilgung und einer marktüblichen Verzinsung des gewährten Kreditbetrages und dem Agent fließt der darüber hinausgehende Kooperationsgewinn zu. Asymmetrische Informationsverteilung besteht, da die Kreditgeber nicht beobachten können, in welcher Weise der Kreditbetrag verwendet wird. Darüber hinaus wird der Kreditnehmer in vielen Fällen auch über die Rentabilität der ihm offenstehenden Investitionsmöglichkeiten besser informiert sein als der Kreditgeber. Über die durchzuführende Investitionspolitik besteht ein Interessenkonflikt zwischen Eigen- und Fremdkapitalgebern, der aus unterschiedlichen Zielsetzungen resultiert. Die Zielfunktionen von Eigen- und Fremdkapitalgebern können unter bestimmten Annahmen über die Vollkommenheit des Kapitalmarktes unabhängig von den subjektiven Präferenzen formuliert werden[1]. Das Kriterium, an dem die Beteiligten ihre Entscheidungen ausrichten, ist der Marktwert des ihnen zufließenden Konsumstroms.

---

1 Vgl. hierzu *Wilhelm* (1987).

So sind die Eigentümer daran interessiert, den Marktwert des Eigenkapitals zu maximieren, während für die Kreditgeber der Marktwert des Fremdkapitals die relevante Zielgröße darstellt.

Können auf einem vollkommenen Kapitalmarkt Anwartschaften auf Zahlungsansprüche gehandelt werden, so ist die durch einen Anreizvertrag geschaffene Risikoallokation nicht maßgeblich für die Einkommensströme, die Principal und Agent letztlich zufließen. Jeder kann durch geeignete Transaktionen auf dem Kapitalmarkt sein individuelles Konsumoptimum erreichen, unabhängig davon, welche Risikoaufteilung der Anreizvertrag vorsieht. Die Konsequenz ist, daß der Aspekt der Risikoallokation unerheblich ist für die Gestaltung des optimalen Anreizvertrages. Aufgrund der im vorigen Abschnitt dargestellten Überlegungen ist damit folgende einfache Lösung des Principal-Agent-Problems optimal: Der Principal, d.h. der Kreditgeber erhält einen festen Betrag, während die Eigenkapitalgeber das Residuum erhalten und somit das gesamte Risiko tragen. Dieser Lösung entspricht genau der übliche Kreditvertrag. Der Fremdkapitalgeber erhält für die Kapitalhergabe einen Anspruch auf Tilgung und feste, d.h. erfolgsunabhängige Verzinsung, während den Eigentümern der Residualgewinn nach Rückzahlung aller Verbindlichkeiten zusteht. Damit sind zugleich auch alle Anreizprobleme vollständig gelöst. Ist der Marktwert des Fremdkapitals eine Konstante, so entspricht jeder Veränderung des Marktwertes der Unternehmung eine Veränderung des Marktwertes des Eigenkapitals in gleicher Höhe. Maximierung des Marktwertes des Unternehmens und Maximierung des Marktwertes des Eigenkapitals sind identische Zielsetzungen.

Haften die Eigentümer nur beschränkt, so ist nicht gewährleistet, daß die Kreditgeber ihren Anspruch auf Tilgung und Verzinsung auch durchsetzen können. Reichen die Zahlungsüberschüsse aus dem Leistungsbereich und das vorhandene Eigenkapital nicht aus, um das Fremdkapital zu bedienen, so partizipieren auch die Kreditgeber an den Verlusten des Unternehmens. Dann aber sind Maximierung des

Marktwertes des Unternehmens und Maximierung des Marktwertes des Eigenkapitals keine identischen Zielsetzungen mehr, vielmehr bestehen für die Eigentümer Anreize, Reichtumsverschiebungen zu Lasten der Kreditgeber vorzunehmen. Rationale Kreditgeber werden jedoch die Anreize zu Reichtumsverschiebungen erkennen und bei der Gestaltung der Kreditkonditionen berücksichtigen. Die Konsequenz ist, daß letztlich die Eigentümer die Marktwertminderungen, die aus einer Abweichung von der gesamtwertmaximalen Unternehmenspolitik resultieren, zu tragen haben. Daher haben gerade auch die Eigentümer ein Interesse daran, die Kreditgeber davon zu überzeugen, daß das gesamtwertmaximale Investitionsprogramm durchgeführt wird.

Zur Eliminierung von Agency-Problemen der Fremdfinanzierung kann die Finanzierungspolitik beitragen, indem von der Fremdfinanzierung maximal in dem Umfang Gebrauch gemacht wird, daß die Zahlungsansprüche der Kreditgeber mit Sicherheit erfüllt werden können. Es gibt allerdings Gründe, die dafür sprechen, von dieser Finanzierungsweise abzuweichen:[2]

- Wird Fremdfinanzierung steuerlich begünstigt, so ist es optimal, den Verschuldungsumfang soweit auszudehnen, bis die steuerlichen Vorteile der Fremdfinanzierung durch die Nachteile, die aus dem Interessenkonflikt zwischen Eigen- und Fremdkapitalgebern resultieren, ausgeglichen werden.

- Sind mit der Eigenfinanzierung Anreizprobleme zwischen Kapitalgebern und Unternehmensleitung verbunden, so ist der optimale Verschuldungsgrad erreicht, wenn die marginalen Agency-Costs der Eigenfinanzierung den marginalen Agency-Costs der Fremdfinanzierung entsprechen.

---

2 Vgl. auch <u>*Barnea/Haugen/Senbet*</u> (1985), S. 41-60.

In beiden Fällen ist das optimale Ausmaß an Fremdfinanzierung durch die Existenz von Interessenkonflikten zwischen Eigen- und Fremdkapitalgebern gekennzeichnet.[3]

Bei der Analyse von Agency-Problemen der Fremdfinanzierung geht es im folgenden nicht um die Bestimmung einer optimalen Aufteilungsregel, die angibt, in welcher Weise unter Berücksichtigung von Anreizproblemen der im Leistungsbereich des Unternehmens erwirtschaftete Zahlungsüberschuß auf die einzelnen Kapitalgeber aufgeteilt wird.[4] Statt dessen wird davon ausgegangen, daß das Unternehmen mit (beschränkt haftendem) Eigenkapital und mit Krediten, die einen Anspruch auf Tilgung und feste Verzinsung gewähren, finanziert wird, wobei die Verschuldung so hoch ist, daß das Fremdkapital ausfallbedroht ist. Zu untersuchen ist, welche Interessenkonflikte auftreten, welche Maßnahmen geeignet sind, Anreizprobleme abzubauen und welchen Beitrag Jahresabschlußinformationen hierzu leisten können. Hierzu wird folgendes Modell verwendet:

Mit $a\big(I,\varphi(s)\big)$ wird der im Leistungsbereich des Unternehmens erwirtschaftete Zahlungsüberschuß bezeichnet. Dieser ist zum einen eine Funktion der Zufallsvariablen $\tilde{\varphi}$, deren Ausprägung davon abhängt, welcher Umweltzustand eintritt, und zum anderen ist $a(\cdot)$ eine Funktion von I. Mit dieser Größe sind grundsätzlich alle Maßnahmen der Unternehmensleitung erfaßt, die Einfluß auf die Wahrscheinlichkeitsverteilung der Einzahlungsüberschüsse aus dem Leistungsbereich haben. Zu diesen Maßnahmen zählt insbesondere die Investitionspolitik der Unternehmung. Diese kann aus zwei Gründen zum Gegenstand von Interessenkonflikten von Eigen- und Fremdkapitalgebern werden: Zum einen besteht für die Eigentümer ein Anreiz, Investitionsprojekte durchzuführen, die die Streuung der Zahlungsüberschüsse erhöhen,

---

3 Vgl. Green, R. (1982).

4 Diese Fragestellung wird untersucht in: Barnea/Haugen/Senbet (1980), (1981 a), (1981 b), (1985); Gale/Hellwig (1985); Green, R. (1982); Haugen/Senbet (1979), (1981); Jensen/Meckling (1976).

zum anderen sind Reichtumsverschiebungen möglich durch eine Kürzung des Invesitionsvolumens zugunsten vermehrter Ausschüttungen.

Die Symbole F_0 bzw. F_1 stehen für den in t=0 aufgenommenen bzw. in t=1 zurückzuzahlenden Fremdkapitalbetrag, E_0 bezeichnet das eingesetzte Eigenkapital und p(s) ist der gegenwärtige Preis für den Anspruch auf eine Geldeinheit bei Eintritt des Umweltzustandes s.

Die Zielsetzung der Eigentümer besteht darin, diejenige Investitionspolitik durchzuführen, die den Marktwert des Eigenkapitals maximiert:

P. 1:

$$\text{(4.5.1.1)} \qquad \max_I \left\{ \int_s p(s) \cdot \left[a\big(I, \varphi(s)\big) - \mathrm{Min}\left\{ F_1, a\big(I, \varphi(s)\big) \right\} \right] ds \right\}$$

unter der Nebenbedingung:

$$\text{(4.5.1.2)} \qquad I = F_0 + E_0$$

Für (4.5.1.1) kann auch geschrieben werden:

$$\text{(4.5.1.1')} \qquad \max_I \left\{ \int_s p(s) \cdot \mathrm{Max}\left\{ a\big(I, \varphi(s)\big) - F_1, 0 \right\} ds \right\}$$

Bei gegebener Produktionstechnologie und gegebenem Eigenkapitalbetrag hängt die gemäß (4.5.1.1') optimale Investitionspolitik von dem eingesetzten und dem zurückzuzahlenden Kapitalbetrag ab: $I^*_{EK}=I(F_0,F_1)$. Beziehung (4.5.1.1) bzw. (4.5.1.1') entspricht im Principal-Agent-Modell (vgl. Abschnitt 4.2.1.1) der Nebenbedingung (4.2.1.5), wonach der Agent zu jedem Entlohnungsvertrag dasjenige Aktivitätsniveau wählt, das seinen Nutzen maximiert.

Der Kreditgeber als Principal wird die Parameter des Kreditvertrages (F_0,F_1) in der Weise festlegen, daß der Marktwert seiner Forderungen dem gewährten Kreditbetrag entspricht. Eine höhere Verzinsung des eingesetzten Kapitals kann er aufgrund der Wettbewerbsbedingungen nicht erzielen, bei einer geringeren Verzinsung wird er sein Kapital anderweitig investieren. Diese Bedingung kann man als Pendant zu der Nebenbedingung (4.2.1.4) im Principal-Agent-Modell auffassen, die dort sicherstellt, daß der Agent ein bestimmtes (exogen gegebenes) Mindestnutzenniveau erreichen kann.[5] Hier ist es nun der Principal, der einen Mindestertrag in Höhe des Marktzinses erhält.

Bei der Festlegung der Kreditkonditionen wird der Fremdkapitalgeber als Principal berücksichtigen, daß das Investitionsverhalten des Kreditnehmers von (F_0,F_1) abhängt. Da der Kreditgeber annahmegemäß sowohl die Zielfunktion des Investors als auch dessen Produktionstechnologie kennt, besitzt er alle Informationen, um antizipieren zu können, mit welcher Investitionsstrategie der Kreditnehmer auf eine Kombination (F_0,F_1) reagieren wird. Der Kreditgeber kann daher das Wertepaar (F_0,F_1) stets so festlegen, daß der Marktwert des Fremdkapitals dem Kreditaufnahmebetrag entspricht:

$$(4.5.1.3) \qquad F_0 = \int_S p(s) \cdot \operatorname{Min}\left\{ F_1, a\big(I, \varphi(s)\big)\right\} ds$$

Für den Kreditnehmer hat dies zur Konsequenz, daß der Wert des Eigenkapitals nicht nur von der durchgeführten Investitionspolitik abhängt, sondern auch davon, welche Erwartungen der Kreditgeber hinsichtlich der Investitionspolitik des Schuldners hegt. Diese Erwartungen hängen wiederum von den Größen ab, die der Kreditgeber beobachten kann, nämlich F_0 bzw. F_1. Investitions- und Finanzierungsentscheidungen sind somit nicht mehr unabhängig voneinander, sondern simultan zu treffen. Dies führt zu folgendem Optimierungsproblem des Kreditnehmers:

---

5 Eine der Zielfunktion (4.2.1.4) im Principal-Agent-Modell entsprechende Gleichung ist hier überflüssig, da der Anreizvertrag in Form des Kreditvertrages vorgegeben ist.

P. 2:

$$(4.5.1.4) \quad \max_{I,F_0,F_1} \left\{ \int_S p(s) \cdot \mathrm{Max}\left\{ a\big(I,\varphi(s)\big) - F_1 , 0 \right\} ds \right\}$$

unter den Nebenbedingungen

$$(4.5.1.3) \quad F_0 = \int_S p(s) \cdot \mathrm{Min}\left\{ F_1 , a\big(I,\varphi(s)\big) \right\} ds$$

$$(4.5.1.5) \quad I^*_{EK} = I(F_0, F_1)$$

Die Ermittlung einer expliziten Lösung zu dem Optimierungsproblem *P. 2* ist im allgemeinen nicht möglich. Statt dessen konzentrieren sich die meisten Untersuchungen auf die Problemstellung *P. 1*, d.h. es wird untersucht, welche Anreizwirkung von einer gegebenen Kapitalstruktur auf die Investitionstätigkeit ausgeht.

Bevor die Ergebnisse zu dieser Problemstellung in den nächsten Abschnitten dargestellt werden, soll zunächst die Optimallösung in einer Welt ohne Agency-Problematik ermittelt werden. Diese Lösung dient wiederum als Vergleichsmaßstab, um die durch die Agency-Problematik bedingten Abweichungen messen zu können. Diese Marktwertabweichungen hat stets der Agent in voller Höhe zu tragen, wenn man davon ausgeht, daß der Principal die Investitionspolitik des Kreditnehmers antizipieren kann und die Kreditkonditionen daher so festlegen wird, daß der Ertrag aus dem Kreditengagement der marktüblichen Verzinsung entspricht. Das Optimierungskalkül in einer Welt ohne Agency-Probleme erhält man, indem in *P. 2* die letzte Nebenbedingung durch die Zulässigkeitsbedingung

$$(4.5.1.2) \quad I = F_0 + E_0$$

ersetzt wird:

_P. 3:_

$$(4.5.1.4)\qquad \max_{I,F_0,F_1} \left\{ \int_S p(s) \cdot \mathrm{Max}\left\{ a\big(I,\varphi(s)\big) - F_1 , 0 \right\} ds \right\}$$

unter den Nebenbedingungen

$$(4.5.1.3)\qquad F_0 = \int_S p(s) \cdot \mathrm{Min}\left\{ F_1 , a\big(I,\varphi(s)\big) \right\} ds$$

$$(4.5.1.2)\qquad I = F_0 + E_0$$

Einsetzen von (4.5.1.2) und (4.5.1.3) in (4.5.1.4) liefert:

$$(4.5.1.6)\qquad \max_{I} \left\{ \int_S p(s) \cdot \left[a\big(I,\varphi(s)\big) - I \right] ds - E_0 \right\}$$

Beziehung (4.5.1.6) ist die Bestimmungsgleichung zur Ermittlung des gesamtwertmaximalen Investitionsprogramms. Wie aus (4.5.1.6) zu erkennen ist, ist die Investitionsentscheidung unabhängig davon, wie das Investitionsprogramm finanziert wird.

Während bei *P. 2* von den Kreditgebern immer unterstellt wird, daß die Eigentümer bei gegebenem Kreditvertrag dasjenige Investitionsprogramm durchführen, das den Marktwert des Eigenkapitals maximiert, kann bei *P. 3* ein bestimmtes Investitionsprogramm verbindlich vereinbart werden (forcing contract). Daher ist auch die Nebenbedingung (4.5.1.3) in beiden Optimierungsproblemen unterschiedlich zu interpretieren: Bei *P. 3* hängt F_1 direkt vom verbindlich festgelegten Investitionsprogramm ab, bei *P. 2* dagegen wird F_1 durch die Erwartungen der Kreditgeber über das Verhalten des Kreditnehmers bestimmt. Da unterstellt wird, daß diese Erwartungen stets erfüllt sind, muß die Optimallösung von *P. 2* in der Menge der anreizkompatiblen Verträge enthalten sein. Die optimale Lösung von *P. 3* ist aber bei Existenz von Agency-Problemen kein Element dieser Menge.

Diese Überlegungen machen auch deutlich, daß der Kreditnehmer die Agency-Probleme nicht dadurch lösen kann, indem er freiwillig auf eigennütziges Verhalten verzichtet und dasjenige Investitionsprogramm durchführt, das die Optimallösung von *P. 3* darstellt. So lange die Kreditgeber weiterhin davon ausgehen, daß der Kreditnehmer nach Kapitalerhalt doch ausschließlich im eigenen Interesse handelt, führt eine solche Investitionsstrategie lediglich zu unerwarteten Reichtumszuwächsen bei den Kreditgebern, die Position des Kreditnehmers verschlechtert sich dagegen noch weiter. Für den Kreditnehmer kommt es somit darauf an, die Kapitalgeber davon zu überzeugen, daß er nach Kapitalerhalt von der gesamtwertmaximalen Investitionspolitik nicht abweicht. Dies kann er erreichen, indem er sich Beschränkungen unterwirft, die ihm die Möglichkeit und/oder den Anreiz nehmen, Reichtumsverschiebungen durchzuführen.

Im nächsten Abschnitt wird dargestellt, welche Maßnahmen zu Reichtumsverschiebungen der Kreditnehmer durchführen kann, daran anschließend wird untersucht, welche Vorkehrungen geeignet sind, Interessenkonflikte zwischen beiden Gruppen von Kapitalgebern zu reduzieren. Dabei wird insbesondere darauf eingegangen, welchen Beitrag Rechnungslegungsinformationen hierzu leisten können.

4.5.2 Interessenkonflikte zwischen Eigen- und Fremdkapitalgebern

4.5.2.1 Durchführung einer riskanteren Investitionspolitik

In diesem Abschnitt wird gezeigt, daß für den Kapitalnehmer ein Anreiz besteht, nach Kreditaufnahme ein Investitionsprogramm durchzuführen, das eine höhere Streuung der künftigen Zahlungsüberschüsse aufweist als das gesamtwertmaximale Investitionsprogramm. Um diesen Anreizeffekt isoliert analysieren zu können, wird angenommen, daß das Investitionsvolumen konstant ist. Die zustandsabhängigen Einzahlungsüberschüsse werden durch folgende Investitionsertragsfunktion beschrieben.[6]

$$(4.5.2.1) \qquad a(\alpha,s) = \overline{a}(\alpha) + b(\alpha) \cdot \varphi(s)$$

mit

$$\frac{\partial \overline{a}(\alpha)}{\partial \alpha} \leq 0 \;; \quad \frac{\partial b(\alpha)}{\partial \alpha} > 0 \;; \quad 0 \leq \alpha \leq 1 \;; \quad E[\varphi(s)] = 0$$

α ist ein Parameter, mit dem die Unternehmensleitung die Streuung und den Erwartungswert des Einzahlungsüberschusses verändern kann, und zwar in der Weise, daß die Streuung mit zunehmendem α steigt, der Erwartungswert aber sinkt.

Weiterhin gilt $a(\alpha,s) \geq 0$, so daß

$$\varphi(s) \geq -\frac{\overline{a}(1)}{b(1)}$$

gelten muß. Durch die Annahme eines stets positiven Zahlungsüberschusses wird der Interessenkonflikt auf die beiden Gruppen Eigen- und Fremdkapitalgeber begrenzt.

Der Wert des Zahlungsstroms $a(\alpha,s)$ ergibt sich aus:

$$(4.5.2.2) \qquad V\big(a(\alpha,s)\big) = \int_S p(s) \cdot \big[a(\alpha) + b(\alpha) \cdot \varphi(s)\big]\, ds$$

Für $\varphi(s)$ wird nun zusätzlich angenommen:

$$(4.5.2.3) \qquad \int_S p(s) \cdot \varphi(s)\, ds = 0$$

Die durch die Zufallsvariable $\tilde{\varphi}$ bedingte Streuung der Einzahlungsüberschüsse ist somit für die Bewertung des Zahlungsstroms irrele-

6 Vgl. hierzu *Green, R./Talmor* (1986).

vant. In der Terminologie des CAPM könnte $\tilde{\varphi}$ als unsystematisches Risiko bezeichnet werden.[7]

Die Bewertungsfunktion wird nun folgendermaßen transformiert:

$$(4.5.2.4) \qquad p^m(s) = p(s) \cdot (1 + r_F) = \frac{p(s)}{\int_S p(s)\, ds}$$

Die durch die Multiplikation mit dem Zinssatz für sichere Anlagen entstehenden modifizierten Preise für zustandsabhängige Zahlungen $\left(p^m(s)\right)$ haben den Vorteil, daß sie alle Eigenschaften einer Wahrscheinlichkeitsverteilung erfüllen.[8]

Für den Wert eines unsicheren Zahlungsstroms kann dann geschrieben werden:

$$(4.5.2.5) \qquad V(\tilde{a}) = \frac{1}{1 + r_F} \cdot \overline{E}[\tilde{a}] = \int_S p(s) \cdot \overline{a}(\alpha)\, ds = \frac{1}{1 + r_F} \cdot \int_S p^m(s) \cdot \overline{a}(\alpha)\, ds = \frac{\overline{a}(\alpha)}{1 + r_F}$$

---

7 Dies läßt sich folgendermaßen begründen: Da die Bewertungsfunktion auf einem vollkommenen Markt ein lineares (kontinuierliches) Funktional darstellt, gilt:

$$\int_S p(s) \cdot \varphi(s)\, ds = E[\tilde{\varphi} \cdot \hat{\tilde{W}}]$$

Die Existenz von $\hat{\tilde{W}}$ folgt aus dem Theorem von *Riesz* (vgl. z. B. <u>Luenberger</u> (1969), S. 113 ff.). $\hat{\tilde{W}}$ kann als eine Marktvariable aufgefaßt werden, die die Eigenschaft besitzt, daß der Wert eines beliebigen unsicheren Zahlungsstroms nur vom Erwartungswert dieses Zahlungsstroms und dessen Kovarianz mit $\hat{\tilde{W}}$ abhängt (vgl. <u>*Beja*</u> (1971), S. 364; <u>*Rubinstein, M.*</u> (1976), S. 409).
Aus $E[\tilde{\varphi} \cdot \hat{\tilde{W}}] = E[\tilde{\varphi}] \cdot E[\hat{\tilde{W}}] + Cov[\tilde{\varphi}, \hat{\tilde{W}}]$ ist ersichtlich, daß $E[\tilde{\varphi} \cdot \hat{\tilde{W}}] = 0$ gilt, wenn folgende beiden Bedingungen erfüllt sind:

1. $E[\tilde{\varphi}] = 0$; 2. $Cov[\tilde{\varphi}, \hat{\tilde{W}}] = 0$

$\varphi(s)$ ist somit sowohl ein "*mean preserving*" als auch ein "*price preserving spread*". Siehe hierzu auch: <u>*Green, R.*</u> (1982), S. 38; <u>*Harrison/Kreps*</u> (1979), S. 391.

8 Dies folgt aus dem *Radon-Nikodym*-Theorem (vgl. <u>*Rutsch/Schriever*</u> (1976), S. 161 ff.). Ein detaillierter Beweis hierzu ist zu finden in: <u>*Harrison/Kreps*</u> (1979), S. 390.

Es ist naheliegend $\overline{E}[\tilde{a}]$ als Sicherheitsäquivalent des unsicheren Zahlungsstroms $\tilde{a}$ zu bezeichnen. Durch Abzinsen dieses Sicherheitsäquivalents mit dem Zinssatz für sichere Anlagen erhält man den Gegenwartswert des unsicheren künftigen Zahlungsstroms.

Bei gegebenem Fremdkapitalrückzahlungsbetrag gilt für den Marktwert des Eigenkapitals V(EK):

$$V(EK) = \frac{1}{1+r_F} \cdot \overline{E}(EK) = \frac{1}{1+r_F} \cdot \int_{\hat{S}} p^m(s) \cdot \left[\overline{a}(\alpha) + b(\alpha) \cdot \varphi(s) - F_1\right] ds \tag{4.5.2.6}$$

$$\text{mit} \quad \varphi(\hat{s}) = \frac{F_1 - \overline{a}(\alpha)}{b(\alpha)}$$

$$\text{und} \quad \hat{S} = \left\{ s \,\middle|\, \varphi(s) \geq \varphi(\hat{s}) \right\}$$

Um zu sehen, wie sich der Wert des Eigenkapitals bei einer Erhöhung von α verändert, wird (4.5.2.6) nach α differenziert:

$$\frac{\partial V(EK)}{\partial \alpha} = \frac{1}{1+r_F} \cdot \frac{\partial \overline{E}(EK)}{\partial \alpha} = \frac{1}{1+r_F} \cdot \int_{\hat{S}} p^m(s) \cdot \left[\frac{\partial \overline{a}(\alpha)}{\partial \alpha} + \frac{\partial b(\alpha)}{\partial \alpha} \cdot \varphi(s)\right] ds \tag{4.5.2.7}$$

Im Fall $\frac{\partial \overline{a}(\alpha)}{\partial \alpha} = 0$ ist eine Erhöhung der Streuung für die Eigenkapitalgeber auf jeden Fall vorteilhaft, bei $\frac{\partial \overline{a}(\alpha)}{\partial \alpha} < 0$ gilt dies nur dann, wenn die Vorteile, die aus einer Erhöhung des Risikos für die Eigentümer resultieren, nicht durch die mit dem Absinken des Erwartungswertes verbundenen Marktwertminderungen kompensiert werden.

Wird (4.5.2.7) nach F_1 differenziert, so erhält man eine Aussage darüber, wie der marginale Reichtumszuwachs der Eigenkapitalgeber vom Fremdkapitalvolumen abhängt:

$$\frac{\partial^2 V(EK)}{\partial \alpha \, \partial F_1} = \frac{1}{1+r_F} \cdot \frac{1}{b(\alpha)} \cdot \left[\frac{\partial b(\alpha)}{\partial \alpha} \cdot \frac{\overline{a}(\alpha) - F_1}{b(\alpha)} - \frac{\partial \overline{a}(\alpha)}{\partial \alpha}\right] \cdot p^m(s) \tag{4.5.2.8}$$

Nullsetzen von (4.5.2.8) und Auflösen nach F_1 liefert denjenigen Fremdkapitalbetrag, F_1^*, für den der marginale Reichtumszuwachs der Eigenkapitalgeber bei gegebenem α ein Maximum annimmt:

$$(4.5.2.9) \qquad F_1^* = \bar{a}(\alpha) - \frac{\partial \bar{a}(\alpha)/\partial \alpha}{\partial b(\alpha)/\partial \alpha} \cdot b(\alpha)$$

Es gelten offensichtlich folgende Beziehungen:

$$(4.5.2.10) \qquad \frac{\partial \bar{a}(\alpha)}{\partial \alpha} \gtreqless 0 \quad \Longleftrightarrow \quad F_1^* \lesseqgtr \bar{a}(\alpha)$$

Die Eigenschaft, daß (4.5.2.10) für ein bestimmtes F_1^* ein Maximum annimmt, verleitet zu der Aussage, daß die Anreize zu Reichtumsverschiebungen keine monoton steigende Funktion des Verschuldungsgrades sind.[9] Aus (4.5.2.10) ist aber nur zu erkennen, daß der marginale Reichtumszuwachs der Eigenkapitalgeber bei gegebenem α keine monoton steigende Funktion von F_1 ist. Dies sagt aber noch nichts darüber aus, ob die Anreize zu Reichtumsverschiebungen eine monotone Funktion von F_1 sind.

Um zu sehen, in welcher Weise das Fremdkapitalvolumen die optimale Wahl von α beeinflußt, wird auf (4.5.2.7) zurückgegriffen. Durch Nullsetzen dieser Beziehung erhält man in impliziter Formulierung die in Optimum bestehende Beziehung zwischen α und F_1: $\alpha^*(F_1)$. Implizite Differentiation von (4.5.2.7) liefert:

$$(4.5.2.11) \qquad \frac{\partial \alpha^*(F_1)}{\partial F_1} = - \frac{\dfrac{\partial^2 V(EK)}{\partial \alpha \, \partial F_1}}{\dfrac{\partial^2 V(EK)}{\partial \alpha^2}}$$

Da der Nenner von (4.5.2.11) zugleich die hinreichende Bedingung für ein Maximum von (4.5.2.7) ist, gilt:

---

9 Diese Behauptung äußern *Gavish/Kalay* (1983), S. 25.

$$\frac{\partial^2 V(EK)}{\partial \alpha^2} < 0$$

Der Ausdruck $\frac{\partial \alpha^*(F_1)}{\partial \alpha}$ hat damit das gleiche Vorzeichen wie der Zähler in (4.5.2.11):

$$\text{(4.5.2.12)} \quad sign\left[\frac{\partial \alpha^*(F_1)}{\partial F_1}\right] = sign\left[\frac{\partial^2 V(EK)}{\partial \alpha \, \partial F_1}\right] = -\,sign\left[\frac{F_1 - \bar{a}(\alpha)}{b(\alpha)} + \frac{\frac{\partial \bar{a}(\alpha)}{\partial \alpha}}{\frac{\partial b(\alpha)}{\partial \alpha}}\right]$$

Der erste Summand entspricht $\varphi(\hat{s})$, für den zweiten Summanden erhält man aus (4.5.2.7):

$$\text{(4.5.2.13)} \quad -\frac{\frac{\partial \bar{a}(\alpha}{\partial \alpha}}{\frac{\partial b(\alpha)}{\partial \alpha}} = \frac{\int_{\hat{S}} p^m(s) \cdot \varphi(s)\, ds}{\int_{\hat{S}} p^m(s)\, ds} = \bar{E}\left[\varphi(s) \,/\, \varphi(s) > \varphi(\hat{s})\right]$$

Einsetzen in (4.5.2.8) liefert schließlich

$$\text{(4.5.2.14)} \quad sign\left[\frac{\partial \alpha^*(F_1)}{\partial F_1}\right] = sign\left[\bar{E}\left[\varphi(s) \,/\, \varphi(s) > \varphi(\hat{s})\right] - \varphi(\hat{s})\right] > 0$$

Damit ist gezeigt, daß die Anreize, eine riskantere Investitionspolitik durchzuführen, mit steigendem Verschuldungsgrad zunehmen.

Um Aussagen über die Agency-Costs zu gewinnen, muß zunächst diejenige Investitionspolitik bestimmt werden, die den Marktwert der Unternehmung maximiert. Gilt $\frac{\partial \bar{a}(\alpha)}{\partial \alpha} < 0$, so ist offensichtlich, daß dies bei $\alpha=0$ der Fall ist. Jede Abweichung hiervon führt zu einer Marktwertminderung und damit zu Agency-Costs der Fremdfinanzierung $\left(C_A(F_1)\right)$, die daher folgendermaßen definiert werden können:

$$\text{(4.5.2.15)} \quad C_A(F_1) = V(\alpha=0) - V\left(\alpha^*(F_1)\right)$$

Differentiation von (4.5.2.15) nach F_1 zeigt,

$$(4.5.2.16) \qquad \frac{\partial C_A(F_1)}{\partial F_1} = -\frac{1}{1+r_F} \cdot \frac{\partial \overline{a}(\alpha)}{\partial \alpha} \cdot \frac{\partial \alpha^*(F_1)}{\partial F_1} > 0$$

daß die Agency-Costs der Fremdfinanzierung mit zunehmender Verschuldung monoton steigen.

Besteht das Investitionsprogramm einer Unternehmung aus mehreren Einzelprojekten, so kann gezeigt werden, daß für die Eigentümer ein Anreiz besteht, vermehrt in solche Projekte zu investieren, deren Erträge mit den Überschüssen des übrigen Investitionsprogramms positiv korreliert sind.[10] Durch diesen "Anti-Diversifikationseffekt" wird das Risiko des insgesamt im Leistungsbereich erwirtschafteten Zahlungsüberschusses erhöht.

Anreize, eine riskantere Investitionspolitik durchzuführen, sind besonders ausgeprägt im Fall einer drohenden Insolvenz. Hier stellt sich in der Regel für die Eigentümer das Problem, ob sie das Unternehmen liquidieren oder fortführen sollen. Die Liquidation ist mit einer sicheren Einzahlung verbunden (α=0), wohingegen die Fortführung zu künftigen Zahlungen führt, die mit Unsicherheit behaftet sind (α>0). Die vorangehenden Überlegungen machen deutlich, daß für die Unternehmensleitung erhebliche Anreize bestehen, das Unternehmen fortzuführen, und zwar selbst dann, wenn der Fortführungswert des Unternehmens geringer ist als der Zerschlagungswert.[11]

---

10 Vgl. <u>*Green, R.*</u> (1982), (1984).

11 Vgl. <u>*Hax*</u> (1985), S. 82; <u>*Hax/Marschdorf*</u> (1983), S. 119.

4.5.2.2 Das Unterinvestitionsproblem

Die Durchführung eines riskanteren Investitionsprogramms stellt eine Möglichkeit dar, wie Eigenkapitalgeber Reichtumsverschiebungen zu Lasten der Kreditgeber vornehmen können, eine andere Möglichkeit besteht darin, das Investitionsvolumen zu verringern.[12]

Ausgangspunkt der Betrachtung ist folgende Situation: Ein Unternehmen hat in einer zurückliegenden Periode Fremdkapital aufgenommen, das noch zu tilgen ist. Dieses Fremdkapital ist bereits verwendet worden, z.B. zur Finanzierung von Investitionsmaßnahmen. Die daraus resultierenden Einzahlungsüberschüsse sind bereits an die Eigentümer in Form von Dividenden ausgeschüttet worden. Zu Beginn des Betrachtungszeitraums steht die Unternehmensleitung vor dem Problem, das für die Unternehmenseigner optimale Investitionsprogramm zu bestimmen. Um die Analyse auf den Aspekt des Investitionsvolumens zu konzentrieren, wird angenommen, daß das Investitionsprogramm zu folgenden zustandsabhängigen Einzahlungsüberschüssen führt:

$$a(I,s) = \alpha \cdot f(I) \cdot \left(1 + \beta \cdot \varphi(s)\right) \tag{4.5.2.17}$$

mit

$$\frac{\partial f(I)}{\partial I} > 0 \ ; \quad \frac{\partial^2 f(I)}{\partial I^2} < 0 \ ; \quad f(0) = 0$$

α stellt hier einen Produktivitätsparameter dar, β ist ein Parameter, der die Streuung der Einzahlungsüberschüsse beeinflußt und $\varphi(s)$ ist wiederum eine Zufallsvariable, die einen Erwartungswert von Null besitzt und bewertungsneutral ist:

$$E[\varphi(s)] = 0 \ ; \quad \int_S \varphi(s) \cdot p(s)\, ds = 0$$

---

12 Das sogenannte Unterinvestitionsproblem ist zuerst von *Myers* (1977) analysiert worden; siehe hierzu auch: *Ewert* (1984), (1986); *Hartmann-Wendels* (1986); *John/Kalay* (1982).

Um den Interessenkonflikt auf Eigen- und Fremdkapitalgeber zu beschränken, wird angenommen, daß der Zahlungsüberschuß nicht negativ werden kann: $\varphi(s)\cdot\beta \geq -1$ für alle s.

Bevor das für die Eigentümer optimale Investitionsvolumen bestimmt wird, soll als Vergleichsmaßstab zunächst das den Marktwert des Unternehmens maximierende Investitionsprogramm ermittelt werden. Die hierfür relevante Problemstellung lautet:

$$\max_{I} \left\{ \frac{1}{1+r_F} \int p^m(s) \cdot \alpha \cdot f(I) \cdot \left(1+\beta\cdot\varphi(s)\right) ds - I \right\} \tag{4.5.2.18}$$

Die notwendige Bedingung für ein Maximum von (4.5.2.18) lautet:

$$\left. \frac{1}{1+r_F} \cdot \alpha \cdot \frac{\partial f(I)}{\partial I} \right|_{I=I^*} = 1 \tag{4.5.2.19}$$

Aufgrund der Konkavität von $f(I)$ ist (4.5.2.19) zugleich auch hinreichend für ein Maximum von (4.5.2.18). Das den Marktwert des Unternehmens maximierende Investitionsvolumen I^* ist dadurch gekennzeichnet, daß der Marktwert der letzten investierten Geldeinheit den Kosten der letzten investierten Geldeinheit entspricht; anders ausgedrückt: der Grenzkapitalwert nimmt den Wert Null an.

Ist der am Ende der Periode zurückzuzahlende Fremdkapitalbetrag F_1 gegeben, so erhält man das für die Eigentümer optimale Investitionsvolumen aus:

$$\max \left\{ \frac{1}{1+r_F} \int_{\hat{S}} p^m(s) \left[\alpha \cdot f(I) \cdot \left(1+\beta\cdot\varphi(s)\right) - F_1\right] ds - I \right\} \tag{4.5.2.20}$$

$$\text{mit} \quad \varphi(\hat{s}) = \frac{F_1}{\alpha\cdot\beta\cdot f(I)} - \frac{1}{\beta}$$

$$\text{und} \quad \hat{S} = \left\{ s \,/\, \varphi(s) \geq \varphi(\hat{s}) \right\}$$

Differentiation von (4.5.2.20) liefert die notwendige Bedingung für ein Maximum:

$$\text{(4.5.2.21)} \quad \frac{1}{1+r_F} \cdot \alpha \cdot \left. \frac{\partial f(I)}{\partial I} \right|_{I=I_{EK}^*} \cdot \bar{E}_{\hat{S}}\left[1+\beta \cdot \varphi(s)\right] = 1$$

mit

$$\bar{E}_{\hat{S}}\left[1+\beta \cdot \varphi(s)\right] = \int_{\hat{S}} p^m(s) \cdot \left(1+\beta \cdot \varphi(s)\right) ds$$

Auch (4.5.2.21) ist zugleich hinreichende Bedingung für ein Maximum.

Mit I_{EK}^* wird das für die Eigentümer optimale Investitionsvolumen bezeichnet. Analog zu der Optimalitätsbedingung für I^* kann (4.5.2.21) folgendermaßen interpretiert werden: Das für die Eigentümer optimale Investitionsvolumen ist dann erreicht, wenn der Grenzkapitalwert der den Eigentümern zufließenden Einzahlungsüberschüsse den Wert Null annimmt. Solange das Fremdkapital ausfallbedroht ist, kommen die aus einer marginalen Erhöhung des Investitionsvolumens resultierenden Überschüsse auch den Kreditgebern zu Gute. Daher ist bei ausfallbedrohtem Fremdkapital der Grenzkapitalwert der auf die Eigentümer entfallenden Zahlungsüberschüsse stets geringer als der Grenzkapitalwert der insgesamt anfallenden Zahlungsüberschüsse. Bei ausfallbedrohtem Fremdkapital ist I_{EK}^* somit stets kleiner als I^*. Dies ist auch aus einem Vergleich von (4.5.2.19) und (4.5.2.21) zu erkennen:

Aus $\bar{E}_{\hat{S}}\left[1+\beta \cdot \varphi(s)\right] \leq 1$ folgt: $\left. \frac{\partial f(I)}{\partial I} \right|_{I=I_{EK}^*} \geq \left. \frac{\partial f(I)}{\partial I} \right|_{I=I^*}$

Aufgrund der Konkavität von $f(I)$ gilt damit: $I^* \geq I_{EK}^*$.

Das gesamtwertmaximale Investitionsvolumen ist somit nie kleiner als das für die Eigentümer optimale Investitionsvolumen. $I^*=I^*_{EK}$ ist immer dann das für die Eigenkapitalgeber optimale Investitionsvolumen, wenn das Fremdkapital bei Durchführung von I^* nicht ausfallbedroht ist. Dann erhält man nämlich:

$$\varphi(s) > \frac{F_1}{\alpha\cdot\beta\cdot f(I)} - \frac{1}{\beta} \quad \text{für alle} \quad s \text{ , so daß } \quad s = \hat{s}$$

Dann aber geht (4.5.2.21) über in (4.5.2.19), und es folgt : $I^*=I^*_{EK}$.

Umgekehrt gilt $I^*>I^*_{EK}$ genau dann, wenn das Fremdkapital (auch nur in geringem Umfang) ausfallbedroht ist. In diesem Fall erhält man nämlich stets:

$$E_{\hat{s}}\left[1+\beta\cdot\varphi(s)\right] < 1 \text{ , so daß } \left.\frac{\partial f(I)}{\partial I}\right|_{I=I^*_{EK}} > \left.\frac{\partial f(I)}{\partial I}\right|_{I=I^*} \quad \text{und} \quad I^* > I^*_{EK}.$$

Beziehung (4.5.2.21) charakterisiert lediglich die notwendige Bedingung für ein *relatives* Optimum von (4.5.2.20). An der Stelle I=0 ist jedoch $\left.\frac{\partial V(EK)}{\partial I}\right|_{I=0}<0$. Wird nur ein marginal kleiner Geldbetrag investiert, so resultiert daraus ein Verlust für die Eigentümer, da die damit verbundenen Zahlungsüberschüsse ausschließlich den Fremdkapitalgebern zu Gute kommen. Da für I=0 gilt: V(EK)=0, nimmt V(EK) zumindest für geringe Investitionsbeträge negative Werte an. Um zu überprüfen, ob das gemäß (4.5.2.21) ermittelte I^*_{EK} auch ein absolutes Optimum ist, ist daher stets ein Vergleich von V(EK) für I=0 und I= I^*_{EK} durchzuführen.

Für den Verlauf von V(EK) in Abhängigkeit vom Investitionsvolumen sind grundsätzlich vier unterschiedliche Möglichkeiten denkbar, die in den Abbildungen 4.5.2.1-4 wiedergegeben sind. Mit KW(I) ist der Kapitalwert des Investitionsprogramms bezeichnet, der sich ergibt als Differenz aus dem Marktwert der Zahlungsüberschüsse in t=1 $\big(V(I)\big)$ und dem zugehörigen Kapitaleinsatzbetrag. Zieht man hiervon den Marktwert des Fremdkapitals $\big(V(FK)\big)$ ab, so erhält man V(EK), den Marktwert des Eigenkapitals.

Der Marktwert des Fremdkapitals steigt zunächst stärker als der Kapitalwert des Investitionsprojekts. Darin kommt zum Ausdruck, daß die Zahlungsüberschüsse aus der Investition bei geringem Investitionsvolumen vorwiegend den Fremdkapitalgebern zufallen, ohne daß diese hierfür einen Kapitaleinsatz zu leisten haben. Dabei liegt V(FK) um so näher an V(I), je größer die Menge der Zustände ist, in denen die Zahlungsüberschüsse des Investitionsprogramms ausschließlich den Kredigebern zufallen. V(FK) wird daher um so steiler verlaufen, je geringer die Streuung der Zahlungsüberschüsse ist. Mit zunehmendem Investitionsvolumen steigt dann die Anzahl der Zustände, in denen Einzahlungsüberschüsse anfallen, die F_1 übersteigen; V(FK) verläuft somit flacher. Existiert schließlich ein Investitionsvolumen $\hat{I}$, ab dem das Fremdkapital nicht mehr ausfallbedroht ist, so verläuft V(FK) parallel zur Abszisse. Solange $V(FK)>KW(I)$, ist der Marktwert des Eigenkapitals negativ.

Existiert ein $\hat{I}<I^*$, d.h. ist das Fremdkapital bei Durchführung von I^* nicht ausfallbedroht, so ist es für die Eigentümer optimal, das gesamtwertmaximale Investitionsprogramm durchzuführen. Diese Situation ist in Abbildung 4.5.2.1 wiedergegeben. Da V(FK) für Investitionsbeträge $I>\hat{I}$ parallel zur Abszisse verläuft, haben KW(I) und V(EK) in diesem Bereich die gleiche Steigung; damit stimmen auch die Optimalitätsbedingungen (4.5.2.19) und (4.5.2.21) überein.

Gilt dagegen $\hat{I}>I^*$, so ist die Steigung von V(EK) an der Stelle I^* geringer als die Steigung von KW(I). Aus $\left.\frac{\partial KW(I)}{\partial I}\right|_{I=I^*} = 0$ folgt, daß V(EK) an der Stelle I^* fällt. Da V(EK) eine konkave Funktion von I ist, liegt deren Maximum somit bei einem Wert $I^*_{EK}<I^*$. Je nach dem, ob KW(I) an der Stelle I^*_{EK} größer oder kleiner als V(FK) ist, nimmt V(EK) an der Stelle I^*_{EK} einen positiven (Abbildung 4.5.2.2) oder negativen Wert an (Abbildung 4.5.2.3). Im letzteren Fall liegt bei

I^*_{EK} lediglich ein relatives Maximum vor; die für die Eigentümer optimale Investitionspolitik besteht darin, nicht zu investieren.

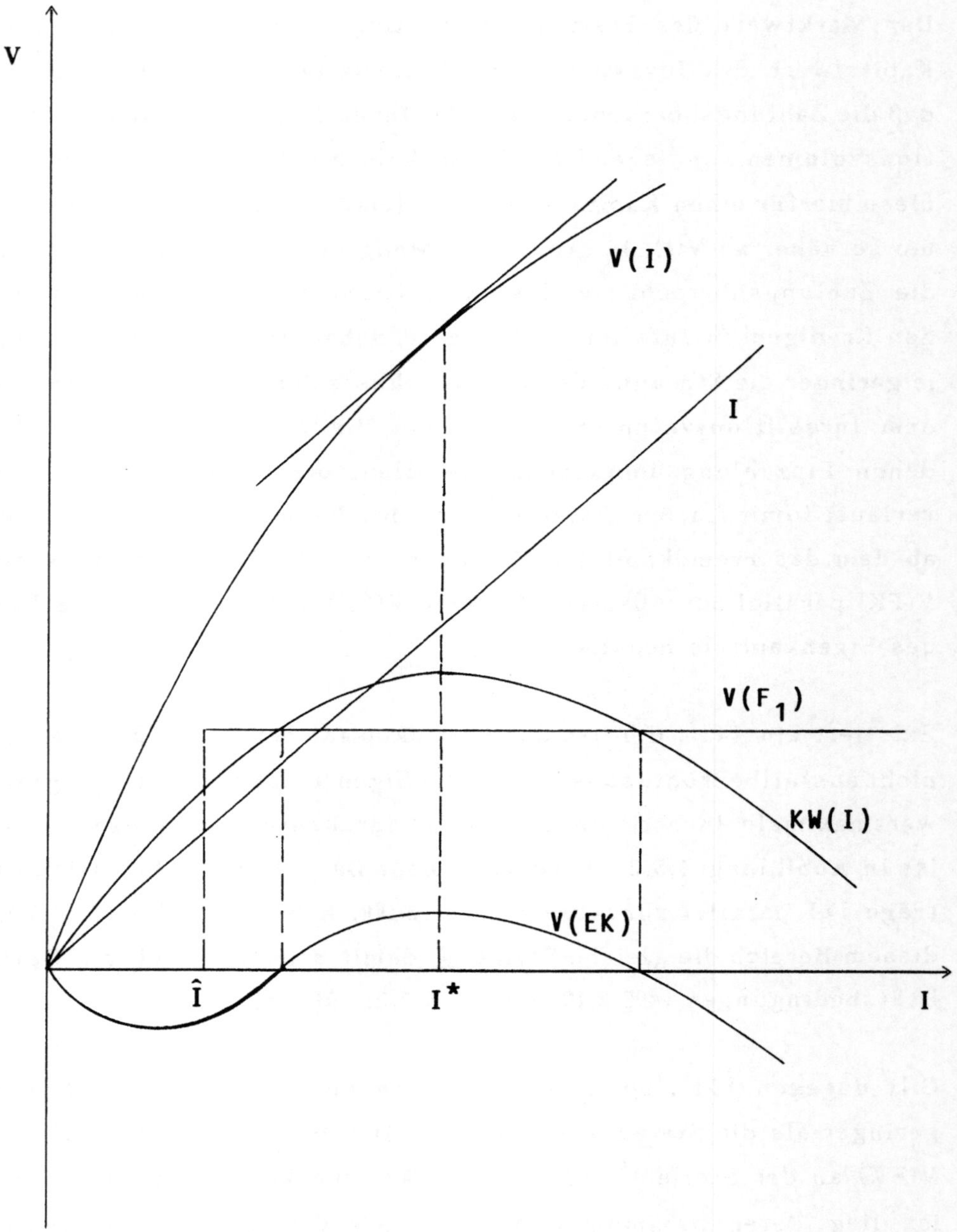

Abbildung 4.5.2.1: Optimales Investitionsprogramm bei nicht ausfallbedrohtem Fremdkapital

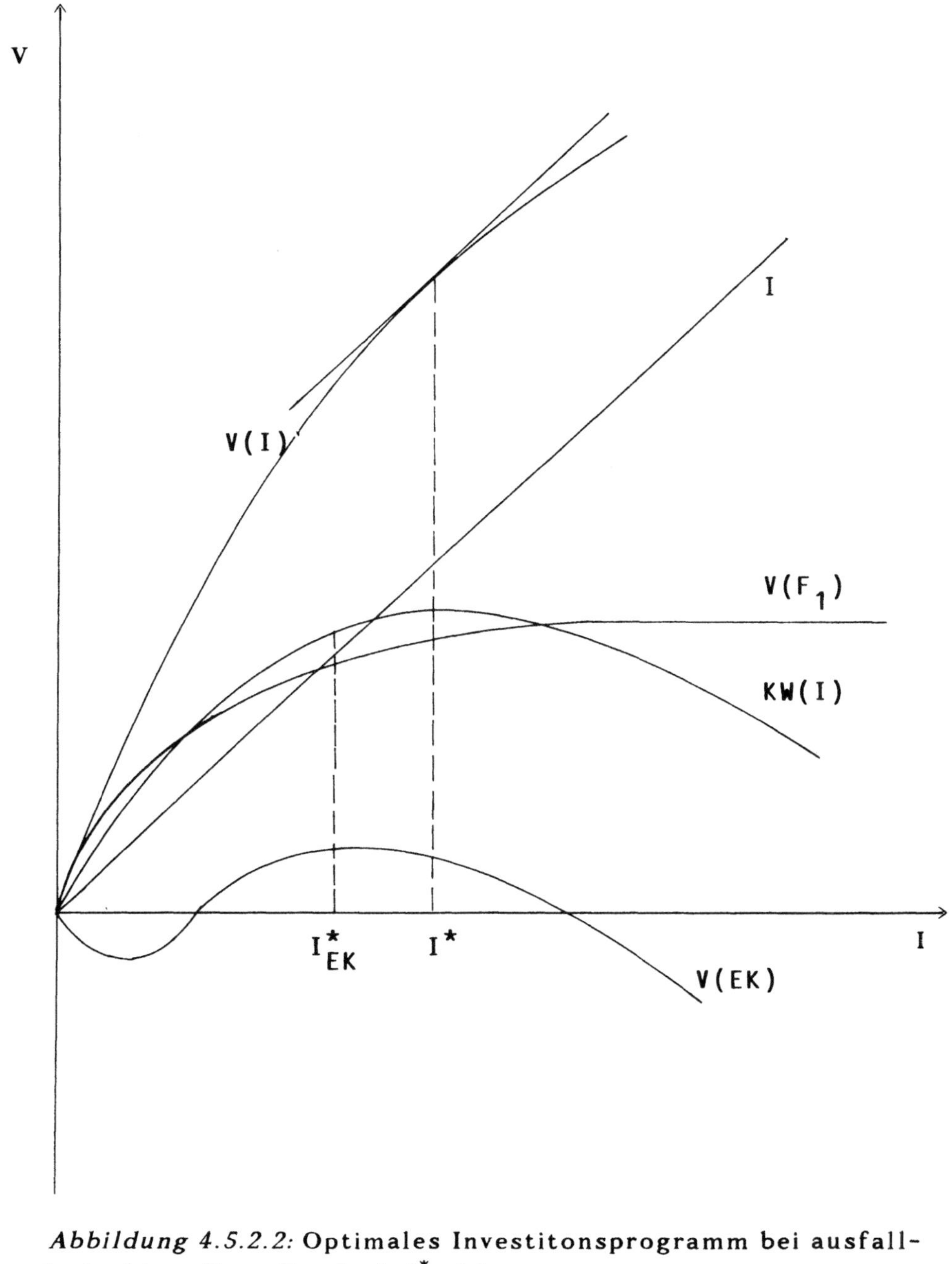

Abbildung 4.5.2.2: Optimales Investitonsprogramm bei ausfallbedrohtem Fremdkapital, $I^*_{EK}>0$.

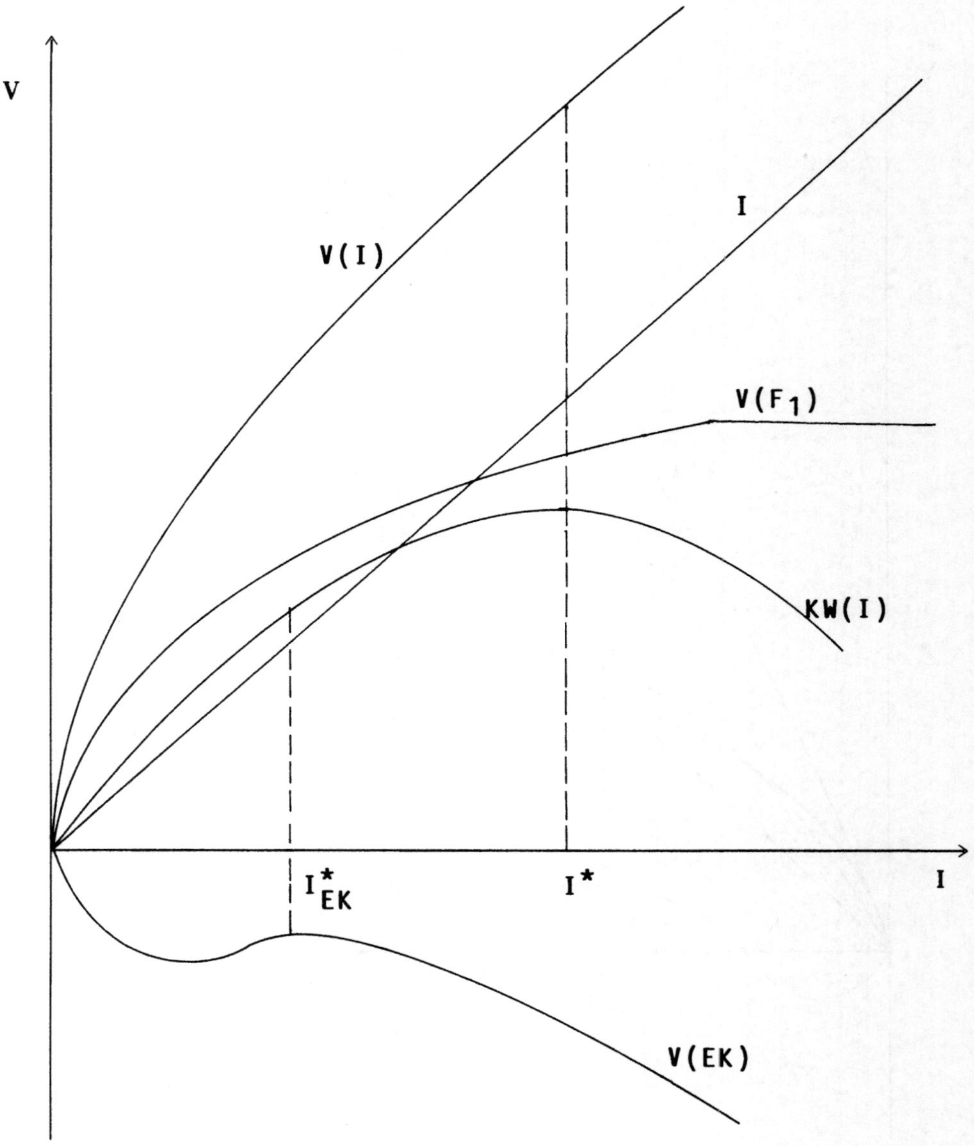

Abbildung 4.5.2.3: Optimales Investitionsprogramm bei ausfallbedrohtem Fremdkapital, $V(EK)\big|_{I^*_{EK}} < 0$, $\frac{\partial V(EK)}{\partial I} > 0$ für mindestens ein $I > 0$.

Schließlich ist denkbar, daß V(EK) stets fällt, so daß jede Erhöhung des Investitionsvolumens zu einer Verringerung des Marktwertes des Eigenkapitals führt. (Abbildung 4.5.2.4). In diesem Fall gibt es kein $I^*_{EK} > 0$, das die Bedingung (4.5.2.21) erfüllt.

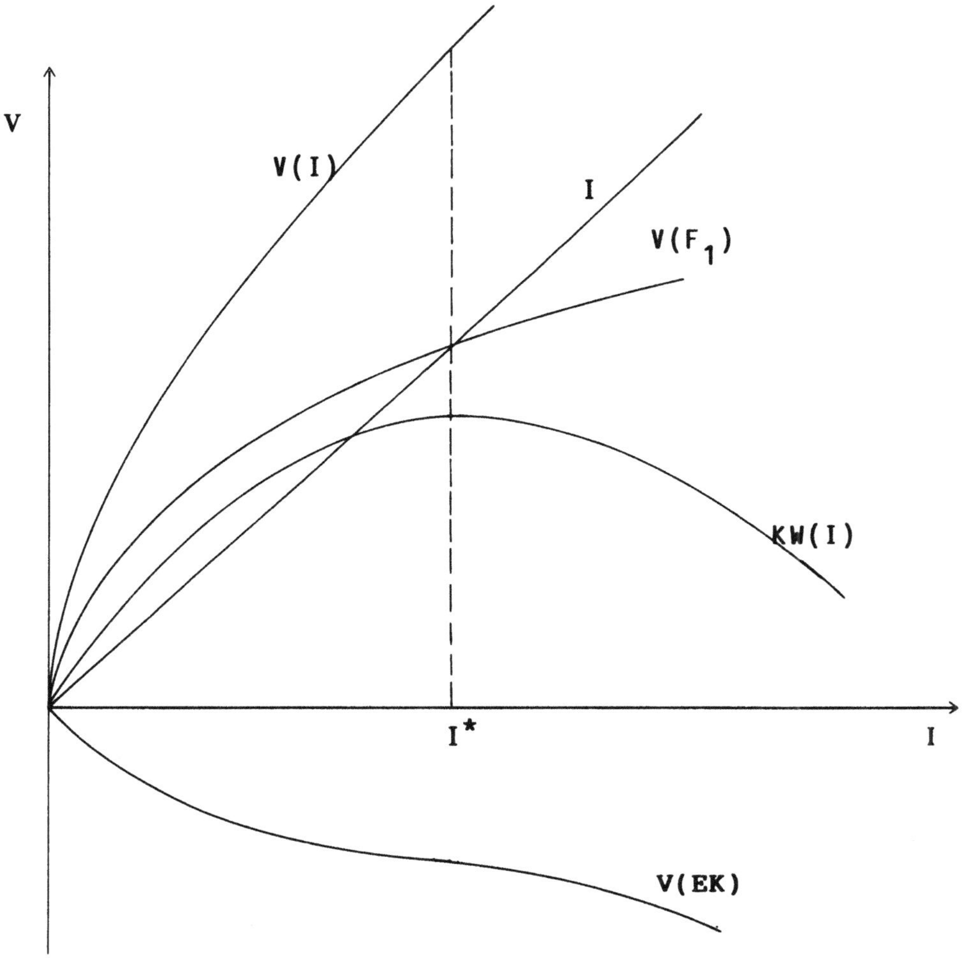

Abbildung 4.5.2.4: Optimales Investitionsprogramm bei ausfallbedrohtem Fremdkapital, $\frac{\partial V(EK)}{\partial I} < 0$ für alle $I > 0$.

Welchen der vier möglichen Verläufe V(EK) annimmt, hängt von der Ausprägung der Parameter α und β sowie von der Höhe des Fremdkapitalrückzahlungsbetrages ab. Für den Fall, daß das Fremdkapital ausfallbedroht ist, ergibt die implizite Differentiation von (4.5.2.21) nach diesen drei Größen:

$$(4.5.2.22) \qquad \frac{d I^*_{EK}}{d F_1} = \frac{\dfrac{\partial^2 V(EK)}{\partial I \, \partial F_1}}{\dfrac{\partial^2 V(EK)}{\partial I^2}} < 0$$

mit

$$(4.5.2.23)\qquad \frac{\partial^2 V(EK)}{\partial I\, \partial F_1} = -\alpha \cdot \frac{\partial f(I)}{\partial I} \cdot p^m(\hat{s}) \cdot \frac{F_1}{\left(\alpha \cdot f(I)\right)^2 \cdot \beta} < 0$$

Der Nenner von (4.5.2.22) ist ebenfalls negativ, da er die hinreichende Bedingung für ein Maximum von (4.5.2.20) ist. In Verbindung mit (4.5.2.23) folgt daraus, daß das für die Eigentümer optimale Investitionsvolumen um so geringer ist, je höher das Ausmaß der Verschuldung ist. Da stets gilt, $I^* > I^*_{EK}$ und I^* unabhängig vom Verschuldungsgrad ist, sind die Agency-Costs, die aus der Unterinvestition resultieren, eine steigende Funktion des Verschuldungsgrades.

Differentiation nach α liefert:

$$(4.5.2.24)\qquad \frac{d I^*_{EK}}{d\alpha} = -\frac{\dfrac{\partial^2 V(EK)}{\partial I\, \partial \alpha}}{\dfrac{\partial^2 V(EK)}{\partial I^2}} > 0$$

da

$$(4.5.2.25)\qquad \frac{\partial^2 V(EK)}{\partial I\, \partial \alpha} = \frac{1}{1+r_F} \cdot \frac{\partial f(I)}{\partial I} \cdot \left[E_s\left[1+\beta \cdot \varphi(s)\right] + p^m(\hat{s}) \cdot \frac{F_1^2}{\left(\alpha \cdot f(I)\right)^2 \cdot \beta} \right] > 0$$

I^*_{EK} ist somit um so größer, je höher die Kapitalproduktivität ist. Dies gilt auch für I^*, allerdings mit dem Unterschied, daß $I^*_{EK}(\alpha)$ zusätzlich noch von der Höhe des aufgenommenen Fremdkapitals abhängt.

Die Höhe der Verbindlichkeiten, ist entscheidend, wenn es darum geht, den Einfluß des Streuungsparameters β auf I^*_{EK} zu untersuchen:

$$(4.5.2.26) \qquad \frac{d\, I^*_{EK}}{d\beta} = -\frac{\dfrac{\partial^2 V(EK)}{\partial I\, \partial\beta}}{\dfrac{\partial^2 V(EK)}{\partial I^2}} > 0 \qquad \text{für } F_1 > \alpha\cdot f(I)$$

da

$$(4.5.2.27) \qquad \frac{\partial^2 V(EK)}{\partial I\, \partial\beta} = \frac{1}{1+r_F}\cdot\frac{\partial f(I)}{\partial I}\cdot\left[E_s[\varphi(s)] + p^m(\hat{s})\cdot\frac{F_1\big(F_1 - \alpha\cdot f(I)\big)}{\big(\alpha\cdot\beta\cdot f(I)\big)^2}\right] > 0$$

$$\text{für } F_1 \geq \alpha\cdot f(I)$$

Die Veränderung des Wertzuwachses der Eigentümer bei einer Variation der Streuung ist somit ebenfalls keine monotone Funktion des ausstehenden Fremdkapitals. Hier liegt eine Parallele zu dem im vorigen Abschnitt ermittelten Ergebnis vor. Dort wurde festgestellt, daß der aus einer Erhöhung der Streuung resultierende Reichtumszuwachs der Eigentümer ebenfalls nicht monoton mit F_1 wächst. Aus (4.5.2.10) geht hervor, daß für $\frac{\partial \bar{a}(\alpha)}{\partial \alpha} > 0$ die Zunahme der Streuung dann am vorteilhaftesten ist, wenn der Kreditbetrag einen Wert $F_1^* < \bar{a}(\alpha)$ annimmt. Entsprechend gilt hier $F_1^* < \alpha\cdot f(I)$. F_1^* ergibt sich dabei durch Nullsetzen der eckigen Klammer in (4.5.2.27). Solange $F_1 > F_1^*$ gilt, besteht für die Eigentümer daher ein Anreiz, das Investitionsvolumen bei einer Zunahme der Streuung zu erhöhen, um in größerem Umfang von den Vorteilen einer größeren Streubreite der Einzahlungsüberschüsse zu profitieren. Liegt dagegen F_1 erheblich unter $\alpha\cdot f(I)$, so daß $F_1 < F_1^*$ gilt, so können die Eigentümer die Vorteile einer höheren Streuung besser nutzen, indem sie das Investitionsvolumen verringern. Hierdurch sinkt $\alpha\cdot f(I)$ sowie F_1^*, so daß F_1 sich dem Wert F_1^* annähert.

4.5.2.3 Erhöhung des Verschuldungsgrades

Hat ein Unternehmen Fremdkapital aufgenommen, so können die Eigenkapitalgeber einen Reichtumszuwachs erzielen, wenn sie den Verschuldungsgrad erhöhen und den bisherigen Kreditgebern damit ein von diesen nicht antizipiertes Ausfallrisiko aufbürden. Um die Analyse auf diesen Effekt zu konzentrieren, wird angenommen, daß das Investitionsprogramm konstant bleibt, die zusätzlich aufgenommenen Mittel also an die Eigentümer ausgeschüttet werden. Somit bleibt auch der Marktwert des Unternehmens von diesen Transaktionen unberührt, sofern ein finanzierungsneutrales Steuersystem vorliegt.

Vor der Erhöhung des Verschuldungsgrades betragen die Marktwerte des Eigen- und des (bisherigen) Fremdkapitals:

$$(4.5.2.28) \qquad V(EK) = \int_{s \in S_A} p(s) \cdot \left[a(s) - F_1^A\right] ds$$

$$(4.5.2.29) \qquad V(F_1) = \int_{s \in \bar{S}_A} p(s) \cdot a(s)\, ds + F_1^A \cdot \int_{s \in S_A} p(s)\, ds$$

$$\text{mit} \quad S_A = \left\{ s \in S \,\middle|\, a(s) > F_1^A \right\}$$

F_1^A bezeichnet den Nominalwert des bisher aufgenommenen Fremdkapitals, und mit dem Symbol "$\bar{\ }$" ist die jeweilige Komplementmenge bezüglich der Menge aller Zustände S gekennzeichnet. Somit gilt z.B.: $\bar{S}_A = \left\{ s \in S \,\middle|\, s \notin S_A \right\}$.

Es wird nun neues Fremdkapital aufgenommen in Höhe von F_0^N. Wird das neue Fremdkapital im Konkursfall vorrangig bedient, so lassen sich die neuen Fremdkapitalgeber für die Kapitalhergabe Zahlungsansprüche einräumen in Höhe von:

$$(4.5.2.30)\qquad F_0^N = \int\limits_{s\in\bar{S}_N} p(s)\cdot a(s)\,ds + F_1^N \cdot \int\limits_{s\in S_N} p(s)\,ds$$

$$\text{mit}\quad S_N = \left\{ s\in S \,\middle|\, a(s) > F_1^N \right\}$$

Der Vorteil, der den Eigentümern aus der Aufnahme zusätzlichen Fremdkapitals erwächst, läßt sich ermitteln als Differenz aus den Marktwerten des Eigenkapitals nach und vor Fremdkapitalaufnahme V(EK)'-V(EK) zuzüglich des an die Eigentümer ausgeschütteten Kreditbetrages:

$$(4.5.2.31)\qquad \Delta V(EK) = V(EK)' + F_0^N - V(EK)$$

$$= \int\limits_{s\in S_{A+N}} p(s)\cdot\left[a(s) - F_1^A - F_1^N\right]ds + \int\limits_{s\in\bar{S}_N} p(s)\cdot a(s)\,ds$$

$$+ F_1^N\cdot \int\limits_{s\in S_N} p(s)\,ds - \int\limits_{s\in S_A} p(s)\left[a(s) - F_1^A\right]ds$$

$$\text{mit}\quad S_{A+N} = \left\{ s\in S \,\middle|\, a(s) > F_1^A + F_1^N \right\}$$

(4.5.2.31) kann weiter umgeformt werden zu:

$$(4.5.2.32)\qquad \Delta V(EK) = \int\limits_{s\in\bar{S}_N} p(s)\cdot a(s)\,ds + F_1^N \cdot \int\limits_{s\in S_N\cap\bar{S}_A} p(s)\,ds$$

$$+ \int\limits_{s\in S_N\cap\bar{S}_{A+N}} p(s)\left[F_1^A + F_1^N - a(s)\right]ds > 0$$

für den Fall $F_1^N \le F_1^A$, bzw.

$$\Delta V(EK) = \int_{s \in \overline{S}_A} p(s) \cdot a(s)\, ds + F_1^A \cdot \int_{s \in S_A \cap \overline{S}_N} p(s)\, ds$$

$$+ \int_{s \in S_N \cap \overline{S}_{A+N}} p(s) \left[F_1^A + F_1^N - a(s) \right] ds > 0$$

für den Fall $F_1^N \geq F_1^A$

Da der Marktwert des Unternehmens konstant bleibt, steht dem Reichtumszuwachs der Eigenkapitalgeber ein Reichtumsverlust der bisherigen Kreditgeber in gleicher Höhe gegenüber. Der Marktwertverlust der Fremdkapitalgeber beträgt:

(4.5.2.33) $$\Delta V(F_1^A) = V(F_1^A) - V(F_1^A)'$$

$$= \int_{s \in \overline{S}_A} p(s) \cdot a(s)\, ds + F_1^A \cdot \int_{s \in S_A} p(s)\, ds$$

$$- \int_{s \in S_N \cap \overline{S}_{A+N}} p(s) \left[a(s) - F_1^N \right] ds - F_1^A \cdot \int_{s \in S_{A+N}} p(s)\, ds$$

Weitere Umformung von (4.5.2.33) ergibt:

(4.5.2.34) $$\Delta V(F_1^A) = \int_{s \in \overline{S}_N} p(s) \cdot a(s)\, ds + \int_{s \in S_A \cap \overline{S}_{A+N}} p(s) \left[F_1^A + F_1^N - a(s) \right] ds$$

$$+ F_1^N \cdot \int_{s \in \overline{S}_A \cap S_N} p(s)\, ds = \Delta V(EK) > 0$$

für den Fall $F_1^N \leq F_1^A$ bzw.:

$$\Delta V(F_1) = \int_{s \in \bar{S}_A} p(s) \cdot a(s)\, ds + \int_{s \in S_N \cap \bar{S}_{A+N}} p(s) \left[F_1 + F_1 - a(s)\right] ds$$

$$+ F_1^A \cdot \int_{s \in S_A \cap \bar{S}_N} p(s)\, ds = \Delta V(EK) > 0$$

für den Fall $F_1^N \geq F_1^A$

Die Kreditgeber können sich gegen diese Art von Reichtumsverschiebung leicht schützen, indem sie eine Vertragsklausel verlangen, die festschreibt, daß später aufgenommenes Fremdkapital im Konkursfall nachrangig zu behandeln ist. Die neuen Kreditgeber lassen sich dann Zahlungsansprüche einräumen in Höhe von:

$$\text{(4.5.2.35)} \quad F_0^N = \int_{s \in S_A \cap \bar{S}_{A+N}} p(s) \left[a(s) - F_1^A\right] ds + F_1^N \cdot \int_{s \in \bar{S}_{A+N}} p(s)\, ds$$

Bei gleichem F_1^N wird F_0^N nun kleiner sein, da der nominelle Zahlungsanspruch in Höhe von F_1^N in stärkerem Maße ausfallbedroht ist. Die Reichtumsposition der Eigenkapitalgeber beträgt nach dieser Transaktion:

$$\text{(4.5.2.36)} \quad \Delta V(EK)' + F_0^N = \int_{s \in S_A \cap \bar{S}_{A+N}} p(s) \left[a(s) - F_1^A\right] ds + F_1^N \cdot \int_{s \in S_{A+N}} p(s)\, ds$$

$$+ \int_{s \in S_{A+N}} p(s) \left[a(s) - F_1^A - F_1^N\right] ds$$

$$= \int_{s \in S_A} p(s) \left[a(s) - F_1^A \right] ds = V(EK)$$

Wie aus (4.5.2.36) zu erkennen ist, bleibt die Reichtumsposition der Eigenkapitalgeber unverändert. Da die Veränderung der Kapitalstruktur annahmegemäß keinen Einfluß auf den Marktwert des Unternehmens hat, bleibt auch der Marktwert des Fremdkapitals konstant.

4.5.3 Maßnahmen zur Reduzierung von Interessenkonflikten zwischen Eigen- und Fremdkapitalgebern

4.5.3.1 Die Bedeutung von Informationen im Rahmen von Kreditbeziehungen

Wie bereits in Abschnitt 4.5.1 näher begründet wurde, muß der Kreditnehmer die Marktwertminderungen, die aus einer erwarteten Abweichung von der gesamtwertmaximalen Investitionspolitik resultieren, in voller Höhe selbst tragen, sofern der Kreditgeber die bestehenden Anreize zu Reichtumsverschiebungen korrekt antizipiert. Daher liegt es vor allem im Interesse des Kreditnehmers, Vorkehrungen zu treffen, die Reichtumsverschiebungen zu Lasten des Kreditgebers verhindern. Welche Rolle hierbei Rechnungslegungsinformationen spielen, soll im folgenden näher erläutert werden.

Das Kreditgeber-Kreditnehmer-Verhältnis stellt eine spezielle Principal-Agent-Beziehung dar, deren Besonderheit darin liegt, daß die Struktur der Aufteilungsregel in der Form des Kreditvertrages fest vorgegeben und somit nicht Gegenstand der Optimierung ist. Die Ursache von Interessenkonflikten liegt nicht nur in der Unbeobachtbarkeit der Handlungen des Managements begründet, sondern resultiert vor allem auch aus der Haftungsbeschränkung, die die Durchsetzbarkeit von Zahlungsansprüchen einschränkt. Die Beschaffung von Informationen dient daher nicht dazu, die Zahlungsstruktur des Anreizvertrages zu modifizieren, sondern es geht vorrangig darum, den Handlungsspielraum der Unternehmensleitung bei der Wahl der Investitions- und Finanzierungspolitik einzuschränken. Die Bedeutung von Informationen ergibt sich daraus, daß der zulässige Handlungsspielraum nur auf der Basis solcher Größen definiert werden kann, die für beide - Kreditnehmer und Kreditgeber - beobachtbar sind.

Eine im Interesse von Kreditgeber und Kreditnehmer liegende Zielsetzung von Handlungsbeschränkungen besteht darin, die Durchführung der gesamtwertmaximalen Unternehmenspolitik zu gewährleisten. Dabei kann man grundsätzlich so vorgehen, daß die gesamtwertmaximale Unternehmenspolitik explizit im Kreditvertrag festgeschrieben wird. Diese Lösung ist allerdings wenig praktikabel, da die Handlungen der Unternehmensleitung im allgemeinen nicht, wie im Agency-Modell unterstellt aus einer einzelnen Aktion, sondern aus einem Bündel an Einzelmaßnahmen bestehen, die für den Kreditgeber im allgemeinen nicht in allen Einzelheiten beobachtbar sind. Zudem wäre die Komplexität eines solchen vollständigen Vertrages enorm hoch. Dies gilt insbesondere dann, wenn der Kreditvertrag über mehrere Perioden läuft. In diesem Fall müßte die gesamtwertmaximale Investitionspolitik nicht nur für den Zeitpunkt der Kreditvergabe, sondern auch für alle zukünftigen Zeitpunkte innerhalb der Kreditlaufzeit festgeschrieben werden. Da aber die künftige optimale Investitionspolitik bei der Kreditaufnahme noch nicht definitiv feststeht, sondern davon abhängt, welche Umweltentwicklung eintreten wird, müßte der Kreditvertrag Vorkehrungen enthalten, die für alle künftigen Umweltzustände angeben, welche Investitionspolitik durchzuführen ist. Solche vollständigen Vereinbarungen werden daher aufgrund der damit verbundenen Komplexität und der erforderlichen Informationen weder durchführbar noch ökonomisch sinnvoll sein.

Man wird sich daher auf Vereinbarungen beschränken, die unabhängig davon gelten, welche Umweltentwicklung eintritt. Die Handhabbarkeit und die Überprüfung der Einhaltung solcher Vereinbarungen stellen geringere Anforderungen an den Informationsstand der Kreditgeber. Bei der Bestimmung solcher vereinfachter Klauseln sind zwei Aspekte zu beachten:

- Wird eine bestimmte Investitionspolitik verbindlich festgeschrieben, so ist es möglich, daß eine Umweltentwicklung eintritt, bei der die vereinbarte Investitionspolitik nicht gesamtwertmaximal ist. Die Gefahr, daß die gesamtwertmaximale Unternehmenspolitik nicht durchführbar ist, ohne zugleich die Kreditvereinbarungen zu verletzen, kann verringert werden, indem solche Vereinbarungen getroffen werden, die der Unternehmensleitung einen Handlungsspielraum belassen. Je größer dieser Spielraum ist, desto geringer ist die Wahrscheinlichkeit, daß Kreditvertragsklauseln eine vorteilhafte Investitionspolitik behindern.

- Andererseits müssen die Kreditgeber befürchten, daß die Unternehmensleitung den ihr verbleibenden Handlungsspielraum dazu nutzt, Reichtumsverschiebungen zu Lasten der Fremdkapitalgeber vorzunehmen. Dieser Aspekt spricht wiederum für strenge Handlungsbeschränkungen.

Es geht somit darum, Informationen über solche Größen zu beschaffen, die einerseits den Handlungsspielraum der Unternehmensleitung nicht unnötig einschränken, die aber andererseits den Kreditgebern rechtzeitig eine Gefährdung ihrer Zahlungsansprüche anzeigen. Eine übliche Vorgehensweise besteht darin, daß die Unternehmensleitung sich zur Einhaltung bestimmter Bilanzstrukturnormen verpflichtet. In Abschnitt 4.5.2 konnte gezeigt werden, daß die Anreize zu Reichtumsverschiebungen um so stärker ausgeprägt sind, je mehr Fremdkapital aufgenommen worden ist. Daher ist der Verschuldungsgrad ein Indikator dafür, in welchem Ausmaß die Zahlungsansprüche der

Kreditgeber gefährdet sind. Daneben ist die Ausschüttungspolitik der Unternehmen Gegenstand von Restriktionen. Ausschüttungsbeschränkungen ergeben sich für Kapitalgesellschaften aus dem deutschen Aktienrecht, das die Vornahme von Ausschüttungen nur aus Gewinnen, die im gleichen oder in früheren Jahren erwirtschaftet wurden, zuläßt. Für Personengesellschaften existieren vergleichbare zwingende gesetzliche Vorschriften zwar nicht, die Entnahmemöglichkeiten der Gesellschafter werden aber in der Regel durch Kreditvertragsklauseln begrenzt.[13] Eine institutionelle Verankerung von Bilanzstrukturnormen ergibt sich auch aus den Anforderungen, die das Bundesaufsichtsamt für das Versicherungswesen an die Deckungsstockfähigkeit der Kapitaleinlagen von Versicherungsunternehmen stellt.[14] Ein weiteres Besispiel für eine Handlungsbeschränkung, die sich aus dem Zwang zur Einhaltung bestimmter Bilanzrelationen ergibt, ist der Tatbestand der Überschuldung, der für Kapitalgesellschaften ein Konkursgrund darstellt (§§ 207, 209 KO). Überschuldung

---

13 Die Substitution fehlender gesetzlicher Ausschüttungsvorschriften durch private Vereinbarungen ist ebenfalls am Beispiel der USA sichtbar: Dort existieren auch für Kapitalgesellschaften keine gesetzlichen Ausschüttungsvorschriften, die Kreditverträge enthalten jedoch meist Klauseln, die die Ausschüttungsmöglichkeiten begrenzen. Dabei umfaßt die Ausschüttungspolitik nicht nur Dividendenzahlungen, sondern auch den Erwerb eigener Aktien, der in den USA grundsätzlich erlaubt ist. Abgesehen von dieser Besonderheit ähneln die in amerikanischen Kreditverträgen üblichen Vertragsklauseln zur Begrenzung von Ausschüttungen den deutschen aktienrechtlichen Ausschüttungsbestimmungen. Vgl. Kalay (1979), (1981), (1982); Smith/Warner (1979) sowie Abschnitt 4.5.3.2.3 dieser Arbeit.

14 Die Anforderungen an die Deckungsstockfähigkeit besagen im einzelnen (Vgl. z.B. Vormbaum (1986), S. 352, Süchting (1989), S. 117 f. sowie S. 125):

1. Das Verhältnis von Eigen- zu Fremdkapital darf höchstens 1 : 2 betragen.
2. Das Anlagevermögen soll zu mindestens 50%, bei Versorgungsunternehmen zu mindestens 40% durch Eigenkapital gedeckt sein.
3. Langfristig gebundenes Vermögen soll vollständig durch langfristig zur Verfügung stehendes Kapital finanziert werden.
4. Das Umlaufvermögen soll mindestens 50% der kurzfristigen Verbindlichkeiten und Rückstellungen betragen.
5. Kurzfristige Verbindlichkeiten und Rückstellungen sollen nicht höher sein als das Umlaufvermögen.
6. Verluste dürfen weder ausgewiesen noch zu erwarten sein.
7. Der Cash flow soll ausreichen, um die effektiven Schulden in angemessener Zeit abzudecken.

liegt nach dem Wortlaut des § 92 (2) AktG dann vor, "wenn das Vermögen nicht mehr die Schulden deckt", wobei das Vermögen des Unternehmens anhand von Bilanzwerten zu messen ist.[15]

Im nächsten Abschnitt wird dargestellt, daß das Unterinvestitionsproblem durch Restriktionen, die an Bilanzinformationen anknüpfen, reduziert werden kann. Zunächst werden die Auswirkungen einer Vertragsklausel untersucht, die den Kreditnehmer dazu verpflichtet, ein bestimmtes Mindestinvestitionsvolumen nicht zu unterschreiten. Ein wichtiges Ergebnis ist, daß die Kreditgeber aus der Wahl der Restriktion Rückschlüsse auf die Vorteilhaftigkeit des Investitionsprogramms, das die Unternehmung durchzuführen beabsichtigt, ziehen können. Daran anschließend werden an Bilanzgrößen anknüpfende Ausschüttungsbegrenzungen, wie sie z.B. im Aktienrecht verankert sind, als Mindestinvestitionsverpflichtung interpretiert. In Abschnitt 4.5.3.3 schließlich wird verdeutlicht, daß der Kreditgeber aufgrund der beschränkten Haftung des Kreditnehmers Informationen benötigt, die rechtzeitig eine Gefährdung seiner Gläubigerposition anzeigen. Wenn die Kreditgeber in die Lage versetzt werden, frühzeitig auf Fehlentwicklungen zu reagieren, können die Fehlanreize, die von der Fremdfinanzierung auf das Verhalten der Unternehmensleitung ausgehen, reduziert werden.

---

15 Zur Diskussion um die geeigneten Wertansätze im Insolvenzfall siehe: *Kommission für Insolvenzrecht* (1985), S. 111 ff.

4.5.3.2 Die Bestimmung von Investitionsuntergrenzen bei asymmetrischer Informationsverteilung

4.5.3.2.1 Asymmetrische Informationsverteilung vor Kreditaufnahme

In Abschnitt 4.5.2.2 wurde dargestellt, daß für die Eigentümer eines verschuldeten Unternehmens Anreize bestehen, das Investitionsprogramm zugunsten von Ausschüttungen zu kürzen. Eine Lösung dieses Anreizproblems könnte darin bestehen, daß die Unternehmensleitung sich verpflichtet, einen Mindestbetrag zu investieren.

Zur Analyse der Bestimmung von Investitionsuntergrenzen wird von folgender Situation ausgegangen:

Das Unternehmen nimmt in t=0 Fremdkapital in Höhe von F_0 auf, das am Ende der zweiten Periode in Höhe von F_2 zurückzuzahlen ist. Gleichzeitig verpflichtet sich das Unternehmen in t=0 und in t=1 jeweils einen bestimmten Mindestbetrag zu investieren. Dabei wird vorausgesetzt, daß das Investitionsvolumen des Kreditnehmers für den Kreditgeber beobachtbar ist. Jedes der beiden Investitionsprogramme in t=0 und t=1 hat eine Laufzeit von einer Periode. Die Einzahlungsüberschüsse, die aus dem t_0-Investitionsprogramm in t=1 anfallen, werden mit $a_1(s)$ bezeichnet und werden als gegeben betrachtet. Die Zahlungsüberschüsse des t_1-Investitionsprogramms ergeben sich aus folgender Investitionsertragsfunktion:

$$(4.5.3.1) \qquad a_2(\vartheta,s) = f(I,\vartheta)\cdot\big(1+\varphi(s)\big)$$

$$\text{mit} \quad \frac{\partial f(I,\vartheta)}{\partial I} > 0 \quad ; \quad \frac{\partial^2 f(I,\vartheta)}{\partial I^2} < 0 \quad ; \quad f(0,\vartheta) = 0$$

Die Investitionsertragsfunktion verläuft somit streng konkav steigend. Damit ist ausgeschlossen, daß das Unternehmen beliebige Beträge in Projekte mit nichtnegativem Kapitalwert investieren kann. Dies setzt voraus, daß die Anlage von Mitteln zum Marktzinssatz einen negativen Kapitalwert besitzt. Eine solche Situation ist z.B. dann gegeben, wenn Zinserträge, die Unternehmen erzielen, höher besteuert werden, als Zinserträge aus privater Anlage.[16]

Könnte das Unternehmen beliebige Beträge zu einem Kapitalwert von Null investieren, so ist die Bestimmung von Investitionsuntergrenzen problemlos: Diese könnten beliebig hoch angesetzt werden, ohne daß die Gefahr besteht, mehr investieren zu müssen, als optimal ist. Erst durch die Annahme, daß die Menge an Investitionsmöglichkeiten mit nichtnegativem Kapitalwert beschränkt ist, wird die Bestimmung von Investitionsuntergrenzen zu einem nicht-trivialen Problem.

ϑ kann als ein Produktivitätsparameter aufgefaßt werden, für den gilt:

$$\frac{\partial^2 f(I,\vartheta)}{\partial I \, \partial \vartheta} > 0$$

Die Ausprägung von ϑ ist nur dem Kreditnehmer bekannt. Zunächst wird angenommen, daß der Kreditnehmer ϑ bereits zum Zeitpunkt der Kreditaufnahme kennt, im nächsten Abschnitt wird dann der Fall untersucht, daß der Kreditnehmer in t=1 privaten Zugang zu der Information über die Ausprägung von ϑ hat.

$\varphi(s)$ ist eine Zufallsvariable, die einen Erwartungswert von Null besitzt und bewertungsneutral ist:

$$E\left[\varphi(s)\right] = 0 \quad ; \quad \int_S p(s) \cdot \varphi(s)\, ds = 0$$

---

16 Alternativ könnte angenommen werden, daß sich die Mindestinvestitionsverpflichtung ausschließlich auf Realinvestitionsprojekte, nicht aber auf Finanzinvestitionen bezieht.

Aus den Annahmen über die Eigenschaften der Investitionsertragsfunktion folgen unmittelbar zwei Ergebnisse:

1. Das gesamtwertmaximale Investitionsvolumen ist eine steigende Funktion von ϑ.

Das gesamtwertmaximale Investitionsvolumen I^* wird bestimmt aus:[17]

$$(4.5.3.2)\qquad \frac{1}{1+r_F}\cdot\frac{\partial f(I,\vartheta)}{\partial I}\bigg|_{I=I^*} = 1$$

Implizite Differentiation von (4.5.3.2) ergibt:

$$(4.5.3.3)\qquad \frac{dI^*}{d\vartheta} = -\frac{\dfrac{\partial^2 f(I,\vartheta)}{\partial I\,\partial\vartheta}}{\dfrac{\partial^2 f(I,\vartheta)}{\partial I^2}} > 0$$

2. Der Marktwert des Fremdkapitals $V_F(I,\vartheta)$ ist eine steigende Funktion von ϑ und I.

Für den Wert des Fremdkapitals zum Zeitpunkt der Kreditaufnahme gilt:

$$(4.5.3.4)\qquad V_F(I,\vartheta) = \frac{1}{(1+r_F)^2}\left[F_2 + \int_{s\in S^*} p^m(s)\cdot\left[f(I,\vartheta)\cdot\big(1+\varphi(s)\big) - F_2\right]ds\right]$$

$$\text{mit}\quad \varphi(s^*) = \frac{F_2}{f(I,\vartheta)} - 1$$

$$\text{und}\quad S^* = \left\{s \,\middle|\, \varphi(s)\le\varphi(s^*)\right\}$$

---

17 Vgl. (4.5.2.19) in Abschnitt 4.5.2.2.

Soweit das Fremdkapital ausfallbedroht ist, hängt der Marktwert der Gläubigeransprüche von der Höhe des im Leistungsbereich des Unternehmens erwirtschafteten Zahlungsüberschusses und damit vom Investitionsvolumen und von der Ausprägung des Produktivitätsparameters ϑ ab. Differentiation von (4.5.3.4) nach ϑ und I liefert:

$$(4.5.3.5) \qquad \frac{\partial V_F(I,\vartheta)}{\partial \vartheta} = \frac{1}{(1+r_F)^2} \int_{s \in S^*} p^m(s) \cdot \frac{\partial f(I,\vartheta)}{\partial \vartheta} \cdot \big(1+\varphi(s)\big)\, ds > 0$$

$$(4.5.3.6) \qquad \frac{\partial V_F(I,\vartheta)}{\partial I} = \frac{1}{(1+r_F)^2} \int_{s \in S^*} p^m(s) \cdot \frac{\partial f(I,\vartheta)}{\partial I} \cdot \big(1+\varphi(s)\big)\, ds > 0$$

Man wird zunächst vermuten, daß der Kreditnehmer sich zu einem Mindestinvestitionsvolumen I^c in Höhe von I^* verpflichtet. Da die Gläubiger Reichtumsverschiebungen korrekt antizipieren, muß der Kreditnehmer alle Marktwertminderungen aus erwarteten Reichtumsverschiebungen selbst tragen. Daher ist es im Interesse des Kreditnehmers, das gesamtwertmaximale Investitionsvolumen I^* als Untergrenze festzuschreiben.

Für den Kreditgeber besteht jedoch unter Umständen die Möglichkeit, aus der Höhe der Mindestinvestitionsverpflichtung, die der Kreditgeber einzugehen bereit ist, auf die Ausprägung von ϑ zu schließen. Da I^* eine steigende Funktion von ϑ ist, ist zu erwarten, daß die Höhe der Mindestinvestitionsverpflichtung ebenfalls positiv mit ϑ korreliert. Damit hat aus der Sicht der Gläubiger die Höhe von I^c zwei Auswirkungen auf ihre eigene Position: Das Ausfallrisiko des Kredits sinkt, wenn mehr investiert wird[18] und darüber hinaus wird mit steigendem I^c die Ertragskraft des Unternehmens im Modell parameterisiert durch ϑ, höher eingeschätzt. Beide Effekte führen

---

18 Da $\frac{\partial f(I,\vartheta)}{\partial I} > 0$, für alle I, gilt diese Aussage auch für Investitionsbeträge, die I^* übersteigen.

unter Wettbewerbsbedingungen dazu, daß der Kreditgeber die Kreditkonditionen günstiger gestaltet. Wird der Kreditrückzahlungsbetrag F_2 als gegeben betrachtet, so ist der Kreditgeber bereit, mit steigendem I^c dem Unternehmen einen höheren Betrag in t=0 zur Verfügung zu stellen:[19]

$$(4.5.3.7)\qquad F_0(I^c) = \frac{1}{(1+r_F)^2}\left[F_2 + \int\limits_{s\in S^*(I^c)} p^m(s)\cdot\left[f\left(I^c,\vartheta^s(I^c)\right)\cdot\left(1+\varphi(s)\right) - F_2\right]ds\right]$$

$$\text{mit}\quad \varphi\left(s^*(I^c)\right) = \frac{F_2}{f\left(I^c,\vartheta^s(I^c)\right)} - 1$$

$$\text{und}\quad S^*(I^c) = \left\{s \,\middle|\, \varphi(s) \le \varphi\left(s^*(I^c)\right)\right\}$$

$F_0(I^c)$ bezeichnet den Kreditaufnahmebetrag in t=0, der bei gegebenem F_2 eine steigende Funktion von I^c ist.

Aus der Formulierung von (4.5.3.7) ist zu erkennen, daß in die Gestaltung der Kreditkonditionen die Erwartungen der Kreditgeber über die Ausprägung zweier Größen miteinfließen:

Zum einen gehen die Kreditgeber davon aus, daß der Kreditnehmer nicht mehr investiert, als das Minimum, zu dem er sich verpflichtet hat. Diese Annahme ist plausibel, da es für den Kreditnehmer nachteilhaft ist, mehr als I^c zu investieren. Bei einer freiwilligen Mehrinvestition würde den Gläubigern ein von diesen nicht antizipierter Reichtumszuwachs zufallen, der zu Lasten der Eigentümerposition geht. Die Erwartung, daß das tatsächliche Investitionsvolumen der Mindestinvestitionsverpflichtung entspricht, kann somit als rational im Sinne der Theorie rationaler Erwartungen bezeichnet werden.

---

19 Umgekehrt könnte auch angenommen werden, daß der Kreditaufnahmebetrag konstant bleibt und F_2 angepaßt wird.

Darüber hinaus ist in der Formulierung von (4.5.3.7) berücksichtigt, daß die Kreditgeber aus der Höhe von I^c Rückschlüsse auf die Ausprägung von ϑ ziehen; die Höhe von I^c wird somit als ein Signal über die Ausprägung von ϑ angesehen. Fraglich ist zunächst, ob diese Erwartungshaltung rational ist: Erkennen die Kreditnehmer, daß sie durch die Festlegung von I^c die Erwartungen der Kreditgeber bezüglich ϑ beeinflussen können, so besteht nämlich ein Anreiz, unabhängig von der tatsächlichen Ausprägung von ϑ die Mindestinvestitionsverpflichtung möglichst hoch anzusetzen, um dadurch günstigere Kreditkonditionen zu erhalten. Diesem Anreiz stehen allerdings zwei gegenläufige Wirkungen entgegen:

- Mit steigendem Investitionsvolumen sinkt das Ausfallrisiko der Kreditgeber. Bei gegebenem $F_0(I^c)$ und F_2 geht daher jede Marktwertsteigerung des Fremdkapitals zu Lasten der Eigentümer.

- Jede Mindestinvestitionsverpflichtung, die ein anderes als das gesamtwertmaximale Investitionsvolumen festschreibt, führt zu einer Minderung des Marktwertes des Unternehmens, die die Eigentümer zu tragen haben.

Diese Überlegungen führen zu folgender Zielfunktion, die die Unternehmensleitung durch die Festlegung einer Mindestinvestitionsverpflichtung maximiert:

$$(4.5.3.8) \qquad \max_{I^c} \left\{ V_E(I^c,\vartheta,I_0) = V\big(a_1(I_0)\big) + V(I^c,\vartheta) + F_0(I^c) - V_F(I^c,\vartheta) \right\}$$

Mit $V_E(I^c,\vartheta,I_0)$ ist der Marktwert des Eigenkapitals bezeichnet, der sich zusammensetzt aus $V\big(a_1(I_0)\big)$, dem Marktwert der als gegeben betrachteten Zahlungsüberschüsse des in t=0 durchgeführten Investitionsprogramms, aus $V(I^c,\vartheta)$, dem Marktwert des in t=1 durchgeführten Investitionsprogramms sowie aus der Differenz $\big(F_0(I^c)-V_F(I^c,\vartheta)\big)$. Bei asymmetrischer Informationsverteilung wird der Kreditnehmer stets versuchen, bei einem gegebenen Kreditaufnahmebetrag den Marktwert der den Kreditgebern einzuräumenden Zahlungsansprüche möglichst gering zu halten, da hierdurch der Marktwert der Residualansprüche maximiert wird. In der Formulierung von (4.5.3.8) ist bereits berücksichtigt, daß nie mehr investiert wird, als die Mindestinvestitionsverpflichtung vorschreibt.

Die Zielfunktion (4.5.3.8) soll nun in eine andere Form gebracht werden, die für die weiteren Überlegungen besser zu handhaben ist. Zunächst kann $V\big(a_1(I_0)\big)$ weggelassen werden, da es nicht von I^c abhängt. Für $V(I^c,\vartheta)$ kann geschrieben werden:

$$V(I^c,\vartheta) = V\big(I^*(\vartheta),\vartheta\big) - \Delta V(I^c,\vartheta)$$

Dabei bezeichnet $V\big(I^*(\vartheta),\vartheta\big)$ den Marktwert der Einzahlungsüberschüsse, die aus dem gesamtwertmaximalen Investitionsprogramm I^* resultieren, und $\Delta V(I^c,\vartheta)$ steht für die Marktwertminderung, die durch eine von I^* abweichende Investitionspolitik entsteht. Aus der Definition von $\Delta V(I^c,\vartheta)$ und aus den Eigenschaften der Investitionsertragsfunktion folgt unmittelbar, daß $\Delta V(I^c,\vartheta)$ eine konvexe Funktion von I^c ist, die an der Stelle I^* ein Minimum annimmt, wobei gilt: $\Delta V\big(I^c{=}I^*(\vartheta),\vartheta\big){=}0$ sowie $\Delta V\big(I^c{\neq}I^*(\vartheta),\vartheta\big){>}0$. Da $V\big(I^*(\vartheta),\vartheta\big)$ unabhängig von I^c ist, kann für (4.5.3.8) somit geschrieben werden:

$$\text{(4.5.3.8')} \qquad \max_{I^c} \left\{ F_0(I^c) - V_F(I^c,\vartheta) - \Delta V(I^c,\vartheta) \right\}$$

Die Komponenten der Zielfunktion (4.5.3.8') spiegeln die Wirkungen wider, die von der Festlegung der Mindestinvestitionsverpflichtung ausgehen:

- Der Kreditaufnahmebetrag $F_0(I^c)$ steigt mit zunehmendem I^c. Hierfür sind zwei Wirkungen maßgeblich: Zum einen sinkt das Ausfallrisiko eines Kredits mit steigendem Investitionsvolumen, zum anderen schließen die Kreditgeber auf eine höhere Ausprägung von ϑ, wenn

I^C zunimmt. Da bei gegebenem F_2 der Reichtum der Eigentümer mit der Höhe des Kreditaufnahmebetrages steigt, kann $F_0(I^C)$ als ein Ertrag aufgefaßt werden, der aufgrund der Informationswirkungen, die mit der Festlegung einer Mindestinvestitionsverpflichtung verbunden sind, entsteht; daher wird $F_0(I^C)$ auch als Signalling-Ertrag bezeichnet.

- Dem Signalling-Ertrag stehen Signalling-Kosten gegenüber in Höhe von:

$$C(I^C,\vartheta) = V_F(I^C,\vartheta) + \Delta V(I^C,\vartheta)$$

Der erste Summand erfaßt die Marktwertsteigerung des Fremdkapitals, die bei gegebenem $F_0(I^C)$ und F_2 zu Lasten der Eigentümer geht, und der zweite Summand gibt die Marktwertminderung an, die entsteht, wenn vom gesamtwertmaximalen Investitionsvolumen abgewichen wird.

Die Zielfunktion (4.5.3.8') kann dann in der Weise interpretiert werden, daß der Kreditnehmer die Differenz aus Signalling-Ertrag und Signalling-Kosten maximiert. Der Signalling-Ertrag wird dabei durch die Erwartungshaltung der Kreditgeber über den Zusammenhang von ϑ und I^C bestimmt. Somit sind es letztlich die Erwartungen der Kreditgeber, die die Wahl von I^C beeinflussen. Ein (Signalling-)Erwartungsgleichgewicht liegt dann vor, wenn für das durch die Erwartungshaltung der Kreditgeber induzierte optimale I^C gilt, daß die ursprünglichen Erwartungen der Kreditgeber gerade erfüllt werden; die Erwartungen sind somit selbsterfüllend.

Im Signalling-Gleichgewicht entspricht daher der Kreditaufnahmebetrag dem "tatsächlichen" Marktwert[20] des Kredits:

20 Als "tatsächlicher" Marktwert wird hier derjenige Marktwert verstanden, den alle Marktteilnehmer der Kreditgeberposition zuschreiben würden, wenn ihnen die Ausprägung von ϑ bekannt wäre.

(4.5.3.9) $F_0(I^c) = V_F(I^c,\vartheta)$

Die Existenz eines Erwartungsgleichgewichts ist gewährleistet, wenn folgende beiden Bedingungen erfüllt sind:

1. I^* ist kleiner als ein beliebig großer, exogen gegebener Maximalinvestitionsbetrag I_{max}.

Da die Investitionsertragsfunktion streng konkav ist, ist diese Bedingung stets erfüllt. Wäre diese Bedingung verletzt, so wäre es auch ohne Informationsübertragungseffekte optimal, den Betrag I_{max} zu investieren; damit kann die Festlegung von I^c keine Informationen an die Kreditgeber übermitteln.

2. Die Signalling-Grenzkosten sind negativ mit ϑ korreliert:[21]

(4.5.3.10) $$\frac{\partial^2 C(I^c,\vartheta)}{\partial I \, \partial \vartheta} < 0$$

Diese Bedingung kann grafisch anschaulich interpretiert werden. Differentiation von (4.5.3.8') ergibt:

(4.5.3.11) $$\frac{\partial F_0(I^c)}{\partial I^c} = \frac{\partial C(I^c,\vartheta)}{\partial I^c} = \frac{\partial V_F(I^c,\vartheta)}{\partial I^c} + \frac{\partial \Delta V(I^c,\vartheta)}{\partial I^c}$$

Die Signalling-Grenzkosten geben die Steigung einer Kurve an, die solche Kombinationen von I^c und $F_0(I^c)$ repräsentiert, denen das gleiche Ertragsniveau $V_E'(I^c,\vartheta)$ zugeordnet ist. Bedingung (4.5.3.10) besagt dann, daß die Steigung dieser Ertragsisoquante um so flacher verläuft, je größer ϑ ist.

---

21 Ein Beweis dieser Aussage ist zu finden in: *Riley* (1975), (1979); *Spence* (1974 a, b).

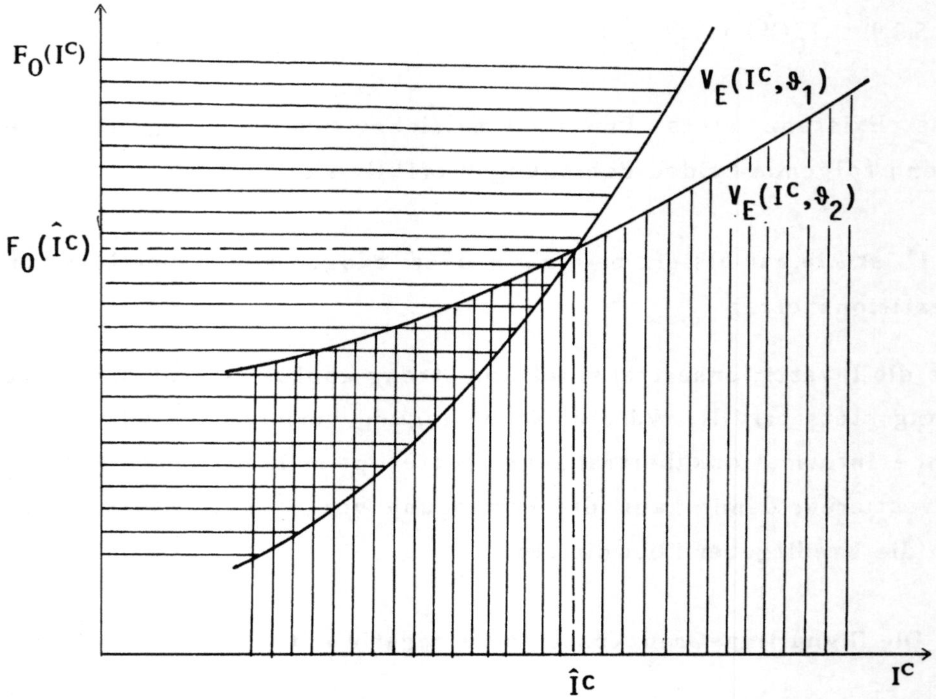

Abbildung 4.5.3.1: Ertragsisoquanten in Abhängigkeit von ϑ

Die optimale Höhe von I^c ist dort gegeben, wo die am weitesten vom Ursprung entfernt liegende Ertragsisoquante zur Tangente an die Reaktionsfunktion der Kreditgeber $F_0(I^c)$ wird. Angenommen, dies sei für ϑ_2 im Punkt $(\hat{I}^c, F_0(\hat{I}^c))$ der Fall. Alle anderen erreichbaren Kombinationen von I^c und $F_0(I^c)$ liegen dann unterhalb von $V_E(I^c,\vartheta_2)$ (senkrecht schraffierter Bereich), denn sonst kann $(\hat{I}^c, F_0(\hat{I}^c))$ kein Optimum sein. ϑ_1 wählt nun entweder ebenfalls $(\hat{I}^c, F_0(\hat{I}^c))$ oder aber eine Kombination, die oberhalb von $V_E(I^c,\vartheta_1)$ liegt (waagerecht schraffierter Bereich). Alle I^c, $F_0(I^c)$-Kombinationen, die sowohl im senkrecht als auch im waagerecht schraffierten Bereich liegen, werden von ϑ_1 gegenüber $(\hat{I}^c, F_0(\hat{I}^c))$ präferiert und sind zugleich mit der Annahme vereinbar, daß $(\hat{I}^c, F_0(\hat{I}^c))$ für ϑ_2 optimal ist. Bedingung (4.5.3.10) stellt somit sicher, daß die otpimale Mindestinvestitionsverpflichtung um so größer ist, je größer die Ausprägung von ϑ ist.

Differentiation von $C(I^C,\vartheta) = V_F(I^C,\vartheta) + \Delta V(I^C,\vartheta)$ zeigt, daß Bedingung (4.5.3.10) erfüllt ist:[22]

$$(4.5.3.12) \quad \frac{\partial^2 C(I^C,\vartheta)}{\partial I^C \partial \vartheta} = -\frac{1}{(1+r_F)^2}\left[\int_{s\in\hat{S}} p^m(s)\cdot\frac{\partial^2 f(I^C,\vartheta)}{\partial I^C \partial \vartheta}\cdot\big(1+\varphi(s)\big)\,ds - p^m(s^*)\cdot\frac{\partial f(I,\vartheta)}{\partial I}\cdot\big(1+\varphi(s^*)\big)\cdot\frac{d\varphi(s^*)}{d\vartheta}\right] < 0$$

$$\text{da} \quad \frac{d\varphi(s^*)}{d\vartheta} < 0$$

Weiterhin kann gezeigt werden, daß die optimale Höhe von I^C stets größer ist als I^*. Ohne Informationsasymmetrie ist das optimale Investitionsvolumen durch die Bedingung gekennzeichnet, daß das Wertgrenzprodukt den Faktorgrenzkosten entspricht:

$$(4.5.3.13) \quad \frac{1}{1+r_F}\cdot\frac{\partial f(I^C,\vartheta)}{\partial I^C}\bigg|_{I^C=I^*} = 1 \quad \text{bzw.} \quad \frac{\partial \Delta V(I^C,\vartheta)}{\partial I^C}\bigg|_{I^C=I^*} = 0$$

Dient I^C dagegen auch als Signal, so verändert I^C auch die Ertragserwartungen der Kreditgeber und damit deren Bereitschaft, für einen nominalen Zahlungsanspruch in Höhe von F_2 Kapital in das Unternehmen einzuzahlen. Diese Signalwirkung berücksichtigt die Unternehmensleitung bei der Ermittlung der optimalen Mindestinvestitionsverpflichtung. Daher gilt für I^C_{opt}:

$$(4.5.3.14) \quad \frac{\partial V_F(I^C,\vartheta)}{\partial \vartheta}\cdot\frac{d\vartheta}{dI^C}\bigg|_{I^C=I^C_{opt}} = \frac{\partial \Delta V(I^C,\vartheta)}{\partial I^C}\bigg|_{I^C=I^C_{opt}} > 0$$

---

22 $\hat{S}$ steht für die Menge derjenigen Zustände, in denen keine Insolvenz eintritt.

Offensichtlich führt die Signalwirkung, die von I^c ausgeht, zu einer Überinvestition. Dies kann auch graphisch veranschaulicht werden (vgl. Abbildung 4.5.3.2):

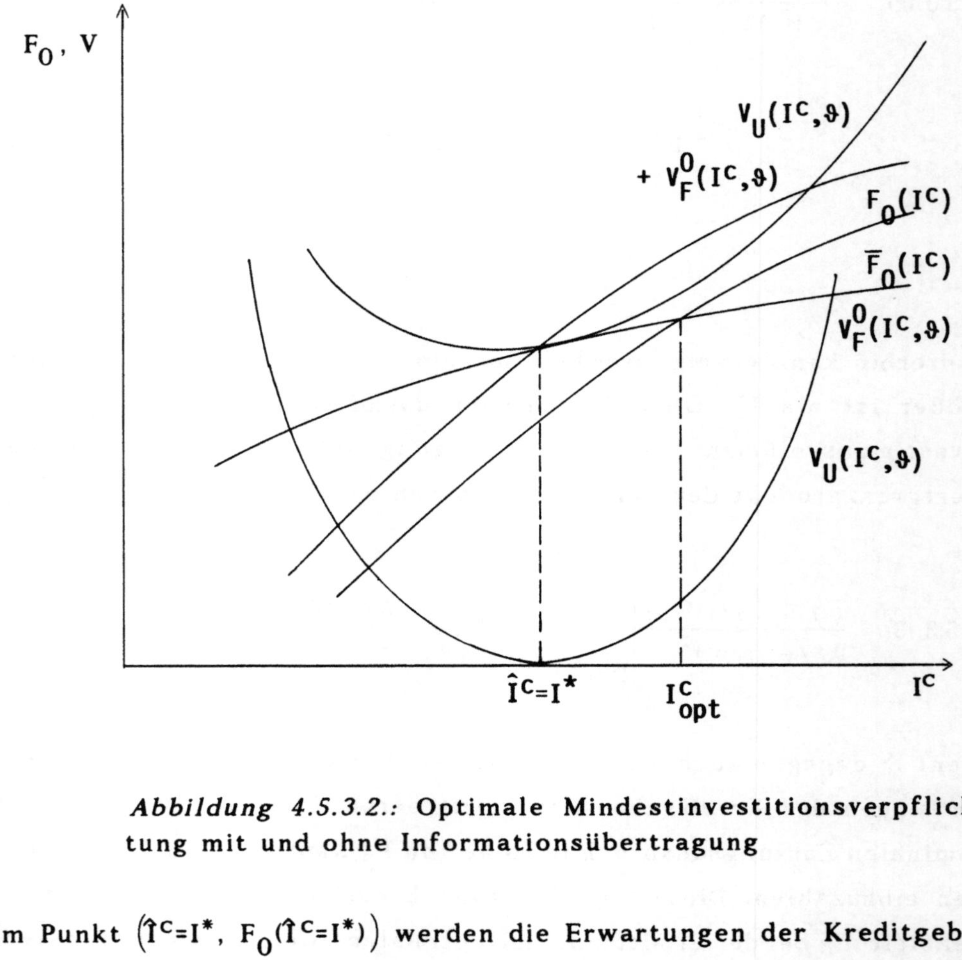

Abbildung 4.5.3.2.: Optimale Mindestinvestitionsverpflichtung mit und ohne Informationsübertragung

Im Punkt $\left(\hat{I}^c=I^*,\ F_0(\hat{I}^c=I^*)\right)$ werden die Erwartungen der Kreditgeber erfüllt. Der Marktwert ihrer Zahlungsansprüche entspricht dem Kreditbetrag. Zudem entspricht $\hat{I}^c$ dem gesamtwertmaximalen Investitionsprogramm I^*, es findet somit keine Überinvestition statt. $\hat{I}^c$ ist aber keine optimale Signalling-Entscheidung des Kreditnehmers. Die Differenz zwischen $F_0(I^c)$ und $\Delta V(I^c,\vartheta)+V_F(I^c,\vartheta)$ kann erhöht werden, indem ein $I^c>I^*$ gewählt wird. Eine Erhöhung von I^c ist solange vorteilhaft, wie die zusätzlichen Signalling-Kosten geringer sind als der Ertragszuwachs, der aus einem höheren Wert von $F_0(I^c)$ resultiert. Für alle Werte $I^c > I^*$ verläuft die $F_0(I^c)$-Kurve oberhalb von $V_F(I^c,\vartheta)$. Die Erwartungen der Kreditgeber sind somit nicht erfüllt, denn der Kreditbetrag übersteigt den Marktwert der Zahlungsansprüche, die die Fremdkapitalgeber erhalten.

Ein Signalling-Gleichgewicht liegt dagegen dann vor, wenn die Unternehmensleitung ein $I^c_{opt} > I^*$ wählt, und die Kreditgeber darauf mit der Bereitschaft, $\overline{F}_0(I^c_{opt})$ als Kreditbetrag einzuzahlen, reagieren. $\overline{F}_0(I^c_{opt})$ entspricht dem "wirklichen" Wert des Fremdkapitals $V_F(I^c_{opt},\vartheta)$, und gleichzeitig können die Eigenkapitalgeber ihre Position durch eine Abweichung von I^c_{opt} nicht verbessern. Im Punkt I^c_{opt} entspricht die Steigung von $\Delta V(I^c,\vartheta)+V_F(I^c,\vartheta)$ der Steigung von $\overline{F}_0(I^c)$, jede Erhöhung über I^c_{opt} hinaus bewirkt, daß die Signalling-Kosten stärker steigen als der Signalling-Ertrag, jede Verringerung unter I^c_{opt} läßt den Signalling-Ertrag stärker sinken als die Signalling-Kosten. Weiterhin ist offensichtlich, daß im Signalling-Fall das optimale Investitionsvolumen das gesamtwertmaximale Investitionsvolumen übersteigt.[23]

4.5.3.2.2 Asymmetrische Informationsverteilung nach Kreditaufnahme

In diesem Abschnitt wird davon ausgegangen, daß der Kreditnehmer die Ausprägung von ϑ zum Zeitpunkt der Kreditaufnahme ebenfalls nicht kennt, ϑ jedoch am Ende der ersten Periode beobachten kann. Der Kreditgeber dagegen lernt die Ausprägung von ϑ auch dann

---

23 *John/Kalay* (1985) konstruieren ein ähnliches Signalling-Modell, kommen aber zu dem abweichenden Ergebnis, daß auch unter Berücksichtigung von Signalling-Effekten das optimale Investitionsvolumen dem gesamtwertmaximalen entspricht. Dieses Ergebnis hängt allerdings wesentlich von der Annahme ab, daß die Ausprägungen von ϑ diskret verteilt sind, und die Abstände zwischen den benachbarten Ausprägungen von ϑ hinreichend groß sind.

nicht kennen. Im Zeitpunkt t=0 haben Kreditgeber und Kreditnehmer homogene Erwartungen über die Wahrscheinlichkeitsverteilung von ϑ. Für die Gestaltung des Kreditvertrages können zwei unterschiedliche Vorgehensweisen gewählt werden:

- Im Zeitpunkt t=0 wird das Mindestinvestitionsvolumen für das in t=1 in Angriff zu nehmende Investitionsprogramm definitiv festgelegt.[24]

- Der Kreditnehmer kann das Mindestinvestitionsvolumen in t=1 nach der Beobachtung von ϑ frei wählen, allerdings werden die Konditionen des Kreditvertrages an die Höhe von I^C gebunden.

Vergleichskriterium für die Beurteilung der Vorteilhaftigkeit beider Alternativen ist die im Interesse von Kapitalgeber und Kreditnehmer liegende Zielsetzung, durch die Vereinbarung von Mindestinvestitionsverpflichtungen sicherzustellen, daß ein Investitionsprogramm durchgeführt wird, das möglichst wenig von dem gesamtwertmaximalen Investitionsvolumen $I^*(\vartheta)$ abweicht. Abweichungen sind dabei in zwei Richtungen möglich: Einerseits kann eine Mindestinvestitionsverpflichtung zu einem zu niedrigen Investitionsvolumen führen, andererseits kann insbesondere dann, wenn sich ϑ als niedrig erweist, die Mindestinvestitionsverpflichtung ein Investitionsvolumen vorsehen, daß größer ist als $I^*(\vartheta)$.

Wird in t=0 eine Mindestinvestitionsverpflichtung festgelegt, so können für den Agent durchaus Anreize bestehen, freiwillig mehr als das vorgeschriebene Minimum zu investieren. Dies ist aus Abbildung 4.5.3.3 zu erkennen. Dort sind die im Abschnitt 4.5.2.2 entwickelten Verläufe, die der Marktwert des Eigenkapitals in Abhängigkeit vom Investitionsvolumen annehmen kann (vgl. Abbildungen 4.5.2.1 - 4), zusammengefaßt dargestellt. Gilt der Verlauf I, so reicht eine Mindest-

---

24 Siehe zu dieser Art von starrer Restriktion auch <u>John/Kalay</u> (1982).

investitionsverpflichtung in Höhe von $I_I^c=0$ aus, damit der Investor freiwillig den Betrag $I_{EK}^*(I)$ investiert. Im Fall II muß die Mindestinvestitionsverpflichtung $I_{II}^c>0$ betragen, damit der Kreditnehmer einen Anreiz hat, freiwillig mehr zu investieren. $I_{EK}^*(I)$ und $I_{EK}^*(II)$ sind bei ausfallbedrohtem Fremdkapital zwar geringer als I (ϑ), können aber I^c erheblich übersteigen. Lediglich dann, wenn $V_E(I,\vartheta;F_2)$ eine monoton fallende Funktion des Investitionsvolumens ist, wird der Kreditnehmer nicht mehr investieren, als die Mindestinvestitionsverpflichtung vorsieht (Verlauf III).

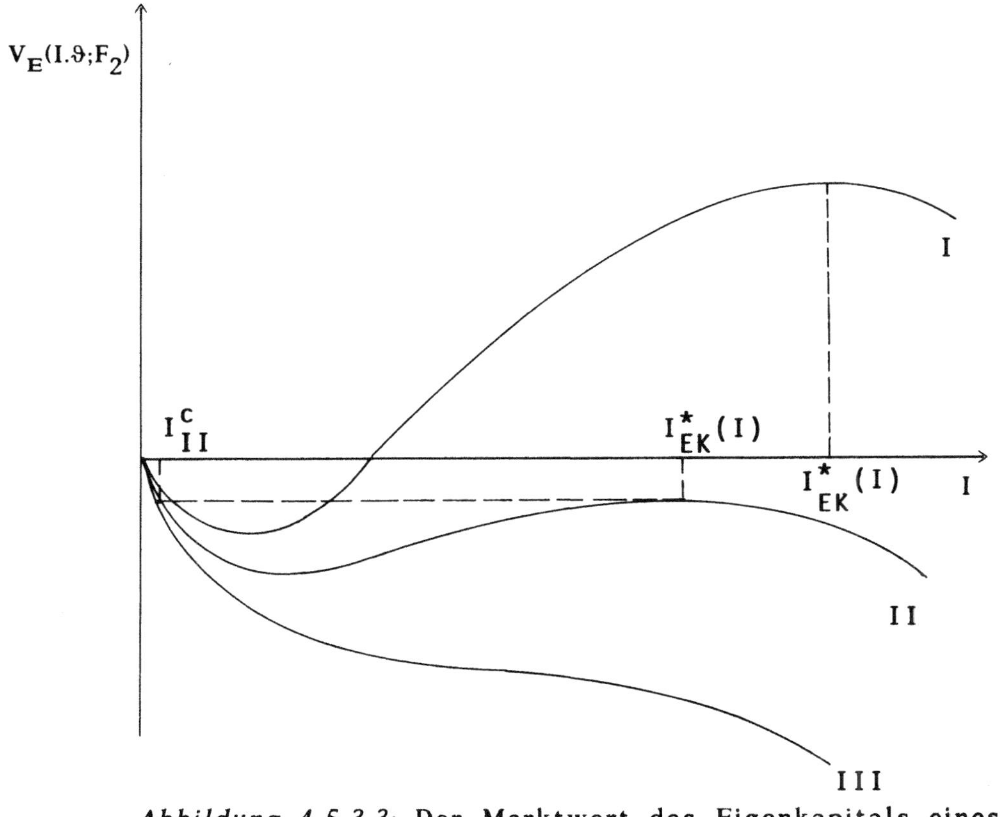

Abbildung 4.5.3.3: Der Marktwert des Eigenkapitals eines verschuldeten Unternehmens in Abhängigkeit vom Investitionsvolumen

Bestehen für den Kreditnehmer Anreize, freiwillig mehr als I^c zu investieren, so hat dies Auswirkungen auf die Bestimmung einer optimalen Mindestinvestitionsverpflichtung. Anstatt die Mindestinvestitionsverpflichtung an der erwarteten Ausprägung von ϑ, und damit an $I^*(\bar{\vartheta})$[25] auszurichten, ist es vorteilhaft, einen niedrigeren Betrag als Mindestinvestitionsverpflichtung festzulegen. Hierdurch können Marktwertminderungen, die entstehen, wenn die Mindestinvestitionsverpflichtung einen Zwang zur Überinvestition beinhaltet, vermieden werden, ohne daß für den Kreditnehmer zusätzliche Anreize entstehen, das Investitionsvolumen weiter zu senken. Der Betrag, den eine Mindestinvestitionsverpflichtung vorsehen muß, damit für den Kreditnehmer Anreize bestehen, freiwillig mehr zu investieren, ist dabei um so geringer, je weniger Fremdkapital aufgenommen wurde. Weiterhin ist auch die Differenz zwischen I^*_{EK} und I^c um so größer, je weniger von der Fremdfinanzierung Gebrauch gemacht wird. Daher kann bei geringer Verschuldung die Verwendung einer starren, d.h. vom Informationszugang in t=1 unabhängigen Mindestinvestitionsverpflichtung eine durchaus sinnvolle und einfach handhabbare Maßnahme darstellen, die zur Reduzierung des Unterinvestitionsproblems beiträgt.

Kann der Kreditnehmer die Höhe der Mindestinvestitionsverpflichtung für das t_1-Investitionsprogramm nach der Beobachtung von ϑ in t=1 selbst festlegen, so hat man die Chance, die zusätzliche Information über ϑ in die Investitionsentscheidung miteinfließen lassen zu können. Durch eine geeignete Gestaltung der Kreditkonditionen muß dann allerdings sichergestellt werden, daß es für den Kreditnehmer stets vorteilhaft ist, die Kenntnis von ϑ dazu zu verwenden, eine Investitionspolitik zu verfolgen, die den Marktwert der Unternehmung maximiert. Dies kann erreicht werden, indem die Kreditkonditionen in geeigneter Weise von der Höhe der Mindestinvestitionsverpflich-

25 $I^*(\bar{\vartheta})$ bezeichnet dasjenige Investitionsvolumen, das den Marktwert der Unternehmung maximiert, wenn ϑ den Erwartungswert $\bar{\vartheta}$ annimmt.

tung für das t_1-Investitionsprogramm abhängen. Hierzu bestehen grundsätzlich zwei Möglichkeiten:

- In t=0 kann vereinbart werden, daß der Kreditgeber bei gegebenem Kreditrückzahlungsbetrag in Abhängigkeit von der Mindestinvestitionsverpflichtung in t=1 entweder vom Kreditnehmer eine zusätzliche Rückzahlung in t=1 verlangen kann, oder aber der Kreditgeber in t=1 bei konstantem F_2 einen zusätzlichen Kapitalbetrag zur Verfügung stellt. Im ersten Fall muß natürlich sichergestellt sein, daß die Einzahlungsüberschüsse des t_0-Investitionsprogramms in t=1 ausreichen, um den vom Kreditgeber geforderten Betrag entrichten zu können. Dabei muß der Betrag, den der Kreditgeber in t=1 zusätzlich zur Verfügung stellt (den er zurückfordert) um so größer sein (um so kleiner sein), je höher die vom Kreditnehmer in t=1 gewählte Mindestinvestitionsverpflichtung ist. Mit steigendem I^C sinkt nämlich das Ausfallrisiko der Kreditgeber und zugleich ist ein hohes I^C ein Indiz für eine hohe Ausprägung von ϑ, was zusätzlich die Gefahr eines Zahlungsausfalls senkt.

- Der Kreditvertrag kann auch vorsehen, daß bei gegebenem Kreditaufnahmebetrag der Kreditrückzahlungsbetrag aufgrund der Wahl der Mindestinvestitionsverpflichtung in t=1 angepaßt wird. Dabei gilt wieder, daß der Kreditrückzahlungsbetrag um so stärker gesenkt wird (bzw. um so weniger erhöht wird), je höher I^C ist.

Beide Formen der Anpassung des Kreditvertrages sind bei entsprechender Ausgestaltung äquivalent und führen zu folgender Zielfunktion, die der Kreditnehmer in t=1 maximiert:

$$(4.5.3.15) \quad \max_{I^C} \left\{ T(I^C) - V_F^1(I^C,\vartheta) - \Delta V(I^C,\vartheta) \right\}$$

In (4.5.3.15) bzeichnet $T(I^C)$ den Marktwert des Zahlungsstroms, der aus der Anpassung des Kreditvertrages in Abhängigkeit von I^C resultiert. Im Fall $T(I^C)>0$ gilt $\frac{\partial T(\cdot)}{\partial I^C}>0$, im Fall $T(I^C)<0$ gilt $\frac{\partial T(\cdot)}{\partial I^C}<0$.

$V_F^1(I^c,\vartheta)$ steht für den "tatsächlichen" Marktwert des Fremdkapitals in t=1 und $\Delta V(I^c,\vartheta)$ bezeichnet die Marktwertminderung, bezogen auf t=1, die dann eintritt, wenn $I^c \neq I^*(\vartheta)$.

Ein Vergleich von (4.5.3.8) in Abschnitt 4.5.3.2.1 und (4.5.3.15) zeigt, daß beide Zielfunktionen die gleiche Struktur aufweisen. $T(I^c)$ kann als Signalling-Ertrag interpretiert werden, und $V_F^1(I^c,\vartheta) + \Delta V(I^c,\vartheta)$ geben die Signalling-Kosten an, die sowohl von der Wahl der Min destinvesti tionsverpflichtung, als auch von der tatsächlichen Höhe von ϑ abhängen. Da die Signalling-Kosten die Bedingung (4.5.3.10) erfüllen, existiert ein Signalling-Gleichgewicht, in dem die Kreditnehmer sich durch die Wahl von I^c selbst einordnen. Das Signalling-Gleichgewicht ist wiederum dadurch gekennzeichnet, daß die Höhe von I^c für jede Realisation von ϑ das gesamtwertmaximale Investitionsvolumen $I^*(\vartheta)$ übersteigt.

4.5.3.2.3 Ausschüttungsbeschränkungen als Mindestinvestitionsverpflichtung

Eine gesetzlich vorgeschriebene Mindestinvestitionsverpflichtung ergibt sich für Aktiengesellschaften aus den Vorschriften, die die Gewinnverwendung regeln (§§ 172-176 AktG). Aus diesen Bestimmungen folgt, daß die Höhe der Ausschüttungen sich zusammensetzt aus dem Jahresüberschuß zuzüglich von Entnahmen aus bzw. abzüglich von Einstellungen in die Gewinnrücklagen sowie zuzüglich eines Gewinnvortrages bzw. abzüglich eines Verlustvortrages. Man kann leicht zeigen, daß aus diesen Gewinnverwendungsvorschriften eine Mindestinvestitionsverpflichtung für das Unternehmen resultiert.

Zur Vereinfachung wird unterstellt, daß man den Jahresüberschuß einer Periode erhält, indem vom Leistungssaldo vor Investitionen Abschreibungen und Zuführungen zu den Rückstellungen subtrahiert werden und der Saldo aus Zinsein- und Zinsauszahlungen sowie die Liquidationserlöse, soweit sie den Buchwert übersteigen, hinzuaddiert werden:

(4.5.3.16) $JÜ_t = LZ_t - AfA_t - R_t + Z_t + L_t^Z$

$JÜ_t$: Jahresüberschuß

LZ_t : Saldo aus laufenden Leistungsein- und Leistungsauszahlungen (Leistungssaldo vor Investitionen)

AfA_t : Abschreibungen

R_t : Rückstellungen

Z_t : Saldo aus Zinseinzahlungen aus Finanzinvestitionen und Zinsauszahlungen an die Gläubiger

L_t^Z : Einzahlungen aus der Liquidation von Sach- und Finanzinvestitionen, soweit sie den Buchwert übersteigen ($L_t^Z<0$, wenn der Liquidationserlös geringer ist als der Buchwert)

Wird der Jahresüberschuß um die nicht zahlungswirksamen Aufwendungen und Erträge[26] korrigiert und werden alle erfolgsneutralen Zahlungsvorgänge hinzugenommen, so erhält man die Kassenhaltungsgleichung, die definitionsgemäß in jedem Zeitpunkt erfüllt ist:

(4.5.3.17) $I_t + T_t + D_t = JÜ_t + AfA_t + R_t + F_t + EK_t + L_t^B$

I_t : Investitionsauszahlungen (Finanz- und Sachinvestitionen)

T_t : Tilgungsauszahlungen

D_t : Ausschüttungen

F_t : Fremdkapitalaufnahmebetrag

26 Hier sind dies annahmegemäß lediglich die Abschreibungen und die Zuführungen zu den Rückstellungen.

EK_t : (externe) Eigenkapitalzuführung

L^B : Buchwert der liquidierten Vermögensgegenstände

Die linke Seite von (4.5.3.17) gibt die Auszahlungen an, die anfallen für Investitionen, Tilgung von Krediten und Ausschüttungen an die Eigentümer. Diese Auszahlungen müssen bestritten werden aus dem Cash Flow ($JÜ_t+AfA_t+R_t$), den externen Kapitalzuführungen (F_t+EK_t) oder aus der Liquidation von Vermögensgegenständen.

Die Dividendenausschüttungen ergeben sich aus dem Jahresabschluß, indem vom Jahresüberschuß Zuführungen zu den Gewinnrücklagen (ΔRL_t) sowie Einstellungen in einen Gewinnvortrag (bzw. die Auflösung eines Verlustvortrages) (ΔGV_t) abgezogen werden:

(4.5.3.18) $$D_t = JÜ_t - \Delta GV_t - \Delta RL_t$$

Hinsichtlich ΔGV_t und ΔRL_t sind noch bestimmte gesetzliche Restriktionen zu beachten: So kann D_t niemals negativ werden, d.h. die Zuführungen zu den Rücklagen und zu einem Gewinnvortrag sind stets kleiner als der Jahresüberschuß $\left(\Delta GV_t+\Delta RL_t \leq JÜ_t\right)$. Weiterhin dürfen ausschließlich "andere Gewinnrücklagen" aufgelöst werden ($\Delta RL_t<0$), um Ausschüttungen vorzunehmen. Schließlich gilt stets $D_t=0$, solange ein Verlustvortrag besteht bzw. sofern ein solcher gebildet wird ($\Delta GV_t<0$).

Zur Vereinfachung wird im folgenden unterstellt, daß $JÜ_t\geq 0$ und $\Delta GV_t=0$ ist. Weiterhin wird auf eine Unterscheidung in einzelne Rücklagenarten verzichtet und angenommen, daß die Unternehmensleitung über den Gesamtbestand an Gewinnrücklagen frei verfügen kann. Sieht man von dem Fall einer Kapitalerhöhung aus Gesellschaftsmitteln ab, ergibt sich der Gesamtbestand an Gewinnrücklagen im Jahre t, RL_t aus:

(4.5.3.19) $$RL_t = RL_{t-1} + \Delta RL_t$$

Wird unter Beachtung der Annahmen $JÜ_t \geq 0$ und $\Delta GV_t = 0$ aus (4.5.3.18) in (4.5.3.19) für ΔRL_t eingesetzt, so erhält man:

$$(4.5.3.20) \qquad RL_t = RL_{t-1} + JÜ_t - D_t = \sum_{\tau=0}^{t} \left(JÜ_\tau - D_\tau \right)$$

Damit kann für das Ausschüttungspotential im Jahre t geschrieben werden:[27]

$$(4.5.3.21) \qquad D_t \leq D_t^{max} = JÜ_t + RL_{t-1} = \sum_{\tau=0}^{t} JÜ_\tau - \sum_{\tau=0}^{t-1} D_\tau$$

Der maximale Ausschüttungsbetrag im Jahre t ergibt sich als Summe aus dem Jahresüberschuß der laufenden Periode zuzüglich der nicht ausgeschütteten Teile aller in der Vergangenheit erzielten Jahresüberschüsse. Die tatsächliche Ausschüttung im Jahre t liegt dann im Intervall $\left[0, D_t^{max}\right]$.

Wird die Kassenhaltungsgleichung (4.5.3.17) nach D_t aufgelöst, und in (4.5.3.21) eingesetzt, so erhält man nach einigen elementaren Umformungen:

$$(4.5.3.22) \qquad I_t - AfA_t - L_t^B \geq F_t - T_t + R_t + EK_t - \sum_{\tau=0}^{t-1} \left(JÜ_\tau - D_\tau \right)$$

Beziehung (4.5.3.22) kann als eine Mindestinvestitionsverpflichtung angesehen werden. Sie besagt im einzelnen: Das Nettoinvestitionsvolumen ($I_t - AfA_t - L_t^B$) muß mindestens so groß sein wie die Summe aus Nettokreditaufnahme ($F_t - T_t$), Zuführungen zu den Rückstellungen und Eigenkapitalaufnahme, abzüglich des Bestandes an Rücklagen.

---

27 Werden die vereinfachenden Annahmen aufgehoben, so ist D_t^{max} noch zu kürzen um den Betrag, der in die gesetzliche Gewinnrücklage einzustellen ist sowie um denjenigen Betrag, der im Wege einer Kapitalerhöhung aus Gesellschaftsmitteln in Grundkapital umgewandelt worden ist.

Die Höhe des Betrages, der gemäß der in (4.5.3.22) beschriebenen Mindestinvestitionsverpflichtung einzubehalten ist, kann die Unternehmensleitung durch eine Reihe von Maßnahmen beeinflussen. So ist ceteris paribus das Ausschüttungspotential größer und damit die Mindestinvestitionsverpflichtung weniger restriktiv, wenn die Unternehmensleitung Ansatz- und Bewertungswahlrechte in der Weise nutzt, daß alle Aktivmehrungen (I_t) und Passivminderungen (T_t) möglichst hoch, alle Aktivminderungen (AfA_t, L_t^B) und Passivmehrungen (F_t, R_t, EK_t) dagegen möglichst niedrig ansetzt. Zu beachten ist allerdings die zeitliche Interdependenz bilanzpolitischer Maßnahmen: Wird für Abschreibungen und Rückstellungen in der gegenwärtigen Periode ein niedriger Wertansatz gewählt, so erlaubt dies ceteris paribus momentan ein höheres Ausschüttungspotential bzw. ein niedrigeres (Brutto-) Mindestinvestitionsvolumen. Eine solche Bilanzpolitik führt aber zugleich in zukünftigen Perioden zu größeren Erfolgsminderungen durch höhere Abschreibungsbeträge bzw. bei Auflösung von Rückstellungen und bewirkt damit in der Zukunft ein niedrigeres Ausschüttungspotential bzw. eine strengere Mindestinvestitionsverpflichtung. Bilanzpolitische Maßnahmen ermöglichen damit eine zeitliche Verlagerung von Ausschüttungspotentialen bzw. von Mindestinvestitionserfordernissen.

Der gleiche Effekt läßt sich auch durch Bildung und Auflösung von Rücklagen erzielen. Der letzte Summand in (4.5.3.22) zeigt an, daß die Ausschüttungsmöglichkeiten bzw. die Höhe des Mindestinvestitionsbetrages einer Periode von den Gewinnverwendungsentscheidungen der Vorperioden abhängt. Je höher der Anteil der Gewinnthesaurierung in den vergangenen Jahren war, desto größer ist das Ausschüttungspotential (desto geringer ist das Mindestinvestitionsvolumen) in der gegenwärtigen Periode. Die gleichen Wirkungen gehen von der gegenwärtigen Gewinnverwendung auf das künftige Ausschüttungspotential aus. Aus (4.5.3.22) geht auch hervor, daß Gewinnthesaurierung einerseits und Gewinnausschüttung bei gleichzeitiger Eigenkapitalerhöhung (Schütt-aus-hol-zurück-Politik) andererseits hinsichtlich der damit verbundenen Mindestinvestitionsverpflichtung nicht äquivalent sind. Bei beiden Alternativen ist das Eigenkapital zwar insgesamt identisch, nicht aber dessen Aufteilung in andere Gewinnrücklagen einerseits und in Kapitalrücklagen und gezeichnetes Kapital andererseits. Da aber nur die anderen Gewinnrücklagen jederzeit aufgelöst werden können, führt die Schütt-aus-hol-zurück-Politik zu einem niedrigeren zukünftigen Ausschüttungspotential als die Gewinnthesaurierung, der Betrag der Kapitalerhöhung stellt ein permanentes Einbehaltungserfordernis dar. Damit kann die Schütt-aus-hol-zurück-Politik auch als ein Signal angesehen werden, mit dem die Unternehmensleitung zu erkennen gibt, daß sie damit rechnet, für das eingesetzte Kapital auch in Zukunft rentable Verwendungsmöglichkeiten zu haben.

Aufschlußreich ist ein Vergleich der aktienrechtlichen Ausschüttungsbestimmungen mit einer Ausschüttungsbeschränkung, die in den USA als freiwillig vereinbarte Vertragsklausel üblicher Bestandteil von Kreditverträgen ist. Diese hat die Form:[28]

$$(4.5.3.23) \qquad D_t \leq \operatorname{Max}\left\{0,\ \sum_{\tau=0}^{t} EK_\tau + \gamma \cdot \sum_{\tau=0}^{t} JÜ_\tau + K - \sum_{\tau=0}^{t-1} D_\tau\right\}$$

Die sich daraus ergebende Mindestinvestitionsverpflichtung lautet:[29]

$$(4.5.3.24) \qquad I_t - AfA_t - L_t^B \geq F_t - T_t + R_t + K - \sum_{\tau=0}^{t-1}\left(\gamma \cdot JÜ_\tau - D_\tau\right) + \left(1-\gamma\right) \cdot JÜ_t$$

γ und K sind hierbei Konstanten, die individuell unterschiedlich festgelegt werden. Der Wert von γ betrug bei 106 von 128 untersuch-

---

28 Vgl. Kalay (1979), S. 114 ff., (1981), S. 6 f., (1982), S. 214.

29 Dabei wird wieder vorausgesetzt, daß die rechte Seite von (4.5.3.23) positiv ist.

ten Unternehmen eins und war bei keinem Unternehmen kleiner als 0,5[30]. Geht man von $\gamma=1$ aus und läßt man K außer Betracht, so sind folgende Unterschiede zwischen den aktienrechtlichen Ausschüttungsbestimmungen (4.5.3.21) und der Dividendenrestriktion (4.5.3.23) bemerkenswert:

- Die Größe D_t in (4.5.3.23) bzw. (4.5.3.24) umfaßt nicht nur Dividendenzahlungen, sondern grundsätzlich alle Zahlungen der Unternehmung an die Eigentümer, also insbesondere auch Zahlungen aus dem Rückkauf eigener Aktien. Dieser Unterschied zur deutschen Regelung ist institutionell bedingt. Der Rückkauf eigener Aktien ist in den USA grundsätzlich erlaubt. Die damit möglichen Reichtumsverschiebungen zu Lasten der Kreditgeber werden begrenzt, indem Zahlungen aller Art an die Eigenkapitalgeber in D_t mit einbezogen werden. Die Aufteilung dieses Ausschüttungspotentials auf Dividendenzahlungen und Auszahlungen für den Rückkauf eigener Aktien bleibt dabei den Eigentümern bzw. der Unternehmensleitung überlassen. Aus der Sicht der Gläubiger macht es keinen Unterschied, in welcher Form Ausschüttungen an die Eigentümer geleistet werden.

- Der Zeitpunkt t=0 bezieht sich in (4.5.3.23) nicht auf den Gründungszeitpunkt des Unternehmens, sondern auf den Zeitpunkt der Kreditaufnahme. Demnach sind durch Eigenkapitalaufnahme zugeführte Mittel in voller Höhe und im Unternehmen erwirtschaftete Überschüsse zumindest teilweise (sofern $\alpha<1$) ausschüttbar, soweit sich dies auf den Zeitraum nach der Kreditaufnahme bezieht. Ausschüttungen bewirken nämlich genau dann keine Verschlechterung der Gläubigerposition, verglichen mit dem Zeitpunkt der Kreditaufnahme, wenn diese Ausschüttungen durch die Aufnahme von Eigenkapital finanziert werden. Tendenziell das gleiche gilt für die Ausschüttung von erwirtschafteten Gewinnen, d.h. für die Ausschüttung von Zahlungsüberschüssen nach Abzug der Zahlungen, die als Kapitalfreisetzung

---

30 Vgl. <u>Kalay</u> (1981), Tab. 1.

angesehen werden und nach Abzug von Auszahlungen von Kreditzinsen.[31]

In Beziehung (4.5.3.21), die im wesentlichen die deutschen Vorschriften widerspiegelt, bezieht sich der Zeitpunkt t=0 auf die Gründung des Unternehmens. Damit sind aufgenommene Eigenmittel grundsätzlich nicht ausschüttbar, im Unternehmen erwirtschaftete Überschüsse dagegen (mit gewissen Einschränkungen) jederzeit ausschüttbar, unabhängig davon, wann diese Mittel zugeflossen sind. Hinsichtlich der Behandlung aufgenommener Eigenmittel ist somit die Bedingung (4.5.3.21) strenger formuliert, die Ausschüttbarkeit erwirtschafteter Gewinne dagegen ist bei der Bedingung (4.5.3.23) stärker eingeschränkt. Wird berücksichtigt, daß ein Unternehmen nicht nur einmal, sondern laufend Fremdkapital aufnimmt, so ist für das Ausschüttungspotential des Unternehmens jeweils der Zeitpunkt der letztmaligen Kreditaufnahme maßgeblich.[32] Je kürzer die Zeitabstände zwischen den Kreditaufnahmen sind, desto weniger kommt die kumulative Ausgestaltung der Dividendenrestriktion (4.5.3.23) zum Tragen. Die Konsequenz ist, daß die Ausschüttbarkeit sowohl der aufgenommenen Eigenmittel als auch der thesaurierten Gewinne reduziert wird. Mit zunehmender Häufigkeit der Kreditaufnahme werden die Ausschüttungsmöglichkeiten durch die Restriktion (4.5.3.23) somit stärker eingeschränkt.

- Die Konstante γ, die die Höhe des ausschüttbaren Anteils des Jahresüberschusses angibt, kann als Pendant zu der aktienrechtlichen Vorschrift angesehen werden, Teile des Jahresüberschusses in die gesetzliche Rücklage einzustellen. Im Gegensatz zu §150,II,1 AktG ist die Rücklagenbildung gemäß Bedingung (4.5.3.23) allerdings nicht

---

31 Soweit Rückstellungen gebildet werden, vermindern diese zusätzlich das Ausschüttungspotential.

32 Dabei wird vorausgesetzt, daß mit jedem Kreditgeber eine Dividendenrestriktion vom Typ (4.5.3.23) vereinbart wird und die Konstanten K und γ jeweils den gleichen Wert annehmen.

auf einen bestimmten Prozentsatz einer Bezugsgröße (hier des Grundkapitals) beschränkt und darüber hinaus ist die Höhe von γ, ebenso wie die Höhe von K nicht einheitlich vorgeschrieben, sondern kann individuell unterschiedlich festgelegt werden.

4.5.3.2.4 Bilanzierungswahlrechte und Handlungsrestriktionen

Die vorangegangenen Ausführungen haben gezeigt, daß die Verpflichtung der Unternehmensleitung zur Einhaltung von Restriktionen ein wirksames Instrument sein kann, die Gefahr von Reichtumsverschiebungen zu reduzieren. Soweit diese Restriktionen aus Bilanzgrößen abgeleitet werden, kann die Unternehmensleitung den ihr verbleibenden Handlungsspielraum durch das Ausnutzen von Ansatz- und Bewertungswahlrechten beeinflussen. Es stellt sich nun die Frage, wie dieser durch die Existenz von Bilanzierungswahlrechten zusätzlich geschaffene Handlungsspielraum zu beurteilen ist.

Rationale Kapitalgeber werden davon ausgehen, daß die Unternehmensleitung bei gegebenen Vertragskonditionen bestehende Wahlrechte stets zum eigenen Vorteil bzw. zum Vorteil der von ihr vertretenen Gruppe der bisherigen Eigenkapitalgeber ausnutzen wird. Damit scheint die Existenz von Ansatz- und Bewertungswahlrechten die Lösung von Agency-Problemen zu behindern. Die Ausführungen in den beiden vorangegangenen Abschnitten haben aber deutlich gemacht, daß ein höheres Maß an Flexibilität bei der Festlegung von Handlungsbeschränkungen auch ein Instrument sein kann, mit dem die Unternehmensleitung zusätzliche Informationen über die künftige Ertragslage des Unternehmens mitteilt. Voraussetzung hierfür ist allerdings, daß die flexible Gestaltung von Handlungsbeschränkungen zugleich auch die Bedingung der informationsmäßigen Anreizkompatibilität erfüllt.[33] Dies impliziert, daß die Vertragskonditionen von der Strenge der Handlungsbeschränkungen, die die Unternehmensleitung einzugehen bereit ist, abhängen. Gelingt die Selbsteinordnung, so kann eine Pareto-dominante Lösung des Agency-Problems erreicht werden, wenn hierdurch die Gefahr reduziert wird, daß die gesamtwertmaximale Unternehmenspolitik nicht durchgeführt werden kann, weil sie die Handlungsbeschränkung verletzen würde.

Eine flexible Gestaltung von Handlungsbeschränkungen kann nicht nur mittelbar durch die Existenz von Bilanzierungswahlrechten erzeugt werden, sondern auch unmittelbar dadurch geschaffen werden, daß die Handlungsbeschränkungen, die an die Bilanzgrößen anknüpfen, unterschiedlich streng formuliert werden. So kann z.B. die Strenge einer Ausschüttungsbeschränkung zum einen beeinflußt werden, indem für die Aufwendungen und Erträge, aus denen der Jahresüberschuß ermittelt wird, unterschiedliche Wertansätze gewählt werden können. Andererseits ergeben sich unterschiedlich strenge Ausschüttungsbeschränkungen auch aus unterschiedlichen Vorschriften darüber, welcher Teil des Jahresüberschusses ausgeschüttet werden darf bzw. einbehalten werden muß oder inwieweit nach Kreditaufnahme zugeführtes Eigenkapital ausschüttbar ist. Beide Vorgehensweisen führen grundsätzlich zum gleichen Ergebnis, die zweite Methode erscheint jedoch aus drei Gründen vorteilhafter:

- Die Konsequenzen unterschiedlich streng formulierter Handlungsbeschränkungen sind leichter durchschaubar als die Wirkungen, die von unterschiedlichen Bewertungsmethoden ausgehen. Dies gilt insbesondere unter Berücksichtigung der zeitlichen Interdependenzen verschiedener Bewertungsmethoden, die zudem zu unerwünschten Folgewirkungen in späteren Perioden führen können.

---

33 Zur Funktion von Handlungsrestriktionen als Instrument zur Selbsteinordnung siehe auch <u>Ewert</u> (1987), <u>Kalay</u> (1981).

- Bei der Bestimmung der optimalen Bewertungsmethode können Konflikte mit anderen Zielsetzungen der Bilanzpolitik auftreten. Soll z.B. der Barwert der gegenwärtigen und künftigen Steuerzahlungen minimiert werden, so wird dieses Ziel erreicht, indem ein möglichst niedriger Jahresüberschuß ausgewiesen wird. Das damit verbundene hohe Einbehaltungserfordernis kann jedoch suboptimal sein im Hinblick auf die Lösung der Agency-Problematik.

- Erfolgt die Festlegung von Bewertungsvorschriften vorwiegend im Hinblick auf die Wirkungsweise von Handlungsrestriktionen, die an Bilanzpositionen anknüpfen, so wird im allgemeinen der Informationsgehalt des Jahresabschlusses vermindert. Dies gilt insbesondere für das Vorsichtsprinzip und die daraus resultierenden Bewertungsvorschriften, deren Ziel primär nicht darin gesehen wird, einen möglichst genauen Einblick in die Ertragslage des Unternehmens zu geben, sondern deren Existenz vorwiegend im Hinblick auf die am ermittelten Jahresüberschuß anknüpfenden Ausschüttungsvorschriften begründet werden.[34] Dabei wird offensichtlich bewußt eine Reduzierung des bilanziellen Informationsgehaltes in Kauf genommen. Bemerkenswert ist in diesem Zusammenhang, daß durch das Bilanzrichtlinien-Gesetz die enge Verzahnung zwischen ermitteltem Jahresüberschuß und Ausschüttungsbemessung an einigen Stellen aufgehoben wird. So dürfen nach § 269 HGB Aufwendungen für die Ingangsetzung und Erweiterung des Geschäftsbetriebes sowie nach § 274, II HGB aktive latente Steuern als Bilanzierungshilfen aktiviert werden, wobei die aktivierten Beträge einer Ausschüttungssperre

---

34 Vgl. z.B. Hax (1964). In ganz ähnlicher Weise werden die für Kreditinstitute geltenden bilanziellen Sondervorschriften begründet. Da zahlreiche Handlungsrestriktionen, die für Kreditinstitute gelten, an dem Begriff des haftenden Eigenkapitals anknüpfen, wird es für notwendig erachtet, Bewertungsvorschriften in der Weise festzulegen, daß das haftende Eigenkapital tendenziell niedrig ausgewiesen wird. Die gleiche Wirkung ließe sich erzielen, wenn die jeweilige Handlungsrestriktion strenger formuliert werden würde. Auf die Beeinträchtigung des Informationsgehaltes von Bankbilanzen durch besondere Bewertungsvorschriften weist auch Büschgen (1989), S. 594 hin.

unterliegen. Es mag hier offen bleiben, ob damit eine Verbesserung des bilanziellen Informationsgehalts erreicht werden soll. Wichtig ist, daß die Formulierung von Handlungsrestriktionen grundsätzlich von der Jahresüberschußermittlung getrennt werden kann.

Die Analyse von Agency-Problemen der Fremdfinanzierung läßt es somit nicht sinnvoll erscheinen, Vorschriften, die an Bilanzpositionen anknüpfen, für alle Unternehmen verbindlich und einheitlich festzulegen. Bei einer flexiblen Handhabung solcher Vorschriften führt die Reduzierung von Bilanzierungswahlrechten dagegen unter dem Gesichtspunkt von Agency-Problemen der Fremdfinanzierung nicht zu einer nachteilhaften Einschränkung der unternehmerischen Handlungsfreiheit. Dies bedeutet eine Umkehrung der geltenden (aktienrechtlichen) Vorschriften, wonach Unternehmen bei der Bilanzierung eine Reihe von Wahlrechten belassen werden, in weitaus geringerem Maße aber Wahlrechte bei der Gestaltung von Vorschriften, die an Bilanzgrößen anknüpfen, in Anspruch genommen werden können.

4.5.3.3 Die Bedeutung von Kündigungsrechten im Rahmen von Kreditbeziehungen

Können zwischen Principal und Agent beliebige Anreizverträge vereinbart und auch durchgesetzt werden, so ist es für die Lösung des Agency-Problems unerheblich, zu welchem Zeitpunkt der Principal Informationen über die vom Agent gewählte Aktion erhält. Der Agent wird bei der Wahl des Aktivitätsniveaus stets die spätere Reaktion des Principal mit in den Kalkül einbeziehen, unabhängig davon, wann der Principal Informationen erhält. Existieren dagegen Haftungsbeschränkungen, so ist der Zeitpunkt des Informationszugangs nicht mehr irrelevant für die Lösung von Agency-Problemen. Für einen Kreditgeber ist eine Information wertlos, die erst im nachhinein Aufschluß über die Tätigkeit der Unternehmensleitung gibt, wenn in der Zwischenzeit die Haftungsmasse vollständig aufgezehrt ist und somit keine Ansprüche mehr durchsetzbar sind. Statt dessen werden Informationen benötigt, die den Kreditgeber in die Lage versetzen, rechtzeitig auf eine Gefährdung der eigenen Position reagieren zu können. Dies wird im folgenden anhand eines einfachen Modellansatzes verdeutlicht.

Das Unternehmen habe eine Investitionsmöglichkeit, die im Zeitpunkt t=0 einen Kapitalbetrag von I_0 erfordert und in den Zeitpunkten t=1 sowie t=2 unsichere Zahlungsüberschüsse erbringt, die stochastisch unabhängig und identisch verteilt sind. Zur Finanzierung der Investition wird Eigenkapital in Höhe von EK_0 eingesetzt sowie ein Kredit in Höhe von F_0 aufgenommen, der eine Laufzeit von zwei Perioden hat. In t=2 ist an die Kreditgeber der Betrag F_2 zurückzuzahlen, der sowohl die Tilgung als auch die aufgelaufenen Zinsen umfaßt. Mit der Kreditaufnahme wird zwischen Kapitalgeber und Kapitalnehmer zugleich die Durchführung einer bestimmten Unternehmenspolitik vereinbart. Erkennt der Kreditgeber in t=1, daß die Unternehmensleitung eine andere als die vereinbarte Unternehmenspolitik durchführt, so hat er das Recht, den Kredit zu kündigen. Reicht der Zahlungsüberschuß in t=1 nicht aus, um den Kredit vollständig zurückzuzahlen, so kann der Kreditgeber ein Konkursverfahren einleiten mit der Konsequenz, daß das Unternehmen liquidiert wird.

Der zustandsabhängige Einzahlungsüberschuß setzt sich in jeder Periode zusammen aus,

(4.5.3.25) $a(\alpha,s) = \overline{a}(\alpha) + b(\alpha)\cdot\varphi(s)$

wobei $\varphi(s)$ wiederum ein "mean" und "value preserving spread" darstellt und darüber hinaus gilt: $\frac{\partial b(\alpha)}{\partial \alpha} > 0$. Für $\overline{a}(\alpha)$ wird angenommen, daß gilt:

$$\frac{\partial \bar{a}(\alpha)}{\partial \alpha} \begin{matrix} > \\ = \\ < \end{matrix} 0 \qquad \text{für } \alpha \begin{matrix} < \\ = \\ > \end{matrix} \alpha^*$$

α^* ist somit diejenige Unternehmenspolitik, die den Marktwert des Unternehmens maximiert. Wie in Abschnitt 4.5.2.1 gezeigt wurde, besteht für die Eigenkapitalgeber ein Anreiz, ein $\alpha > \alpha^*$ zu wählen, wenn hierdurch das Ausfallrisiko der Kreditgeber erhöht werden kann. Daher ist es sinnvoll, Vertragsklauseln zu vereinbaren, die die Möglichkeit, Reichtumsverschiebungen vorzunehmen, vermindern. Im folgenden sollen zwei Strategien miteinander verglichen werden, die dem Kreditnehmer offenstehen, wenn eine Kreditkündigungsklausel vereinbart worden ist.

1. Die Eigenkapitalgeber führen die gesamtwertmaximale Unternehmenspolitik α^* durch, so daß die Kreditgeber in t=1 kein Recht haben, den Kredit zu kündigen.

2. Es wird eine Unternehmenspolitik $\alpha > \alpha^*$ durchgeführt,[35] so daß die Eigentümer die Kreditkündigung und den möglichen Konkurs in t=1 in Kauf nehmen.

Die Position der Eigentümer bei Durchführung der gesamtwertmaximalen Unternehmenspolitik ergibt sich aus:

$$(4.5.3.26) \qquad V(EK;\alpha^*) = \frac{1}{1+r_F} \int_{s \in S} p^m(s) \cdot \left[\bar{a}(\alpha^*) + b(\alpha^*) \cdot \varphi(s)\right] ds$$

$$+ \frac{1}{(1+r_F)^2} \int_{s \in \hat{S}^*} p^m(s) \cdot \left[\bar{a}(\alpha^*) + b(\alpha^*) \cdot \varphi(s) - F_2\right] ds - EK_0$$

---

35 Eine Investitionsstrategie $\alpha < \alpha^*$ ist für die Eigenkapitalgeber auf jeden Fall suboptimal, da dies eine Marktwertsteigerung des Fremdkapitals bedeutet, der Marktwert der Unternehmung und der Marktwert des Eigenkapitals aber sinken.

$$\text{mit} \quad \varphi(\hat{s}^*) = \frac{F_2 - \overline{a}(\alpha^*)}{b(\alpha^*)}$$

$$\text{und} \quad \hat{S}^* = \left\{ s \,\middle|\, \varphi(s) \geq \varphi(\hat{s}^*) \right\}$$

unter der Nebenbedingung

(4.5.3.27) $\quad I_0 = EK_0 + F_0$

F_0 und F_2 sind so bemessen, daß der Marktwert des Kreditrückzahlungsbetrages dem Kreditaufnahmebetrag entspricht:

(4.5.3.28) $$F_0 = \frac{1}{(1+r_F)^2} \cdot F_2 \int_{s \in \hat{S}^*} p^m(s)\, ds$$

$$+ \frac{1}{(1+r_F)^2} \int_{s \in \hat{S}_K^*} p^m(s) \cdot \left[\overline{a}(\alpha^*) + b(\alpha^*) \cdot \varphi(s)\right] ds$$

$$\text{mit} \quad \hat{S}_K^* \cup \hat{S}^* = S \quad \text{und} \quad \hat{S}_K^* \cap \hat{S}^* = \emptyset$$

Einsetzen von (4.5.3.28) in (4.5.3.26) ergibt unter Verwendung von (4.3.3.27):

(4.5.3.29) $$V(EK;\alpha^*) = \frac{1}{1+r_F} \cdot \overline{a}(\alpha^*) \cdot \left[1 + \frac{1}{1+r_F}\right] - I_0$$

Der Ausdruck in (4.5.3.29) entspricht dem Marktwert des gesamtwertmaximalen Investitionsprogramms.

Wird ein $\alpha > \alpha^*$ gewählt, so haben die Kreditgeber in t=1 das Recht, den Kreditvertrag zu kündigen. Der dann in t=1 fällige Rückzahlungsbetrag soll $F_1 = (1+r_F) \cdot F_0$ betragen. Von dem Kündigungsrecht werden die Kreditgeber immer Gebrauch machen, da der Marktwert des Fremdkapitals eine fallende Funktion von α ist. Je nach Umweltzustand in t=1 sind nun zwei unterschiedliche Situationen möglich:

- Es gilt $a_1(\alpha;s)>F_1$, so daß das Fremdkapital in t=1 vollständig zurückgezahlt werden kann. Der Zahlungsüberschuß in t=2 fällt dann in voller Höhe den Eigentümern zu.

- Es gilt $a_1(\alpha;s)<F_1$, so daß das Unternehmen in Konkurs geht und liquidiert wird, und zwar im Wege der Gesamtveräußerung.[36] Auf einem vollkommenen Markt läßt sich für das Unternehmen ein Liquidationserlös L in Höhe von[37]

$$L = \frac{1}{1+r_F} \int_{s \in S} p^m(s) \cdot \left[\bar{a}(\alpha) + b(\alpha) \cdot \varphi(s)\right] ds = \frac{1}{1+r_F} \cdot \bar{a}(\alpha) \tag{4.5.3.30}$$

erzielen, aus dem die restliche Forderung der Kreditgeber in Höhe von

$$\text{Max}\left\{0; F_1 - a(\alpha) - b(\alpha) \cdot \varphi(s)\right\}$$

beglichen wird.

Die Position der Eigentümer bei einer Investitionsstrategie $\alpha \neq \alpha^*$ ergibt sich daher aus:

$$V(EK;\alpha \neq \alpha^*) = \frac{1}{1+r_F} \int_{s \in \hat{S}} p^m(s) \cdot \left[\bar{a}(\alpha) + b(\alpha) \cdot \varphi(s) - F_1\right] ds \tag{4.5.3.31}$$

$$+ \frac{1}{1+r_F} \left[\frac{1}{1+r_F} \int_{s \in S} p^m(s) \cdot \left[\bar{a}(\alpha) + b(\alpha) \cdot \varphi(s)\right] ds \right.$$

---

36 Es wird dabei vorausgesetzt, daß der Fortführungswert der Unternehmung größer ist als der Zerschlagungswert. Andernfalls wäre es für die Eigentümer auch ohne Konkurs vorteilhaft, die Unternehmung in t = 1 zu zerschlagen.

37 Zur Vereinfachung wird angenommen, daß $L \geq F_1$ gilt.

$$- \int_{s \in \hat{S}_K} p^m(s) \cdot \left[F_1 - \overline{a}(\alpha) - b(\alpha) \cdot \varphi(s) \right] ds \Bigg] - EK_0$$

mit $\varphi(\hat{s}) = \dfrac{F_1 - \overline{a}(\alpha)}{b(\alpha)}$

und $\hat{S} = \left\{ s \,\middle|\, \varphi(s) > \varphi(\hat{s}) \right\}$

sowie $\hat{S}_K \cup \hat{S} = S \; ; \; \hat{S}_K \cap \hat{S} = \emptyset$

(4.5.3.31) läßt sich vereinfachen zu:

(4.5.3.32) $$V(EK;\alpha \neq \alpha^*) = \frac{1}{1+r_F} \cdot \overline{a}(\alpha) \cdot \left[1 + \frac{1}{1+r_F} \right] - I_0$$

Offensichtlich gilt $V(EK;\alpha \neq \alpha^*) < V(EK;\alpha^*)$. Die Kreditgeber können sich aufgrund des Kündigungsrechts vollständig vor nicht-antizipierten Ausfallrisiken schützen. Dies stellt jedoch sogleich für die Eigenkapitalgeber den Anreiz her, die gesamtwertmaximale Unternehmenspolitik durchzuführen.[38]

An diesem Ergebnis ändert sich auch nichts, wenn berücksichtigt wird, daß die Eigentümer den Konkurs leicht verhindern können, indem sie, falls erforderlich, in t=1 zusätzliches Eigen- oder Fremdkapital aufnehmen, um die Verbindlichkeiten vollständig zurückzahlen zu können. Da das in t=0 gewählte α in t=1 bekannt ist und von der Unternehmensleitung nicht mehr verändert werden kann, besitzen die neuen Kapitalgeber alle erforderlichen Informationen, um die Konditionen der Kapitalüberlasssung so festzulegen, daß der Marktwert des Rückzahlungsanspruchs dem Kapitalaufnahmebetrag entspricht. Die Position der ursprünglichen Eigentümer wird durch diese Transaktion nicht verändert.

---

38 Eine ähnliche Argumentation wird in _Hax_ (1985) entwickelt.

Schließlich gilt, daß auf einem vollkommenen Kapitalmarkt kein Grund existiert, die Kreditkündigung von dem Vorliegen eines besonderen Tatbestandes abhängig zu machen. Sofern keine Konkurskosten existieren und zurückgefordertes Kapital jederzeit durch neues Eigen- oder Fremdkapital substituiert werden kann, ist es für die Position der Eigentümer völlig unerheblich, ob und unter welchen Bedingungen der Kredit in t=1 zurückgefordert wird. Ist dagegen eine Insolvenz bzw. eine Anschlußfinanzierung mit Transaktionskosten verbunden, so ist es für die Eigentümer wichtig, daß die Kreditgeber nur dann von ihrem Kündigungsrecht Gebrauch machen dürfen, wenn zuvor eindeutig definierte Tatbestände erfüllt sind.

Das Beispiel macht deutlich, daß es bei beschränkter Haftung des Kreditnehmers für den Kreditgeber darauf ankommt, rechtzeitig solche Informationen zu erhalten, die möglichst frühzeitig eine Gefährdung der Gläubigerposition erkennen lassen. Weiterhin ist es für den Gläubiger wichtig, auf eine seine Position gefährdende Unternehmenspolitik mit Sanktionen reagieren zu können. Dies schützt nicht nur die Gläubiger, sondern stellt zugleich für den Kreditnehmer den Anreiz wieder her, die gesamtwertmaximale Unternehmenspolitik durchzuführen.

Ist die Investitionspolitik des Unternehmens selbst nicht unmittelbar beobachtbar für Kreditgeber, sondern ist diesen nur die Ausprägung einer Zufallsvariablen y bekannt, die unvollständigen Aufschluß über die Tätigkeit der Unternehmensleitung gibt, so kann das Recht zur Kreditkündigung auch in Abhängigkeit von der Ausprägung dieser Zufallsvariablen formuliert werden. Es ist dann allerdings eine Situation möglich, in der der Kreditgeber das Recht hat, den Kreditvertrag zu kündigen, obwohl keine Gläubigergefährdung vorliegt, wie auch umgekehrt denkbar ist, daß die Realisation von y zwar keinen Anlaß zur Kreditkündigung bietet, eine Gefährdung der Gläubigerposition aber dennoch vorliegt. Ist eine Kreditkündigung mit

Transaktionskosten verbunden, so wird daher bei unvollständiger Beobachtbarkeit der Investitionspolitik keine vollständige Lösung des Agency-Problems zu erwarten sein.

In diesem Zusammenhang ist auf die Diskussion um die Auslösekriterien für Insolvenzverfahren hinzuweisen.[39] Die Forderung nach einer möglichst frühzeitigen Auslösung von Insolvenzverfahren kann man damit begründen, daß zum einen Gläubigerverluste vermieden werden und zum anderen der Entstehung von Fehlanreizen vorgebeugt wird. die Drohung, die von dem Sanktionsinstrument Konkurs ausgeht, wirkt dann disziplinierend auf das Verhalten des Managements. Um eine zeitlich frühere Konkursauslösung zu erreichen, wurden eine Reihe von Vorschlägen erarbeitet: Der Tatbestand der Illiquidität soll auch dann als gegeben angesehen werden, wenn erwartete (prospektive) Zahlungsunfähigkeit vorliegt;[40] bei der Messung der Überschuldung sollen die Aktiva zu (Einzel-) Liquidationswerten angesetzt werden, sogenannte "rechnerische Überschuldung".[41]

Die Formulierung von Insolvenztatbeständen, die eine frühe Konkursauslösung ermöglichen, ist jedoch nur dann unproblematisch, wenn diese Tatbestände eindeutig beobachtbar sind und sie in einem unmittelbaren Zusammenhang mit Maßnahmen stehen, die Reichtumsverschiebungen zu Lasten von Gläubigern beinhalten. Beide Voraussetzungen sind aber in der Regel nicht erfüllt. Eine Prognose der Zahlungsfähigkeit entzieht sich der Objektivierbarkeit, rechnerische Überschuldung muß noch nicht einmal ein Ausfallrisiko für die Gläubiger bedeuten. Somit besteht die Gefahr, daß ein Insolvenzver-

39 Vgl. hierzu *Bitz/Hemmerde/Rausch* (1986), S. 313 ff; *Drukarczyk* (1981), (1987); *Franke* (1984); *Franke/Hax* (1988), S. 386 ff; *Hax* (1985); *Hax/Marschdorf* (1983); *Uhlenbruck* (1984), (1986).

40 Vgl. *Bitz/Hemmerde/Rausch* (1986), S. 388; *Kommission für Insolvenzrecht* (1985), S. 109 ff.

41 Vgl. *Kommission für Insolvenzrecht* (1985), S. 111 ff; *Schmidt,K.* (1982), D. 63; zur Kritik siehe auch: *Drukarczyk* (1986), (1987), S. 79 ff.

fahren ausgelöst wird, ohne daß die Unternehmensleitung eine die Gläubiger schädigende Unternehmenspolitik durchführt. Fehlt ein eindeutiger Zusammenhang zwischen der Vornahme von Reichtumsverschiebungen und dem Recht auf Stellung eines Konkursantrages, so wird zugleich auch die disziplinierende Wirkung, die vom Insolvenzverfahren ausgehen soll, abgeschwächt. Darüber hinaus fallen Transaktionskosten an, wenn man berücksichtigt, daß der Kapitalmarkt unvollkommen ist und eine Neuordnung der Kapitalverhältnisse nicht friktionslos durchführbar ist.

4.6 Konsequenzen aus der Principal-Agent-Theorie für die Gestaltung der Rechnungslegung

Die Principal-Agent-Theorie stellt einen geeigneter Ansatz dar, um die Rechenschaftsfunktion der Rechnungslegung theoretisch zu beleuchten. Der Agent, der im Auftrag des Principal handelt, soll über seine Tätigkeit Rechenschaft ablegen, die Rechnungslegung wird somit zu einem Kontrollinstrument des Principal.

Principal-Agent-Probleme treten in einer Reihe von vertraglichen Beziehungen zwischen Unternehmensbeteiligten auf. Im Rahmen dieses Kapitels wurden zwei Principal-Agent-Beziehungen eingehend behandelt, nämlich die zwischen Unternehmensleitung und Unternehmenseigner sowie die zwischen Kreditgeber und Kreditnehmer.

Ausgangspunkt der Agency-Problematik ist ein unterschiedlicher Informationsstand von Agent und Principal. Zum einen ist für den Principal die Tätigkeit des Agent nicht beobachtbar und darüber hinaus wird man für viele Principal-Agent-Beziehungen davon ausgehen können, daß der Agent außerdem Informationen besitzt, die zwar für eine Beurteilung seiner Tätigkeit von Relevanz sind, dem Principal aber nicht zugänglich sind. Aufgrund des Informationsnachteils sind die Interessen und Ansprüche des Principal grundsätzlich ausbeutungsoffen. Ziel der externen Rechnungslegung ist es, die Informationsunterschiede zwischen Agent und Principalzu reduzieren. Rechnungslegungsinformationen setzen hierbei an zwei unterschiedlichen Aspekten an: Zum einen können dem Principal Informationen zur Verfügung gestellt werden, die Rückschlüsse auf die Tätigkeit des Agent zulassen. Hierdurch kann die Motivation des Agent, sich für die Belange des Principal einzusetzen, verbessert werden. Daneben besteht die Möglichkeit, den Handlungsspielraum des Agent einzuschränken. In diesem Fall werden Informationen über solche Größen benötigt, die geeignete Bezugsgrößen für Handlungsbeschränkungen darstellen. In beiden Fällen dienen Rechnungslegungsinformationen dem Kapitalgeber, seine Interessen zu wahren.

Die Wahrung schutzwürdiger Interessen ist ein verbreitetes Argument, mit dem die Notwendigkeit von gesetzlich geregelten Bilanzierungsvorschriften begründet wird. Die vorangegangenen Ausführungen haben aber gezeigt, daß ein Informationsnachteil nicht automatisch mit Schutzbedürftigkeit gleichzusetzen ist. Besonders anschaulich wird dies am Beispiel der Kreditgeber-Kreditnehmer-Beziehung. Da der Kreditgeber weiß, daß seine Zahlungsansprüche ausbeutungsoffen sind, wird er bei der Kreditvergabe die zu erwartenden Reichtumsverschiebungen berücksichtigen. Dies hat zur Konsequenz, daß entweder eine Kreditbeziehung überhaupt nicht zu Stande kommt, oder aber der Kreditnehmer die vom Kreditgeber antizipierten Marktwertminderungen zu tragen hat. Somit liegt es vor allem im Interesse des Kreditnehmers, eine (transaktions-) kostengünstige Lösung des Agency-Problems zu finden. Soweit hierzu das Erstellen einer Bilanz bzw. einer Gewinn- und Verlustrechnung beitragen kann, wird der Kreditnehmer sich freiwillig zur Rechnungslegung verpflichten. Diese Argumentation läßt sich auch auf jede andere Principal-Agent-Beziehung übertragen. Da eine Reduzierung der Agency-Costs eine Pareto-Verbesserung bedeutet, haben Principal und Agent grundsätzlich ein gemeinsames Interesse daran, nach einer bestmöglichen Lösung des Agency-Problems zu suchen. Dies kann die Verpflichtung zur Rechnungslegung mit einschließen, daneben kommen auch andere Formen der Überwachung und Selbstbindung in Betracht. Geht man - wie in der Agency-Theorie - davon aus, daß alle Individuen rational und ausschließlich im eigenen Interesse handeln, so ist eine gesetzliche Verpflichtung zur Rechnungslegung nicht nur überflüssig, sondern möglicherweise sogar nachteilhaft, nämlich dann, wenn den Kosten, die mit der Erstellung eines Jahresabschlusses verbunden sind, keine mindestens gleich hohe Reduzierung der Agency Costs gegenübersteht.

Ebenfalls kein Regulierungsbedarf besteht hinsichtlich Form und Inhalt der Bilanz. Das Eigeninteresse von Principal und Agent gewährleistet, daß beide darum bemüht sind, zu einer Pareto-effizienten Lösung zu kommen. Daher kann es dem individuellen Kalkül der Beteiligten überlassen bleiben, zu vereinbaren, über welche Sachverhalte in welcher Detailliertheit zu berichten ist.[1] Da ein rational handelnder Principal weiß, daß der Agent grundsätzlich kein Interesse daran hat, wahrheitsgemäß zu informieren, wird er nur solchen Informationen glauben schenken, auf deren Korrektheit er vertrauen kann. Da es für beide, Principal und Agent, vorteilhaft ist, das begründete Mißtrauen des Principal zu überwinden, haben beide ein Interesse daran, die Informationen des Agent durch eine unabhängige und vertrauenswürdige Instanz, z.B. durch einen Wirtschaftsprüfer, überprüfen zu lassen. Bei rational handelnden Individuen ist daher eine Prüfungspflicht aus Gründen des Kapitalgeberschutzes überflüssig.

Eine häufig diskutierte Frage ist, in welchem Ausmaß Ansatz- und Bewertungswahlrechte zugelassen werden sollen. Wird die Zielsetzung der Rechnungslegung darin gesehen, die Tätigkeit der Unternehmensleitung zu überwachen, so liegt die Vermutung nahe, daß Ermessensspielräume bei der Bilanzierung so weit wie möglich zu eliminieren sind. Der Principal muß nämlich damit rechnen, daß der Agent Freiräume dazu nutzt, die Ergebnisse seiner Tätigkeit möglichst positiv darzustellen. Hierdurch, so ist zu vermuten, wird eine Beurteilung der Tätigkeit des Agent und damit eine Lösung des Agency-Problems erschwert. Daher scheint es im Interesse von Principal und Agent zu liegen, die Bilanzierung auf genau definierten und eindeutig überprüfbaren Wertansätzen zu fundieren. Die konsequente Ausrichtung des Bilanzinhalts an Objektivierungserfordernissen führt tendenziell zu einer Bilanzierungsweise, die sich auf die Abbildung vergangenen

---

1 Die *Kommission Rechnungswesen* sieht allerdings hierdurch das öffentliche Interesse gefährdet. Vgl. *Kommission Rechnungswesen* (1983), S. 11.

Geschehens konzentriert und damit der statischen Bilanzauffassung entspricht.[2] Entgegen dieser zunächst plausibel klingenden Vermutung konnte gezeigt werden, daß es vorteilhaft sein kann, der Unternehmensleitung erhebliche Ansatz- und Bewertungswahlrechte einzuräumen. Der Aussagegehalt von Bilanzinformationen kann verbessert werden, wenn man zur Jahresüberschußermittlung auf die kapitaltheoretische Gewinnermittlung, die eine Weiterführung der dynamischen Bilanzauffassung darstellt, zurückgreift. Dabei werden dem Agent erhebliche Ermessensspielräume bei der Bilanzierung eingeräumt, da die Gewinnermittlung im wesentlichen auf subjektiven Schätzungen künftiger, mit Unsicherheit behafteter Zahlungen beruht. Gleichzeitig wird dem Agent Gelegenheit gegeben, bei der Prognose seine annahmegemäß überlegenen Informationen einfließen zu lassen.[3] Eine solche Bilanz, die auf subjektiven Schätzungen des Agent basiert, gewährt nicht nur einen besseren Einblick in die künftige Ertragslage des Unternehmens sondern ermöglicht zugleich genaueren Aufschluß über die Tätigkeit des Agent. Voraussetzung ist allerdings, daß der Agent dazu motiviert werden kann, korrekt zu informieren. Auch im Hinblick auf die zweckmäßige Formulierung von Handlungsrestriktionen kann es vorteilhaft sein, dem Agent

2 So stellen *Darrough/Mattessich* die Hypothese auf, daß die Erkenntnisse der Informationsökonomie und hier insbesondere der Einfluß der Principal-Agent-Theorie eine Renaissance der statischen Bilanztheorien bewirken wird. Vgl. *Darrough/Mattessich* (1984), S. 177. Für eine Reduzierung von Bilanzierungswahlrechten im Hinblick auf die Rechenschaftslegungsfunktion des Jahresabschlusses spricht sich auch *Moxter* aus. Vgl. *Moxter* (1982), S. 222.

3 Zu einer ähnlichen Schlußfolgerung kommen auch *Demski/Patell/Wolfson* (1984), die allerdings lediglich die schwache Vorteilhaftigkeit entobjektivierter Rechnungslegung nachweisen. Diese Erkenntnis ist allerdings trivial, da dem Principal immer die Möglichkeit verbleibt, die Nachricht des Agent zu ignorieren, und Kommunikation somit den Handlungsspielraum des Principal nicht einschränkt. (siehe hierzu auch Abschnitt 4.4.2.1. S. 224).

Auch *Verrecchia* (1986) kommt zu dem Ergebnis, daß es vorteilhaft ist, dem Agent einen bilanzpolitischen Spielraum einzuräumen. Im Modell von *Verrecchia* geht es allerdings nicht um Ansatz- und Bewertungswahlrechte, sondern es werden Maßnahmen im Leistungsbereich der Unternehmung vor dem Bilanzstichtag (sogenanntes "*window dressing*") betrachtet, wobei diese Maßnahmen für den Principal nicht beobachtbar sind.

Bilanzierungswahlrechte einzuräumen. Voraussetzung ist wiederum, daß die Bedingung der Anreizkompatibilität gewahrt bleibt.

Wie gezeigt worden ist, kann eine anreizkompatible Rechnungslegung stets zu Kosten induziert werden, die geringer sind als die Wohlfahrtsverluste, die auftreten, wenn man auf die Einbeziehung der vom Agent übermittelten Informationen verzichten würde. Damit ist aber nicht bewiesen, daß eine anreizkompatible Rechnungslegung generell vorteilhaft ist. Als Alternative kommt in Betracht, die Korrektheit von Informationen zu überprüfen bzw. durch einen Dritten überprüfen zu lassen. Hierdurch entstehen zwar einerseits Kosten, andererseits können aber auch Kosten eingespart werden, da nun keine Notwendigkeit mehr besteht, den Agent zur wahrheitsgemäßen Informationsübermittlung zu motivieren. Welcher der beiden Alternativen vorzuziehen ist, hängt von einem Kosten-Nutzen-Vergleich ab.

Den Aussagen über die Existenz anreizkompatibler Anreizverträge liegt die Annahme zu Grunde, daß der Anreizvertrag beliebig gestaltet werden kann und der Agent somit für Abweichungen zwischen prognostizierten und realisierten Zahlungen verantwortlich gemacht werden kann. Aber auch dann, wenn ein wahrheitsinduzierender Anreizvertrag nicht konstruiert werden kann, müssen Bilanzierungswahlrechte keine nachteiligen Wirkungen haben. Wenn der Principal bei der Bilanzinterpretation berücksichtigt, daß der Agent stets denjenigen Wertansatz wählt, der für ihn am vorteilhaftesten ist, wird der Principal nicht getäuscht, und der Informationsgehalt der Bilanz entspricht dem bei Verwendung eines eindeutigen Wertansatzes. Weiß der Principal, nach welchem Kalkül der Agent den für ihn vorteilhaftesten Wertansatz bestimmt, so kann er jede systematische Verzerrung der Bilanzinformation durch eine entsprechende Interpretation des Bilanzinhalts korrigieren.

Die Principal-Agent-Theorie wirft auch ein neues Licht auf die Wirkungsweise bilanzpolitischer Maßnahmen. Ein Ziel der Bilanzpolitik wird darin gesehen, durch die zielgerichtete Ausnutzung von Ansatz- und Bewertungswahlrechten das Verhalten der Bilanzadressaten in einer für die Unternehmung(sleitung) günstigen Weise zu beeinflussen.[4] Eine wichtige Voraussetzung für die erfolgreiche Verhaltensbeeinflussung wird darin gesehen, daß die Bilanzadressaten nicht in der Lage sind, die eingesetzten bilanzpolitischen Maßnahmen zu entschlüsseln.[5] In der hier verwendeten Terminologie ist dies gleichbedeutend mit der Annahme, daß die Bilanzadressaten keine rationalen Erwartungen haben dürfen. Diese Annahme allein reicht allerdings noch nicht aus, um den Erfolg bilanzpolitischer Maßnahmen sicherzustellen. Die gewünschte Verhaltensbeeinflussung kann vielmehr nur dann gelingen, wenn die Bilanzadressaten darüber hinaus auch nicht erkennen, daß die Wertansätze des Jahresabschlusses das Ergebnis zielgerichteter Entscheidungen der Unternehmensleitung sind. Von der (in der Regel impliziten) Annahme naiver Bilanzadressaten ist es dann nicht mehr weit zu der Forderung nach einer Einschränkung von Bilanzierungswahlrechten.[6] Nimmt man dagegen an, daß Bilanzadressaten (zumindest mehrheitlich) nicht naiv handeln, sondern um ihren Informationsnachteil wissen, so werden sie Jahresabschlußinformationen skeptisch gegenüberstehen, wenn sie deren Informationsgehalt kaum beurteilen können. Dieses begründete Mißtrauen entkräftet damit das Argument, Bilanzadressaten seien schutzbedürftig.

Wissen Bilanzadressaten, daß die Unternehmensleitung Bilanzierungsspielräume hat und sie diese auch zielgerichtet einsetzt, so wird eine Bilanzpolitik gerade nur dann Wirkungen erzeugen können,

---

4 Vgl. z.B. *Baetge/Ballwieser* (1977), S. 200 ff.; *Leffson* (1984); *Weber* (1977), S. 77; *Wöhe* (1987), S. 55.

5 Vgl. z.B. *Baetge/Ballwieser* (1978), S. 526 ff.; *Hamel* (1984), S. 907 f.

6 Vgl. z.B. *Baetge/Ballwieser* (1977), S. 213.

wenn sie von Externen hinreichend gut entschlüsselt werden kann. Bei rational handelnden Bilanzadressaten kann das Ziel der Bilanzpolitik allerdings nicht darin bestehen, Unternehmensexterne über bestimmte Sachverhalte hinwegzutäuschen, vielmehr ist die Bilanzpolitik als ein Mittel zur anreizkompatiblen Informationsübertragung anzusehen.

Resultiert das Agency-Problem - wie in der Kreditgeber-Kreditnehmer-Beziehung - aus der beschränkten Haftung des Agent, so kommt es vor allem darauf an, die Handlungsfreiheit des Agent in geeigneter Weise zu beschränken. Der Rechnungslegung kommt hier die Aufgabe zu, die Bemessungsgrundlagen bereitzustellen, an die die Handlungsrestriktionen anknüpfen. Unter Berücksichtigung der asymmetrischen Informationsverteilung zwischen Kreditgeber und Kreditnehmer sind flexible Handlungsbeschränkungen starren Regelungen überlegen.[7] Durch die Auswahl einer bestimmten Handlungsbeschränkung aus einer Menge alternativ angebotener Restriktionen kann der Agent glaubhaft Informationen übermitteln. Voraussetzung für das Gelingen der Selbsteinordnung ist, daß mit unterschiedlichen Handlungsrestriktionen unterschiedliche Kreditkonditionen verbunden sind. Die Existenz von Bilanzierungswahlrechten kann zu einer flexiblen Handhabung von Handlungsrestriktionen beitragen, da die Strenge der Handlungsbeschränkung von der Ausprägung der Wertansätze in der Bilanz abhängen.

Aus der modelltheoretischen Analyse der Principal-Agent-Beziehung konnten eine Reihe von aufschlußreichen Erkenntnissen gewonnen werden. Der Vorteil der formalen Analyse liegt darin, daß sie auf klar umrissenen Prämissen aufbaut und die Aussagekraft der erzielten Ergebnisse somit besser beurteilt werden kann.

---

7 Aus den empirischen Untersuchungen von *Leftwich* (1981), (1983) geht hervor, daß Kreditvertragsklauseln systematisch von den allgemein akzeptierten Rechnungslegungsvorschriften abweichen.

Im folgenden soll die Bedeutung einer wichtigen Voraussetzung, die der Modellanalyse zu Grunde lag, näher beleuchtet werden. Es handelt sich um die Annahme, daß alle Beteiligten über unbegrenzte Rationalität verfügen. Für das Grundmodell der Principal-Agent-Theorie (Abschnitt 4.2.1) impliziert die Annahme rationaler Erwartungen, daß der Principal lediglich das Aktivitätsniveau des Agent nicht kennt, er aber über alle sonstigen Informationen sowie über den notwendigen Sachverstand verfügt, um definitiv vorherbestimmen zu können, wie der Agent auf die Festlegung eines Anreizvertrages reagieren wird. Wird das Grundmodell erweitert, indem auch asymmetrische Informationsverteilung hinsichtlich anderer exogener Parameter - wie z.B. die Kenntnis der Nutzenfunktion des Agent oder der Produktionsfunktion - zugelassen wird, so wird zwar einerseits das Informationsgefälle zwischen Unternehmensleitung und Kapitalgebern realitätsnäher abgebildet, andererseits aber unterstellt die Annahme rationaler Erwartungen dem Principal nahezu unbegrenzte Informationsverarbeitungsfähigkeiten. Der Principal kann nun zwar nicht mehr definitiv vorherbestimmen, mit welchem Aktivitätsniveau der Agent auf ein Entlohnungsangebot reagieren wird, dafür muß nun aber angenommen werden, daß der Principal weiß, in welcher Weise die Aktionswahl des Agent von der Ausprägung der dem Principal unbekannten Größe abhängt. Damit ist der Principal weiterhin in der Lage, den Entscheidungskalkül des Agent nachzuvollziehen, auch wenn er nicht mehr die Ausprägung aller Parameter kennt, die Einfluß auf die Entscheidung haben.

Welche Problematik die Annahme rationaler Erwartungen in sich birgt,[8] wird deutlich, wenn man bedenkt, daß das Aktivitätsniveau einer Unternehmensleitung nicht aus einer Menge homogenen Ar-

---

8 Zur Kritik an den Annahmen der Principal-Agent-Theorie siehe: Williamson (1985), S. 31f. Die Informationsannahmen, die die Theorie rationaler Erwartungen beinhaltet, werden im Hinblick auf makroökonomische Anwendungen kritisch betrachtet in: Friedman (1979); Machlup (1983); Shiller (1978); Tietzel (1982).

beitseinsatzes besteht, sondern sich in der Realität aus einer Vielzahl von Handlungen mit jeweils unterschiedlichen Auswirkungen auf die Unternehmenserträge zusammensetzt. Darüber hinaus werden zwischen Unternehmensleitung und Eigner Informationsasymmetrien in wesentlich größerem Ausmaß bestehen. So kann man davon ausgehen, daß die Kapitalgeber, soweit sie nicht an der Geschäftsleitung beteiligt sind, lediglich vage Vorstellungen haben über den Zusammenhang zwischen den Aktivitäten des Managers und der damit verbundenen Wahrscheinlichkeitsverteilung der Erträge. Weiterhin kennt der Principal in der Regel nicht den Zustand der Umweltbedingungen, die für die Bestimmung der optimalen Handlung relevant sind, vermutlich weiß er noch nicht einmal, welche Einflußgrößen überhaupt entscheidungsrelevant sind oder in der Zukunft entscheidungsrelevant werden können. Die Annahme rationaler Erwartungen läßt somit unberücksichtigt, daß die Delegation der Leitungsbefugnis an einen Agent nicht zuletzt auch damit zu erklären ist, daß der Principal eben nicht über die notwendigen Informationen und vor allem auch nicht über den erforderlichen Sachverstand verfügt, um die Unternehmung selbst zu leiten.

Principal-Agent-Beziehungen bestehen in der Regel für einen längeren Zeitraum, der mehrere Zeitpunkte, zu denen Handlungen zu ergreifen sind, mit einschließt. Die formale Analyse in Abschnitt 4.2.2.1 hat gezeigt, daß langfristige Principal-Agent-Beziehungen sinnvoll sind. Es wird aber auch offensichtlich, welch komplexes Entscheidungsproblem der Principal dann zu lösen hat: Er muß nicht nur die gegenwärtige Produktionsfunktion und den momentanen Zustand aller Einflußgrößen kennen, sondern in den Anreizvertrag müssen auch alle in der Zukunft möglichen Entwicklungen dieser Größen mit einbezogen werden. Ein Vertrag, der diese Eigenschaften erfüllt, wird als vollständig bezeichnet. Einmal zu Beginn der Principal-Agent-Beziehung formuliert, braucht ein vollständiger Vertrag in allen folgenden Perioden nur noch entsprechend den Vertragsbedingungen ausgeführt zu werden. Dabei treten keine Probleme auf, da für alle Eventualitäten eindeutig festgelegt ist, welche Ansprüche Principal und Agent jeweils haben.

Ein vollständiger Vertrag kann für komplexe Entscheidungssituationen lediglich als eine theoretische Ideallösung angesehen werden. Abgesehen davon, daß ein vollständiger Vertrag aufgrund der begrenzten menschlichen Rationalität nicht erreichbar ist, wird er noch nicht einmal ein (fiktives) Optimum darstellen, wenn man berücksichtigt, daß die Vertragsgestaltung mit Kosten verbunden ist, die mit zunehmender Komplexität ansteigen. Beide Aspekte, begrenzte Rationalität und eng damit verknüpft, die Berücksichtigung von Kosten der Vertragsgestaltung, zwingen zu Vereinfachungen. Daher wird man sich auf einen Anreizvertrag beschränken, bei dem bewußt auf Vollständigkeit verzichtet wird. Anstatt im voraus die Entlohnung des Managers für alle Eventualitäten explizit festzulegen, erfolgt die Anreizsteuerung über einen unvollständigen Vertrag, der die Entlohnung des Managers in Abhängigkeit von einigen wenigen, eindeutig beobachtbaren Größen festlegt.[9]

Der Principal nimmt dabei in Kauf, daß er möglicherweise später über Informationen verfügen wird, die eine genauere Beurteilung der Tätigkeit des Agent erlauben als diejenigen Größen, von denen der Anreizvertrag abhängt. Da einerseits nicht alle künftigen Interessenkollisionen detailliert antizipiert werden können, man aber andererseits weiß, daß Interessenkonflikte später auftreten werden, geht man so vor, daß nicht ex ante in Vertragsform vollständig festgelegt wird, welche Zahlung der Agent bei welcher Bedingungskonstellation erhält. Statt dessen behält sich der Principal vor, zu einem späteren Zeitpunkt zu entscheiden, in welcher Weise von diesen Anreizmechanismen Gebrauch gemacht wird. Hierzu zählt z.B. die Möglichkeit,

---

9 Zur Theorie unvollständiger Verträge siehe: *Hart* (1988); *Hart/Holmström* (1987); *Williamson* (1985), (1988).

Beschäftigungsverhältnisse zu kündigen oder zu verlängern sowie die Gewährung zusätzlicher, freiwilliger Zuwendungen. So können Arbeitsverträge auf Zeit geschlossen werden, ohne daß ex ante spezifiziert wird, unter welchen Bedingungen der Vertrag zu welchen Konditionen zu verlängern ist. Trotzdem wissen alle Beteiligten, daß die Entscheidung über eine Vertragsverlängerung in irgend einer Weise von der Beurteilung der Managementleistung abhängen wird. Es wird allerdings bewußt auf eine vertragliche Fixierung dieser Bedingungen verzichtet, um für einen späteren Zeitpunkt mehr Entscheidungsfreiheit zu haben.

Werden die Entlohnungsmodalitäten nicht ex ante vollständig spezifiziert, so sind für den Agent die Auswirkungen seiner Handlungen auf die Entlohnung schwerer abschätzbar. Während der Agent bei einem vollständigen Entlohnungsvertrag bei der Festlegung seines Aktivitätsniveaus davon ausgehen kann, daß ein hoher Ertrag auch automatisch zu einer hohen Entlohnung führt, fehlt diese enge Verknüpfung nun. Vielmehr ist der Agent, wenn es z.B. um die Verlängerung von Anstellungsverträgen geht, auch von der Willkür des Principal abhängig. Er hat keinen Anspruch auf Weiterbeschäftigung, auch wenn hohe Erträge darauf hindeuten, daß er das Unternehmen fachkundig geleitet hat.

Ein gewisser Schutz geht in einer solchen Situation von einem gut organisierten Managermarkt aus: Ist auch für Außenstehende ersichtlich, daß ein Manager nicht weiterbeschäftigt wird, obwohl die Ertragslage des von ihm geführten Unternehmens gut ist, so hat dieser Manager gute Chancen, eine neue Anstellung zu finden. Die Kündigung erweist sich dann als ein weitgehend unwirksames Sanktionsinstrument. Umgekehrt können auch die Principals von der Existenz eines funktionierenden Managermarktes profitieren. Liegt nämlich der Schluß nahe, daß ein Manager aufgrund mangelnder Fähigkeiten oder wegen schlechter Leistungen entlassen wurde, so verschlechtern sich seine beruflichen Chancen. Hierin lieg die disziplinierende Wirkung, die vom Managermarkt auf das Verhalten des Agent ausgeht.[10]

Für die Funktionsweise des Managermarktes sind zwei Voraussetzungen wesentlich. Für die Leitungstätigkeit in dem Unternehmen sind nur in geringem Ausmaße unternehmensspezifische Kenntnisse erforderlich, die anderweitig nicht oder nur in geringem Umfang verwendbar sind. Ist diese Bedingung nicht erfüllt, so ist ein Wechsel sowohl für den Manager selbst wie auch für die Eigentümer mit Kosten verbunden. Principal und Agent agieren dann nicht unter Wettbewerbsverhältnissen, sondern befinden sich in der Situation des bilateralen Monopols.[11]

Die zweite Voraussetzung bezieht sich unmittelbar auf ein Informationsproblem. Der Wettbewerb um Manager ist nur dann funktionsfähig, wenn Informationen, die eine Beurteilung des Managers ermöglichen, allgemein verfügbar sind. Nur dann ist auch gewährleistet, daß der Agent vor Willkürmaßnahmen des Principal geschützt ist, und der Principal kann umgekehrt auf die disziplinierende Wirkung des Managermarktes vertrauen. Daher werden beide, Agent und Principal, bei Vertragsabschluß ein Interesse daran haben, die Veröffentlichung von Informationen zu vereinbaren, die auch Unternehmensexternen eine Beurteilung der Tätigkeit des Agent ermöglicht.[12]

Marktprozesse können auch noch durch einen anderen Mechanismus zu einer Disziplinierung der Manager beitragen. Spiegelt sich die Leistungsfähigkeit des Managements in den Marktpreisen der von den Unternehmen emittierten Finanzierungstitel wider, so sind Unternehmen, deren Management ineffizient arbeitet, potentielle

---

10 Vgl. *Fama* (1980).

11 Vgl. hierzu *Williamson* (1985), S. 61ff.

12 Siehe hierzu auch *Ross* (1979).

Kandidaten für Unternehmensaufkäufe, denn dem Übernehmer eröffnet sich die Chance, durch eine bessere Nutzung der Erfolgspotentiale der Unternehmung erhebliche Gewinne zu erzielen. In diesem Fall wird die Aktie als ein Finanzierungstitel angesehen, die neben den Anwartschaften auf Zahlungen auch Rechte zur Kontrolle des Unternehmens verbrieft. Entsprechend wird der Markt, auf dem diese Finanzierungstitel gehandelt werden, als *Market for Corporate Control* bezeichnet.[13] Da das gegenwärtige Management befürchten muß, bei einer "feindlichen" Unternehmensübernahme abgelöst zu werden, gehen von dem Market for Corporate Control Anreizwirkungen auf das Verhalten des Managements aus. Entscheidend für die Funktionsfähigkeit des Market for Corporate Control ist wiederum, daß Informationen, die eine vollständige Beurteilung der Ertragslage der Unternehmung ermöglichen, sowohl Kapitalanlegern als auch potentiellen Unternehmensaufkäufern zur Verfügung stehen. Hierdurch wird gewährleistet, daß sich in den Marktpreisen für Anteilstitel die Leistungsfähigkeit des Managements widerspiegelt und damit für Investoren Anreize geschaffen werden, die Kontrolle über die Unternehmung zu erwerben.

Die Veröffentlichung von Rechnungslegungsinformationen kann daher als ein Instrument angesehen werden, mit dem eine Kontrolle der Unternehmensleitung durch Marktmechanismen ermöglicht wird. Dies dürfte insbesondere für Unternehmen relevant sein, deren Anteilstitel an Finanzmärkten gehandelt werden und die einen breit gestreuten Aktionärskreis aufweisen. Für diese Unternehmen ist zu vermuten, daß die Kontrolle der Unternehmensleitung durch die Eigentümer weniger effektiv ist als bei Unternehmen, die einem kleinen Kreis von Eigentümern gehören. Dies kann damit begründet werden, daß es sich für Kleinaktionäre aufgrund ihres geringen Kapitaleinsatzes nicht lohnt, Ressourcen zur Kontrolle der Unterneh-

---

13 Siehe hierzu: Jensen/Ruback (1983); Manne (1965).

mensleitung aufzuwenden und eine mittelbare Kontrolle durch eine Instanz, wie z.B. den Aufsichtsrat, weniger effektiv ist, als eine unmittelbare Kontrolle durch die Kapitalgeber selbst. Um so bedeutsamer ist daher für Unternehmen mit breit gestreutem Aktionärskreis die Kontrollfunktion, die von Unternehmensexternen wahrgenommen wird. Daher ist es im Interesse der Anteilseigner von Publikumsaktiengesellschaften, daß Rechnungslegungsinformationen publiziert werden.

Begrenzte Rationalität von Wirtschaftssubjekten und die daraus resultierenden Kosten, die mit der Gestaltung von Verträgen verbunden sind, zwingen zu weiteren Vereinfachungen. Eine zweckmäßige Vereinfachung der Vertragsgestaltung kann erreicht werden, wenn die Vertragspartner auf ein detailliertes System von Regelungen zurückgreifen können, die angeben, in welcher Weise wirtschaftliche Vorgänge im Unternehmen buchhaltungstechnisch abzubilden sind. Durch die Verwendung von Normen bzw. von Standards, d.h. durch die Benutzung einer einheitlichen Sprachregelung mit genau definierten Begriffen und detailliert ausgearbeiteten Ermittlungsmethoden, bleibt es den Vertragspartnern erspart, für jede Vertragsbeziehung alle verwendeten Begriffe neu zu definieren. Angesichts der Vielzahl unterschiedlicher Möglichkeiten, wirtschaftliche Sachverhalte rechentechnisch abzubilden, stellt die vollständige und exakte Definition von Methoden, nach denen die einzelnen Positionen des Jahresabschlusses zu ermitteln sind, ein überaus komplexes Problem dar. Somit ist zu vermuten, daß eine möglichst einheitliche Normierung von Rechnungslegungsmethoden große Kostenvorteile erbringt.[14] Zudem haben die Ausführungen in Abschnitt 4.3.2.4 gezeigt, daß es aus der Sicht der Agency-Theorie sinnvoll ist, die Erfolge verschiedener Unternehmen miteinander zu vergleichen. Ein solcher Vergleich wird erleichtert, wenn alle Unternehmen nach einheitlichen Vorschriften Jahresabschlüsse erstellen. Dem steht als Nachteil gegenüber,

14 Vgl. hierzu <u>Benston</u> (1983), S. 23.

daß die Rechnungslegung an Flexibilität verliert, da sie nicht mehr auf die individuellen Gegebenheiten eines Unternehmens angepaßt werden kann. Ein möglicher Ausweg kann darin bestehen, unterschiedliche Standards zu definieren, die sich hinsichtlich der Anforderungen an die Detailliertheit von Rechnungslegungsinformationen sowie hinsichtlich der Zulässigkeit von Wahlrechten unterscheiden. Die Möglichkeit, zwischen unterschiedlichen Standards auswählen zu können, erlaubt zudem der Unternehmensleitung, zumindest in beschränktem Ausmaße Informationen über die erwartete Unternehmensentwicklung mitzuteilen.[15]

Ein besonderes Charakteristikum von Standards ist, daß ihr gesellschaftlicher Wert gerade erst daraus erwächst, daß sie von vielen benutzt werden und somit viele Wirtschaftssubjekte mit ihnen vertraut sind. Da Standards bzw. Normen ein öffentliches Gut darstellen, ist nicht zu erwarten, daß marktwirtschaftliche Mechanismen zu einem befriedigenden Ausgleich von Angebot und Nachfrage nach Rechnungslegungsnormen führen. Statt dessen ist es sinnvoll, wenn Rechnungslegungsnormen von einer zentralen Instanz bereitgestellt werden. Diese Instanz kann der Gesetzgeber sein, in Frage kommen aber auch andere Institutionen, z.B. berufsständische Organisationen.[16]

---

15 Vgl. hierzu auch Hax (1988), S. 198-200; Ronen (1979), S. 426.

16 Zur Festlegung von Rechnungslegungsnormen siehe die Beiträge in: Bromwich/Hopwood (1983), sowie Horngren (1977); Kaplan (1980), Moonitz (1974).

5. Zusammenfassung und Schlußfolgerungen

Die externe Rechnungslegung kann als ein Instrument zur Informationsproduktion aufgefaßt werden. Informationen können dazu beitragen, das Zustandekommen von Marktbeziehungen zwischen dem Unternehmen und ihren Kapitalgebern zu erleichtern. Dabei sind zum einen Informationen relevant, die Auskunft geben über die künftige Ertragslage des Unternehmens, daneben können Informationen auch dazu genutzt werden, das Verhalten der Unternehmensleitung zu kontrollieren.

1. Die Offenlegung von Informationen, die Aufschluß geben über den künftigen Erfolg eines Unternehmens, ist besonders für solche Unternehmen relevant, die Finanzierungstitel ausgegeben haben, die auf organisierten Märkten gehandelt werden. Eine eindeutige Aussage darüber, welche Auswirkungen öffentliche Informationen auf die Kapitalanlageentscheidungen und damit auf die Wohlfahrt der Marktteilnehmer haben, läßt sich allerdings nicht treffen. Während eine private Information für einen einzelnen Marktteilnehmer niemals nachteilhaft sein kann, haben öffentliche Informationen Einfluß auf die Wertpapierpreise und können damit Umverteilungseffekte bewirken. Nur unter sehr restriktiven Voraussetzungen kann im Rahmen einer reinen Tauschwirtschaft sichergestellt werden, daß kein Marktteilnehmer durch eine öffentliche Information eine Wohlfahrtseinbuße erleidet.

2. Zusätzliche Wirkungen gehen von öffentlichen Informationen aus, wenn eine asymmetrische Informationsverteilung zwischen den Wirtschaftssubjekten vorliegt. Ein ungleicher Informationsstand zwischen Investoren auf dem Sekundärmarkt bewirkt, daß Kapitalanleger, die über bessere Informationen verfügen, spekulative Positionen einnehmen. Aus wohlfahrtstheoretischer Sicht hat dies unerwünschte Konsequenzen. Zum einen ist die Risikoallokation, die auf dem Kapitalmarkt zustande kommt, ineffizient und darüber hinaus steht dem Spekulationsgewinn der besser Informierten ein gleich hoher Verlust der schlechter Informierten gegenüber. Daher steht den Ausgaben für private Informationsbeschaffung kein entsprechender gesellschaftlicher Wohlfahrtszuwachs gegenüber. Entscheidend für das Ausmaß an spekulativem Verhalten ist die Fähigkeit der Kapitalmarktinvestoren, aus dem Verhalten der Insider auf deren zusätzliche Informationen zu schließen. Im allgemeinen wird man davon ausgehen können, daß die Wertpapierpreise Insiderinformationen nur unvollständig widerspiegeln und durch private Informationsbeschaffung somit Spekulationsgewinne erzielt werden können. Der externen Rechnungslegung käme hier die Aufgabe zu, Informationsunterschiede abzubauen, um so spekulatives Verhalten zu drosseln. Damit würden die Aufwendungen für private Informationsbeschaffung gesenkt werden und zugleich die Risikoallokation des Marktes verbessert werden. Ob die externe Rechnungslegung diese Aufgabe erfüllen kann, ist jedoch zweifelhaft. Zum einen ist fraglich, ob Jahresabschlüsse die für die Bewertung von Wertpapieren relevanten Informationen enthalten und darüber hinaus ist zu vermuten, daß Jahresabschlußinformationen bereits vor der offiziellen Veröffentlichung zumindest von einigen Marktteilnehmern in Erfahrung gebracht werden können. Dann aber ist zu befürchten, daß durch die externe Rechnungslegung spekulatives Verhalten nicht reduziert, sondern sogar verstärkt wird, wenn nämlich spekulative Positionen im Hinblick auf die künftigen Jahresabschlußinformationen und deren Auswirkungen auf die Wertpapierpreise gebildet werden.

Eine asymmetrische Informationsverteilung zwischen Unternehmensleitung und Kapitalmarktinvestoren wird dann relevant, wenn neues Kapital aufgenommen werden soll. Für Kapitalgeber besteht die Gefahr, systematisch getäuscht zu werden. Hierzu kommt es, wenn vor allem solche Unternehmen, deren künftige Ertragslage vom Markt zu optimistisch eingeschätzt wird, auf die Alternative der Außenfinanzierung zurückgreifen, da für diese Unternehmen die Kapitalkosten niedriger sind als sie bei gleichem Informationsstand aller wären. Unternehmen, deren Ertragsaussichten aus der Perspektive der Unternehmensleitung günstiger sind als vom Markt erwartet, gereicht die asymmetrische Informationsverteilung dagegen zum Nachteil, da deren Finanzierungskosten, gemessen an einer Situation ohne Informationsasymmetrie, überhöht sind. Diese Unternehmen werden daher, soweit möglich, auf die Innenfinanzierung zurückgreifen. Daneben besteht für das Management dieser Unternehmen ein Anreiz, die Kapitalmarktinvestoren von den "tatsächlichen" Gewinnaussichten zu überzeugen. Gelingt dies, so kann Kapital zu günstigeren Konditionen aufgenommen werden. Von der Informationsübertragung gehen somit in diesem Fall produktive Wirkungen aus. Dies ist auch aus wohlfahrtstheoretischer Sicht erwünscht, da die Kapitalallokation der Volkswirtschaft verbessert wird.

3. Daneben wird das Management daran interessiert sein, Unternehmensexterne von den günstigen Ertragsaussichten des Unternehmens zu überzeugen, weil hierdurch auch die Leistungsfähigkeit der Unternehmensleitung dokumentiert wird. Dieser Grund gewinnt immer dann an Relevanz, wenn die Tätigkeit der Unternehmensleitung für Unternehmensexterne nicht direkt beobachtbar ist. Dies weist bereits auf den zweiten Aspekt der Informationsfunktion der Rechnungslegung hin, nämlich auf die Rechenschaftsfunktion. Rechenschaft ablegen ist notwendig und sinnvoll, weil das Verhalten des Managements für die Kapitalgeber nicht beobachtbar ist, der Erfolg des Unternehmens und damit letztlich auch die Zahlungsansprüche der Kapitalgeber aber von den Aktivitäten der Unternehmensleitung abhängen.

Die Rolle von Rechnungslegungsinformationen als Instrument der Rechenschaftslegung umfaßt zwei Aspekte:

Zum einen geht es um die Gestaltung von Anreizsystemen für die Unternehmensleitung. Informationen, die Aufschluß über die Tätigkeit der Unternehmensleitung geben, ermöglichen es, besser zu unterscheiden, in welchem Ausmaß die Aktivitäten der Unternehmensleitung oder der Einfluß exogener Größen auf die Entstehung des Unternehmenserfolges eingewirkt haben. Je genauer diese Differenzierung gelingt, desto eher muß das Management damit rechnen, daß geringes Engagement sanktioniert bzw. ein hohes Aktivitätsniveau belohnt wird. Dies hat zum einen Auswirkungen auf die Motivation des Managements, sich für die Belange der Kapitalgeber einzusetzen, darüber hinaus werden aber auch Risiken reduziert. Je stärker sich das tatsächlich geleistete Aktivitätsniveau auf die Entlohnung des Managements auswirkt, desto geringer ist der Einfluß zufälliger, von der Unternehmensleitung nicht beeinflußbarer Größen auf die Entlohnung.

Kapitalgeber können sich vor der Aushöhlung ihrer Zahlungsansprüche auch dadurch sichern, indem sie die Handlungsfreiheit der Unternehmensleitung einschränken. Diese Form des Kapitalgeberschutzes ist vor allem in Kreditverträgen üblich. Kreditvertragsklauseln werden nur solche Vereinbarungen enthalten, deren Einhaltung auch von den Kapitalgebern überprüft werden können. Somit hängt es vom Informationsstand der Kapitalgeber ab, inwieweit Interessenkonflikte durch Vertragsklauseln reduziert werden können. Darüber hinaus kommt es bei der Formulierung von Handlungsrestriktionen darauf an, einerseits solche Maßnahmen zu verhindern, die für Kapitalgeber schädlich sind, andererseits aber nicht die Durchführung marktwertsteigernder Projekte zu behindern. Dies gelingt um so eher, je stärker die Informationsasymmetrie zwischen Unternehmensleitung und Kapitalgebern reduziert werden kann.

Von Rechnungslegungsinformationen zum Zwecke der Rechenschaftslegung gehen produktive Wirkungen aus. Interessenkonflikte zwischen Unternehmensleitung und Kapitalgebern bzw. zwischen verschiedenen Gruppen von Kapitalgebern bedeuten, daß von einer Politik, die den Gesamtwert der Unternehmung maximiert, abgewichen wird. Der damit verbundene Marktwertverlust kann als Kosten des

Interessenkonflikts aufgefaßt werden. Da die an der Vertragsbeziehung Beteiligten diese Kosten zu tragen haben, sind sie auch daran interessiert, Interessenkonflikte zu reduzieren. Soweit die Rechnungslegung zu dieser Reduzierung beitragen kann, bestehen Anreize, freiwillig Jahresabschlußinformationen bereitzustellen. Auch Umfang und Inhalt von Jahresabschlußinformationen werden die Beteiligten aus eigenem Interesse so wählen, daß eine möglichst weitgehende Verminderung von Wohlfahrtsverlusten, die aus Interessenkonflikten resultieren, erreicht wird.

4. Neben dem Bedarf an Informationen und den Anreizen zur Informationsproduktion interessiert auch, worüber informiert werden soll. Im Hinblick auf Kapitalanlageentscheidungen ist die Antwort hierauf offensichtlich: Da der Wert eines Finanzierungstitels davon abhängt, welche künftigen Zahlungen damit verbunden sind, erstreckt sich das Informationsinteresse von Kapitalanlegern auf die künftige Ertragslage der Unternehmung.

Zur Erfüllung der Rechenschaftsfunktion erscheint dagegen zunächst eine vergangenheitsbezogene Rechnungslegung sinnvoll zu sein. Für die Gestaltung von Anreizsystemen kommt es auf Informationen über das von der Unternehmensleitung tatsächlich Geleistete an. Dies kann aber erst dann endgültig beurteilt werden, wenn alle aus der Leitungstätigkeit des Managements resultierenden Zahlungen vorliegen, so daß der Totalerfolg der von der Unternehmensleitung durchgeführten Maßnahmen ermittelt werden kann. Für eine wirksame Kontrolle der Unternehmensleitung kommt es jedoch darauf an, bereits zu einem früheren Zeitpunkt Informationen über die Tätigkeit der Unternehmensleitung zu erhalten. Diese Informationen können allerdings nur dann den von der Unternehmensleitung zu vertretenen Unternehmenserfolg vollständig erfassen, wenn sie zugleich eine Prognose über die noch ausstehenden Zahlungen enthalten.

Jahresabschlußinformationen, die auf einer Prognose künftiger Zahlungen beruhen, sind nur sehr bedingt intersubjektiv überprüfbar. Dies hat für die Bilanzierung zur Konsequenz, daß sich keine eindeutigen und objektivierbaren Ansatz- und Bewertungsvorschriften formulieren lassen. Statt dessen muß der Unternehmensleitung ein weiter Spielraum an Wahlrechten eingeräumt werden. Dies ist allerdings problematisch. Die Unternehmensleitung hat von sich aus keinen Anreiz, Wahlrechte in der Weise zu nutzen, daß Gewinnerwartungen korrekt wiedergegeben werden, da Jahresabschlußinformationen zugleich die Grundlage für die Beurteilung der Managementfähigkeiten sind. Damit scheinen die beiden Anforderungen, die an den Jahresabschluß gestellt werden, nämlich möglichst aussagefähige und zugleich glaubwürdige Informationen zu enthalten, unvereinbar zu sein. Im vierten Kapitel dieser Arbeit konnte jedoch gezeigt werden, daß die Unternehmensleitung dazu motiviert werden kann, Wahlrechte in der Weise zu nutzen, daß Gewinnerwartungen wahrheitsgemäß wiedergegeben werden. Weiterhin konnte nachgewiesen werden, daß eine derartige anreizkompatible Rechnungslegung Wohlfahrtsverluste, die aus Interessenkonflikten resultieren, stärker reduzieren kann, als eine Rechnungslegung, die ausschließlich objektivierbare Daten enthält.

Die Einräumung von Bilanzierungswahlrechten ist nicht nur vorteilhaft im Hinblick auf die Gestaltung von Anreizsystemen, sondern kann auch zur flexiblen Handhabung von Vertragsklauseln, die an Bilanzpositionen anknüpfen, beitragen. Die Unternehmensleitung kann am besten beurteilen, ob Handlungsrestriktionen die Durchführung von Investitionen, die den Marktwert des Unternehmens erhöhen, behindern. Daher kann es sinnvoll sein, der Unternehmensleitung Spielraum bei der Einhaltung von Vertragsklauseln einzuräumen. Es muß dann allerdings sichergestellt werden, daß die Unternehmensleitung den zusätzlichen Handlungsspielraum nicht zum Nachteil der Kapitalgeber nutzt. Die Existenz und Vorteilhaftigkeit flexibler und zugleich anreizkompatibler Handlungsrestriktionen wurde ebenfalls im vierten Kapitel nachgewiesen. Die Einräumung von Bilanzierungswahlrechten ist eine Möglichkeit, eine flexible Handhabung von Restriktionen zu erreichen. Allerdings ist dies nicht die einzige Möglichkeit. Direkter und möglicherweise einfacher ist es, Spielräume bei der Formulierung der Konsequenzen, die an die Bilanzpositionen anknüpfen, zuzulassen.

5. Die gewonnenen Erkenntnisse erlauben Aussagen über die Zweckmäßigkeit von Rechnungslegungsvorschriften. Im Rahmen der Rechenschaftsfunktion der Rechnungslegung konnte gezeigt werden, daß privater und gesellschaftlicher Informationswert identisch sind. Das Eigeninteresse der Beteiligten stellt sicher, daß Inhalt und Umfang von Rechnungslegungsinformationen stets so gewählt werden, daß unter Berücksichtigung der Kosten und der Vorteile der Informationsproduktion ein gesellschaftliches Optimum erzielt wird. Im Hinblick auf die Auswirkungen von Rechnungslegungsinformationen auf Kapitalanlageentscheidungen kann eine ähnlich eindeutige Aussage nicht getroffen werden. Der gesellschaftliche Wert öffentlicher Informationen, die private Informationsnachfrage und die Anreize zur Informationsproduktion hängen von einer Vielzahl von Bedingungen ab, die keine klare Schlußfolgerung zulassen. Keine Bestätigung finden konnten jedoch die Thesen, daß generell mit einer Unter- oder Überproduktion an Informationen zu rechnen ist. Es kann zwar nicht nachgewiesen werden, daß eine marktwirtschaftliche Lösung stets zu einer optimalen Informationsversorgung führt, andererseits gibt es aber auch keine klaren Hinweise auf das Vorliegen von Marktversagen.

Bilanzierungswahlrechte können nur dann zur Täuschung der Bilanzadressaten führen, wenn diese naiv sind. Rationale Bilanzadressaten dagegen erkennen, daß Jahresabschlußinformationen durch bilanzpolitische Maßnahmen der Unternehmensleitung "verzerrt" werden. Sie können daher entsprechende Gegenmaßnahmen ergreifen. Hierzu zählt, daß sie Jahresabschlußangaben entsprechend vorsichtig interpretieren. Darüber hinaus kommt auch in Betracht, daß Wahlrechte durch private Vereinbarungen eingeschränkt werden, wenn diese die Lösung von Interessenkonflikten erschweren. Lediglich dann, wenn diese privaten Zusatzvereinbarungen mit höheren Kosten verbunden sind als ensprechende gesetzliche Vorschriften, wäre eine Regulierung vorteilhaft. Hierfür existieren allerdings keine eindeutigen Belege. Schließlich ist auch denkbar, daß die Zulässigkeit von Bilanzierungswahlrechten den Aussagegehalt der Rechnungslegung erhöht. Dies erfordert allerdings ein hohes Maß an Rationalität auf Seiten der Bilanzadressaten. Im Ergebnis ist festzuhalten, daß es für die Forderung nach einer Einschränkung von Bilanzierungswahlrechten keine überzeugende Begründung gibt.

Werden Kosten, die mit der Auswertung von Jahresabschlüssen verbunden sind, berücksichtigt, so kann eine Standardisierung des Jahresabschlußinhalts vorteilhaft sein. Allerdings ist nicht erforderlich, einen einheitlichen Standard für alle Unternehmen verbindlich vorzuschreiben, vielmehr ist denkbar, daß Standards unterschiedlicher Strenge formuliert werden, zwischen denen jede Unternehmung wählen kann. Solange ein Unternehmen angibt, nach welchem Standard es bilanziert, ist nicht zu befürchten, daß Kapitalmarktinvestoren durch diese Wahlmöglichkeit getäuscht werden können.

Die Ergebnisse dieser Arbeit erlauben es nicht, eine eindeutige Empfehlung zur Reduzierung von Rechnungslegungsvorschriften zu geben. Andererseits dürften die Ausführungen dieser Arbeit deutlich gemacht haben, daß Forderungen nach einer weiteren Ausdehnung von Rechnungslegungsvorschriften einer ökonomisch fundierten Grundlage entbehren.

Anhang 3.1 : Portefeuilleoptimierung bei Nutzenfunktionen der HARA-Klasse

Zeitadditive und zustandsunabhängige Nutzenfunktionen $U_{is}(c_{io},c_{is}) = U_{i1}(c_{io})+U_{i2}(c_{is})$ gehören zur HARA-Klasse, wenn die Risikotoleranz eine lineare Funktion von c_{is} ist:

$$\text{(A.3.1.1)}\quad -\left(\frac{\dfrac{\partial U_{i2}(c_{is})}{\partial c_{is}}}{\dfrac{\partial^2 U_{i2}(c_{is})}{\partial c_{is}^2}}\right) = \gamma_i + \beta_i \cdot c_{is}$$

Die drei Typen von Nutzenfunktionen, die die Bedingung (A.3.1.1) erfüllen, sind:

(i) die Nutzenfunktion in der Form einer allgemeinen Potenzfunktion:

$$\frac{1}{\beta_i - 1} \cdot \left(\gamma_i + \beta_i \cdot c_{is}\right)^{\frac{\beta_i - 1}{\beta_i}}$$

(ii) für β=1 die logarithmische Nutzenfunktion:

$$\log\left(\gamma_i + c_{is}\right)$$

(iii) für β=0 die exponentielle Nutzenfunktion:

$$-\gamma_i \exp\left\{-\frac{c_{is}}{\gamma_i}\right\}$$

Die folgenden Ausführungen beziehen sich lediglich auf die allgemeine Potenzfunktion.[1]

Gemäß (3.2.1.7) gilt bei vollständiger Pareto-Effizienz:

---

1 Siehe zu den anderen Fällen *Ohlson* (1987), S. 26 ff.

$$\text{(A.3.1.2)} \quad \frac{\pi_{is} \cdot \dfrac{\partial U_{i2}(c_{is})}{\partial c_{is}}}{\dfrac{\partial U_{i1}(c_{io})}{\partial c_{io}}} = P_s$$

Dies läßt sich umformen zu:

$$\text{(A.3.1.3)} \quad \frac{\partial U_{i2}(c_{is})}{\partial c_{is}} = u_{i1} \cdot \frac{P_s}{\pi_{is}}$$

$$\text{mit} \quad u_{i1} = \frac{\partial U_{i1}(c_{io})}{\partial c_{io}}$$

Wird der gegenwärtige Konsum als gegeben betrachtet, so lautet die Budgetrestriktion:

$$\text{(A.3.1.4)} \quad \overline{w}_{io} - c_{io} \equiv \overline{I}_i = \sum_{s \in S} c_{is} \cdot P_s$$

Differentiation von (i) nach c_{is} liefert:

$$\text{(A.3.1.5)} \quad \left(\gamma_i + \beta_i \cdot c_{is}\right)^{-\frac{1}{\beta_i}} = u_{i1} \cdot \frac{P_s}{\pi_{is}} \qquad \text{für alle} \quad s \in S$$

Auflösen nach c_{is} ergibt:

$$\text{(A.3.1.6)} \quad c_{is} = -\frac{\gamma_i}{\beta_i} + \frac{1}{\beta_i} \cdot \left(u_{i1} \cdot \frac{P_s}{\pi_{is}}\right)^{-\beta_i}$$

Werden in (A.3.1.6) beide Seiten mit P_s multipliziert und über alle Zustände aufsummiert, so erhält man:

$$\text{(A.3.1.7)} \quad \sum_{s \in S} c_{is} \cdot P_s = \overline{I}_i = -\frac{\gamma_i}{\beta_i} \cdot \frac{1}{r_F} + \frac{1}{\beta_i} \cdot u_{i1}^{-\beta_i} \cdot \sum_{s \in S} P_s \cdot \left(\frac{P_s}{\pi_{is}}\right)^{-\beta_i}$$

$$\text{mit} \quad r_F = \frac{1}{\sum_s P_s} \quad \text{als Zinssatz für sichere Anlagen.}$$

Auflösen nach $\frac{1}{\beta_i} u_{i1}^{-\beta_i}$ und einsetzen in (A.3.1.6) ergibt schließlich:

$$\text{(A.3.1.8)} \quad c_{is} = -\frac{\gamma_i}{\beta_i} + \frac{\frac{\gamma_i}{\beta_i \cdot r_F} + \bar{I}_i}{\sum_{s \in S} P_s \cdot \left(\frac{P_s}{\pi_{is}}\right)^{-\beta_i}} \cdot \left(\frac{P_s}{\pi_{is}}\right)^{-\beta_i}$$

Es wird nun definiert:

$$k_1(\gamma_i, I_i) = -\frac{\gamma_i}{\beta_i}$$

$$k_2(\gamma_i, I_i) = \frac{\frac{\gamma_i}{\beta_i \cdot r_F} + \bar{I}_i}{\sum_{s \in S} P_s \cdot \left(\frac{P_s}{\pi_{is}}\right)^{-\beta_i}}$$

Einsetzen in (A.3.1.8) ergibt (3.2.1.9).

Anhang 3.2 : Zur Herleitung von "Consensus Beliefs"

Alle Marktteilnehmer haben eine zeitadditive, zustandsunabhängige logarithmische Nutzenfunktion mit identischem Zeitfaktor τ:

$$U = \tau \cdot \ln(c_{i0}) + \sum_{s \in S} \pi_i(s) \cdot \ln(c_{is}) \tag{A.3.2.1}$$

Wird $\tau \equiv \pi(0)$ gesetzt, so kann (A.3.2.1) umformuliert werden zu:

$$U = \sum_{s \in S^0} \pi_i(s) \cdot \ln(c_{is}) \tag{A.3.2.2}$$

mit $S^0 = 0,1,\ldots,S$.

Die Budgetrestriktion lautet unter der (nicht notwendigen) Annahme eines vollständigen Marktes:

$$\bar{w}_{i0} = \sum_{s \in S^0} c_{is} \cdot P_s \tag{A.3.2.3}$$

Differentiation von (A.3.2.2) führt unter Berücksichtigung von (A.3.2.3) zu der Marktgleichgewichtsbedingung:

$$\pi_i(s) \cdot c_{i0} = P_s \cdot \pi(0) \cdot c_{is} \tag{A.3.2.4}$$

Auflösen nach c_{is} liefert:

$$c_{is} = \frac{\pi_i(s)}{\pi(0)} \cdot \frac{c_{i0}}{P_s} \tag{A.3.2.5}$$

Multiplikation von (A.3.2.5) mit P_s und Aufsummierung über alle $s \in S^0$ liefert:

$$\sum_{s \in S^0} c_{is} \cdot P_s = \bar{w}_{i0} = \frac{1 + \pi(0)}{\pi(0)} \cdot c_{i0} \tag{A.3.2.6}$$

Auflösen von (A.3.2.6) nach c_{io} und Einsetzen in (A.3.2.4) ergibt:

$$\text{(A.3.2.7)} \quad \frac{\pi_i(s)}{1+\pi(0)} \cdot \bar{w}_{io} = P_s \cdot c_{is}$$

Aufsummierung über alle $i \epsilon I$ ergibt:

$$\text{(A.3.2.8)} \quad \frac{1}{1+\pi(0)} \cdot \sum_{i \epsilon I} \pi_i(s) \cdot \bar{w}_{io} = P_s \cdot \sum_{i \epsilon I} c_{is}$$

Haben alle Marktteilnehmer homogene Erwartungen $\pi^c(s)$, so lautet (A.3.2.8):

$$\text{(A.3.2.9)} \quad \frac{1}{1+\pi(0)} \cdot \pi^c(s) \cdot \sum_{i \epsilon I} \bar{w}_{io} = P_s \cdot \sum_{i \epsilon I} c_{is}$$

Offensichtlich führen (A.3.2.8) und (A.3.2.9) dann zum gleichen Preissystem, wenn gilt:

$$\pi^c(s) = \sum_{i \epsilon I} \frac{\bar{w}_{io}}{\sum_{i \epsilon I} \bar{w}_{io}} \cdot \pi_i(s)$$

Anhang 3.3: Zur Ermittlung des Sicherheitsäquivalents einer normalverteilten Zufallsvariablen bei exponentiellen Nutzenfunktionen

In expliziter Schreibweise lautet (3.4.1.7):

$$(\text{A.3.3.1}) \quad \int_w \frac{1}{\sqrt{2\pi}\cdot\sigma_w} \cdot \left\{ -\exp\left\{ -\gamma_i \cdot w_i - \frac{(w_i - \mu_w)^2}{2\sigma_w^2} \right\} \right\} dw$$

$$\text{mit} \quad \mu_w = E\left[\tilde{w}_i / \tilde{y} = y_i\right] \quad \text{und} \quad \sigma_w^2 = \text{Var}\left[\tilde{w}_i / \tilde{y} = y_i\right]$$

Wird in (A.3.3.1) die Substitution

$$z = \frac{w_i - \mu_w}{\sigma_w}$$

vorgenommen, so erhält man:

$$(\text{A.3.3.2}) \quad \int_z \frac{1}{\sqrt{2\pi}} \cdot \left\{ -\exp\left\{ -\gamma_i\left(\sigma_w \cdot z + \mu_w\right) - \frac{z^2}{2} \right\} \right\} dz$$

Aufgrund der Eigenschaften der charakteristischen Funktion einer normalverteilten Zufallsvariablen ergibt die Integration von (A.3.3.2)[1]:

$$(\text{A.3.3.3}) \quad -\exp\left\{ -\gamma_i\left(\mu_w - \frac{1}{2}\gamma_i \sigma_w^2\right) \right\}$$

$$\text{da} \quad \int_z \exp - \frac{z^2}{2}\, dz = \sqrt{2\pi}$$

1 Vgl. Gnedenko (1980), S. 232 f.; Rutsch/Schriever (1976), S. 342.

Alternativ kann (3.4.1.8) auch über eine Taylor-Reihenentwicklung hergeleitet werden.[2] Diese Herleitung gilt sogar auch dann näherungsweise, wenn die Erträge weder normalverteilt sind, noch die Nutzenfunktion des Agent exponentiell ist.[3]

---

2 Vgl. *Rudolph* (1979), S. 19 f.

3 Siehe hierzu *Pulley* (1981).

Anhang 3.4: Zur Ermittlung des Nutzenerwartungswertes bei einer normalverteilten Zufallsvariablen und exponentieller Nutzenfunktion

Zunächst wird (3.4.1.17) in zwei Faktoren getrennt:

$$(A.3.4.1)\qquad -\exp\left(\gamma_i\left[K(e_i^P) - \bar{w}_{io}\right]\right)\cdot E\left[\exp\left(-\frac{1}{2}\cdot\frac{\left(E\left[\tilde{a}/\tilde{y}=y_i\right]-P\right)^2}{Var\left[\tilde{a}/\tilde{y}=y_i\right]}\right)\right]$$

Da der erste Faktor eine Konstante ist, wird er für die weiteren Ableitungen vernachlässigt.

Einsetzen für $E\left[\tilde{a}/\tilde{y}=y_i\right]$ und $Var\left[\tilde{a}/\tilde{y}=y_i\right]$ liefert:

$$(A.3.4.2)\qquad E\left[\exp-\left(\frac{\sigma_a^2}{2e^2\left(e^2+\sigma_a^2\right)}\cdot\left(\tilde{y}-\mu_a\right)^2+\frac{e^2+\sigma_a^2}{2\sigma_a^2e^2}\cdot\left(\mu_a-P\right)^2 + \frac{1}{e^2}\left(\tilde{y}-\mu_a\right)\cdot\left(\mu_a-P\right)\right)\right]$$

Da $\tilde{y}$ eine normalverteilte Zufallsvariable ist mit $E[\tilde{y}]=\mu_a$ und $Var[\tilde{y}]=\sigma_a^2+e^2$, lautet (A.3.4.2) in expliziter Schreibweise:

$$(A.3.4.3)\qquad \int_y \frac{1}{\sqrt{2\pi\left(e^2+\sigma_a^2\right)}}\cdot\exp-\left[\frac{1}{2\left(e^2+\sigma_a^2\right)}\cdot\left(\tilde{y}-\mu_a\right)^2+\frac{\sigma_a^2}{2e^2\left(e^2+\sigma_a^2\right)}\cdot\left(\tilde{y}-\mu_a\right)^2 + \frac{e^2+\sigma_a^2}{2\sigma_a^2e^2}\cdot\left(\mu_a-P\right)^2 + \frac{1}{e^2}\left(\tilde{y}-\mu_a\right)\cdot\left(\mu_a-P\right)\right]$$

Zusammenfassen von (A.3.4.3) liefert:

$$\text{(A.3.4.4)} \quad \int_y \frac{1}{\sqrt{2\pi\left(e^2+\sigma_a^2\right)}} \cdot \exp - \left(-\frac{1}{2} \left[\frac{\left(\tilde{y}-\mu_a\right)^2}{e^2} - \frac{2\left(y-\mu_a\right)\cdot\left(P-\mu_a\right)}{e^2} + \frac{\left(e^2+\sigma_a^2\right)\cdot\left(P-\mu_a\right)^2}{\sigma_a^2\, e^2} \right] \right)$$

Nach Substitution von $z = \frac{y-\mu_a}{e}$ erhält man:

$$\text{(A.3.4.5)} \quad \int_z \frac{e}{\sqrt{2\pi\left(e^2+\sigma_a^2\right)}} \cdot \exp\left(-\frac{z^2}{2} + \frac{z\left(P-\mu_a\right)}{e} - \frac{\left(e^2+\sigma_a^2\right)\cdot\left(P-\mu_a\right)^2}{2\,\sigma_a^2\, e^2} \right)$$

Integration von (A.3.4.5) ergibt:

$$\text{(A.3.4.6)} \quad \frac{e}{\sqrt{\left(e^2+\sigma_a^2\right)}} \cdot \exp\left(\frac{1}{2} \cdot \frac{\left(P-\mu_a\right)^2}{e^2} - \frac{\left(e^2+\sigma_a^2\right)\cdot\left(P-\mu_a\right)^2}{2\,\sigma_a^2\, e^2} \right)$$

Zusammenfassen von (A.3.4.6) und Hinzunahme des ersten Faktors in (A.3.4.1) liefert schließlich (3.4.1.19).

Anhang 3.5: Zur Ermittlung des Nutzenerwartungswertes bei bivariat-normalverteilten Zufallsvariablen und exponentieller Nutzenfunktion

Da $(\tilde{P},\tilde{y})$ bivariat-normalverteilt sind, kann für (3.4.1.28) geschrieben werden:

$$\text{(A.3.5.1)} \quad \int\limits_P \int\limits_y \frac{1}{2\pi \sqrt{\sigma_p^2 \cdot \sigma_y^2 - [\sigma_{py}]^2}} \cdot \exp\Bigg[-\frac{1}{2} \cdot \frac{\sigma_p^2 \cdot \sigma_y^2}{\sigma_p^2 \cdot \sigma_y^2 - [\sigma_{py}]^2}$$

$$\left\{ \frac{(\tilde{y}-\mu_a)^2}{\sigma_y^2} - 2 \cdot \frac{\sigma_{py}}{\sigma_p^2 \cdot \sigma_y^2} \cdot (\tilde{y}-\mu_a) \cdot (\tilde{P}-\mu_a) + \frac{(\tilde{P}-\mu_a)^2}{\sigma_p^2} \right\}$$

$$+ \gamma_i \left(K(e_i^P) - \bar{z}_i^f - \bar{z}_i^r \cdot \tilde{P} \right) - \frac{1}{2} \cdot \frac{\left(E[\tilde{a}/\tilde{y}=y_i, \tilde{P}=P] - \tilde{P} \right)^2}{Var[\tilde{a}/\tilde{y}=y_i, \tilde{P}=P]} \Bigg] \, dy \, dP$$

mit $\sigma_p^2 \equiv Var[\tilde{P}]$; $\sigma_y^2 \equiv Var[\tilde{y}]$; $\sigma_{py} \equiv Cov[\tilde{P},\tilde{y}]$

Einsetzen in (A.3.5.1) für σ_p^2, σ_y^2, und σ_{py} aus der Varianz-Kovarianzmatrix (3.4.1.29) und für $E[\tilde{a}/\tilde{y}=y_i,\tilde{P}=P]$ sowie für $Var[\tilde{a}/\tilde{y}=y_i,\tilde{P}=P]$ aus (3.4.1.32) bzw. (3.4.1.33) liefert nach einer Reihe von elementaren, aber mühevollen Umformungen:

$$\text{(A.3.5.2)} \quad \int\limits_P \int\limits_y \frac{1}{2\pi} \cdot \left(\frac{\sigma_a^P \cdot e_i P}{(\sigma_a^P + e_i P) \cdot K_3^{*2} \cdot \sigma_z^2 + K_2^{*2}} \right)^{\frac{1}{2}} \cdot \exp\Bigg[-\frac{1}{2} \cdot e_i P (\tilde{y}-\mu_a)^2$$

$$+ e_i P (\tilde{y}-\mu_a) \cdot (\tilde{P}-\mu_a) - \frac{1}{2} \left(\sigma_a^P + e_i P + \frac{K_1^{*2}}{K_3^{*2} \cdot \sigma_z^2} \right) \cdot (P-\mu_a)^2 - \gamma_i \cdot \bar{z}_i^r \cdot \tilde{P} \Bigg] \, dy \, dP$$

$$\cdot \exp\left[\gamma_i\left(K(e_i^P) - \bar{z}_i^f\right)\right]$$

Wird in (A.3.5.2)

$$h_1 \equiv \sqrt{e_i P} \cdot \left(\tilde{y} - \mu_a\right)$$

substituiert, so ergibt die Integration über y:

$$\text{(A.3.5.3)} \quad \int_P \frac{1}{\sqrt{2\pi}} \cdot \left(\frac{\sigma_a^P}{\left(\sigma_a^P + e_i P\right) \cdot K_3^{*2} \cdot \sigma_z^2 + K_2^{*2}}\right)^{\frac{1}{2}} \cdot \exp\left[\gamma_i\left(K(e_i^P) - \bar{z}_i^f\right)\right]$$

$$\cdot \exp\left[-\frac{1}{2}\left(\sigma_a^P + \frac{K_1^{*2}}{K_3^{*2} \cdot \sigma_z^2}\right) \cdot \left(\tilde{P} - \mu_a\right)^2 - \gamma_i \cdot \bar{z}_i^r \cdot \tilde{P}\right] dP$$

Substitution von

$$h_2 \equiv \left(\sigma_a^P + \frac{K_1^{*2}}{K_3^{*2} \cdot \sigma_z^2}\right)^{\frac{1}{2}} \cdot \left(\tilde{P} - \mu_a\right)$$

bzw.

$$\tilde{P} = h_2 \cdot \left(\sigma_a^P + \frac{K_1^{*2}}{K_3^{*2} \cdot \sigma_z^2}\right)^{-\frac{1}{2}} + \mu_a$$

und Integration über P liefert:

$$\text{(A.3.5.4)} \quad - \left(\frac{\sigma_a^P}{\left(K_1^{*2} + \sigma_a^P \cdot K_3^{*2} \cdot \sigma_z^2\right) \cdot \left(e_i P + \sigma_a^P + \left[K_2^{*2} / K_3^{*2} \cdot \sigma_z^2\right]\right)}\right)^{\frac{1}{2}}$$

$$\cdot \exp\left[\gamma_i\left(K(e_i^P) - \bar{z}_i^f - \bar{z}_i^r \cdot \mu_a\right) + \frac{1}{2}\left(\gamma_i \cdot \bar{z}_i^r\right)^2 \cdot \left(\sigma_a^P + \frac{K_1^{*2}}{K_3^{*2} \cdot \sigma_z^2}\right)^{-1}\right]$$

Anhang 4.1: Zur Variationsrechnung

Das Optimierungsproblem besteht darin, eine Funktion ζ zu finden, die das Integralfunktional

$$\text{(A.4.1.1)} \quad J = \int_a h\left[\zeta(a), \frac{d\,\zeta(a)}{d\,a}, a\right] d\,a$$

maximiert. Hierzu werden Variationen der Form $\zeta+\delta$ betrachtet, wobei δ an den Grenzen des Integrationsbereichs den Wert Null annimmt. Die notwendige Bedingung für ein Optimum besagt, daß das *Frèchet*-Differential $d_F J(\zeta;\delta)$ für alle so definierten δ Null wird:[1]

$$\text{(A.4.1.2)} \quad d_F J(\zeta;\delta) = \frac{d}{d\,\alpha} \int_a h\left[\zeta + \alpha \cdot \delta, \frac{d\zeta(a)}{d\,a} + \alpha \cdot \frac{d\,\delta}{d\,a}, a\right]\Bigg|_{\alpha=0} = 0$$

Ausrechnen von (A.4.1.2) ergibt:

$$\text{(A.4.1.3)} \quad d_F J(\zeta;\delta) = \int_a \frac{\partial\, h(\zeta,\dot{\zeta},a)}{\partial \zeta} \cdot \delta(a)\, d\,a + \int_a \frac{\partial\, h(\zeta,\dot{\zeta},a)}{\partial \dot{\zeta}} \cdot \frac{d\,\delta(a)}{d\,a}\, d\,a = 0$$

$$\text{mit } \dot{\zeta} = \frac{d\,\zeta(a)}{d\,a}$$

Partielle Integration von (A.4.1.3) liefert:

$$\text{(A.4.1.4)} \quad d_F J(\zeta,\delta) = \delta(a) \cdot \frac{\partial\, h(\zeta,\dot{\zeta},a)}{\partial \dot{\zeta}}\Bigg|_a + \int_a \left[\frac{\partial\, h(\zeta,\dot{\zeta},a)}{\partial \zeta} - \frac{d}{d\,a} \cdot \frac{\partial\, h(\zeta,\dot{\zeta},a)}{\partial \dot{\zeta}}\right] \cdot \delta(a)\, d\,a$$

Da δ an den Grenzen des Integrationsbereichs von a den Wert Null annimmt, ist der erste Summand in (A.4.1.4) gleich Null. Daher gilt für (A.4.1.4):

$$\text{(A.4.1.5)} \quad d_F J(\zeta,\delta) = \int_a \left[\frac{\partial\, h(\zeta,\dot{\zeta},a)}{\partial \zeta} - \frac{d}{d\,a}\left\{\frac{\partial\, h(\zeta,\dot{\zeta},a)}{\partial \dot{\zeta}}\right\}\right] \cdot \delta(a)\, d\,a$$

---

1 Vgl. Luenberger (1969), S. 179 f.

Da $\delta(a)$ eine kontinuierliche Funktion von a ist, muß der Ausdruck in eckigen Klammern über dem gesamten Bereich von a den Wert Null annehmen.[2] Daraus folgt:

(A.4.1.6) $$\frac{\partial h(\zeta,\dot{\zeta},a)}{\partial \zeta} - \frac{d}{d\,a}\left\{\frac{\partial h(\zeta,\dot{\zeta},a)}{\partial \dot{\zeta}}\right\} = 0$$

Tritt, wie im Agency-Programm (4.2.1.3-5) der Ausdruck $d\zeta(a)/da$ nicht auf, so vereinfacht sich (A.4.1.6) zu:

(A.4.1.7) $$\frac{\partial h(\zeta,a)}{\partial \zeta} = 0$$

Substitution von $h(\cdot)$ durch die Lagrange-Funktion

$$L(\zeta,a,e) = \int_a V\big(a-\zeta(a)\big)\cdot f(a/e)\,da - \lambda_0\left[\int_a U_1\big(\zeta(a)\big)\cdot f(a/e)\,da - U_2(e) - \bar{U}\right]$$

$$- \lambda_1\left[\int_a U_1\big(\zeta(a)\big)\cdot \frac{\partial f(a/e)}{\partial e}\,da - \frac{\partial U_2(e)}{\partial e}\right]$$

und Bilden der *Frèchet*-Ableitung ergibt analog zu (A.4.1.7) Beziehung (4.2.1.10).

2 Vgl. Luenberger (1969), S. 180, Lemma 1.

Anhang 4.2: Die Bestimmung der optimalen Entlohnungsfunktion bei Informationsasymmetrie nach Aktionswahl

Notwendige Bedingung für das Vorliegen einer optimalen Lösung $\zeta^*(a,y)$, e^* ist, daß die Lagrange-Funktion

$$\text{(A.4.2.1)} \quad \int_y \int_a V\big(a - \zeta(a,y)\big) \cdot f(a,y/e)\, da\, dy$$

$$+ \lambda_0 \Big[\int_y \int_a U_1\big(\zeta(a,y)\big) \cdot f(a,y/e)\, da\, dy - U_2(e) - \bar{U} \Big]$$

$$+ \lambda_1 \Big[\int_y \int_a U_1\big(\zeta(a,y)\big) \cdot \frac{\partial f(a,y/e)}{\partial e}\, da\, dy - \frac{\partial U_2(e)}{\partial e} \Big]$$

$$+ \int_y \lambda_2(y) \Big[\int_a \frac{\partial U_1\big(\zeta(a,y)\big)}{\partial \zeta(a,y)} \cdot \frac{\partial \zeta(a,y)}{\partial y} \cdot f(a/y,e)\, da \Big] \cdot f(y)\, dy$$

an der Stelle ζ^*, e^* einen stationären Punkt aufweist. Dieser kann ermittelt werden, indem die *Frèchet*-Ableitung nach $\zeta(\cdot)$ gebildet wird. Mit $\delta(a,y)$ wird das Inkrement bezeichnet, das an der Grenze des Integrationsbereichs von y den Wert Null annimmt. Die *Frè - chet*-Ableitung lautet:

$$\text{(A.4.2.2)} \quad \int_y \int_a -\frac{\partial V\big(a - \zeta(a,y)\big)}{\partial \zeta(a,y)} \cdot \delta(a,y) \cdot f(a,y/e)\, da\, dy$$

$$+ \lambda_0 \int_y \int_a \frac{\partial U_1\big(\zeta(a,y)\big)}{\partial \zeta(a,y)} \cdot \delta(a,y) \cdot f(a,y/e)\, da\, dy$$

$$+ \lambda_1 \int_y \int_a \frac{\partial U_1(\zeta(a,y))}{\partial \zeta(a,y)} \cdot \delta(a,y) \cdot \frac{\partial f(a,y/e)}{\partial e} \, da \, dy$$

$$+ \int_y \lambda_2(y) \int_a \frac{\partial^2 U_1(\zeta(a,y))}{\partial \zeta(a,y)^2} \cdot \frac{\partial \zeta(a,y)}{\partial y} \cdot \delta(a,y) \cdot f(a,y/e) \, da \, dy$$

$$+ \int_y \lambda_2(y) \int_a \frac{\partial U_1(\zeta(a,y))}{\partial \zeta(a,y)} \cdot \frac{\partial \delta(a,y)}{\partial y} \cdot f(a,y/e) \, da \, dy$$

Partielle Integration des letzten Summanden in (A.4.2.2) ergibt:

$$\text{(A.4.2.3)} \quad \int_a \left[\delta(a,y) \cdot \lambda_2(y) \cdot \frac{\partial U_1(\zeta(a,y))}{\partial \zeta(a,y)} \cdot f(a,y/e) \right] \Bigg|_y \, da$$

$$- \int_a \int_y \delta(a,y) \cdot \frac{d}{dy} \left[\lambda_2(y) \cdot \frac{\partial U_1(\zeta(a,y))}{\partial \zeta(a,y)} \cdot f(a,y/e) \right] dy \, da$$

Aus der Definition von $\delta(a,y)$ folgt, daß der erste Summand in (A.4.2.3) gleich Null ist. Ausrechnen der Ableitung $\left(d[\cdot]/dy\right)$ liefert:

$$\text{(A.4.2.4)} \quad - \int_y \int_a \left[\frac{d\lambda_2(y)}{dy} \cdot \frac{\partial U_1(\zeta(a,y))}{\partial \zeta(a,y)} \cdot f(a,y/e) \right.$$

$$+ \lambda_2(y) \cdot \frac{\partial^2 U_1(\zeta(a,y))}{\partial \zeta(a,y)^2} \cdot \frac{\partial \zeta(a,y)}{\partial y} \cdot f(a,y/e)$$

$$\left. + \lambda_2(y) \cdot \frac{\partial U_1(\zeta(a,y))}{\partial \zeta(a,y)} \cdot \frac{\partial f(a,y/e)}{\partial y} \right] da \, dy$$

Einsetzen von (A.4.2.4) in (A.4.2.2) liefert:

$$\text{(A.4.2.5)} \quad \int_y \int_a \left[- \frac{\partial V\big(a - \zeta(a,y)\big)}{\partial \zeta(a,y)} + \left\{ \lambda_0 - \frac{d\lambda_2(y)}{d\,a} + \lambda_1 \cdot \frac{\frac{\partial f(a,y/e)}{\partial e}}{f(a,y/e)} - \lambda_2(y) \cdot \frac{\frac{\partial f(a,y/e)}{\partial y}}{f(a,y/e)} \right\} \cdot \frac{\partial U_1\big(\zeta(a,y)\big)}{\partial \zeta(a,y)} \right] \cdot \delta(a,y) \cdot f(a,y/e)\, da\, dy$$

Da $\delta(a,y)$ eine kontinuierliche Funktion ist, muß der Ausdruck in den eckigen Klammern über dem gesamten Bereich von y den Wert Null annehmen. Daher gilt:

$$\text{(A.4.2.6)} \quad - \frac{\partial V\big(a - \zeta(a,y)\big)}{\partial \zeta(a,y)} + \left[\lambda_0 - \frac{d\lambda_2(y)}{dy} + \lambda_1 \cdot \frac{\frac{\partial f(a,y/e)}{\partial e}}{f(a,y/e)} - \lambda_2(y) \cdot \frac{\frac{\partial f(a,y/e)}{\partial y}}{f(a,y/e)} \right] \cdot \frac{\partial U_1\big(\zeta(a,y)\big)}{\partial \zeta(a,y)} = 0$$

Aus (A.4.2.6) folgt unmittelbar (4.4.2.6).

Anhang 4.3: Der Wert von Kommunikation bei Informationsasymmetrie nach Aktionswahl

I. Damit Kommunikation vorteilhaft ist, müssen vier Bedingungen erfüllt sein:[1]

1. Der Principal kann durch Kommunikation sein Nutzenniveau erhöhen:

$$\text{(A.4.3.1)} \quad \int_y \int_a V\big(a - \zeta(a) - \delta\zeta(a,y)\big) \cdot f(a,y/e)\, da\, dy > \int_y \int_a V\big(a - \zeta(a)\big) \cdot f(a,y/e)\, da\, dy$$

2. Der Agent verbessert durch Kommunikation sein Nutzenniveau:[2]

$$\text{(A.4.3.2)} \quad \int_y \int_a \big[U_1(\zeta(a) + \delta\zeta(a,y) - U_2(e) \big] \cdot f(a,y/e)\, da\, dy$$

$$> \int_y \int_a \big[U_1\big(\zeta(a)\big) - U_2(e) \big] \cdot f(a,y/e)\, da\, dy$$

3. Der Agent hat einen Anreiz, korrekt zu informieren, wobei die Variation $\delta\zeta(a,y)$ die Form annimmt:

$$\delta\zeta(a,\hat{y}) = \begin{cases} n_1(a) & \text{wenn } \hat{y} \in Y^1 \\ n_2(a) & \text{wenn } \hat{y} \in Y^2 \equiv \{ y \in [\underline{y},\bar{y}] \,/\, y \notin Y^1 \} \end{cases}$$

---

1 Vgl hierzu auch <u>*Dye*</u> (1983), S. 525 ff.

2 Ausreichend für den Beweis der Vorteilhaftigkeit wäre, wenn einer der beiden, Principal *oder* Agent sein Nutzenniveau durch Kommunikation verbessert, während das Nutzenniveau des jeweils anderen unverändert bleibt. Die strengere Bedingung, daß beide ihr Nutzenniveau erhöhen, erleichtert lediglich die Beweisführung.

Y^1 und Y^2 sind somit zwei disjunkte Teilmengen. Da y für (a,y) suffizient ist bezüglich e, gilt: $f(a/y,e)=f(a/y)$. Die optimale Informationsstrategie des Agent ist somit unabhängig vom Aktivitätsniveau. Damit können die Teilmengen Y^1 und Y^2 durch folgende Beziehungen eindeutig definiert werden:

$$\text{(A.4.3.3 a)} \quad \int_a U_1\left(\zeta(a) + n_1(a)\right) \cdot f(a/y)\, da \geq \int_a U_1\left(\zeta(a) + n_2(a)\right) \cdot f(a/y)\, da$$

für alle $y \in Y^1$

$$\text{(A.4.3.3 b)} \quad \int_a U_1\left(\zeta(a) + n_2(a)\right) \cdot f(a/y)\, da \geq \int_a U_1\left(\zeta(a) + n_1(a)\right) \cdot f(a/y)\, da$$

für alle $y \in Y^2$

4. Eine Änderung in der Entlohnungsfunktion des Agent ist wirkt sich auf dessen Arbeitseinsatz aus. Daher muß auch die Anreizkompatibilität hinsichtlich des Aktivitätsniveaus gegeben sein:

$$\text{(A.4.3.4)} \quad \frac{\partial}{\partial e} \left\{ \int_y \int_a \left[U_1\left(\zeta(a) + \delta\zeta(a,\hat{y})\right) - U_2(e) \right] \cdot f(a,y/e)\, da\, dy \right\} = 0$$

In der Formulierung von (A.4.3.4) wurde bereits berücksichtigt, daß die Informationsstrategie unabhängig von e ist.

II. Werden hinreichend kleine Variationen $\delta\zeta(a,y)$ betrachtet, so können die Bedingungen (A.4.3.1-4) neu formuliert werden. Hierzu wird zunächst die Nutzenfunktion des Agent in einer Umgebung von $\left[\zeta(a)+n_j(a)\right]$ durch eine Taylor-Reihenentwicklung angenähert:

$$U_1\big(\zeta(a) + h \cdot n_j(a)\big) = U_1\big(\zeta(a)\big) + h \cdot n_j(a) \cdot U_1'\big(\zeta(a)\big) + R_1^A(h,a) \qquad j = 1,\,2$$

$$\text{mit} \quad U_1'\big(\zeta(a)\big) = \frac{\partial\, U_1\big(\zeta(a)\big)}{\partial\, \zeta(a)} \qquad \text{und} \quad 0 < h < 1$$

Das Restglied $\dfrac{R_1^A(h,a)}{h}$ strebt nach Null für $h \to 0$.

Wird die aus der Taylor-Reihenentwicklung gewonnene Formulierung für $U_1(\cdot)$ in (A.4.3.2-4) eingesetzt, so erhält man:

$$\text{(A.4.3.2')} \quad \int\limits_{y \in Y^1} \int\limits_{a} U_1'\big(\zeta(a)\big) \cdot n_1(a) \cdot f(a/y) \cdot f(y/e)\, da\, dy$$

$$+ \int\limits_{y \in Y^2} \int\limits_{a} U_1'\big(\zeta(a)\big) \cdot n_2(a) \cdot f(a/y) \cdot f(y/e)\, da\, dy > 0$$

$$\text{(A.4.3.3 a')} \quad \int\limits_{a} U_1'\big(\zeta(a)\big) \cdot n_1(a) \cdot f(a/y)\, da \geq \int\limits_{a} U_1'\big(\zeta(a)\big) \cdot n_2(a) \cdot f(a/y)\, da$$

für alle $y \in Y^1$

$$\text{(A.4.3.3 b')} \quad \int\limits_{a} U_1'\big(\zeta(a)\big) \cdot n_2(a) \cdot f(a/y)\, da \geq \int\limits_{a} U_1'\big(\zeta(a)\big) \cdot n_1(a) \cdot f(a/y)\, da$$

für alle $y \in Y^2$

$$(A.4.3.4') \quad \int\limits_{y \in Y^1} \int\limits_{a} U_1'\big(\zeta(a)\big) \cdot n_1(a) \cdot f(a/y) \, \frac{\partial f(y/e)}{\partial e} \, da\, dy$$

$$+ \int\limits_{y \in Y^2} \int\limits_{a} U_1'\big(\zeta(a)\big) \cdot n_2(a) \cdot f(a/y) \, \frac{\partial f(y/e)}{\partial e} \, da\, dy = 0$$

Eine Taylor-Reihenentwicklung der Nutzenfunktion des Principal an der Stelle $\left[\zeta(a)-n_j(a)\right]$ ergibt:

$$V\big(a-\zeta(a)-h\cdot n_j(a)\big) = V\big(a-\zeta(a)\big) - h\cdot n_j(a)\cdot V'\big(a-\zeta(a)\big) + R_1^P(h,a) \qquad j=1,2$$

$$\text{mit} \quad V'\big(a-\zeta(a)\big) = \frac{\partial V\big(a-\zeta(a)\big)}{\partial \zeta(a)} \quad \text{und} \quad 0 < h < 1$$

Das Restglied strebt wiederum gegen Null für $h \to 0$. Einsetzen der Taylor-Reihenentwicklung in (A.4.3.1) ergibt:

$$(A.4.3.1') \quad \int\limits_{y \in Y^1} \int\limits_{a} V'\big(a-\zeta(a)\big) \cdot n_1(a) \cdot f(a/y) \cdot f(y/e) \, da\, dy$$

$$+ \int\limits_{y \in Y^2} \int\limits_{a} V'\big(a-\zeta(a)\big) \cdot n_2(a) \cdot f(a/y) \cdot f(y/e) \, da\, dy < 0$$

III. Es werden nun Variationen $n_1(a)$ bzw. $n_2(a)$ betrachtet, die die Form

$$n_1(a) = \frac{c\cdot a + d}{U_1'\big(\zeta(a)\big)} \qquad\qquad n_2(a) = \frac{k\cdot a + m}{U_1'\big(\zeta(a)\big)}$$

annehmen, wobei gilt: $c > k$;

Die Vorteilhaftigkeit von Kommunikation ist bewiesen, wenn gezeigt werden kann, daß es Konstanten c, d, k und m gibt, so daß die Bedingungen (A.4.3.1'-4') erfüllt sind. In den folgenden Ableitungen wird für $n_1(a)$ und $n_2(a)$ in (A.4.3.1'-4') eingesetzt, zunächst in (A.4.3.3a'):

$$\int_a \left(c \cdot a + d\right) \cdot f(a/y)\, da \geq \int_a \left(k \cdot a + m\right) \cdot f(a/y)\, da \qquad \text{für alle} \quad y \in Y^1$$

Dies kann weiter umgeformt werden zu:

$$\text{(A.4.3.3'')} \qquad E[a/y] \geq z \equiv \frac{m - d}{c - k} \qquad \text{für alle} \quad y \in Y^1$$

Annahmegemäß ist $E[a/y]$ eine steigende Funktion von y, so daß ein $y(z)$ existiert, für das gilt:

$$E[a/y(z)] = z \quad \text{und} \quad E[a/y] > z \quad \text{für alle} \quad y > y(z)$$

Einsetzen für $n_1(a)$ und $n_2(a)$ in (A.4.3.2') ergibt:

$$\int_{y \geq y(z)} \int_a \left(c \cdot a + d\right) \cdot f(a/y) \cdot f(y/e)\, da\, dy$$

$$+ \int_{y \leq y(z)} \int_a \left(k \cdot a + m\right) \cdot f(a/y) \cdot f(y/e)\, da\, dy > 0$$

$$\int_{y \geq y(z)} \left[c \cdot E[a/y] + d\right] \cdot f(y/e)\, dy + \int_{y \leq y(z)} \left[k \cdot E[a/y] + m\right] \cdot f(y/e)\, dy > 0$$

$$c \cdot E[a/e] + d + \int_{y \le y(z)} \Big[(k-c) \cdot E[a/y] + m - d\Big] \cdot f(y/e)\, dy > 0$$

(A.4.3.2'')
$$\frac{c}{c-k} E[a/e] + \frac{d}{c-k} + \int_{y \le y(z)} \big(z - E[a/y] \cdot f(y/e)\, dy = b > 0$$

Entsprechend kann (A.4.3.4') umgeformt werden zu:

$$\int_{y \ge y(z)} \int_a \big(c \cdot a + d\big) \cdot f(a/y) \cdot \frac{\partial f(y/e)}{\partial e}\, da\, dy$$

$$+ \int_{y \le y(z)} \int_a \big(k \cdot a + m\big) \cdot f(a/y) \cdot \frac{\partial f(y/e)}{\partial e}\, da\, dy = 0$$

$$\int_{y \ge y(z)} \big(c \cdot E[a/y] + d\big) \frac{\partial f(y/e)}{\partial e}\, dy + \int_{y \le y(z)} \big(k \cdot E[a/y] + m\big) \frac{\partial f(y/e)}{\partial e}\, dy = 0$$

$$\frac{c}{k-c} \frac{\partial E[a/y]}{\partial e} + \int_{y \le y(z)} \big(z - E[a/y]\big) \frac{\partial f(y/e)}{\partial e}\, dy = 0$$

(A.4.3.4'')
$$\frac{c}{c-k} = - \frac{1}{\frac{\partial E[a/y]}{\partial e}} \int_{y \le y(z)} \big(z - E[a/y]\big) \frac{\partial f(y/e)}{\partial e}\, dy$$

Schließlich wird (A.4.3.1') umgeformt zu:

$$\int\limits_{y \geq y(z)} \int\limits_{a} \frac{V'\left(a - \zeta(a)\right)}{U_1'\left(\zeta(a)\right)} \left(c \cdot a + d\right) \cdot f(a/y) \cdot f(y/e)\, da\, dy$$

$$+ \int\limits_{y \leq y(z)} \int\limits_{a} \frac{V'\left(a - \zeta(a)\right)}{U_1'\left(\zeta(a)\right)} \left(k \cdot a + m\right) \cdot f(a/y) \cdot f(y/e)\, da\, dy < 0$$

Zur Vereinfachung der Schreibweise werden folgende Ausdrücke definiert:

$$E\left[V_a/y\right] = \int\limits_{a} \frac{V'\left(a - \zeta(a)\right)}{U_1'\left(\zeta(a)\right)} \cdot a \cdot f(a/y)\, da \; ; \quad E[V/y] = \int\limits_{a} \frac{V'\left(a - \zeta(a)\right)}{U_1'\left(\zeta(a)\right)} \cdot f(a/y)\, da$$

$$E\left[V_a/e\right] = \int\limits_{y} E\left[V_a/y\right] \cdot f(y/e)\, dy \quad ; \quad E[V/e] = \int\limits_{y} E[V/y] \cdot f(y/e)\, dy$$

Einsetzen in die obige Beziehung ergibt:

$$\text{(A.4.3.1'')} \quad \boxed{\frac{c}{c-k} E\left[V_a/e\right] + \frac{d}{c-k} E[V/e] + \int\limits_{y \leq y(z)} \left(z \cdot E[V/y] - E\left[V_a/y\right] \cdot f(y/e)\, dy < 0\right.}$$

IV. Um die Vorteilhaftigkeit von Kommunikation zu beweisen, müssen Werte für $\left(c/(c-k)\right)$, $\left(d/(c-k)\right)$ und z gefunden werden, die die Beziehungen (A.4.3.1'',-3'',-4'') erfüllen. Durch geeignete Substitutionen kann dieses System von drei Gleichungen bzw. Ungleichungen auf eine Ungleichung zurückgeführt werden, die nur von z abhängt. Hierzu wird zunächst (A.4.3.2") in (A.4.3.1") eingesetzt, um $\left(d/(c-k)\right)$ zu eliminieren:

$$\text{(A.4.3.5)} \qquad -\,b \cdot E[V/e] > \frac{c}{c-k} \cdot \left[E\left[V_a/e\right] - E[a/e] \cdot E[V/e]\right]$$

$$+ \int\limits_{y \le y(z)} \left[z\left[E[V/y] - E[V/e]\right] + E[V/e] \cdot E[a/y] - E\left[V_a/y\right]\right] \cdot f(y/e)\,dy$$

Wird (A.4.3.4") in (A.4.3.5") eingesetzt, so kann $\left(c/(c-k)\right)$ eliminiert werden:

$$\text{(A.4.3.6)} \qquad -\,b \cdot E[V/e] > \int\limits_{y \le y(z)} \left[\frac{E\left[V_a/e\right] - E[a/e] \cdot E[V/e]}{\frac{\partial E[a/y]}{\partial e}} \left(E[a/y] - z\right) \cdot \frac{\frac{\partial f(y/e)}{\partial e}}{f(y/e)} \right.$$

$$\left. + \, z \cdot \left[E[V/y] - E[V/e]\right] + E[V/e] \cdot E[a/y] - E\left[V_a/y\right] \right] f(y/e)\,dy$$

Es wird nun gezeigt, daß es Werte für z gibt, so daß die rechte Seite von (A.4.3.6) negativ wird. Differentiation von (A.4.3.6) nach z ergibt unter Anwendung der Leibniz-Regel:

$$\text{(A.4.3.7)} \qquad \int\limits_{y \le y(z)} \left[\frac{E\left[V_a/e\right] - E[a/e] \cdot E[V/e]}{\frac{\partial E[a/y]}{\partial e}} \cdot \frac{\frac{\partial f(y/e)}{\partial e}}{f(y/e)} + E[V/y] - E[V/e] \right] f(y/e)\,dy$$

$$+\left[z \cdot E[V/y(z)] - E\left[V_a/y(z)\right]\right] \cdot f\left(y(z)/e\right) \cdot \frac{d\,y(z)}{d\,z}$$

da definitionsgemäß gilt: $E[a/y(z)] \equiv z$.

Werden hinreichend kleine Werte für z betrachtet, so konvergiert y(z) nach $\underline{y}$, so daß das Integral in (A.4.3.6) und (A.4.3.7) den Wert Null annimmt. Bedingung (A.4.3.6) ist dann für hinreichend kleine z erfüllt, wenn (A.4.3.7) negativ ist. Hierfür ist bei hinreichend kleinem z nur der zweite Summand ausschlaggebend. Da $f\left(y(z)/e\right)$ und dy(z)/dz positiv sind, ist (A.4.3.7) dann negativ, wenn gilt:

$$z \cdot E[V/y(z)] < E\left[V_a/y(z)\right]$$

Einsetzen für $E[V/y(z)]$ und $E\left[V_a/y(z)\right]$ liefert:

(A.4.3.8) $$z \cdot \int_a \frac{V'\left(a-\zeta(a)\right)}{U_1'\left(\zeta(a)\right)} \cdot f(a/y)\,da < \int_a \frac{V'\left(a-\zeta(a)\right)}{U_1'\left(\zeta(a)\right)} \cdot a \cdot f(a/y)\,da$$

Aus Bedingung (A.4.3.3'') folgt:

$$E[a/y] \cdot \int_a \frac{V'\left(a-\zeta(a)\right)}{U_1'\left(\zeta(a)\right)} \cdot f(a/y)\,da < \int_a \frac{V'\left(a-\zeta(a)\right)}{U_1'\left(\zeta(a)\right)} \cdot a \cdot f(a/y)\,da$$

$$E\left[\frac{V'\left(a-\zeta(a)\right)}{U_1'\left(\zeta(a)\right)} \cdot a \,\middle|\, y\right] - E[a/y].\,E\left[\frac{V'\left(a-\zeta(a)\right)}{U_1'\left(\zeta(a)\right)} \,\middle|\, y\right] > 0$$

(A.4.3.9) $$\mathrm{COV}\left[a, \frac{V'\left(a-\zeta(a)\right)}{U_1'\left(\zeta(a)\right)}\right] > 0$$

Da $\left(V'(\cdot)/U_1'(\cdot)\right)$ eine steigende Funktion von a ist, ist Bedingung (A.4.3.9) stets erfüllt. Damit ist zugleich die Vorteilhaftigkeit von Kommunikation bewiesen.

Anhang 4.4: Die Bestimmung der optimalen Entlohnungsfunktion bei Informationsasymmetrie vor Aktionswahl

Die *Frèchet*-Ableitung der Lagrange-Funktion

(A.4.4.1)
$$\int_y \int_a V\big(a - \zeta(a,y)\big) \cdot f\big(a/y;e(y)\big)\, da\, dy$$

$$+ \lambda_0 \left\{ \int_y \left[\int_a U_1\big(\zeta(a,y)\big) \cdot f\big(a/y;e(y)\big)\, da - U_2\big(e(y)\big) \right] f(y)\, dy - \bar{U} \right\}$$

$$+ \int_y \lambda_1(y) \left[\int_a U_1\big(\zeta(a,y)\big) \cdot \frac{\partial f\big(a/y;e(y)\big)}{\partial e(y)}\, da - \frac{\partial U_2\big(e(y)\big)}{\partial e(y)} \right] f(y)\, dy$$

$$+ \int_y \lambda_2(y) \left[\int_a \frac{\partial U_1\big(\zeta(a,y)\big)}{\partial \zeta(a,y)} \cdot \frac{\partial \zeta(a,y)}{\partial y} \cdot f\big(a/y;e(y)\big)\, da \right] f(y)\, dy$$

nach $\zeta(\cdot)$ ergibt:

(A.4.4.2)
$$\int_y \int_a - \frac{\partial V\big(a - \zeta(a,y)\big)}{\partial \zeta(a,y)} \cdot \delta(a,y) \cdot f\big(a/y;e(y)\big)\, da\, dy$$

$$+ \lambda_0 \int_y \int_a \frac{\partial U_1\big(\zeta(a,y)\big)}{\partial \zeta(a,y)} \cdot \delta(a,y) \cdot f\big(a/y;e(y)\big)\, da\, dy$$

$$+ \int_y \lambda_1(y) \int_a \frac{\partial U_1\big(\zeta(a,y)\big)}{\partial \zeta(a,y)} \cdot \delta(a,y) \cdot \frac{\partial f\big(a/y;e(y)\big)}{\partial e(y)} \, da \, dy$$

$$+ \int_y \lambda_2(y) \int_a \frac{\partial^2 U_1\big(\zeta(a,y)\big)}{\partial \zeta(a,y)^2} \cdot \delta(a,y) \cdot \frac{\partial \zeta(a,y)}{\partial y} \cdot f\big(a/y;e(y)\big) \, da \, dy$$

$$+ \int_y \lambda_2(y) \int_a \frac{\partial U_1\big(\zeta(a,y)\big)}{\partial \zeta(a,y)} \cdot \frac{\partial \delta(a,y)}{\partial y} \cdot f\big(a/y;e(y)\big) \, da \, dy$$

Partielle Integration des letzten Summanden in (A.4.4.2) ergibt:

$$\text{(A.4.4.3)} \qquad - \int_y \int_a \delta(a,y) \cdot \frac{d}{dy} \cdot \lambda_2(y) \cdot \frac{\partial U_1\big(\zeta(a,y)\big)}{\partial \zeta(a,y)} \cdot f\big(a/y;e(y)\big) \, da \, dy$$

Ausrechnen der Ableitung in (A.4.4.3) und einsetzen in (A.4.4.2) ergibt:

$$\text{(A.4.4.4)} \qquad \int_y \int_a \Bigg\{ - \frac{\partial V\big(a - \zeta(a,y)\big)}{\partial \zeta(a,y)} + \Bigg[\lambda_0 - \frac{d \lambda_2(y)}{dy} + \Big[\lambda_1(y) - \lambda_2(y) \cdot \frac{d e(y)}{dy} \Big]$$

$$\cdot \frac{\dfrac{\partial f\big(a/y;e(y)\big)}{\partial e(y)}}{f\big(a/y;e(y)\big)} - \lambda_2(y) \cdot \frac{\dfrac{\partial f\big(a/y;e(y)\big)}{\partial y}}{f\big(a/y;e(y)\big)} \Bigg] \cdot \frac{\partial U_1\big(\zeta(a,y)\big)}{\partial \zeta(a,y)} \Bigg\} \cdot \delta(a,y) \cdot f\big(a/y;e(y)\big) \, da \, dy$$

Das Vorliegen eines stationären Punktes verlangt, daß der Ausdruck in der geschweiften Klammer Null wird für jedes $\delta(a,y)$. Hieraus folgt unmittelbar (4.4.2.31).

Literaturverzeichnis

Abdel-Khalik, A./Rashad, A./Keller, T.F. (Hrsg.) (1978): The Impact of Accounting Research on Practice and Disclosure, Durham.

Akerlof, G.A. (1970): The Market for "Lemons": Quality Uncertainty and the Market Mechanism, in: QJE, vol. 84, S. 488-500.

Allen, B. (1981): Generic Existence of Completely Revealing Equilibria for Economies with Uncertainty when Prices Convey Information, in: Econometrica, vol. 49, S. 1173-1199.

Allen, B. (1 984): Equilibria in Which Prices Convey Information: The Finite Case, in: *M. Boyer/R. Kihlstrom* (1984), S. 63-92.

Altman, E.I./Subrahmanyam, M.G.(Hrsg.) (1985): Recent Advances in Corporate Finance, Homewood, Ill.

Amershi, A. H. (1985): A Complete Analysis of Full Pareto Efficiency in Financial Markets for Arbitrary Preferences, in: JoF, vol. 40, S. 1235-1243.

Angehrn, O./Künzi, H.P. (Hrsg.) (1968): Beiträge zur Lehre von der Unternehmung, Festschrift für Karl Käfer, Stuttgart.

Antle, R./Smith, A. (1986): An Empirical Investigation of the Relative Performance Evaluation of Corporate Executives, in: JAR, vol. 24, S. 1-39.

Arrow, K. J. (1964): The Role of Securities in the Optimal Allocation of Risk Bearing, in: RES, vol. 3, S. 257-273.

Arrow; K. J./Intriligator, M. D. (Hrsg).(1984): Handbook of Mathematical Economics, Amsterdam et al.

Atkinson, A.A. (1978): Standard Setting in an Agency, in: MS, vol. 24, S. 1351-1361.

Atkinson, A.A. (1979): Information Incentives in a Standard-Setting Model of Control, in: JAR, vol. 17, S. 1-22.

Aumann, R.J. (1976): Agreeing to disagree, Annals of Statistics, vol. 4, 1236-1239.

Baetge, J./Ballwieser, W. (1977): Zum bilanzpolitischen Spielraum der Unternehmensleitung, in: BFuP, 29. Jg., S. 199-215.

Baetge, J./Ballwieser, W. (1978): Probleme einer rationalen Bilanzpolitik, in: BFuP, 30. Jg., S. 511-530.

Baiman, S. (1984): Agency Research in Managerial Accounting, in: *R. Mattessich*, (1984), S. 251 -294.

Baiman, S./Demski, J.S. (1980): Economically Optimal Performance Evaluation and Control Systems, in: JAR, vol. 18, Suppl., S. 184-220.

Baiman, S./Evans, J..H. (1983): Pre-Decision Information and Participative Management Control Systems, in: JAR, vol. 21, S. 371-395.

Balch, M.S./McFadden, D.L./Wu, S.Y. (Hrsg.) (1974): Essays on Economic Behavior under Uncertainty, Amsterdam et al.

Ballwieser, W. (1982): Zur Begründbarkeit informationsorientierter Jahresabschlußverbesserungen, in: ZfbF, 34. Jg., S. 772-793.

Bamberg, G./Spremann, K. (Hrsg.) (1984): Risk and Capital, Berlin et al.

Bamberg, G./Spremann, K. (Hrsg.) (1989): Agency Theory, Information, and Incentives, 2. Aufl., Berlin et al.

Barnea, A./Haugen, R.A./Senbet, L.W. (1980): A Rationale for Debt Maturity Structure and Call Provisions in the Agency Theoretic Framework, in: JoF, vol. 35, S. 1223-1234.

Barnea, A./Haugen, R.A./Senbet, L.W. (1981a): Market Imperfections, Agency Problems and Capital Structure: A Review, in: Financial Management, vol. 10, S. 7-22.

Barnea, A./Haugen, R.A./Senbet, L.W. (1981b): An Equilibrium Analysis of Debt Financing Under Costly Tax Arbitrage and Agency Problems, in: JoF, vol. 36, S. 569-581.

Barnea, A./Haugen, R.A./Senbet, L.W. (1985): Agency Problems and Financial Contracting, Englewood Cliffs N.J.

Baron, D. P. (1984): Regulatory Strategies under Asymmetric Information, in: *M. Boyer/R. Kihlstrom* (1984), S. 155-180.

Baron, D.P. (1985): Noncooperative Regulation of a Nonlocalized Externality, in: RJE, vol. 16, S. 553-568.

Baron, D. P./Besanko, D. (1984): Regulation, Asymmetric Information, and Auditing, in: RJE, vol. 15, S. 447-470.

Baron, D.P./Besanko, D. (1987): Monitoring, Moral Hazard, Asymmetric Information, and Risk Sharing in Procurement Contracting, in: RJE, vol. 18, S. 509-532.

Baron, D.P./Besanko, D. (1988): Monitoring of Performance in Organizational Contracting: The Case of Defense Procurement, in: Scand. J. of Economics, vol. 90, S. 329-356.

Barzel, Y. (1977): Some Fallacies in the Interpretation of Information Costs, in: JLE, vol. 20, S. 291-307.

Beaver, W.H. (1981): Financial Reporting: An Accounting Revolution, Englewood Cliffs, N.J.

Beaver, W.H. (1983): Zur Effizienz des Kapitalmarkts: Gegenwärtiger Stand der Forschung, in: BFuP, 35. Jg., S. 344-358.

Becker, F.G./ Holzer, H.P. (1986): Erfolgsbeteiligung und Strategisches Management in den USA, in: DBW, 46. Jg., S. 438-459.

Beja, A. (1971): The Structure of the Cost of Capital under Uncertainty, in: RES, vol. 38, S. 359-368.

Benston, G. (1983): An Analysis of the Role of Accounting Standards for Enhancing Corporate Governance and Social Responsibility, in: *M. Bromwich/A. Hopwood* (1983), S. 13-26.

Berhold, M. (1971): A Theory of Linear Profit-Sharing Incentives, in: QJE, vol. 85, S. 460-482.

Bester, H./Hellwig, M. (1987): Moral Hazard and Equilibrium Credit Rationing: An Overview of the Issues, in: *G. Bamberg/K. Spremann* (1987), S. 135-166.

Bewley, T.F. (Ed.) (1987): Advances in Economic Theory, Cambridge et al.

Bhattacharya, S. (1980): Non-Dissipative Signalling Structures and Dividend Policy, in: QJE, vol. 95, S. 1-24.

Bicksler, J.L. (Ed.) (1979): Handbook of Financial Economics.

Bitz, M./Hemmerde, W./Rausch, W. (1986): Gesetzliche Regelungen und Reformvorschläge zum Gläubigerschutz, Berlin et al.

Borch, K. (1962): Equilibrium in a Reinsurance Market, in: Econometrica, vol. 30, S. 424-444.

Boyer, M./Kihlstrom, R.E. (Hrsg.)(1984): Bayesian Models in Economic Theory, Amsterdam et al.

Brandl, R. (1987): Zur Begründbarkeit handelsrechtlicher Rechnungslegungsnormen, Frankfurt et al.

Brennan, M.J./Kraus, A. (1984): Notes on Costless Financial Signalling, in: *G. Bamberg/K. Spremann* (1984), S. 33-51.

Brennan, M.J./Kraus, A. (1987): Efficient Financing under Asymmetric Information, in: JoF, vol. 42, S. 1225-1243.

Bromwich, M./Hopwood, A.G. (Eds.) (1983): Accounting Standards Setting, An International Perspective, London et al.

Buckley, J.W./Weston, J.F. (Eds.) 1980): Regulation and the Accounting Profession, Belmont.

Budäus, D./Gerum, E./Zimmermann, G. (Hrsg.) (1988): Betriebswirtschaftslehre und Theorie der Verfügungsrechte, Wiesbaden.

Büschgen, H.E. (1989): Bankbetriebslehre, Bankgeschäfte und Bankmanagement, 2. Aufl., Wiesbaden.

Busse von Colbe, W. (1968): Prognosepublizität von Aktiengesellschaften, in: *O. Angehrn/H.P. Künzi* (1968), S. 91-

Busse von Colbe, W. (1987): Die neuen Rechnungslegungsvorschriften aus betriebswirtschaftlicher Sicht, in: ZfbF, 39. Jg., S. 191-205.

Cass, D./Stiglitz, J.E. (1970): The Structure of Investor Preferences and Asset Returns, and Separability in Portfolio Allocation: A Contribution to the Pure Theory of Mutual Funds, in: JET, vol. 2, S. 122-160.

Chan, Y.S./Thakor, A.V. (1987): Collateral and Competitive Equilibria with Moral Hazard and Private Information, in: JoF, vol. 42, S. 345-363.

Cho, I./Kreps, D.M. (1987): Signalling Games and Stable Equilibria, in: Econometrica, vol. 102, S. 179-221.

Christensen, J. (1981): Communication in Agencies, in: Bell Journal of Economics, vol. 12, S. 661-674.

Christensen, J. (1982): The Determination of Performance Standards and Participation, in: JAR, vol. 20, S. 589-603.

Coenenberg, A.G. (1974): Jahresabschlußinformation und Kapitalmarkt; Zur Diskussion empirischer Forschungsansätze und -ergebnisse zum Informationsgehalt von Jahresabschlüssen für Aktionäre, in: ZfbF, 26. Jg., S. 647-657.

Coenenberg, A.G. (1990): Jahresabschluß und Jahresabschlußanalyse, 11. Aufl. Landsberg am Lech.

Coenenberg, A.G./Berndsen, H.P./Möller, P./Schmidt, F./Schönbrodt, B. (1978): Empirische Bilanzforschung in Deutschland, in: DBW, 38. Jg., S. 495-507.

Coenenberg, A.G./Möller, P. (1979): Entscheidungswirkungen von Jahresabschlußinformationen vor und nach der Aktienrechtsreform von 1965, in: BFuP, 31. Jg., S. 438-454.

Coenenberg, A.G./Schmidt, F./Werhand, M. (1983): Bilanzpolitische Entscheidungen und Entscheidungswirkungen in manager- und eigentümerkontrollierten Unternehmen, in: BFuP, 35. Jg., S. 321-343.

Darrough, M./Mattessich, R. (1984): Agency Theory and Information Economics, in: *R. Mattessich* (1984), S. 173-178.

Darrough, M./Stoughton, N. (1986): Moral Hazard and Adverse Selection: The Question of Financial Structure, in: JoF, vol. 41, S. 501-513.

DeAngelo, H. (1981): Competition and Unanimity, in: AER, vol. 71, S. 18-27

Debreu, G. (1959): The Theory of Value, New York.

Delfmann, W. (Hrsg.) (1989): Der Intergrationsgedanke in der Betriebswirtschaftslehre, Wiesbaden.

Demsetz, H. (1970): The Private Production of Public Goods, in: JLE, vol. 13, S. 293-306.

Demski, J.S./Feltham, G.A. (1976): Cost Determination: A Conceptual Approach, Ames, Iowa.

Demski, J.S./Patell, J.M./Wolfson, M.A. (1984): Decentralized Choice of Monitoring Systems, in: AR, vol. 59, S. 16-34.

Diamond, D.W. (1985): Optimal Release of Information by Firms, in: JoF, vol. 40, S. 1071-1094).

Diamond, D.W./Verrecchia, R.E. (1981): Information Aggregation in a Noisy Rational Expectations Economy, in: JFE, vol. 9, S. 221-235.

Diamond, P. A. (1967): The Role of a Stock Market in a General Equilibrium Model with Technological Uncertainty, in: AER, vol. 57, S. 759-773.

Domsch, M./Eisenführ, F./Ordelheide, D./Perlitz, M. (Hrsg.) (1988): Unternehmungserfolg - Planung, Ermittlung und Kontrolle, Festschrift zum 60. Geburtstag von Walther Busse von Colbe, Wiesbaden.

Drukarczyk, J. (1981): Zum Problem der Auslösung insolvenzrechtlicher Verfahren, in: ZfB, 51. Jg., S. 235-257.

Drukarczyk, J. (1986): Was kann der Tatbestand der Überschuldung leisten?, in: ZfbF, 38. Jg., S. 207-234.

Drukarczyk, J. (1987): Unternehmen und Insolvenz, Wiesbaden.

Dyckman, T.R./Morse, D. (1986): Efficient Capital Markets and Accounting: A Critical Analysis, 2. ed., Englewood Cliffs, N.J.

Dye, R.A. (1983): Communication and Post-Decision Information, in: JAR, vol. 21, S. 524-533.

Dye, R.A. (1986): Optimal Monitoring Policies in Agencies, in: RJE. vol. 17, S. 339-350.

Edwards, F.R. (Ed.) (1979): Issues in Financial Regulation, New York et al.

Ekern, S./Wilson, R. (1974): On the Theory of the Firm in an Economy with Incomplete Markets, in: Bell Journal of Economics, vol. 5, S. 171-180.

Ewert, R. (1984): Zur Beziehung zwischen Investitionsvolumen, Fremdfinanzierung und Bilanzkennzahlen, in: ZfbF, 36. Jg., S. 825-841.

Ewert, R. (1986): Rechnungslegung, Gläubigerschutz und Agency Probleme, Wiesbaden.

Ewert, R. (1987): Finanzierungsrestriktionen, Kreditverträge und Informationsasymmetrie, in: *W.-R. Heilmann/* , Bd. 2, S. 829-841.

Ewert, R. (1989): Bilanzielle Publizität im Lichte der Theorie vom gesellschaftlichen Wert öffentlich verfügbarer Information, in: BFuP, 41. Jg., S. 245-263.

Fama, E.F. (1970): Efficient Capital Markets: A Review of Theory and Empirical Work, in: JoF, vol. 25, S. 383-417.

Fama, E.F. (1980): Agency Problems and the Theory of the Firm, in: JoPE, vol. 88, S. 288-307.

Fama, E.F./Laffer, A. (1971): Information and Capital Markets, in: JoB, vol. 44, S. 289-298.

Fellingham, J.C./Kwon, Y.K./Newman, D.P. (1984): Ex ante Randomization in Agency Models, in: RJE, vol. 15, S. 290-301.

Fellingham, J.C./Newman, D.P./Suh, Y.S. (1985): Contracts without Memory in Multiperiod Agency Models, in: JET, vol. 37, S. 340-355.

Ferschl, F. (1982): Entscheidungstheoretische Grundlagen der Informationsökonomik, in: *E. Streißler* (1982), S. 35-78.

Firchau, V. (1987): Information Systems for Principal-Agent Problems, in: *G. Bamberg/K. Spremann* (1987), S. 81-92.

Firth, M./Keane, S.M. (Eds.) (1986): Issues in Finance, Oxford.

Foster, G. (1978): Financial Statement Analysis, Englewood Cliffs, N.J.

Franke, G. (1984): Zur rechtzeitigen Auslösung von Sanierungsverfahren, in: ZfB, 54. Jg., S. 160-179.

Franke, G. (1987): Costless Signalling in Financial Markets, in: JoF, vol. 42, S. 809-822.

Franke, G./Hax, H. (1990): Finanzwirtschaft des Unternehmens und Kapitalmarkt, 2. Aufl., Berlin et al.

Friedman, B.M. (1979): Optimal Expectations and the Extreme Information Assumptions of 'Rational Expectations' Macromodels, in: Journal of Monetary Economics, vol. 5, S. 23-41.

Gale, D./Hellwig, M. (1985): Incentive-Compatible Debt Contracts: The One-Period Problem, in: RES, vol. 52, S. 647-663.

Gavish, B./Kalay, A. (1983): On the Asset Substitution Problem, in: JFQA, vol. 18, S. 21-30.

Gjesdal, F. (1981): Accounting for Stewardship, in: JAR, vol. 19, S. 208-231.

Gjesdal, F. (1982): Information and Incentives: The Agency Information Problem, in: RES, vol. 49, S. 373-390.

Gjesdal, F. (1988): Piecewise Linear Incentive Schemes, in: Scand. J. of. Economics, vol. 90, S. 305-328.

Gnedenko, B.W. (1980): Lehrbuch der Wahrscheinlichkeitsrechnung, Frankfurt a.M.

Gonedes, N. (1975): Information-Production and Capital Market Equilibrium, in: JoF, vol. 30, S. 841-864.

Gonedes, N. (1980): Public Disclosure Rules, Private Information Production Decisions and Capital Market Equilibrium, in: JAR, vol. 18, S. 441-475.

Gonedes, N./Dopuch, N. (1974): Capital Market Equilibrium, Information-Production and Selecting Accounting Techniques: Theoretical Framework and Review of Empirical Work, Supplement to JAR, vol. 12, S. 48-169.

Gonedes, N./Dopuch, N./Penman, S. (1976): Disclosure Rules, Information-Production, and Capital Market Equilibrium: The Case of Forecast Disclosure Rules, in: JAR, vol. 14, S. 89-137.

Green, J. (1981): Value of Information with Sequential Futures Markets, in: Econometrica, vol. 49, S. 335-358.

Green, J.R./Laffont, J.-J. (1986): Partially Verifiable Information and Mechanism Design, in: RES, vol. 53, S. 447-456.

Green, R.C. (1982): Investment and Financing Decisions Under Moral Hazard, unveröff. Diss., University of Wisconsin-Madison.

Green, R.C. (1984): Investment, Incentives, Debt and Warrants, in: JFE, vol. 13, S. 115-136.

Green, R.C./Talmor, E. (1986): Asset Substitution and the Agency Costs of Debt Financing, in: Journal of Banking and Finance, vol. 10, S. 391-399.

Grossman, S.J. (1976): On the Efficiency of Competitive Stock Markets where Traders Have Diverse Information, in: JoF, vol. 31, S. 573-585.

Grossman, S.J. (1977a): A Characterization of the Optimality of Equilibrium in Incomplete Markets, in: JET, vol. 15, S. 1-15.

Grossman, S.J. (1977b): The Existence of Futures Markets, Noisy Rational Expectations and Informational Externalities, in: RES, vol. 64, S. 431-449.

Grossman, S.J. (1978): Further Results on the Informational Efficiency of Competitive Stock Markets, in: JET, vol. 18, S. 81-101.

Grossman, S.J. (1981): An Introduction to the Theory of Rational Expectations Under Asymmetric Information, in: RES, vol. 68, S. 541-559.

Grossman, S.J./Hart, O.D. (1983): An Analysis of the Principal-Agent Problem, in: Econometrica, vol. 51, S. 7-45.

Grossman, S.J./Stiglitz, J.E. (1976): Information and Competitive Price Systems, in: AER, vol. 66, S. 246-253.

Grossman, S. J./Stiglitz, J. E. (1980a): Stockholder Unanimity in Making Production and Financial Decisions, in: QJE, vol. 44, S. 543-566.

Grossman, S.J./Stiglitz, J.E. (1980b): On the Impossibility of Informationally Efficient Markets, in: AER, vol. 70, S. 393-408.

Guesnerie, R./Laffont, J.J. (1984): A Complete Solution to a Class of Principal-Agent Problems with an Application to the Control of a Self-Managed Firm, in: Journal of Public Economics, vol. 25, S. 329-369.

Hakansson, N. H. (1978): Welfare Aspects of Options and Supershares, in JoF, vol. 23, S. 759-776.

Hakansson, N. H. (1982): Changes in the Financial Market: Welfare and Price Effects and the Basic Theorems of Value Conservation, in: JoF, vol. 37, S. 977-1004.

Hakansson, N. H./Kunkel, G. J./Ohlson, J.A. (1982): Sufficient and Necessary Conditions for Information to have Social Value in Pure Exchange, in: JoF, vol. 37, S. 1169-1181.

Hamel, W. (1984): Ansatzpunkte Strategischer Bilanzierung, in: ZfbF, 36. Jg., S. 903-912.

Harris, M./Raviv, A. (1978): Some Results on Incentive Contracts with Applications to Education and Employment, Health Insurance and Law Enforcement, in: AER, vol. 68, S. 20-30.

Harris, M./Raviv, A. (1979): Optimal Incentive Contracts with Imperfect Information, in: JET, vol. 20, S. 231-259.

Harris, M./Townsend, R.M. (1981): Ressource Allocation under Asymmetric Information, in: Econometrica, vol. 49, S. 33-64.

Harrison, J.M./Kreps, D.M. (1979): Martingales and Arbitrage in Multiperiod Securities Markets, in: JET, vol. 20, S. 381-408.

Hart, O.D. (1988): Incomplete Contracts and the Theory of the Firm, in: Journal of Law, Economics and Organization, vol. 4, S. 110-139.

Hart, O.D./Holmström, B. (1987): The Theory of Contracts, in: *T. Bewley* (1987), S. 71-155.

Hartle, J. (1984): Möglichkeiten der Entobjektivierung der Bilanz - Eine ökonomische Analyse, Frankfurt a.M.

Hartmann-Wendels, T. (1986): Dividendenpolitik bei asymmetrischer Informationsverteilung, Wiesbaden.

Hartmann-Wendels, T. (1989): Principal-Agent-Theorie und asymmetrische Informationsverteilung, in: ZfB, 59. Jg., S. 714-734.

Haugen, R.A./Senbet, L.W. (1979): New Perspectives on Informational Asymmetry and Agency Relationships, in: JFQA, vol. 14, S. 671-694.

Haugen, R.A./Senbet, L.W. (1981): Resolving the Agency Problems of External Capital through Options, in: JoF, vol. 36, S. 629-648.

Hax, H. (1964): Der Bilanzgewinn als Erfolgsmaßstab, in: ZfB, 34. Jg., S. 642-651.

Hax, H. (1985): Economic Aspects of Bankruptcy Law, in: ZgS, Bd. 141, S. 80-98.

Hax, H. (1988): Rechnungslegungsvorschriften - Notwendige Rahmenbedingungen für den Kapitalmarkt?, in *M. Domsch/F. Eisenführ/ D. Ordelheide/M. Perlitz* (1988), S. 187-201.

Hax, H. (1989): Investitionsrechnung und Periodenerfolgsmessung, in: *W. Delfmann* (1989), S.

Hax, H./Marschdorf, H.-J. (1983): Anforderungen an ein Insolvenzrecht aus betriebswirtschaftlicher Sicht, in: BFuP, 35. Jg., S. 112-130.

Heilmann, W.-R. (1987) *(W. Eichhorn, H. Göppl, W.-R. Heilmann, R. Henn, K.-H. Kelterer, N. Kloten, M. Meier-Preschany, R. Schwebler, A. Zink)* (Hrsg.): Geld, Banken und Versicherungen, Karlsruhe.

Heinkel, R. (1982): A Theory of Capital Structure Relevance under Imperfect Information, in: JoF, vol. 37, S. 1141-1150.

Hellwig, M.F. (1980): On the Aggregation of Information in Competitive Markets, in: JET, vol. 22, S. 477-498.

Hirshleifer, J. (1965): Investment Decisions under Uncertainty: Choice-Theoretic Approaches, in: QJE, vol. 79, S. 509-536.

Hirshleifer, J. (1966): Investment Decision under Uncertainty: Applications of the State-Preference Approach, in: QJE, vol. 80, S. 252-277.

Hirshleifer, J. (1971): The Private and Social Value of Information and the Reward to Inventive Activity, in: AER, vol. 61, S. 561-574.

Hirshleifer, J. (1973): Where Are We in the Theory of Information?, in: AER, vol. 63, P&P, S. 31-39.

Hirshleifer, J. (1974): Kapitaltheorie, Köln.

Hirshleifer, J. (1975): Speculation and Equilibrium: Information, Risk, and Markets, in: QJE, vol. 89, S. 519-542.

Hirshleifer, J. (1977): The Theory of Speculation under Alternative Regimes of Markets, in: JoF, vol. 32, S. 975-999.

Hirshleifer, J./Riley, J.G. (1979): The Analytics of Uncertainty and Information - An Expositoy Survey, in: JEL, vol. 17, S. 1375-1421.

Holmström, B. (1979): Moral Hazard and Observability, in: BJE, vol. 10, S. 74-91.

Holmström, B. (1982): Moral Hazard in Teams, in: BJE, vol. 13, S. 324-340.

Holmström, B. (1984): On the Theory of Delegation, in: *M. Boyer/ R.E. Kihlstrom* (1984), S. 115-141.

Holmström, B./Milgrom, P. (1985): Aggregation and Linearity in the Provision of Intertemporal Incentives, Cowles Discussion Paper No. 742.

Holmström, B./Ricart-Costa, J. (1986): Managerial Incentives and Capital Management, in: QJE, vol. 101, S. 835-860.

Holmström, B./Weiss, L. (1985): Managerial Incentives, Investment and Aggregate Implications: Scale Effects, in: RES, vol. 52, S. 403-425.

Huang,C./Litzenberger, R. (1985): On the Necessary Condition for Linear Sharing and Separation; A Note, in: JFQA, vol. 20, S. 381-384.

Intrilligator, M. D. (1971 a): Mathematical Optimization and Economic Theory, Englewood Cliffs, N.J.

Intrilligator, M. D. (Hrsg.) (1971 b): Frontiers of Quantitative Economics, Amsterdam et al.

Jaffe, J. F. (1975): On the Use of Public Information in Financial Markets, in: JoF, vol. 30, S. 831-839.

Jensen, M.C. (1986): Agency Costs of Free Cash Flow, Corporate Finance, and Takeovers, in: AER, P&P, vol. 76, S. 323-329.

Jensen, M.C./Meckling, W.H. (1976): Theory of the Firm: Managerial Behavior, Agency Costs and Ownership Structure, in: JFE, vol. 3, S. 305-360.

Jensen, M.C./Ruback, R.S. (1983): The Market for Coporate Control - The Scientific Evidence, in: JFE, vol. 11, S. 5-50.

John, K. (1987): Risk-Shifting Incentives and Signalling Through Corporate Capital Structure, in: JoF, vol. 42, S. 623-641.

John, K./Kalay, A. (1982): Costly Contracting and Optimal Dividend Payout Constraints, in: JoF, vol. 37, S. 457-470.

John, K./Kalay, A. (1985): Informational Content of Optimal Debt Contracts, in: *E.I. Altman/M.G. Subrahmanyam* (1985), S. 133-161.

Jost, P.-J. (1988): Adverse Selection in Moral Hazard Situations, Discussion Paper A-189, University of Bonn.

Kalay, A. (1979): Corporate Dividend Policy: A Collection of Related Essays, unveröff. Diss., University of Rochester.

Kalay, A. (1981): Towards a Theory of Corporate Dividend Policy, unveröff. Manuskript, New York.

Kalay, A. (1982): Stockholder - Bondholder Conflict and Dividend Constraints, in: JFE, vol. 10, S. 211-233.

Kanodia, C.S. (1985): Stochastic Monitoring and Moral Hazard, in: JAR, vol. 23, S. 175-193.

Kaplan, R.S. (1978): The Information Content of Financial Accounting Numbers: A Survey of Empirical Evidence, in: *A. Abdel-Khalik/A. Rashad/T.F. Keller* (1978), S. 134-173.

Kaplan, R.S. (1980): Schould Accounting Standards Be Set in the Public or Private Sector, in: *J.W. Buckley/J.F. Weston* (1980), S. 178-195.

Keeney, R./Raiffa, H. (1976): Decisions with Multiple Objectives: Preferences and Value Tradeoffs, New York et al.

Kommission für Insolvenzrecht (1985): Erster Bericht der Kommission für Insolvenzrecht, Köln.

Kommission Rechnungswesen im Verband der Hochschullehrer für Betriebswirtschaft e.V. (Kommission Rechnungswesen) (1979): Reformvorschläge zur handelsrechtlichen Rechnungslegung, in: DBW, 39. Jg., S. 3-70.

Kommission Rechnungswesen im Verband der Hochschullehrer für Betriebswirtschaft e.V. (Kommission Rechnungswesen) (1983): Stellungnahme zum Regierungsentwurf eines Bilanzrichtlinie-Gesetzes, in: DBW, 43. Jg., S. 5-15.

Kreps, D.M./Wilson, R. (1982): Sequential Equilibria, in: Econometrica, vol. 50, S. 863-894.

Küting, K./Weber, C.-P. (Hrsg.) (1986): Handbuch der Rechnungslegung, Stuttgart

Kunkel, G. J. (1982): Sufficient Conditions for Public Information to Have Social Value in a Production and Exchange Economy, in: JoF, vol. 37, S. 1005- 1013.

Laffont, J.-J./Tirole, J. (1986): Using Cost Observation to Regulate Firms, in: JoPE, vol. 94, S. 614-641.

Lal, R./Staelin, R. (1986): Sales-force Compensation Plans in Environments with Asymmetric Information, in: Marketing Science, vol. 5, S. 179-198.

Lambert, R.A. (1983a): Long Term Contracts and Moral Hazard, in: BJE, vol. 14, S. 441-452.

Lambert, R.A. (1983b): Income Smoothing as Rational Equilibrium Behavior, in: AR, vol. 59, S. 604-617.

Laux, H. (1974a): Der Wert von Informationen für Kontrollentscheidungen, in: ZfbF, 26. Jg., S. 433-450.

Laux, H. (1974b): Kontrollertrag und Gewinn, in: ZfbF, 26. Jg., S. 505-520.

Laux, H. (1979): Grundfragen der Organisation, Berlin et al.

Laux, H. (1988a): Grundprobleme der Ermittlung optimaler erfolgsabhängiger Anreizsysteme, in: ZfB, 58. Jg., S.24-36.

Laux, H. (1988b): Optimale Prämienfunktion bei Informationsasymmetrie, in: ZfB, 58. Jg., S. 588-612.

Laux, H./Liermann, F. (1986): Grundfragen der Erfolgskontrolle, Berlin et al.

Leffson, U. (1984): Bilanzanalyse, 3. Aufl., Stuttgart.

Leftwich, R. (1980): Market Failure Fallacies and Accounting Information, in: JAE, vol. 2, S. 193-211.

Leftwich, R. (1981): Evidence of the Impact of Mandatory Changes in Accounting Principles on Corporate Loan Agreements, in: JLE, vol. 3, S. 3-36.

Leftwich, R. (1983): Accounting Information in Private Markets: Evidence from Private Lending Agreements, in: AR, vol. 58, S. 23-42.

Leland, H. E. (1974): Production Theory and the Stock Market, in: Bell Journal of Economics, vol. 5, S. 125-144.

Leland, H.E./Pyle, D.H. (1977): Informational Asymmetries, Financial Structure, and Financial Intermediation, in: JoF, vol. 32, S. 372-387.

Lev, B./Ohlson, J.A. (1982): Market-Based Empirical Research in Accounting: A Review, Interpretation, and Extension, in: JAR, vol. 20, Supplement, S. 249-322.

Lindgren, B.W. (1976): Statistical Theory, New York, London.

Luenberger, D.G. (1969): Optimization by Vector Space Methods, New York et al.

Machlup, F. (1983): The Rationality of 'Rational Expectations', in: KuK, 16. Jg., S. 172-183.

Makowski, L. (1983): Competition and Unanimity Revisited, in AER, vol. 73, S. 329-339.

Manne, H.G. (1965): Mergers and the Market for Corporate Control, in: JoPE, vol. 73, S. 110-120.

Marschak, J. (1954): Towards an Economic Theory of Organization and Information, in: *R.M. Thrall/C.H. Combs* (1954), S. 187-220.

Marschak, J. (1963): The Payoff-relevant Description of States and Acts, in: Econometrica, vol. 31, S. 719-725.

Marschak, J. (1971): Economics of Information Systems, in: *M.D. Intrilligator* (1971 b), S. 32-107.

Marschak, J./Miyasawa, K. (1968): Economic Comparability of Information Systems, in: IER, vol. 9, S. 137-174.

Marschak, J./Radner, R. (1972): Economic Theory of Teams, New Haven et al.

Marshall, J.M. (1974): Private Incentives and Public Information, in: AER, vol. 64, S. 373-390.

Maskin, E./Riley, J. (1984): Monopoly with Incomplete Information, in: RJE, vol. 15, S. 171-196.

Mattessich, R. (Hrsg.) (1984): Modern Accounting Research: History, Survey, and Guide, Vancouver B.C.

McAfee, R.P./McMillan, J. (1987): Competition for Agency Contracts, in: RJE, vol. 18, S. 296-307.

Melumad, N./Reichelstein, S. (1986): Value of Communication in Agencies, Research Paper 895, Stanford University.

Merton, R. C. (1984): On the Microeconomic Theory of Investment under Uncertainty, in: *K. J. Arrow/M. D. Intriligator* (1984), S. 601-669.

Milgrom, P.R. (1981): Good News and Bad News: Representation Theorems and Applications, in: BJE, vol. 12, S. 380-391.

Mirrlees, J.A. (1974): Notes on Welfare Economics, Information and Uncertainty, in: *M. Balch et al.* (1974), S. 243-258.

Mirrlees, J.A. (1975): The Theory of Moral Hazard and Unobservable Behavior-Part 1, CARESS Working Paper, Nuffield College, Oxford.

Mirrlees, J.A. (1976): The Optimal Structure of Incentives and Authority within an Organization, in: BJE, vol. 7, S. 105-131.

Möller, H.P. (1983): Probleme und Ergebnisse kapitalmarktorientierter empirischer Bilanzforschung in Deutschland, in: BFuP, 35. Jg., S. 285-302.

Möller, H.P. (1984): Stock Market Research in Germany: Some Empirical Results and Critical Remarks, in: *G. Bamberg/K. Spremann* (1983), S. 224-242.

Möller, H.P. (1985): Die Informationseffizienz des deutschen Aktienmarkts - eine Zusammenfassung und Analyse empirischer Untersuchungen, in: ZfbF, 37. Jg., S. 500-518.

Möller, H.P. (1988): Die Bewertung risikobehafteter Anlagen an deutschen Wertpapierbörsen, in: ZfbF, 40. Jg., S. 779-797.

Moonitz, M. (1974): Obtaining Agreement on Standards in the Accounting Profession, Sarasota, Fl.

Morris, R. (1986): Some Implications of the Theory of Business Finance for External Financial Reporting, in: *M. Firth/S.M. Keane* (1986), S. 223-241.

Moxter, A. (1962): Der Einfluß von Publizitätsvorschriften auf das unternehmerische Verhalten, Köln und Opladen.

Moxter, A. (1982): Betriebswirtschaftliche Gewinnermittlung, Tübingen.

Moxter, A. (1984): Bilanzlehre, Bd. 1, Einführung in die Bilanztheorie, 3. Aufl., Wiesbaden 1984.

Muth, J.F. (1961): Rational Expectations and the Theory of Price Movements, in: Econometrica, vol. 29, S. 315-335.

Myers, S. C. (1968): A Time-State-Preference Model of Security Valuation, in: JFQA, vol. 3, S. 1-34.

Myers, S.C. (1977): Determinants of Corporate Borrowing, in: JFE, vol. 4, S. 147-175.

Myers, S.C./Majluf, N.S. (1984): Corporate Financing and Investment Decisions When Firms Have Information That Investors Do Not Have, in: JFE, vol. 13, S. 187-221.

Myerson, R.B. (1979): Incentive Compatibility and the Bargaining Problem, in: Econometrica, vol. 47, S. 61-74.

Myerson, R.B. (1982): Optimal Coordination Mechanisms in Generalized Principal-Agent Problems, in: JME, vol. 10, S. 67-81.

Nermuth, M. (1982): Information Structures in Economics, Berlin et al.

Neus, W. (1988): Die Agency-Beziehung als ein Problem von Anreizsteuerung und Risikoteilung, unveröff. Manuskript, Köln.

Neus, W. (1989a): Ökonomische Agency-Theorie und Kapitalmarktgleichgewicht, Wiesbaden.

Neus, W. (1989b): Die Aussagekraft von Agency-Costs, in: ZfbF, 41. Jg., S. 472-490.

Ng, D.S. (1975): Information Accuracy and Social Welfare Under Homogenous Beliefs, in: JFE, vol. 2, S. 53-70.

Ng, D.S. (1977): Pareto-Optimality of Authentic Information, in: JoF, vol. 32, S. 1717-1728.

Ohlson, J. A. (1984): The Structure of Asset Prices and Socially Useless-Useful Information, in: JoF, vol. 39, S. 1417-1435.

Ohlson, J. A. (1985): Ex Post Stockholder Unanimity. A Complete and Simplified Treatment, in: Journal of Banking and Finance, vol. 9, S. 387-399.

Ohlson, J. A. (1987): The Theory of Financial Markets and Information, New York et al.

Ohlson, J. A./Buckman, A. G. (1980): Toward a Theory of Financial Accounting, in: JoF, vol. 35, S. 537-551.

Ohlson, J. A./Buckman, A. G. (1981): Toward a Theory of Financial Accounting: Welfare and Public Information, in: JAR, vol. 19, S. 399-432.

Ordelheide, D. (1988a): Kaufmännischer Periodengewinn als ökonomischer Gewinn, in: *M. Domsch/F. Eisenführ/D. Ordelheide/M. Perlitz* (1988), S. 275-302.

Ordelheide, D. (1988b): Zu einer neoinstitutionalistischen Theorie der Rechnungslegung, in: *D. Budäus/E. Gerum/G. Zimmermann* (1988), S. 270-295.

Peltzman, S. (1976): Toward a More General Theory of Regulation, in: JLE, vol. 19, S. 211-240.

Penno, M. (1984): Asymmetry of Pre-Decision Information and Managerial Accounting, in: JAR, vol. 22, S. 177-191.

Penno, M. (1985): Informational Issues in the Financial Reporting Process, in: JAR, vol. 23, S. 240-255.

Petersen, T. (1989): Optimale Anreizsysteme, Wiesbaden.

Phillips, S.M./Zecher, J.R. (1981): The SEC and the Public Interest: An Economic Perspective, Cambridge MA.

Picard, P. (1986): On the Design of Incentive Schemes under Moral Hazard and Adverse Selection, Working Paper, University of Rouen.

Poensgen, O.H. (1973): Geschäftsbereichsorganisation, Opladen.

Pulley, L.B. (1981): A General Mean-Variance Approximation to Expected Utility for Short Holding Periods, in: JFQA, vol. 16, S. 361-373.

Radner, R. (1972): Existence of Equilibrium of Plans, Prices, and Price Expectations in a Sequence of Markets, in: Econometrica, vol. 40, S. 289-303.

Radner, R. (1974): A Note on Unanimity of Stockholders' Preferences among Alternative Production Plans: A Reformulation of the Ekern-Wilson Model, in: BJE, vol. 5, S. 181-184.

Radner, R. (1979): Rational Expectations Equilibrium: Generic Existence and the Information Revealed by Prices, in: Econometrica, vol. 47, S. 655-678.

Radner, R. (1981): Monitoring Cooperative Agreements in a Repeated Principal-Agent Relationship, in: Econometrica, vol. 49, S. 1127-1148.

Radner, R. (1984): Equilibrium under Uncertainty, in: *K.J. Arrow/M.D. Intriligator* (1984), S. 923-1006.

Radner, R. (1985): Repeated Principal-Agent Games with Discounting, in: Econometrica, vol. 53, S. 1173-1198.

Rees, R. (1985a): The Theory of Principal and Agent, Part I, in: BER, vol. 37, S. 3-26.

Rees, R. (1985b): The Theory of Principal and Agent, Part II, in: BER, vol. 37, S. 75-95.

Riley, J.G. (1975): Competitive Signalling, in: JET, vol. 10, S. 158-180.

Riley, J.G. (1979): Informational Equilibrium, in: Econometrica, vol. 47, S. 331-360.

Rogerson, W.P. (1985a): Repeated Moral Hazard, in: Econometrica, vol. 53, S. 69-76.

Rogerson, W.P. (1985b): The First Order Approach to Principal-Agent Problems, in: Econometrica, vol. 53, S. 1357-1367.

Rogerson, W.P. (1987): On the Optimality of Menus of Linear Contracts, Working Paper, North Western University.

Ronen, J. (1979): The Dual Role of Accounting, in: *J.L. Bicksler* (1979), S. 415-454.

Ross, S.A. (1973): The Economic Theory of Agency: The Principal's Problem, in: AER, vol. 63, P&P, S. 134-139.

Ross, S.A. (1974): On the Economic Theory of Agency and the Principle of Similarity, in: *M.S. Balch/D.L. McFadden/S.Y. Wu* (1974), S. 215-237.

Ross, S.A. (1979): Disclosure Regulation in Financial Markets: Implications of Modern Finance Theory, in: *F.R. Edwards* (1979), S. 177-202.

Rothschild, M./Stiglitz, J.E. (1975): Equilibrium in Competitive Insurance Markets, Technical Report No. 170, IMSSS, Stanford University.

Rothschild, M./Stiglitz, J.E. (1976): Equilibrium in Competitive Insurance Markets: An Essay on the Economics of Imperfect Information, in: QJE, vol. 90, S. 629-649.

Rubinstein, A./Yaari, M. (1983): Repeated Insurance Contracts and Moral Hazard, in: JET, vol. 30, S. 74-97.

Rubinstein, M. (1975): Securities Market Efficiency in an Arrow-Debreu Economy, in: AER, vol. 65, S. 812-824.

Rubinstein, M. (1976): The Valuation of Uncertain Income Streams and the Pricing of Options, in: BJE, vol. 7, S. 407-425.

Rudolph, B. (1979): Kapitalkosten bei unsicheren Erwartungen, Berlin et al.

Rutsch, M./Schriever, K.-H. (1976): Wahrscheinlichkeit II, Mannheim et al.

Sappington, D. (1983): Limited Liability Contracts between Principal and Agent, in: JET, vol. 29, S. 1-21.

Sappington, D. (1984): Incentive Contracting with Asymmetric and Imperfect Precontractual Knowledge, in: JET, vol. 34, S. 57-70.

Sappington, D./Riordan, M.H. (1988): Commitment in Procurement Contracting, in: Scand. J. of Economics, vol. 90, S. 357-372.

Seicht, G. (1970): Die kapitaltheoretische Bilanz und die Entwicklung der Bilanztheorien, Berlin.

Shavell, S. (1979): Risk Sharing and Incentives in the Principal and Agent Relationship, in: BJE, vol. 10, S. 55-73.

Shiller, R.J. (1978): Rational Expectations and the Dynamic Structure of Macroeconomic Models; A Critical Review, in: Journal of Monetary Economics, vol. 4, S. 1-44.

Singh, N. (1984): Moral Hazard; Economic Meaning of the Conditions Justifying the First-order Approach, in: Economic Letters, vol. 15, S. 272-282.

Smith, C.W./Warner, J.B. (1979): On Financial Contracting; An Analysis of Bond Covenants, in: JFE, vol. 7, S. 117-161.

Spence, A.M. (1974a): Market Signaling: Informational Transfer in Hiring and Related Processes, Cambridge et al.

Spence, A.M. (1974b): Competitive and Optimal Responses to Signals; Analysis of Efficiency and Distribution, in: JET, vol. 7, S. 296-332.

Spieker, W. (1986): Gezielte Erweiterung von Unternehmenspublizität und Pflichtprüfung als Beitrag des Unternehmensrechts zur Kontrolle wirtschaftlicher Macht durch die Wirtschafts-, Gesellschafts- und Sozialpolitik, in: ZfbF, 38. Jg., S. 25-38.

Spremann, K. (1988): Profit-Sharing Arrangements in a Team and the Cost of Information, in: Taiwan Economic Review, vol. 16, S. 41-57.

Spremann, K. (1989): Agent and Principal, in: *G. Bamberg/K. Spremann* (1989), S. 3-37.

Süchting, J. (1989): Finanzmanagement, 5. Aufl., Wiesbaden.

Schildbach, T. (1986): Jahresabschluß und Markt, Berlin et al.

Schildbach, T. (1987): Der handelsrechtliche Jahresabschluß, Herne.

Schmidt, K. (1982): Möglichkeiten zur Sanierung von Unternehmen durch Maßnahmen im Unternehmens-, Arbeits-, Sozial- und Insolvenzrecht, Gutachten D zum 54. Deutschen Juristentag, München.

Schmidt, R.H. (1982): Rechnungslegung als Informationsproduktion auf nahezu effizienten Kapitalmärkten, in: ZfbF, 34. Jg., S. 728-748.

Schmidt, R.H. (1987): Agency-Costs are not a "Flop"!, in: *G. Bamberg/K. Spremann* (1987), S. 495-509.

Schneider, D. (1981): Kapitalmarkteffizienz durch Jahresabschlußreformen?, Göttingen.

Schneider, D. (1987): Allgemeine Betriebswirtschaftslehre, 3. Aufl. München.

Schneider, D. (1988a): Grundsätze anreizverträglicher innerbetrieblicher Erfolgsrechnung zur Steuerung und Kontrolle von Fertigungs- und Vertriebsentscheidungen, in: ZfB, 58. Jg., S. 1181-1192.

Schneider, D. (1988b) : Reformvorschläge zu einer anreizverträglichen Wirtschaftsrechnung bei mehrperiodiger Lieferung und Leistung, in: ZfB, 58. Jg., S. 1371-1386.

Schneider, D. (1989): Agency Costs and Transaction Costs: Flops in the Principal-Agent-Theory of Financial Markets, in: *G. Bamberg/ K. Spremann* (1989), S. 481-494.

Schredelseker, K. (1984): Anlagestrategie und Informationsnutzen am Aktienmarkt, in: ZfbF, 36. Jg., S. 44-59.

Starks, L. (1987): Performance Incentive Fees: An Agency Theoretic Approach, in: JFQA, vol. 22, S. 17-32.

Stigler, G.J. (1971): The Theory of Economic Regulation, in: BJE, vol. 2, S. 3-21.

Stiglitz, J.E. (1984): Information, Screening, and Welfare, in: *M. Boyer/R. Kihlstrom* (1984), S. 209-239.

Stiglitz, J.E./Weiss, A. (1981): Credit Rationing in Markets with Imperfect Information, in: AER, vol. 71, S. 393-410.

Streim, H. (1988): Grundzüge der handels- und steuerrechtlichen Bilanzierung, Stuttgart et al.

Streißler, E. (Hrsg.) (1982): Information in der Wirtschaft, Bd. 126 der Schriften des Vereins für Socialpolitik, Berlin.

Strong, N./Walker, M. (1987): Information and Capital Markets, Oxford.

Thrall, R.M./Combs, C.H. (Hrsg.) (1954): Decision Processes, New York et al.

Tietzel, M. (1982): Was kann man von der "Theorie rationaler Erwartungen" rationalerweise erwarten?, in: KuK, 15. Jg., S. 492-516.

Townsend, R.M. (1982): Optimal Multiperiod Contracts and the Gain from Enduring Relationships under Private Information, in: JoPE; vol. 90, S. 1166-1186.

Uhlenbruck, W. (1984): Grundzüge eines künftigen Insolvenzrechts nach den Vorstellungen der Reformkommission, in BB, 39. Jg., S. 1949-1961.

Uhlenbruck, W. (1986): Zahlungsunfähigkeit und Überschuldung nach den Vorstellungen der Kommission für Insolvenzrecht, in: KTS, 47. Jg., S. 27-47.

Verrecchia, R.E. (1978): On the Choice of Accounting Method for Partnerships, in: JAR, vol. 16, S. 150-168.

Verrecchia, R.E. (1979): A Proof of the Existence of "Consensus Beliefs", in: JoF, vol. 39, S. 957-963.

Verrecchia, R.E. (1980): Consensus Beliefs, Information Acquisition, and Market Information Efficiency, in: AER, vol. 70, S. 874-884.

Verrecchia, R.E. (1982a): Information Acquisition in a Noisy Rational Expectations Economy, in: Econometrica, vol. 50, S. 1415-1430.

Verrecchia, R.E. (1982b): The Use of Mathematical Models in Financial Accounting, in: JAR, vol. 20 Supplement, S. 1-42.

Verrecchia, R.E. (1983): Discretionary Disclosure, in: JAE, vol. 5, S. 179-194.

Verrecchia, R.E. (1986): Managerial Discretion in the Choice Among Financial Reporting Alternatives, in: JAE, vol. 8, S. 175-195.

Vormbaum, H. (1990): Finanzierung der Betriebe, 8. Aufl., Wiesbaden.

Wagenhofer, A. (1989): Investigation Strategies with Costly Perfect Information, in: *G. Bamberg/K. Spremann* (1989), S. 347-377.

Wagner, F.W. (1982): Zur Informations- und Ausschüttungsbemessungsfunktion des Jahresabschlusses auf einem organisierten Kapitalmarkt, in: ZfbF, 34. Jg., S. 749-771.

Walker, M. (1988): The Information Economics Approach to Financial Reporting, in: Accounting and Business Research, vol. 18, S. 170-182.

Watts, R.L. (1980): Can Optimal Accounting Information Be Determined by Regulation?, in: *J.W. Buckley/J.F. Weston* (1980), S. 153-162.

Watts, R.L./Zimmerman, J. (1978): Towards a Positive Theory of the Determination of Accounting Standards, in: AR, vol. 53, S. 112-134.

Watts, R.L./Zimmerman, J. (1986): Positive Accounting Theory, Englewood Cliffs, N.J.

Weber, C.-P. (1986): Möglichkeiten der Bilanzpolitik, in: *K. Küting/ C.-P. Weber* (1986), S. 71-94.

Wilhelm, J.E.M. (1987): On Stakeholders' Unanimity, in: *G. Bamberg/ K. Spremann* (1987), S. 179-204.

Williamson, O.E. (1979): Transaction-Cost Economics: The Governance of Contractual Relations, in: JLE, vol. 22, S. 233-261.

Williamson, O.E. (1985): The Economic Institutions of Capitalism, New York.

Williamson, O.E. (1988): Corporate Finance and Corporate Governance, in: JoF, vol. 43, S. 567-591.

Wilson, C.A. (1977): A Model of Insurance Markets with Incomplete Information, in: JET, vol. 16, S. 167-207.

Wilson, R. (1968): The Theory of Syndicates, in: Econometrica, vol. 36, S. 119-132.

Wöhe, G. (1987): Bilanzierung und Bilanzpolitik, 7. Aufl., München et al.

Im Literaturverzeichnis verwendete Abkürzungen für Zeitschriftentitel

AER	American Economic Review
AR	The Accounting Review
BB	Der Betriebsberater
BER	Bulletin of Economic Research
BFuP	Betriebswirtschaftliche Forschung und Praxis
BJE	The Bell Journal of Economics and Management Science
DBW	Die Betriebswirtschaft
IER	International Economic Review
JAE	Journal of Accounting and Economics
JAR	Journal of Accounting Research
JEL	Journal of Economic Literature
JET	Journal of Economic Theory
JFE	Journal of Financial Economics
JFQA	Journal of Financial and Quantitative Economics
JLE	Journal of Law and Economics
JME	Journal of Mathematical Economics
JoB	Journal of Business
JoF	Journal of Finance
JoPE	Journal of Political Economy
KTS	Konkurs-, Treuhand- und Schiedsgerichtswesen
KuK	Kredit und Kapital
MS	Management Science
QJE	Quarterly Journal of Economics

RES	Review of Economic Studies
RJE	The Rand Journal of Economics and Management Science
Scand. J. of Economics	Scandinavian Journal of Economics
ZfB	Zeitschrift für Betriebswirtschaft
ZfbF	Zeitschrift für betriebswirtschaftliche Forschung
ZgS	Zeitschrift für die gesamte Staatswissenschaft

Physica-Schriften zur Betriebswirtschaft

Herausgegeben von

K. Bohr, Regensburg · W. Bühler, Mannheim · W. Dinkelbach, Saarbrücken · G. Franke, Konstanz · P. Hammann, Bochum · K.-P. Kistner, Bielefeld · H. Laux, Frankfurt · O. Rosenberg, Paderborn · B. Rudolph, Frankfurt

---

Band 1:
Wilhelm Hummeltenberg
Optimierungsmethoden zur betrieblichen Standortwahl

Band 2:
Hermann-Josef Scholl
Fixkostenorientierte Plankostenrechnung

Band 3:
Erwin Huberty
Optimale Finanzierung von Wohnungseigentum

Band 4:
Rainer Rhode
Kurzfristige Material- und Finanzplanung bei mehrfacher Zielsetzung

Band 5:
Felix Liermann
Koordinationsentscheidungen bei Unsicherheit

Band 6:
Horst Tempelmeier
Lieferzeit-orientierte Lagerungs- und Auslieferungsplanung

Band 7:
Lothar Streitferdt
Entscheidungsregeln zur Abweichnungsauswertung

Band 8:
Friedrich Wilhelm Selchert und Axel Otte
Das steuerlich optimale Haus- und Wohnungseigentum

Band 9:
Michael Spielberger
Betriebliche Investitionskontrolle

Band 10:
Jack Wahl
Informationsbewertung und -effizienz auf dem Kapitalmarkt

Band 11:
Siegmar Stöppler
Nachfrageprognose und Produktionsplanung bei saisonalen und konjunkturellen Schwankungen

Band 12:
Lothar Hans
Planung und Plankostenrechnung in Betrieben mit Selbstkostenpreis-Erzeugnissen

Band 13:
Walter Erfle
Die Optimierung der Kontrolle regelmäßig wiederkehrender Arbeitsprozesse

Band 14:
Hans Paul Kaus
Die Steuerung von Entscheidungsgremien über Verhaltensnormen – ein entscheidungstheoretischer Beitrag

Band 15:
Bernhard Wondrak
Management von Zinsänderungs-chancen und -risiken

Band 16:
Ulrich Lorscheider
Dialogorientierte Verfahren zur kurzfristigen Unternehmens-planung unter Unsicherheit

Band 17:
Harmut Rothacker
Zeitstetige Bewertungsmodelle für Tilgungsanleihen – Eine empirische Studie des deutschen Kapitalmarktes –

Band 18:
Eva Terberger
Der Kreditvertrag als Instrument zur Lösung von Anreizproblemen – Fremdfinanzierung als Principal/Agent-Beziehung –

Band 19:
Hubert Jäger
Die Bewertung von konzerninternen Lieferungen und Leistungen in der operativen Planung

Band 20:
Otmar Welzel
Möglichkeiten und Grenzen der Stochastischen Break even-Analyse als Grundlage von Entscheidungsverfahren

Band 21:
Alfred Bischoff
Die Strukturierung von Käufer-Produkt-Beziehungen mit Hilfe der allgemeinen Komponentenanalyse – Eine empirische Untersuchung am Beispiel des Automobilsektors –

Band 22:
Heinrich Exeler
Das homogene Packproblem in der betriebswirtschaftlichen Logistik

Band 23:
Hartmut Stadtler
Hierarchische Produktionsplanung bei losweiser Fertigung

Band 24:
Rolf-Dieter Eberwein
Organisation flexibel automatisierter Produktionssysteme

Band 25:
Marion Switalski
Hierarchische Produktionsplanung - Konzeption und Einsatzbereich -

Band 26:
Joannis N. Paraschis
Optimale Gestaltung von Mehrprodukt-Distributionssystemen - Modelle-Methoden-Anwendungen -

Band 27:
Engelbert Götz
Technische Aktienanalyse und die Effizienz des deutschen Kapitalmarktes

Band 28:
Stefan Kiener
Die Principal-Agent-Theorie aus informationsökonomischer Sicht

Band 29:
Frank Ruhl
Erfolgsabhängige Anreizsysteme in ein- und zweistufigen Hierarchien

Band 30:
Alfred Wagenhofer
Informationspolitik im Jahresabschluß

Band 31:
Heinrich Kuhn
Einlastungsplanung von flexiblen Fertigungssystemen

Band 32:
Markus Funk
Industrielle Energieversorgung als betriebswirtschaftliches Planungsproblem

Band 33:
Michael Wosnitza
Das Agency-theoretische Unterinvestitionsproblem in der Publikumsgesellschaft

Band 34:
Andreas Dieter Robrade
Dynamische Einprodukt-Lagerhaltungsmodelle bei periodischer Bestandsüberwachung

Band 35:
Rudolf Vetschera
Entscheidungsunterstützende Systeme für Gruppen

Band 36:
Heike Yasmin Schenk
Entscheidungshorizonte im deterministischen dynamischen Lagerhaltungsmodell